Carambola tre sponde: Su e giù per i modelli di montagna

Dai tornei di campionato professionale

Mettiti alla prova contro i giocatori professionisti

Allan P. Sand
PBIA Istruttore di biliardo certificate

ISBN 978-1-62505-312-1
PRINT 7x10

ISBN 978-1-62505-466-1
PRINT 8.5x11

First edition

Copyright © 2019 Allan P. Sand

All rights reserved under International and Pan-American Copyright Conventions.

Published by Billiard Gods Productions.
Santa Clara, CA 95051
U.S.A.

For the latest information about books and videos, go to: http://www.billiardgods.com

Acknowledgements

Wei Chao created the software that was used to create these graphics.

Sommario

Introduzione **1**
  Informazioni sui layout della tabella 1
  Istruzioni per la configurazione della tabella 2
  Scopo dei layout 2
A: Giù per la collina, piccolo gancio d'angolo **3**
  A: Gruppo 1 3
  A: Gruppo 2 8
  A: Gruppo 3 13
  A: Gruppo 4 18
B: Giù per la collina, grande gancio d'angolo **23**
  B: Gruppo 1 23
  B: Gruppo 2 28
  B: Gruppo 3 33
  B: Gruppo 4 38
C: Tavolo completo (sponde corto) **43**
  C: Gruppo 1 43
  C: Gruppo 2 48
  C: Gruppo 3 53
D: Ritorno all'angolo di base (sponde lungo) **58**
  D: Gruppo 1 58
  D: Gruppo 2 63
  D: Gruppo 3 68
  D: Gruppo 4 73
E: Ritorno angolo avanzato (sponde lungo) **78**
  E: Gruppo 1 78
  E: Gruppo 2 83
  E: Gruppo 3 88
F: Gamba poco profonda, giù per la collina **93**
  F: Gruppo 1 93
  F: Gruppo 2 98
  F: Gruppo 3 103
  F: Gruppo 4 108
G: Nell'angolo (sponde corto) **113**
  G: Gruppo 1 113
  G: Gruppo 2 118
  G: Gruppo 3 123
H: Doppio gancio di base **128**
  H: Gruppo 1 128
  H: Gruppo 2 133
  H: Gruppo 3 138
I: Doppio gancio (esteso) **143**
  I: Gruppo 1 143
  I: Gruppo 2 148

I: Gruppo 3	153
I: Gruppo 4	158
J: Doppio gancio (con diagonale di ritorno)	**163**
J: Gruppo 1	163
J: Gruppo 2	168
J: Gruppo 3	173
J: Gruppo 4	178
K: Doppia cima della collina	**183**
K: Gruppo 1	183
L: Gancio di ritorno esterno	**188**
L: Gruppo 1	188
L: Gruppo 2	193
M: Ritorno angolo esterno (sponde corto)	**198**
M: Gruppo 1	198

Other books by the author ...

- 3 Cushion Billiards Championship Shots (a series)
- Carom Billiards: Some Riddles & Puzzles
- Carom Billiards: MORE Riddles & Puzzles
- Why Pool Hustlers Win
- Table Map Library
- Safety Toolbox
- Cue Ball Control Cheat Sheets
- Advanced Cue Ball Control Self-Testing Program
- Drills & Exercises for Pool & Pocket Billiards
- The Art of War versus The Art of Pool
- The Psychology of Losing – Tricks, Traps & Sharks
- The Art of Team Coaching
- The Art of Personal Competition
- The Art of Politics & Campaigning
- The Art of Marketing & Promotion
- Kitchen God's Guide for Single Guys

Introduzione

Questo è uno di una serie di libri di carambola 3 sponde che mostrano come i giocatori professionisti prendono decisioni, in base alla disposizione della tabella. Tutti questi layout provengono da competizioni internazionali.

Questi layout ti mettono dentro la testa del giocatore, cominciando dalle posizioni delle palle (mostrate nella prima tabella). La seconda tabella mostra ciò che il giocatore ha deciso di fare.

Informazioni sui layout della tabella

Queste sono le tre palle sul tavolo:

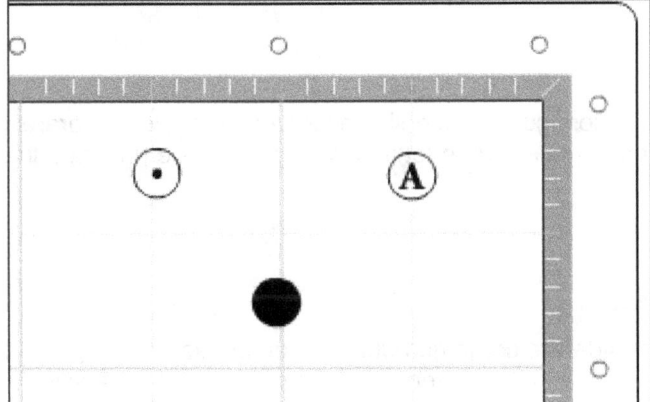

Ⓐ (CB) (la tua palla da biliardo)

⊙ (OB) (palla da biliardo dell'avversario)

● (OB) (palla da biliardo rossa)

Ogni configurazione ha due layout di tabella. La prima tabella è la posizione della palla. Il secondo tavolo è come le palle si muovono sul tavolo.

Istruzioni per la configurazione della tabella

Utilizzare anelli di rilegatura in carta per contrassegnare le posizioni della palla (acquistare presso qualsiasi negozio di forniture per ufficio).

Metti una moneta su ciascun cuscino del tavolo che la (CB) toccherà.

Confronta il tuo percorso (CB) con la configurazione della seconda tabella. Per imparare, potresti aver bisogno di diversi tentativi. Dopo ogni errore, effettuare la regolazione e riprovare finché non si ha successo.

Scopo dei layout

Questi layout sono forniti per due scopi.

- La tua analisi - A casa, puoi considerare come riprodurre la configurazione sul primo tavolo. Confronta le tue idee con il modello attuale sul secondo tavolo. Pensa alla tua soluzione e considera le opzioni. Dalla seconda tabella, puoi anche analizzare come seguire il modello. Mentalmente fai lo sparo e decidi come puoi avere successo.

- Esercitare la configurazione del tavolo - Posizionare le sfere in posizione, in base alla configurazione della prima tabella. Prova a scattare allo stesso modo del secondo modello di tavolo. Potresti aver bisogno di molti tentativi prima di trovare il modo corretto di giocare. È così che puoi imparare e giocare questi colpi durante le competizioni e i tornei.

La combinazione di analisi mentale e pratica pratica ti renderà un giocatore più intelligente.

A: Giù per la collina, piccolo gancio d'angolo

Il (CB) esce dal primo (OB) e va verso il centro del lungo sponde. Il (CB) va verso l'angolo più lontano - nel sponde corto e lungo sponde.

Ⓐ (CB) (la tua palla) - ⊙ (OB) (palla dell'avversario) - ● (OB) (palla rossa)

A: Gruppo 1

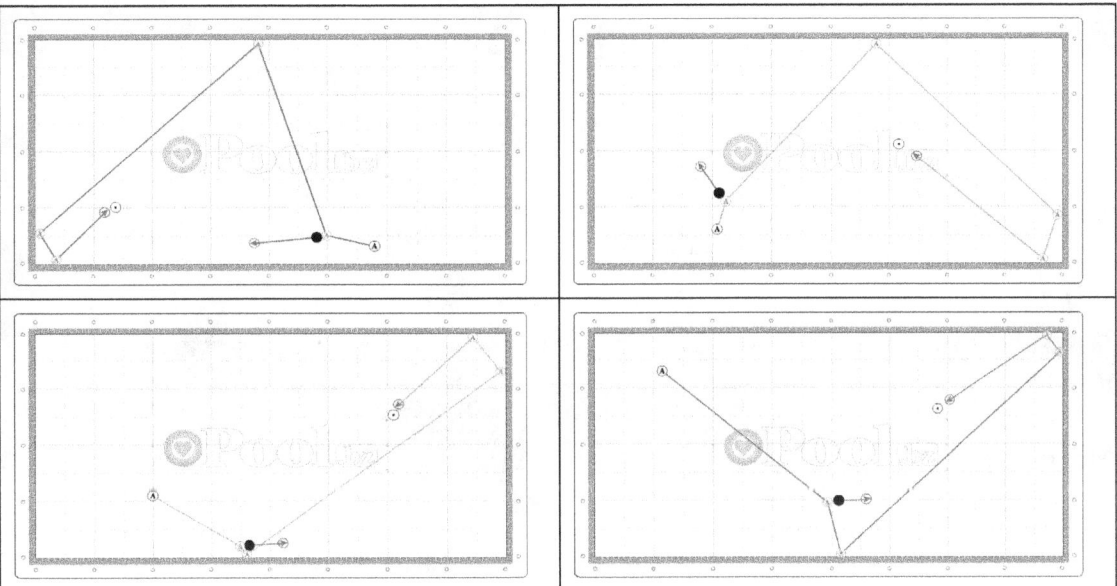

Analisi:

A:1a. _____

A:1b. _____

A:1c. _____

A:1d. _____

A:1a – Impostare

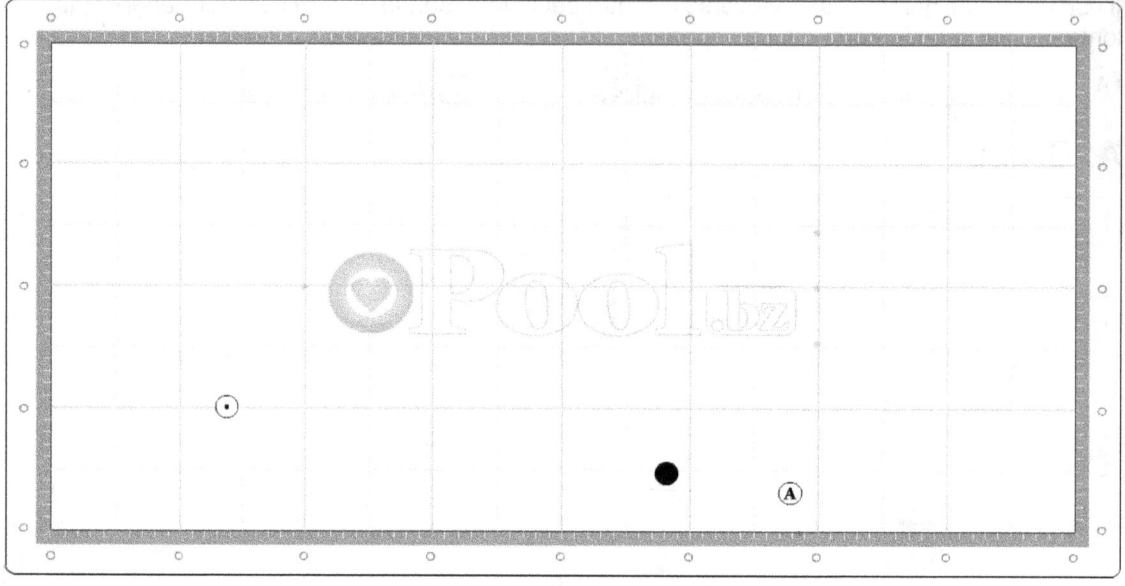

Note e idee:

Modello di colpo

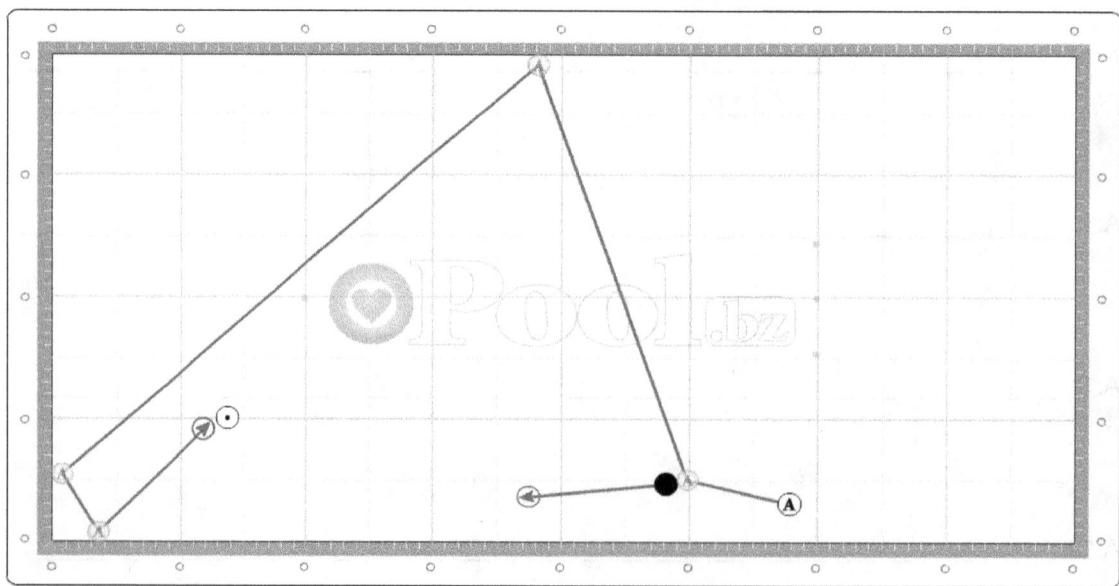

A:1b – Impostare

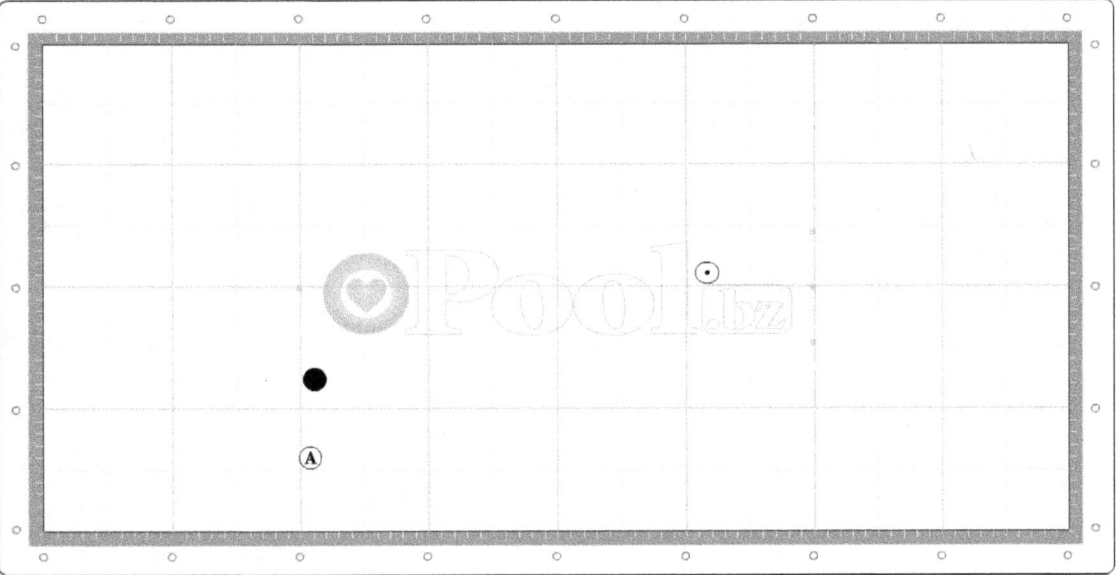

Note e idee:

Modello di colpo

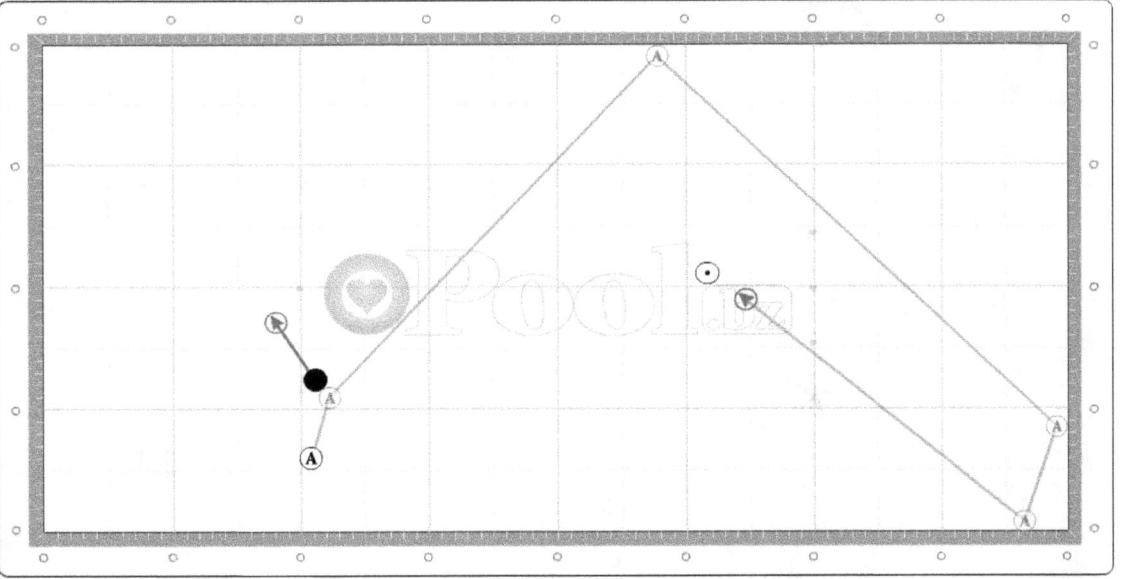

A:1c – Impostare

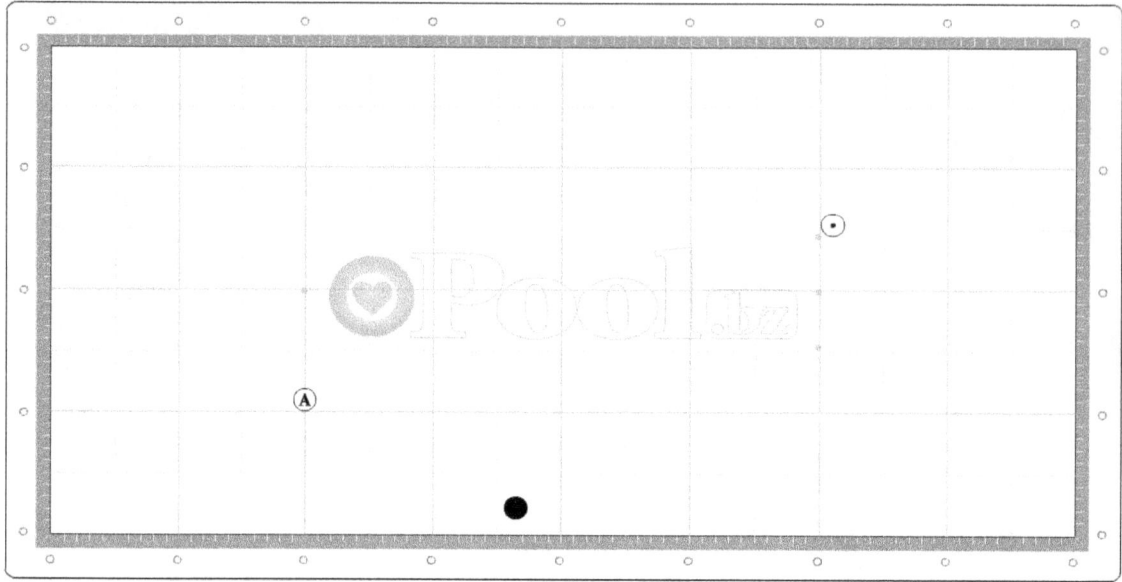

Note e idee:

Modello di colpo

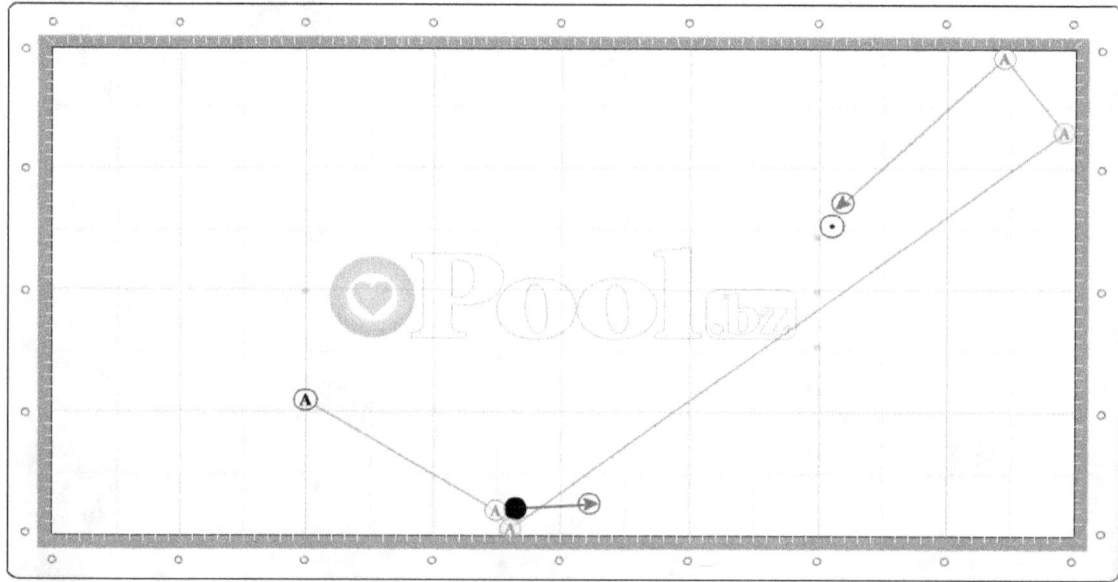

A:1d – Impostare

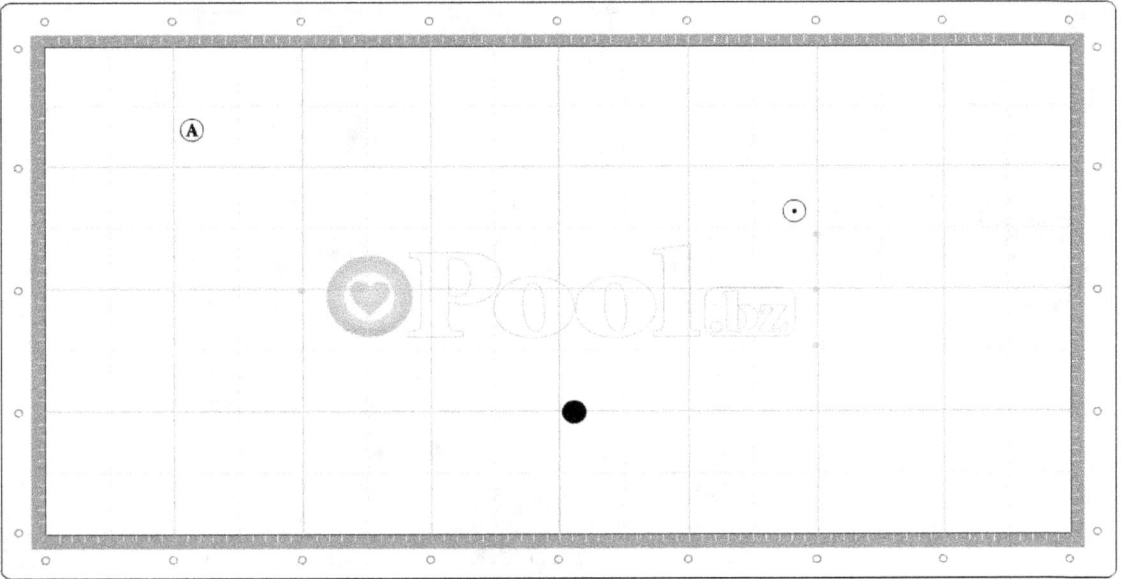

Note e idee:

Modello di colpo

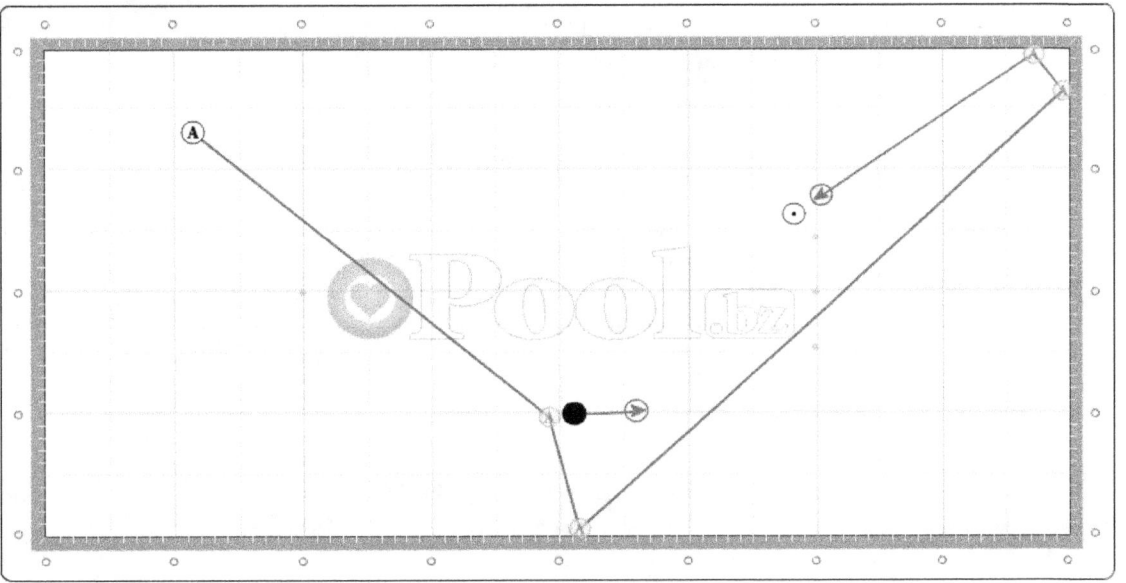

A: Gruppo 2

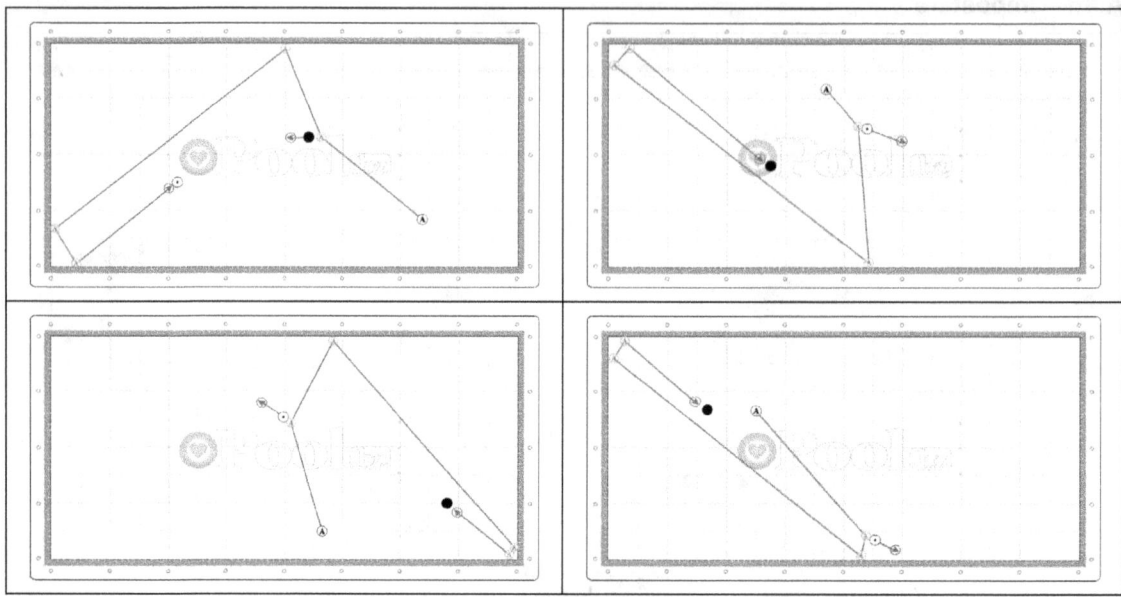

Analisi:

A:2a. _____

A:2b. _____

A:2c. _____

A:2d. _____

A:2a – Impostare

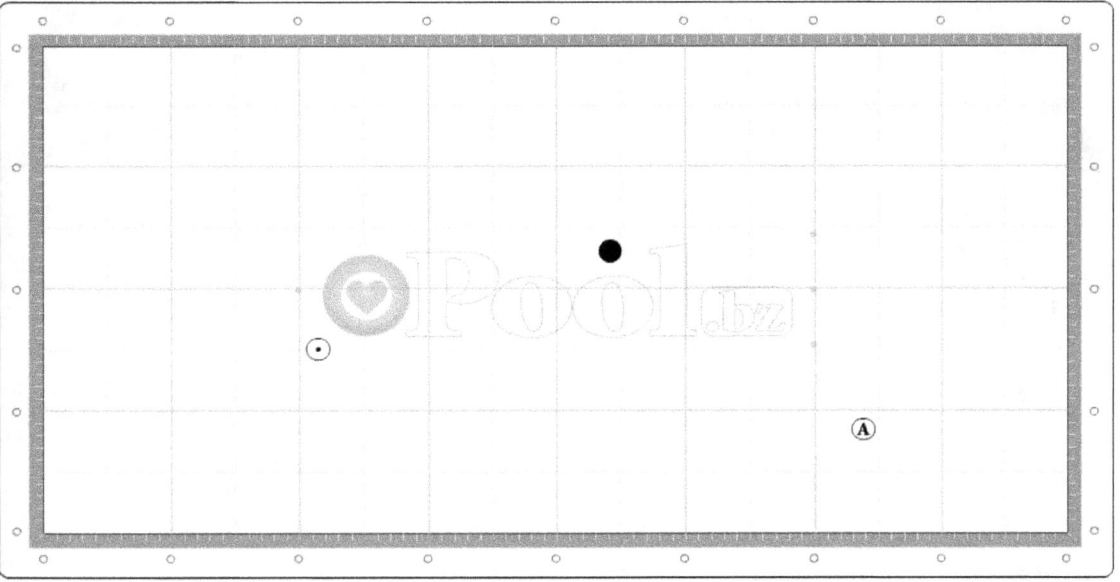

Note e idee:

Modello di colpo

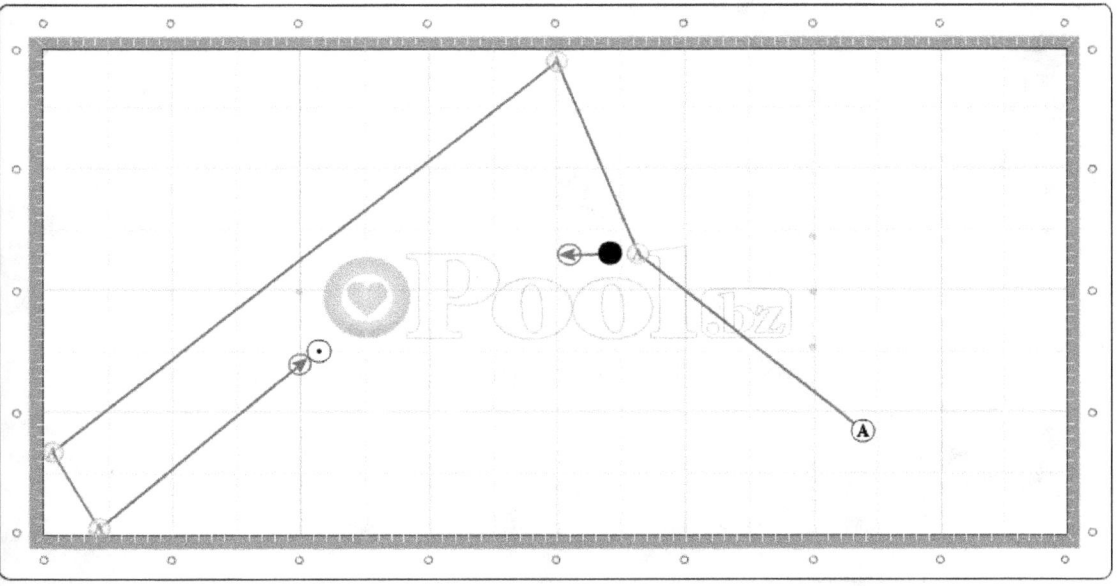

A:2b – Impostare

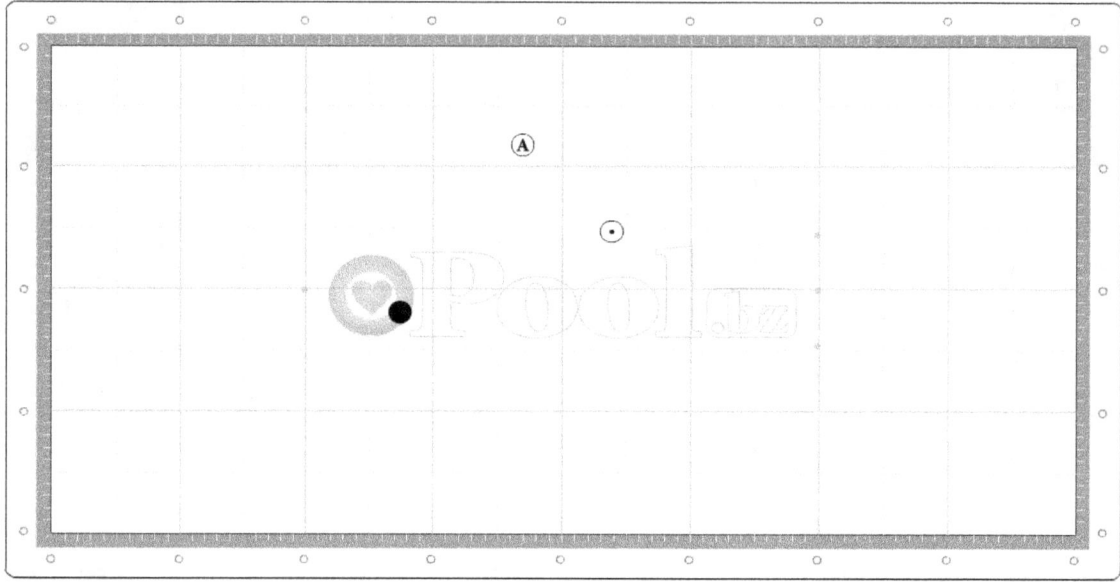

Note e idee:

Modello di colpo

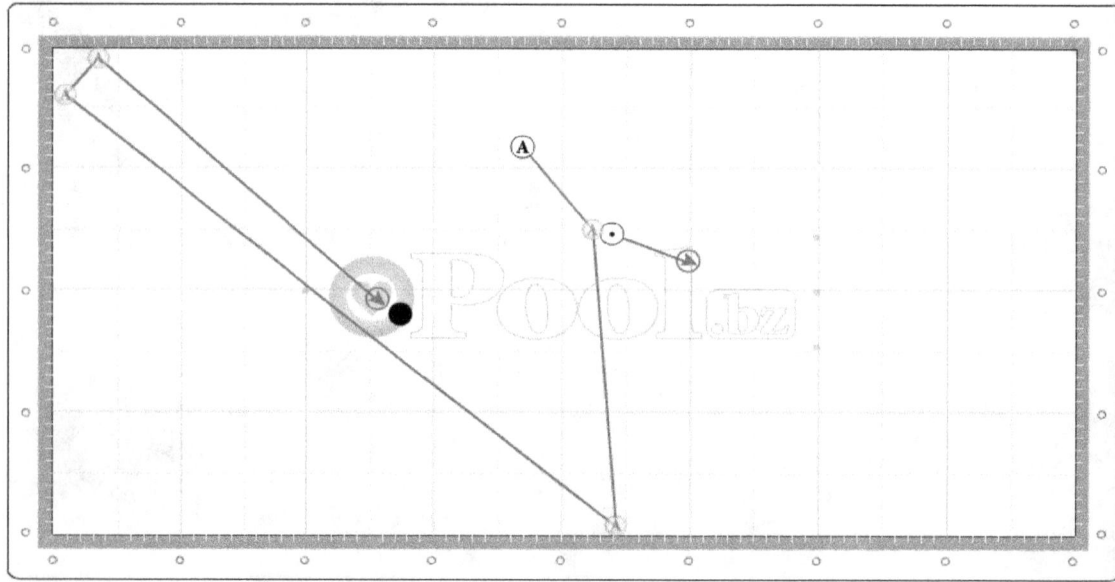

A:2c – Impostare

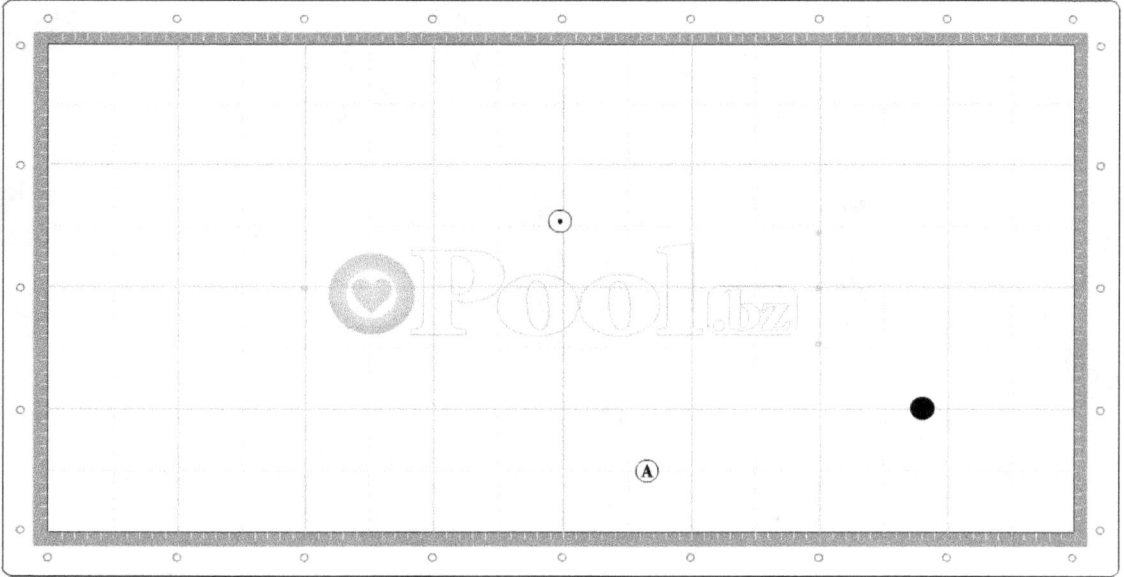

Note e idee:

Modello di colpo

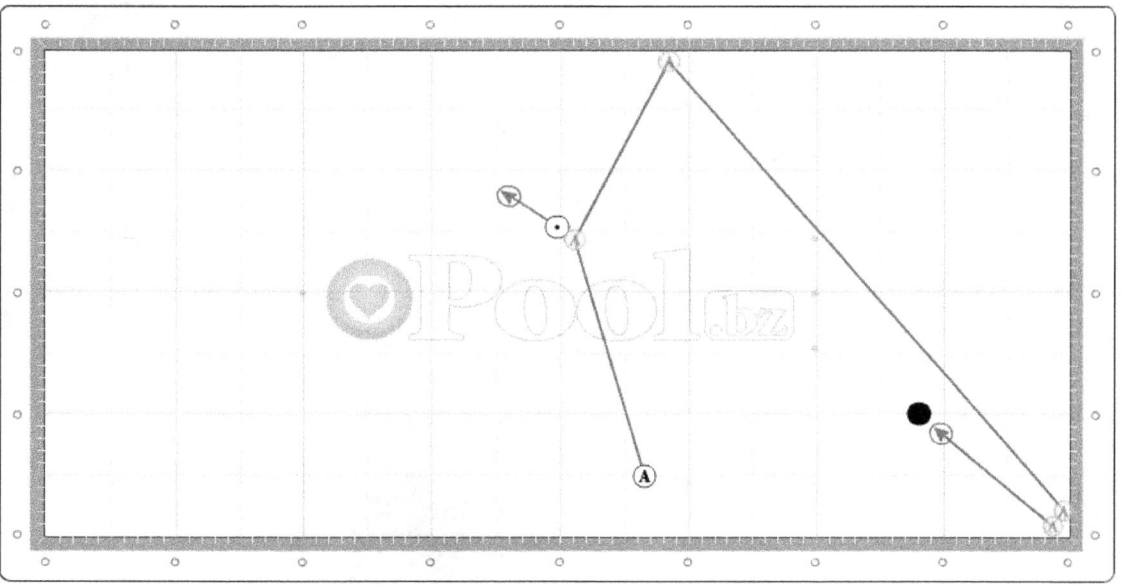

A:2d – Impostare

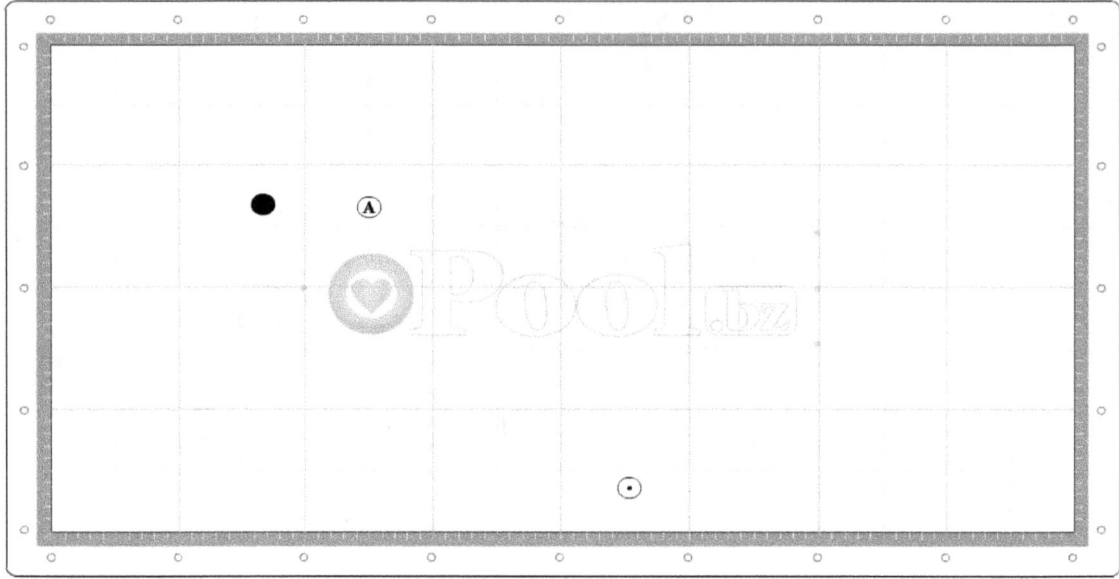

Note e idee:

Modello di colpo

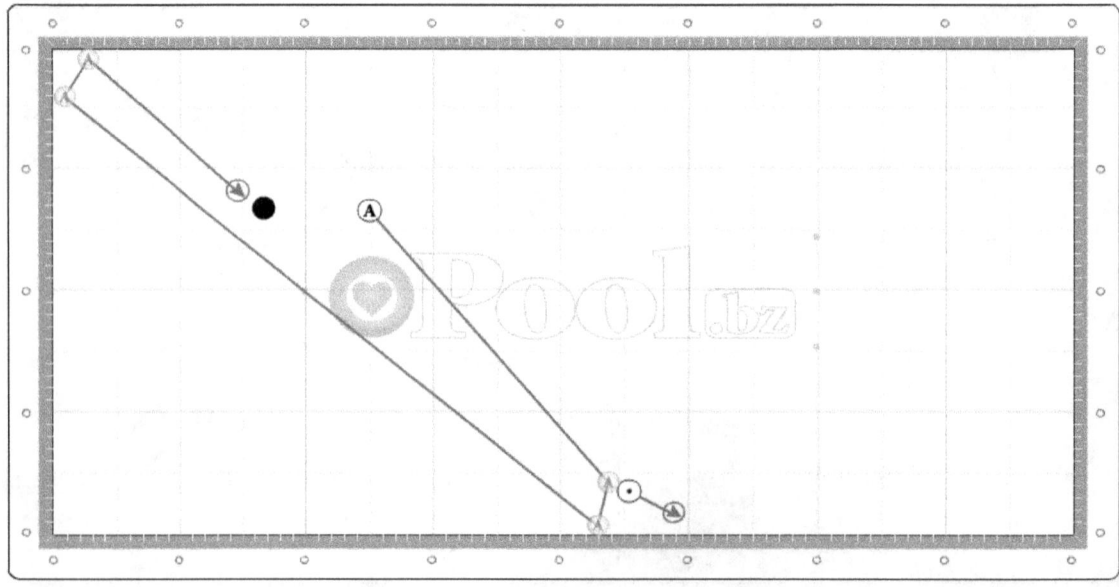

A: Gruppo 3

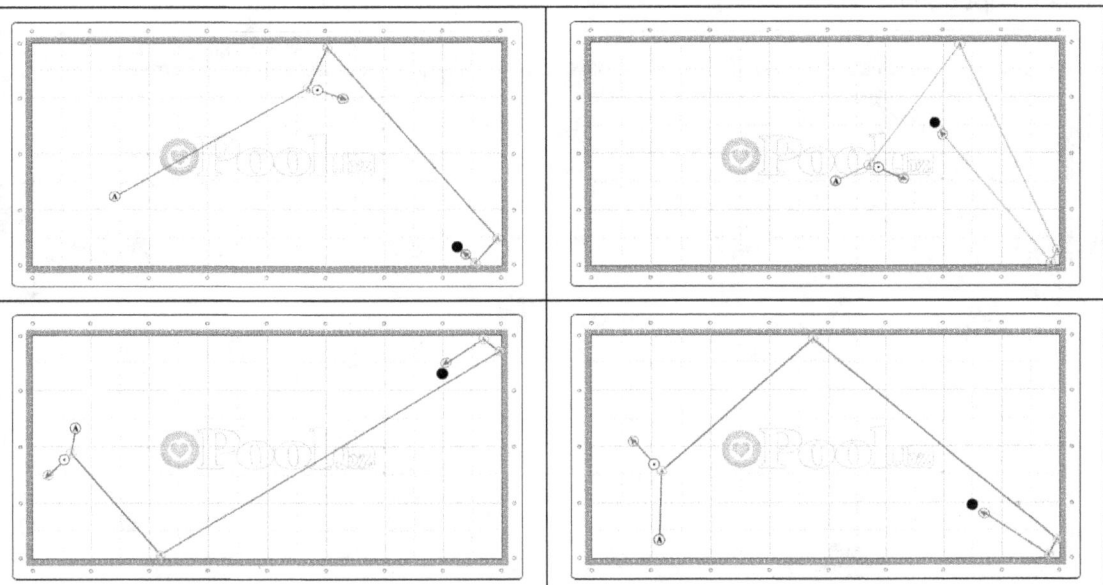

Analisi:

A:3a. _____

A:3b. _____

A:3c. _____

A:3d. _____

A:3a – Impostare

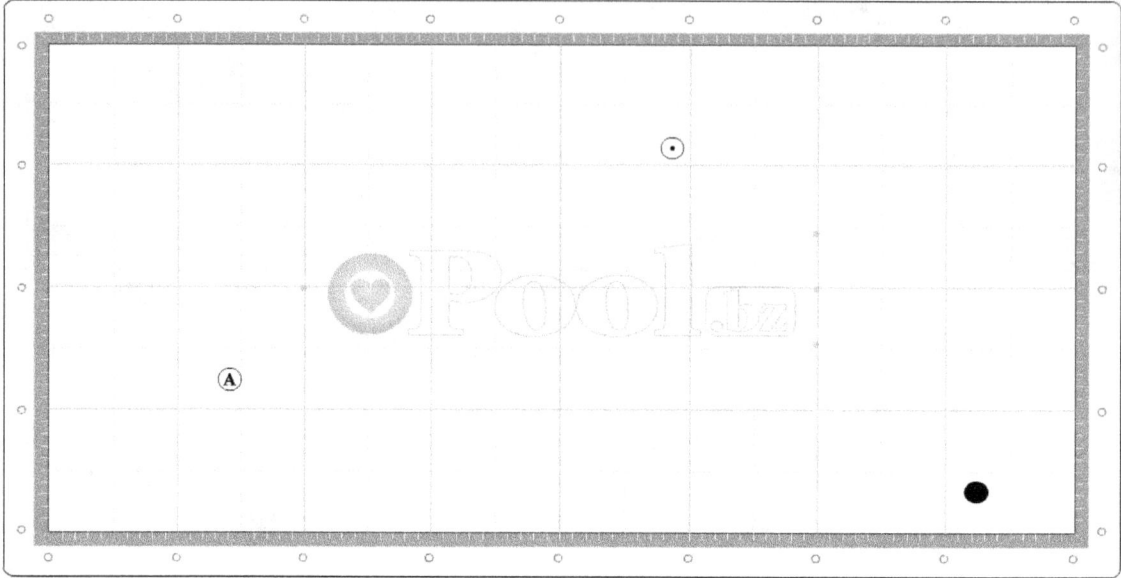

Note e idee:

Modello di colpo

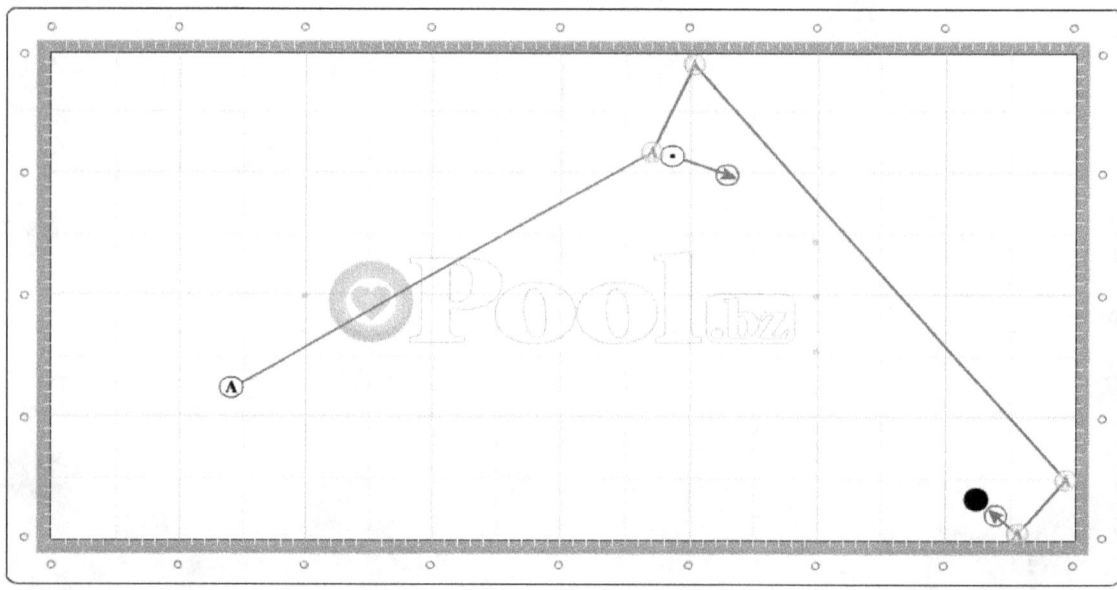

A:3b – Impostare

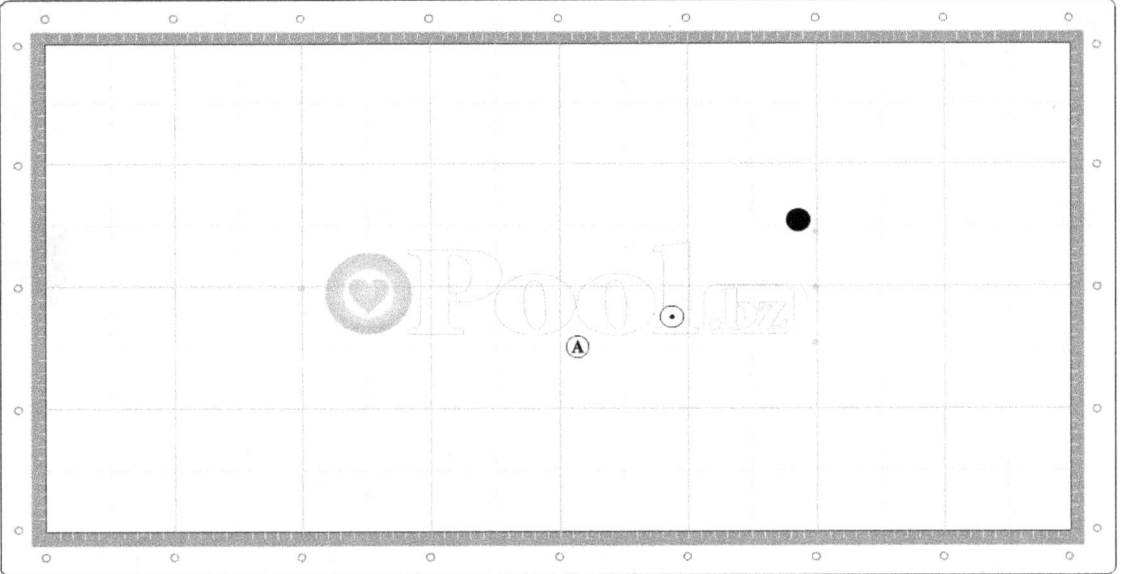

Note e idee:

Modello di colpo

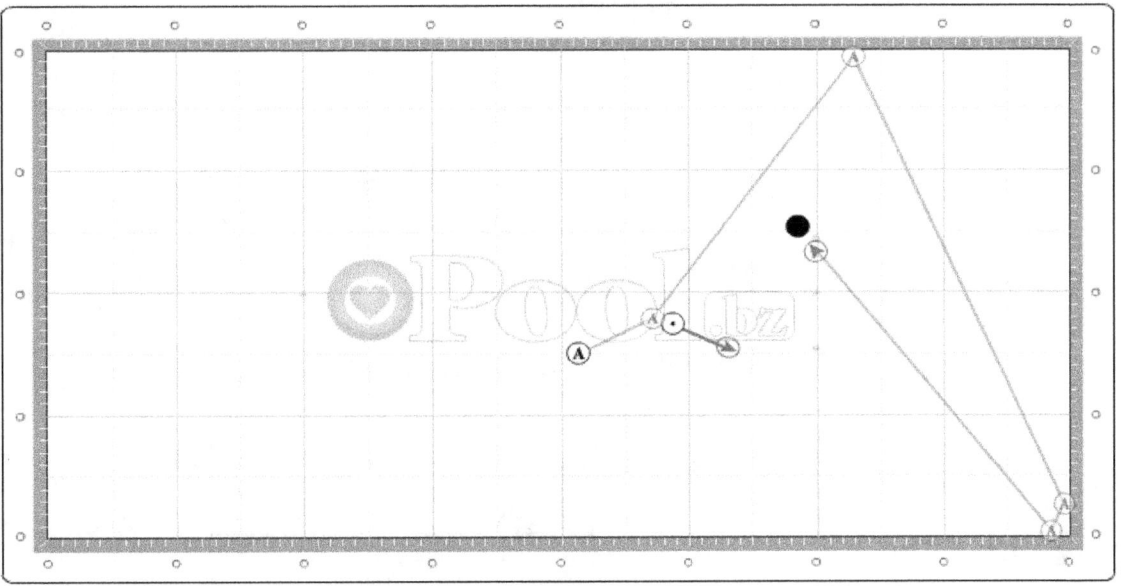

A:3c – Impostare

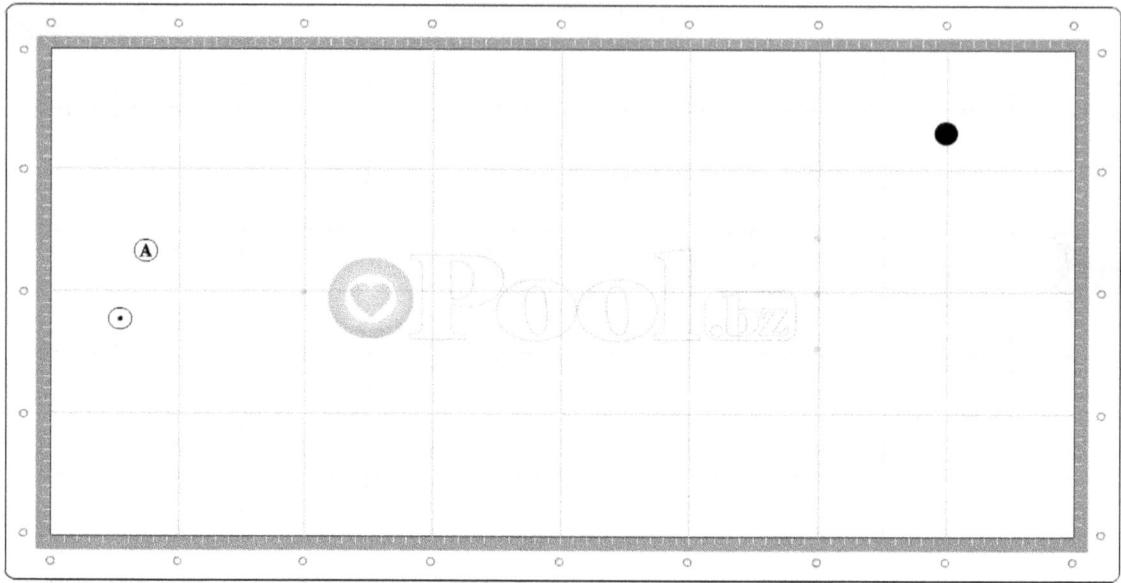

Note e idee:

Modello di colpo

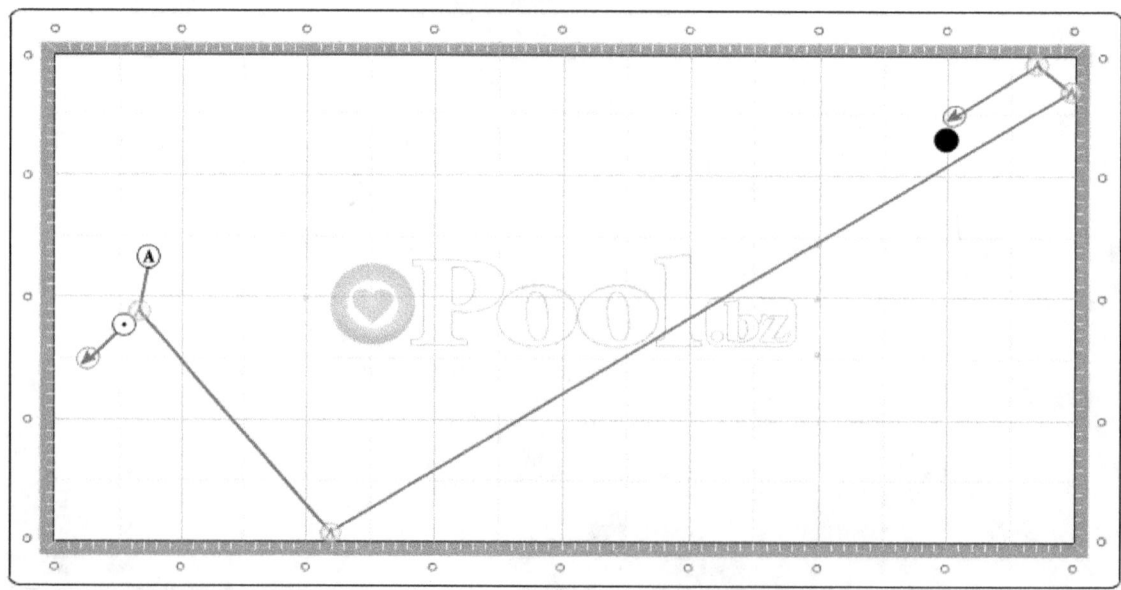

A:3d– Impostare

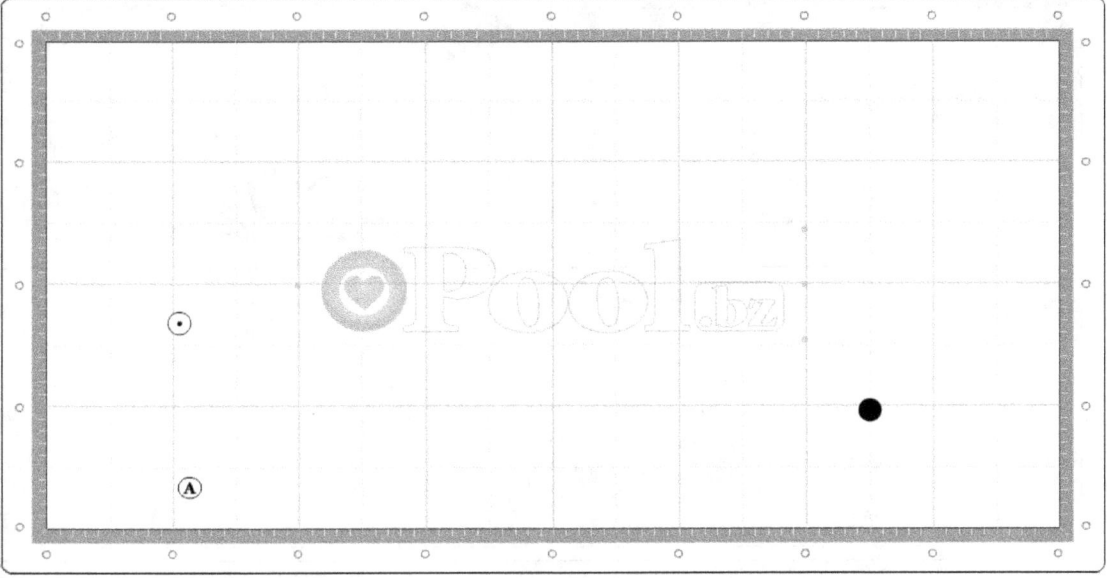

Note e idee:

Modello di colpo

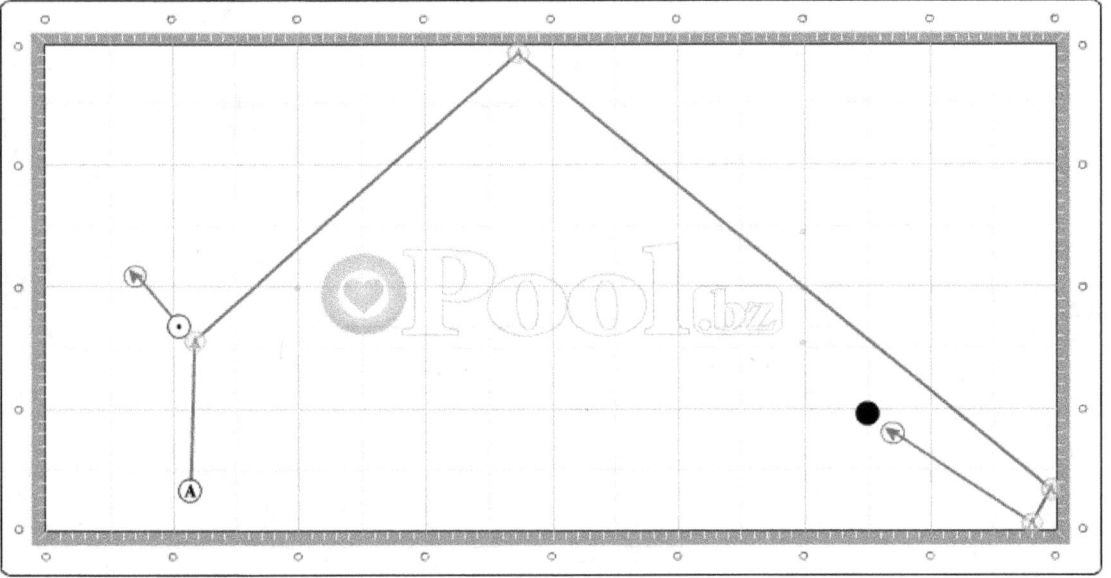

A: Gruppo 4

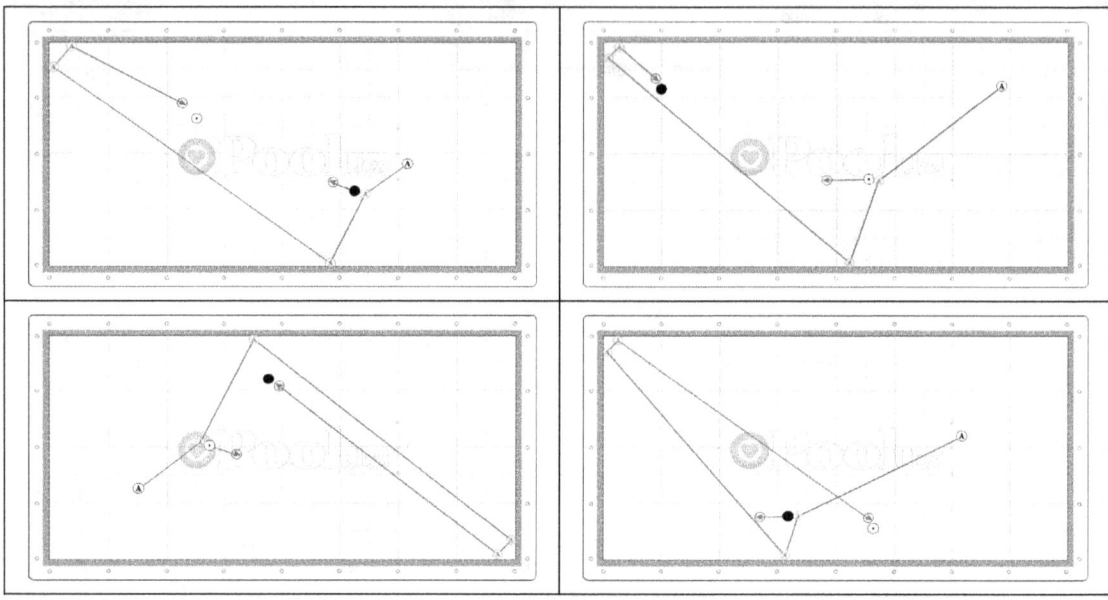

Analisi:

A:4a. _____

A:4b. _____

A:4c. _____

A:4d. _____

A:4a – Impostare

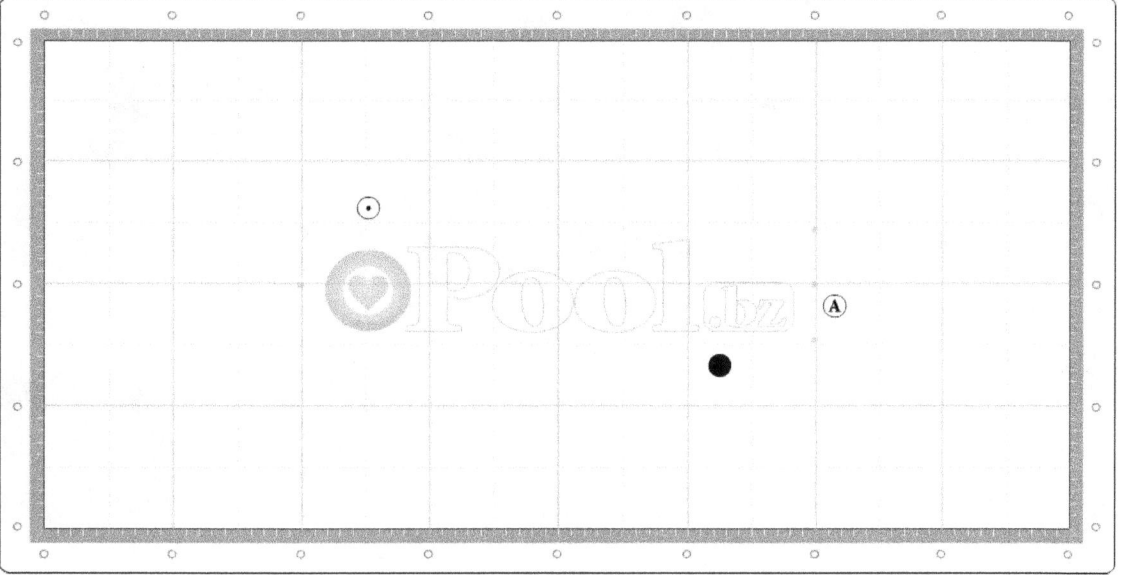

Note e idee:

Modello di colpo

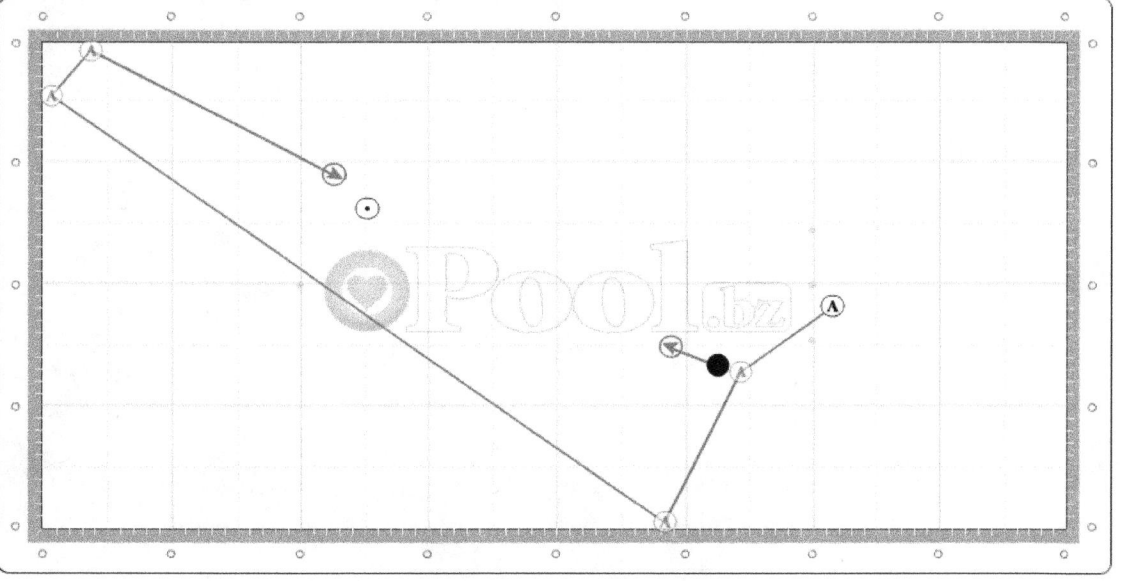

A:4b – Impostare

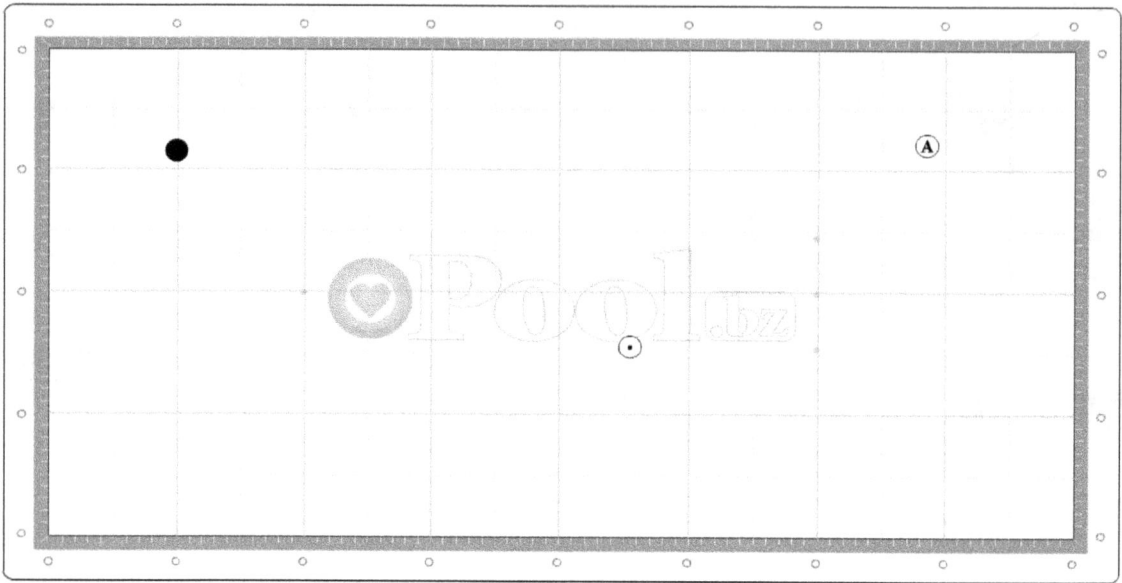

Note e idee:

Modello di colpo

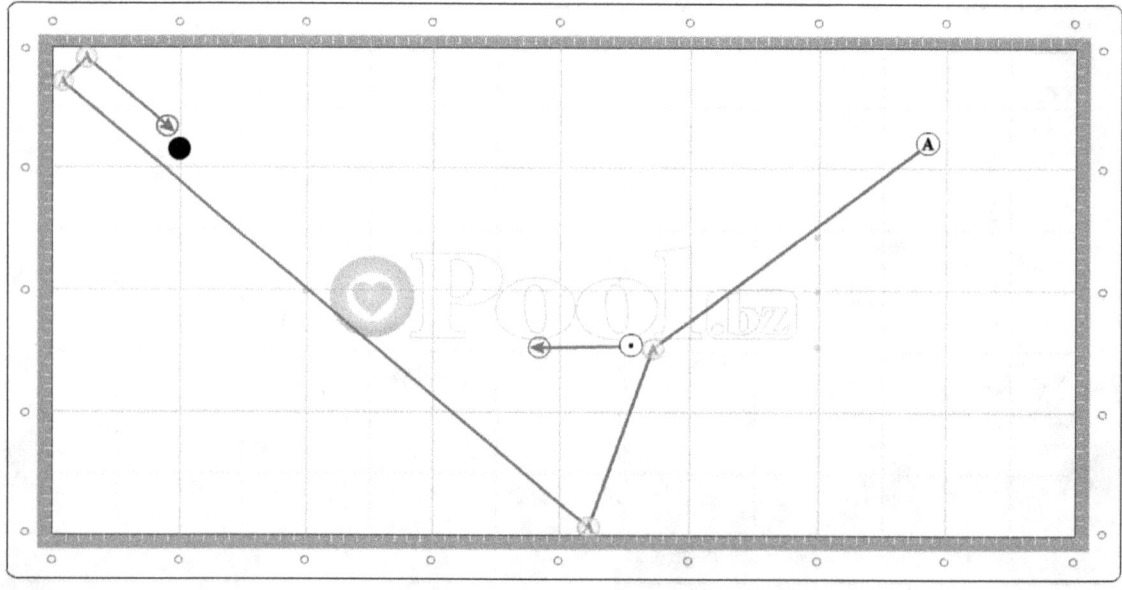

A:4c – Impostare

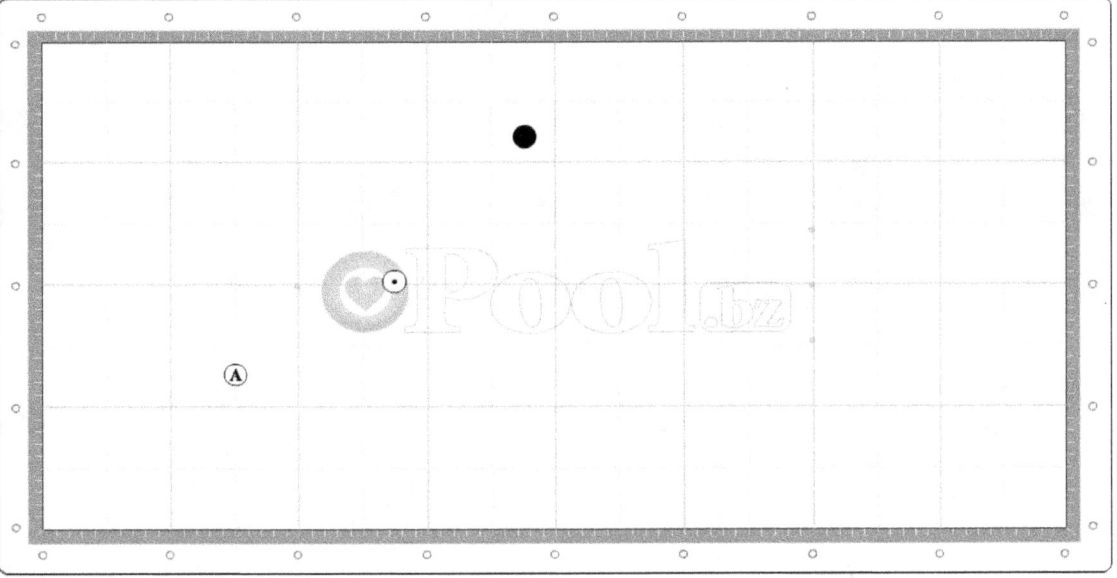

Note e idee:

Modello di colpo

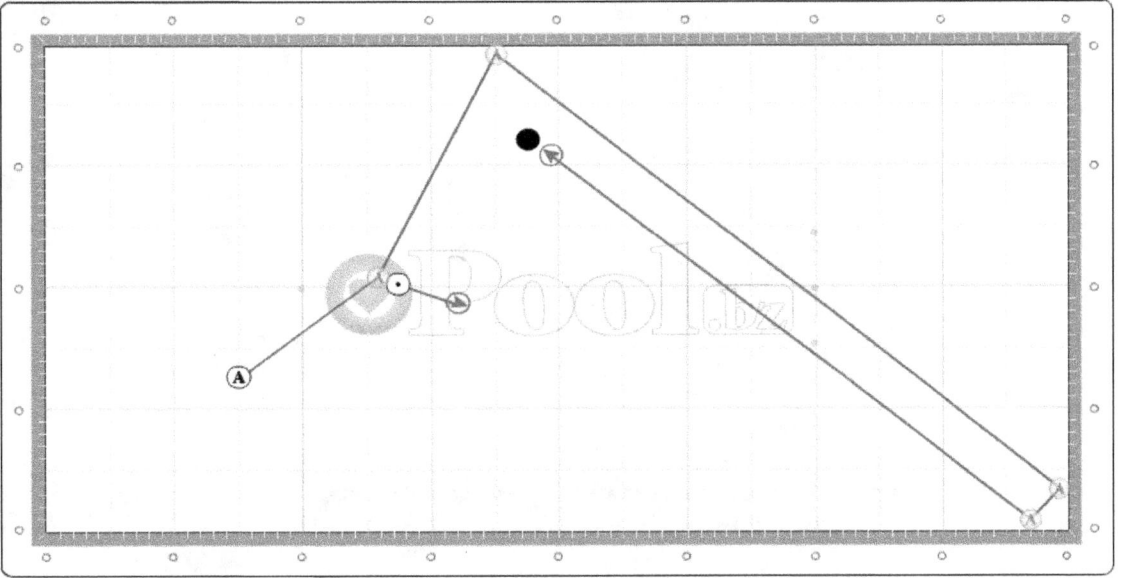

A:4d – Impostare

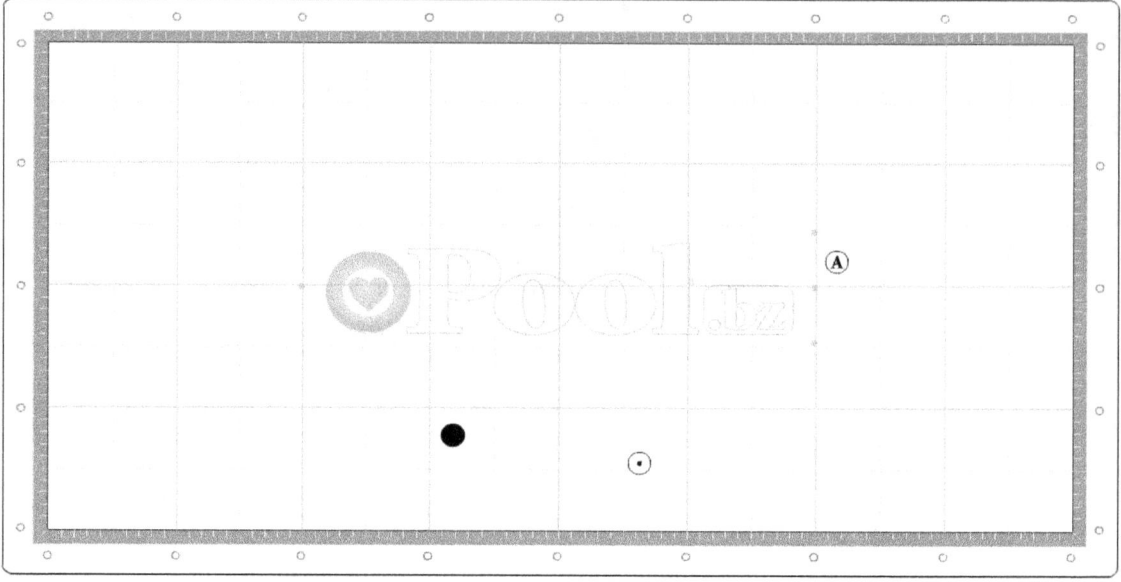

Note e idee:

Modello di colpo

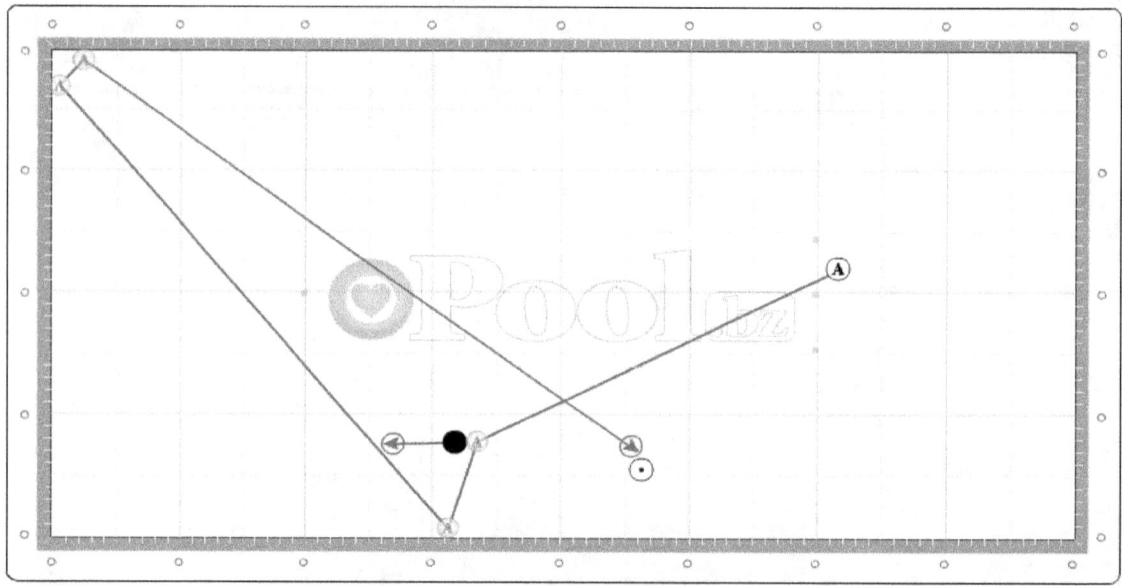

B: Giù per la collina, grande gancio d'angolo

Il (CB) si stacca dal primo (OB) e va sul lato opposto al centro del sponde lungo. Quindi, va nell'altro angolo. Qui, contatta il sponde corto e il sponde lungo, quindi contatta l'altro (OB).

Ⓐ (CB) (la tua palla) - ⊙ (OB) (palla dell'avversario) - ● (OB) (palla rossa)

B: Gruppo 1

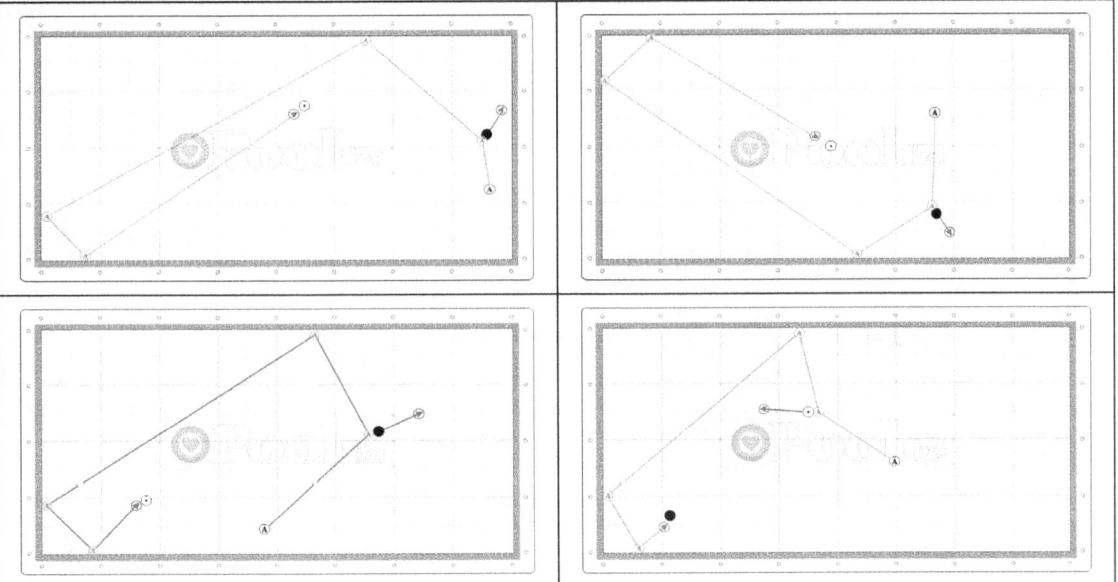

Analisi:

B:1a. _____

B:1b. _____

B:1c. _____

B:1d. _____

B:1a – Impostare

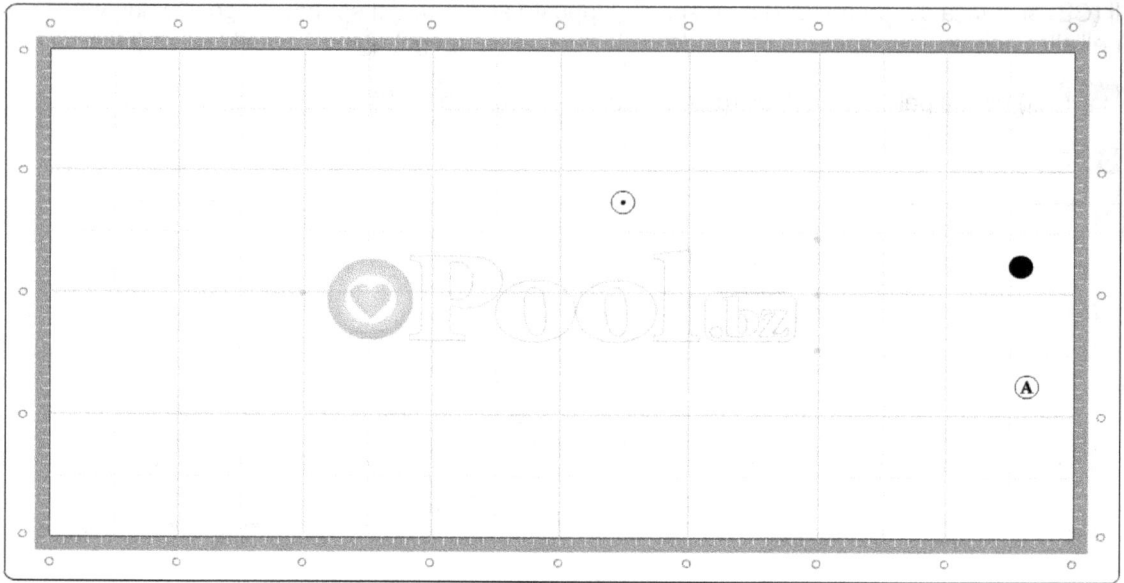

Note e idee:

Modello di colpo

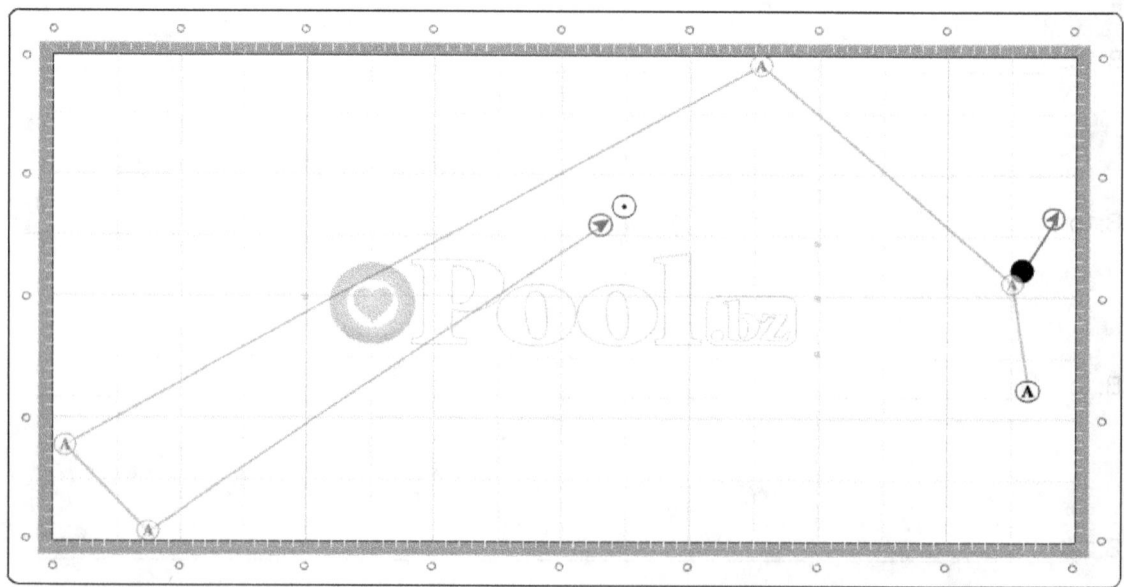

B:1b – Impostare

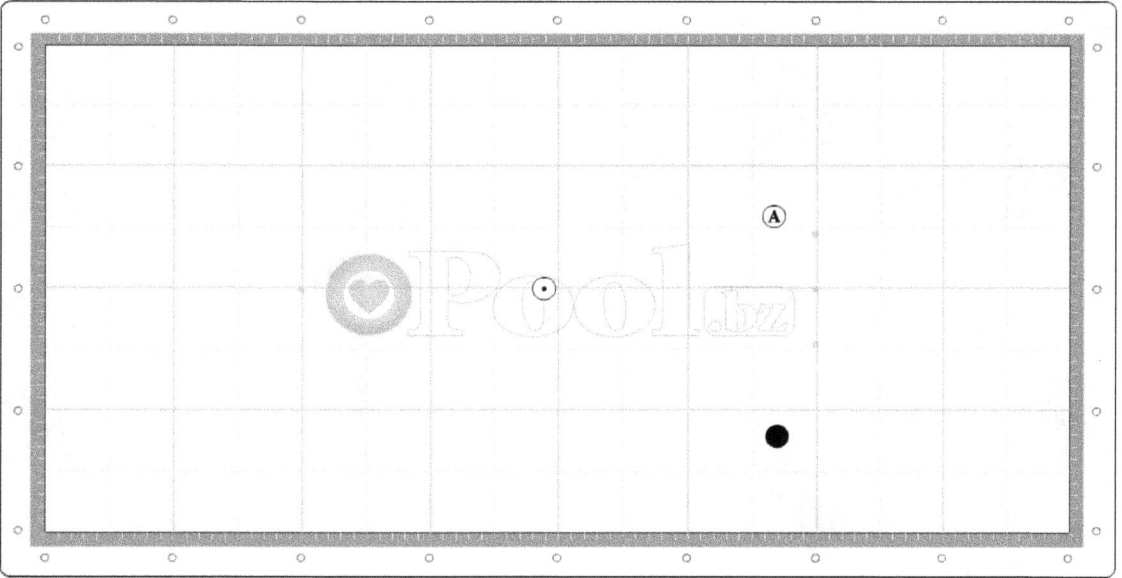

Note e idee:

Modello di colpo

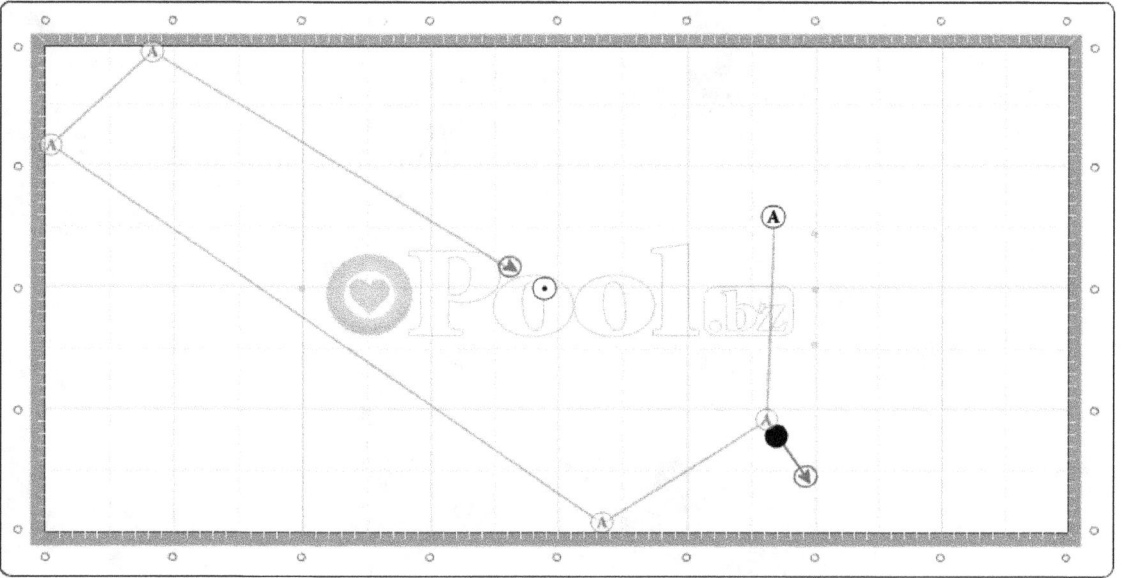

B:1c – Impostare

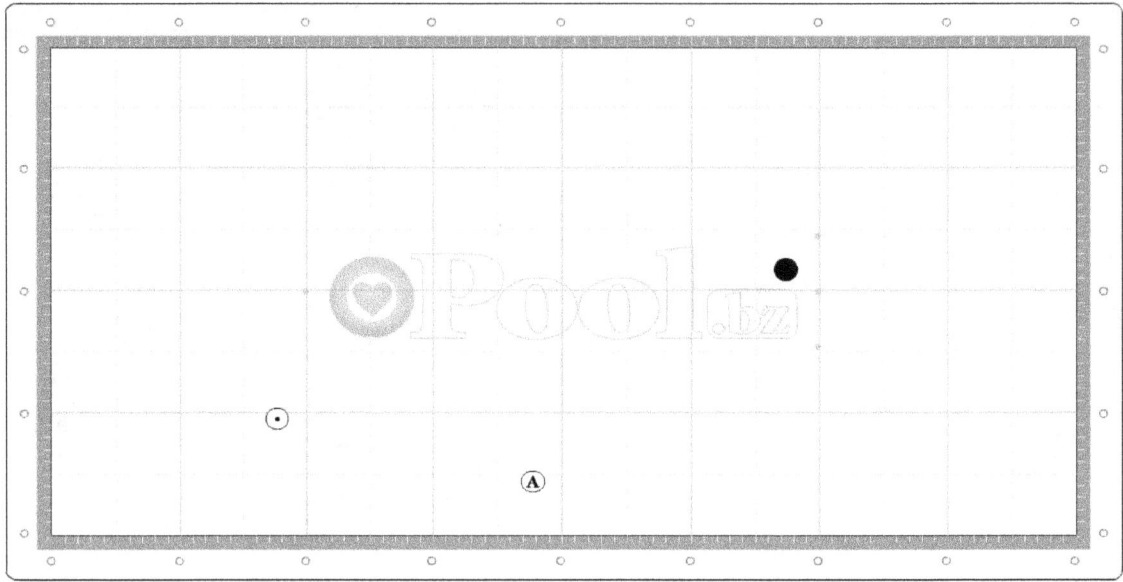

Note e idee:

Modello di colpo

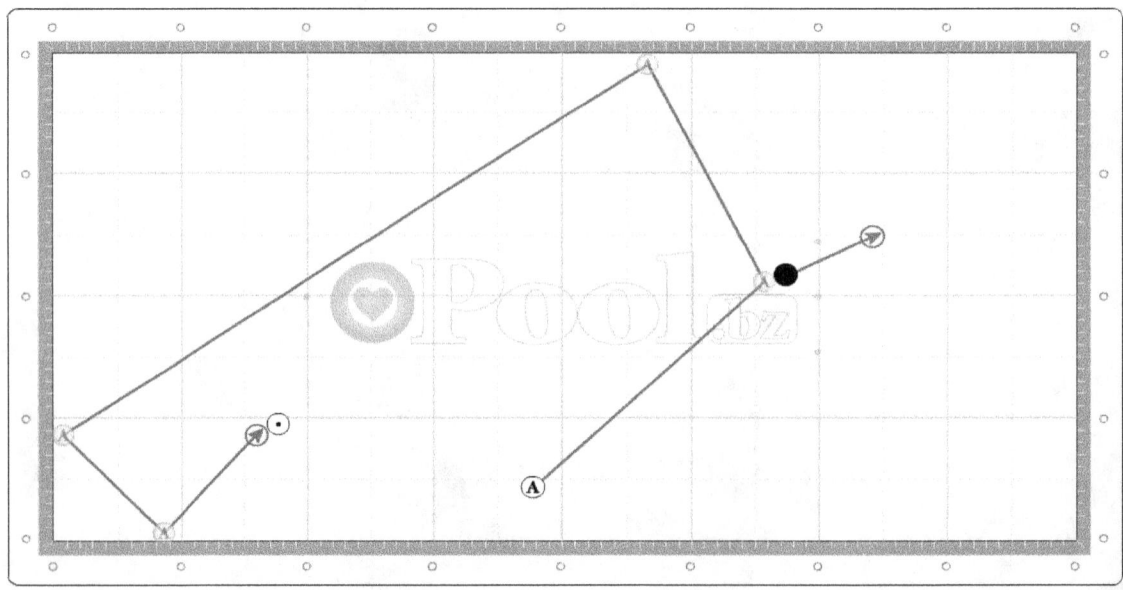

B:1d – Impostare

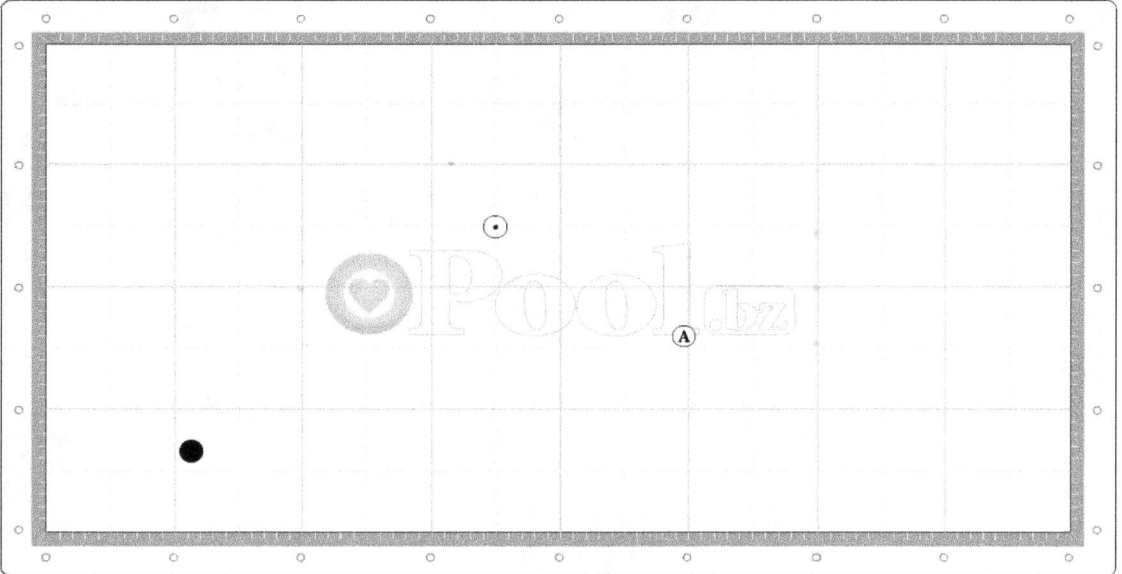

Note e idee:

Modello di colpo

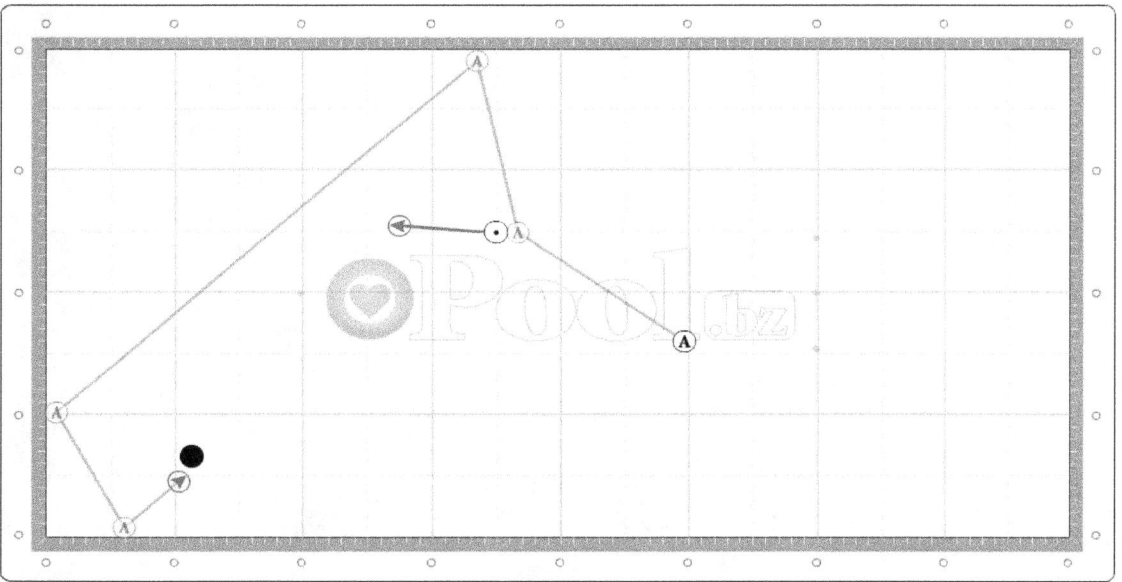

B: Gruppo 2

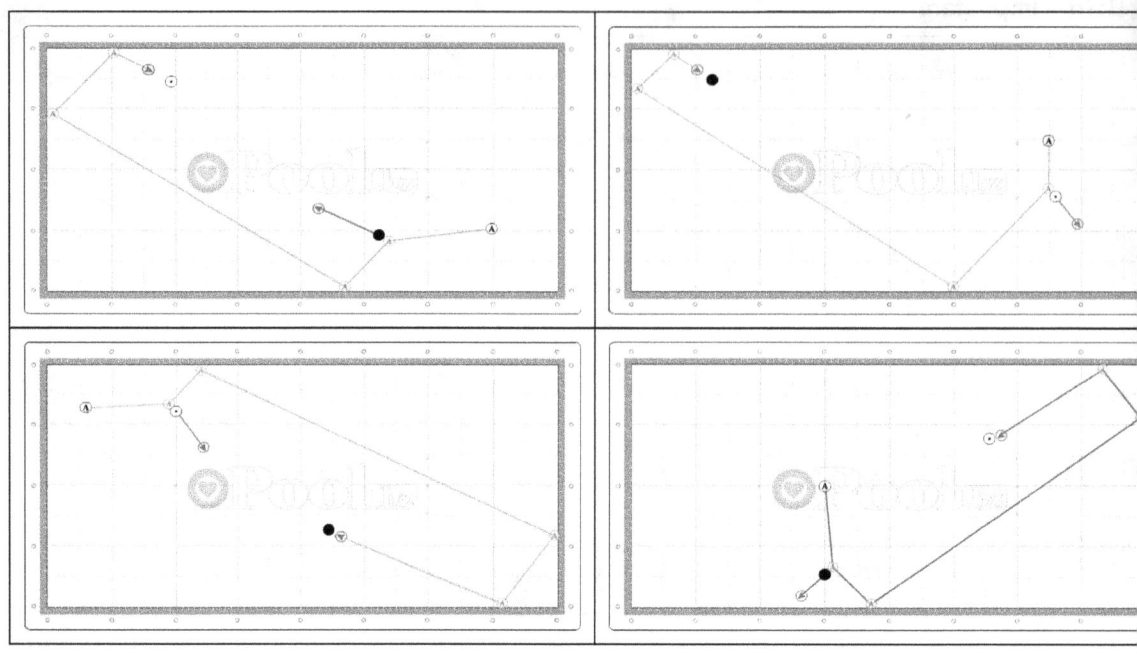

Analisi:

B:2a. _____

B:2b. _____

B:2c. _____

B:2d. _____

B:2a – Impostare

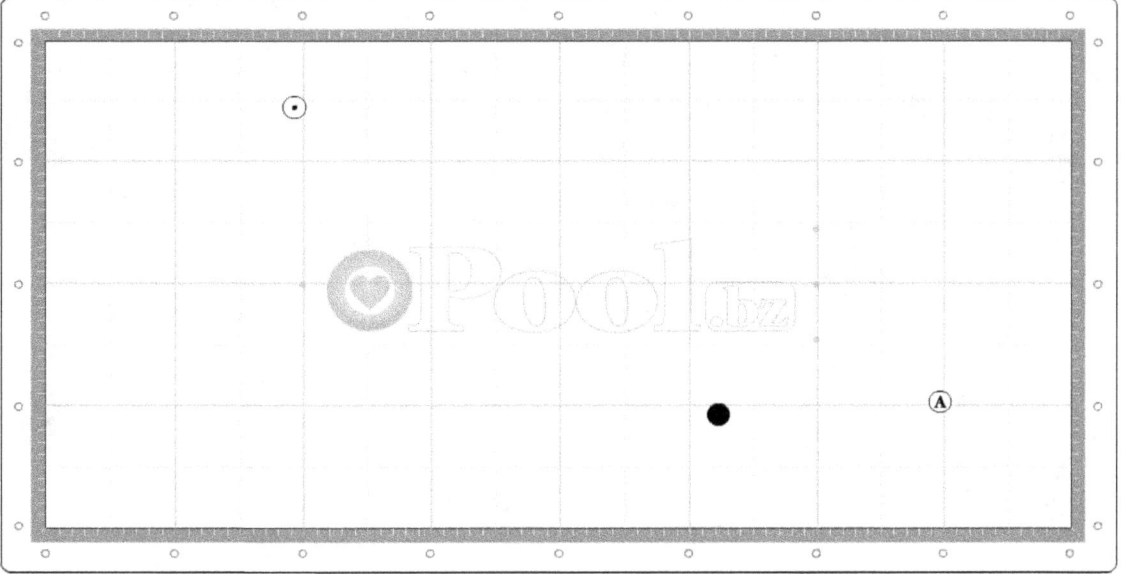

Note e idee:

Modello di colpo

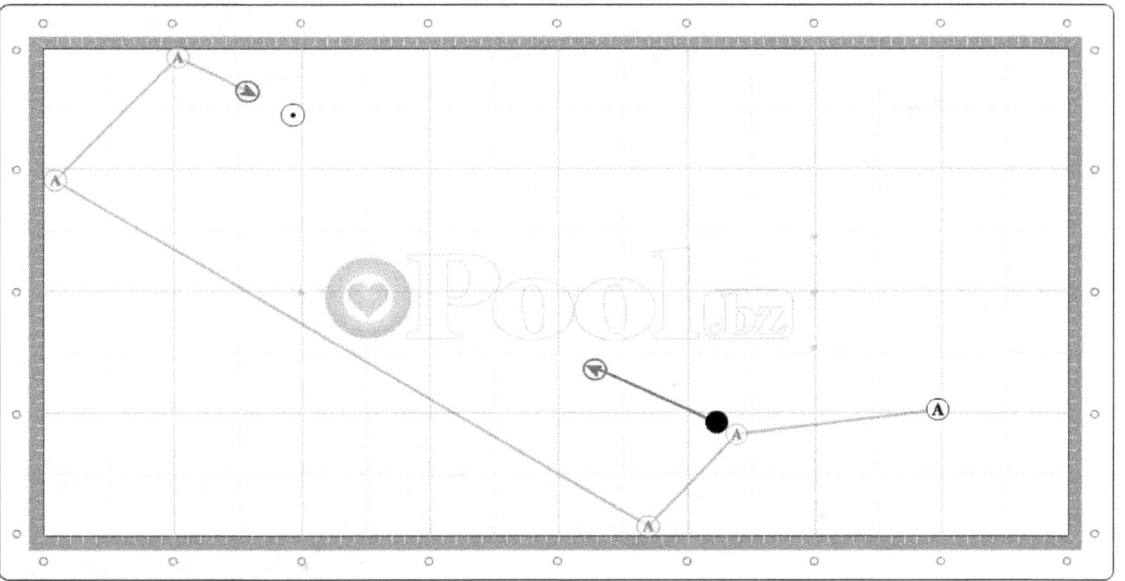

B:2b – Impostare

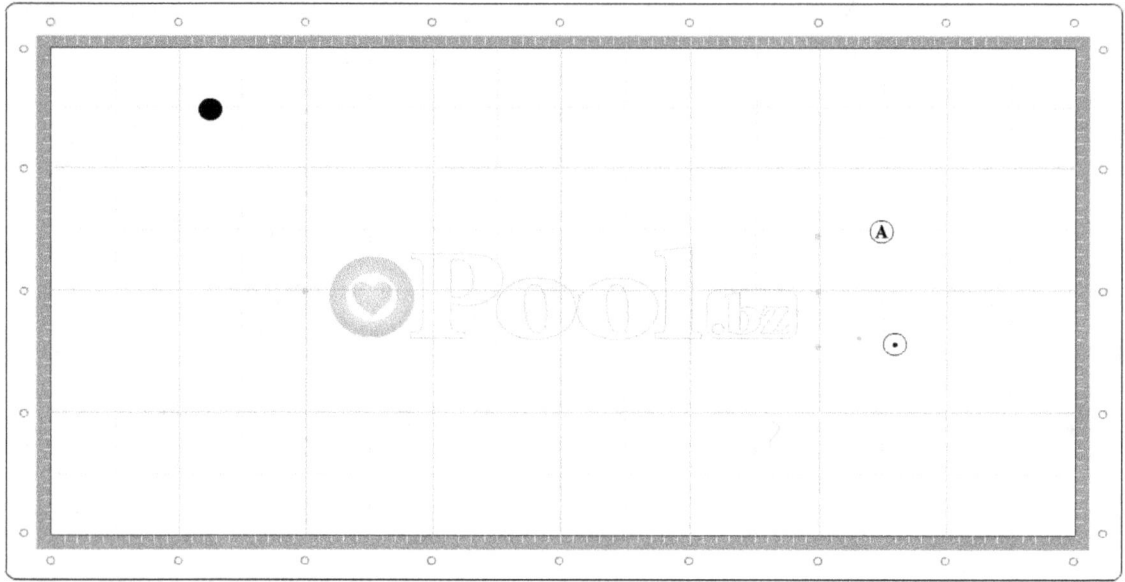

Note e idee:

Modello di colpo

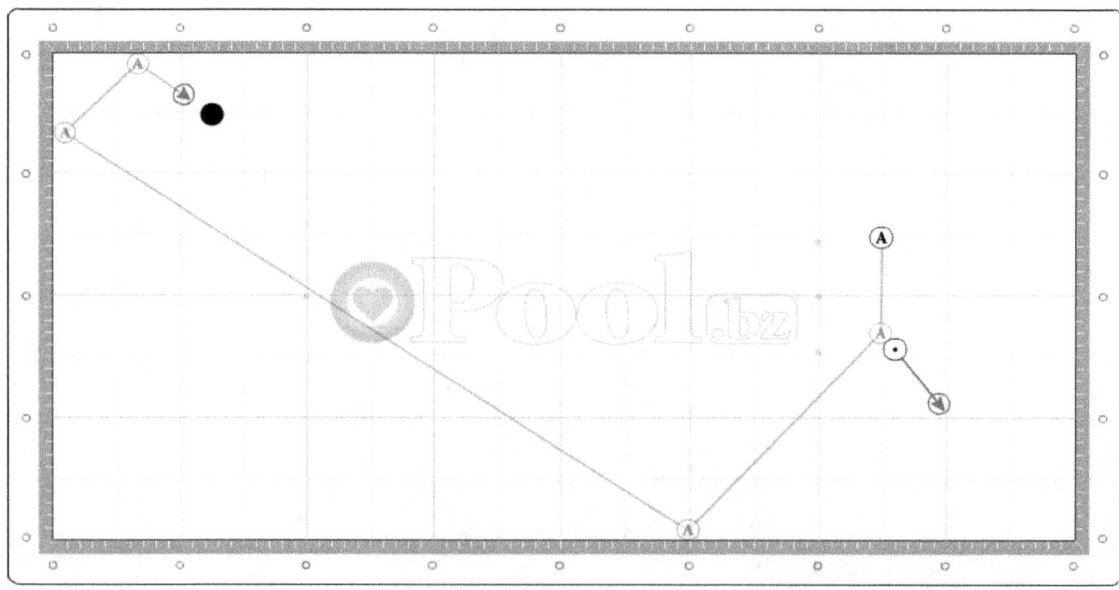

B:2c – Impostare

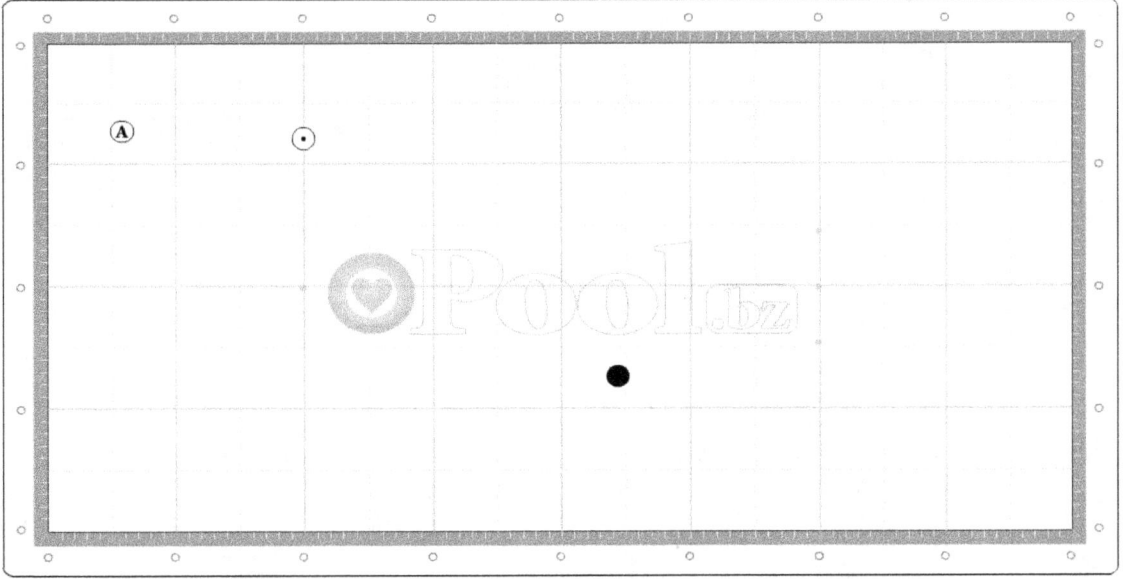

Note e idee:

Modello di colpo

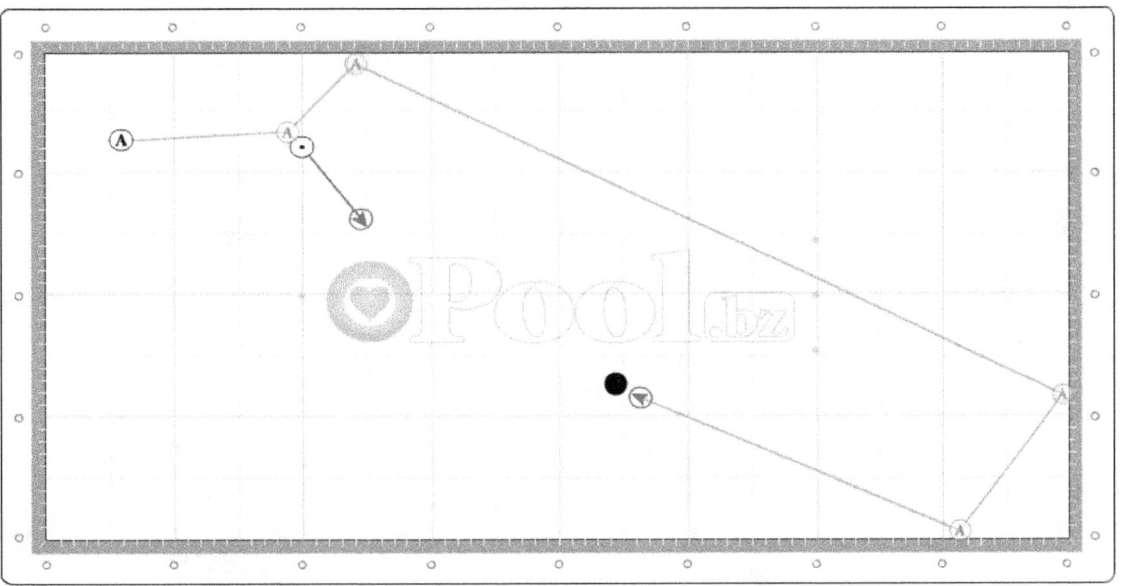

B:2d – Impostare

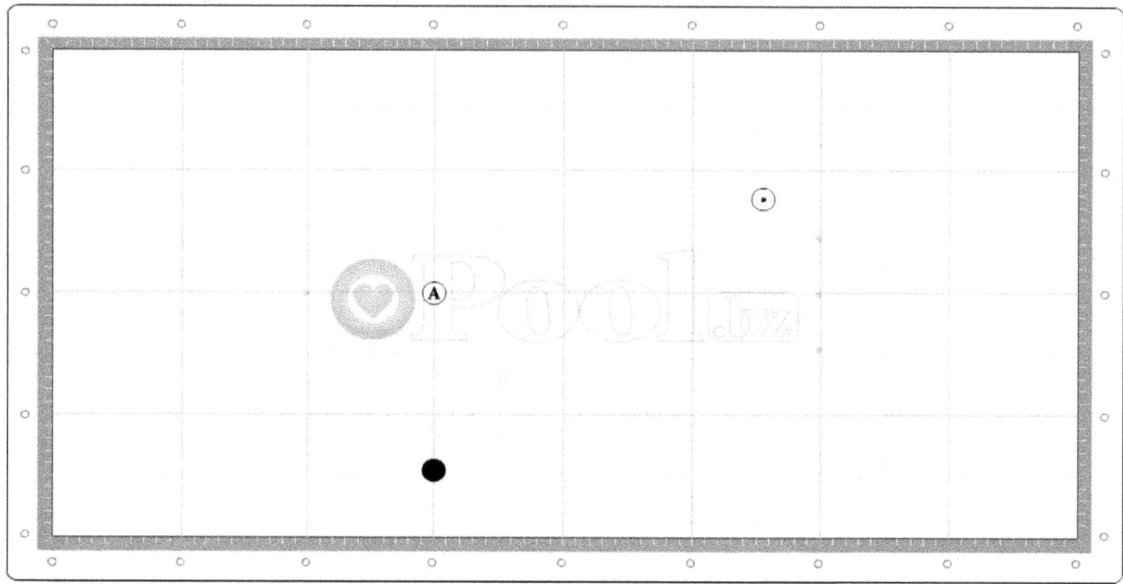

Note e idee:

Modello di colpo

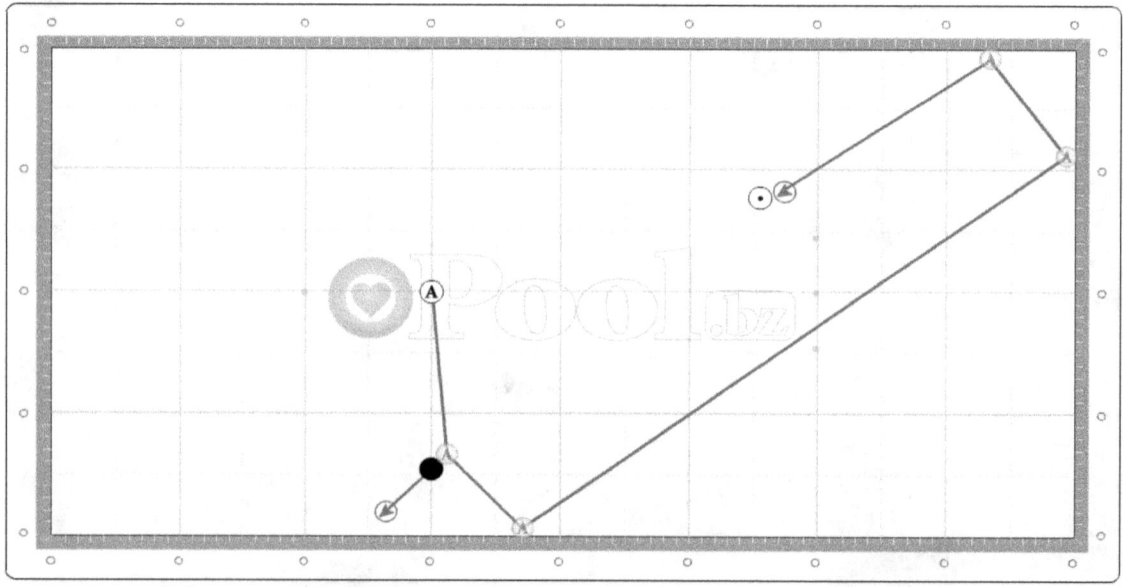

B: Gruppo 3

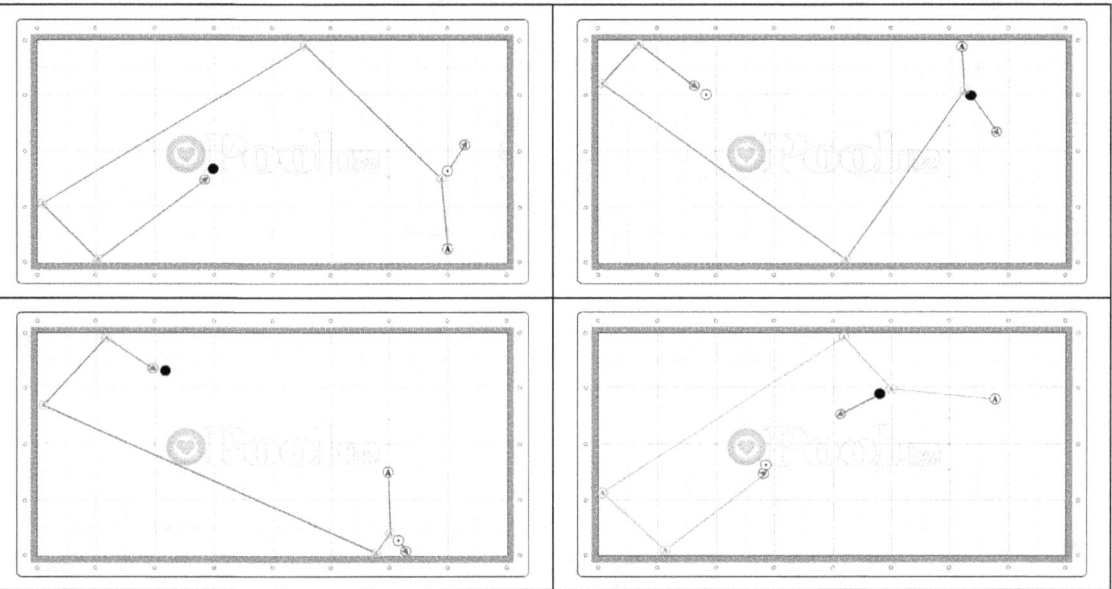

Analisi:

B:3a. _____

B:3b. _____

B:3c. _____

B:3d. _____

B:3a – Impostare

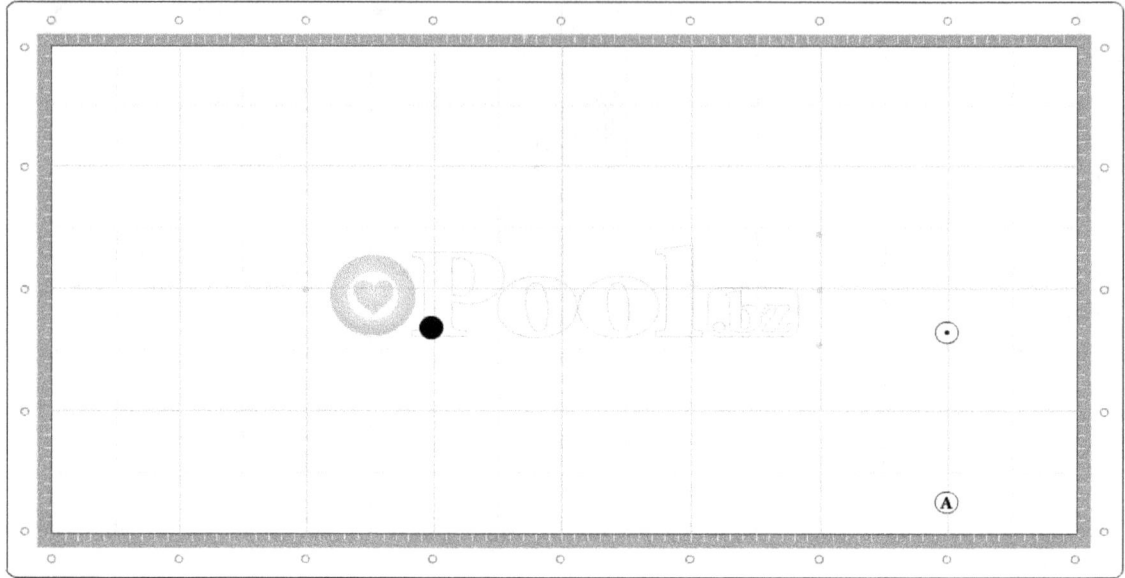

Note e idee:

Modello di colpo

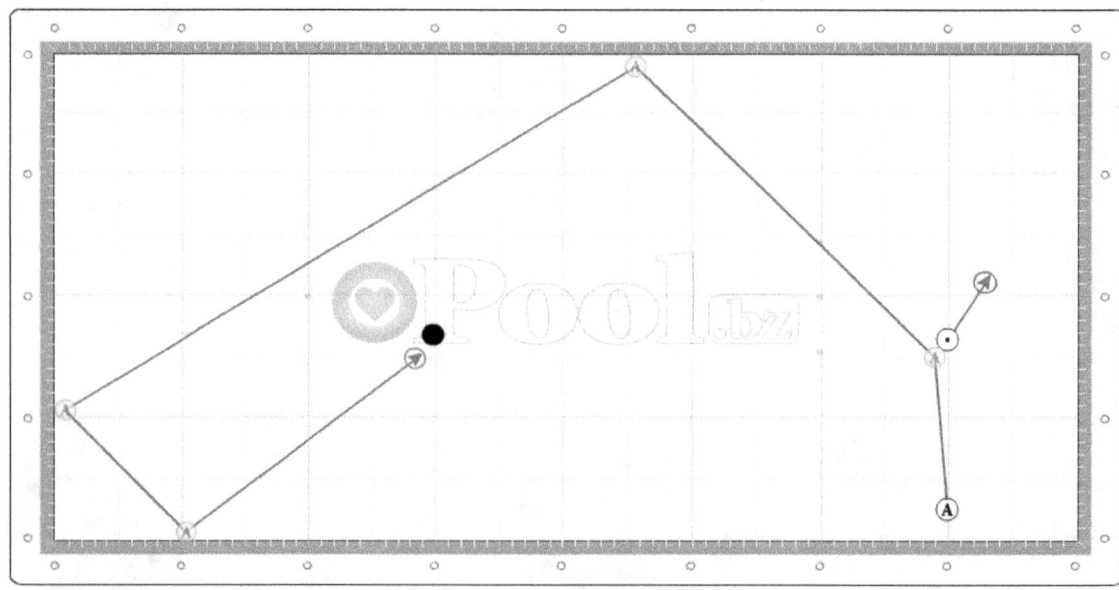

B:3b – Impostare

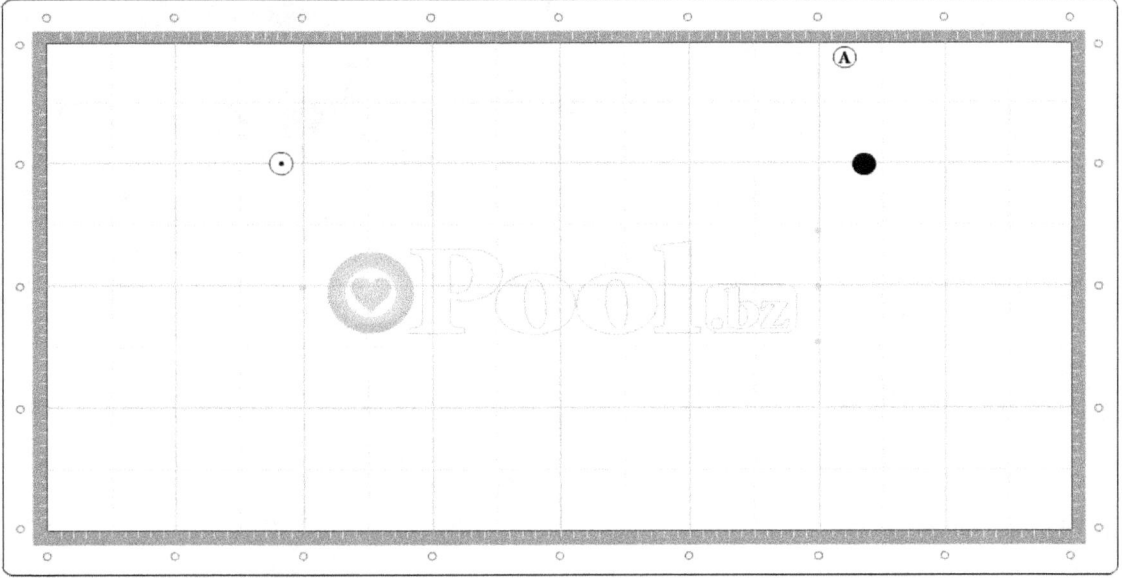

Note e idee:

Modello di colpo

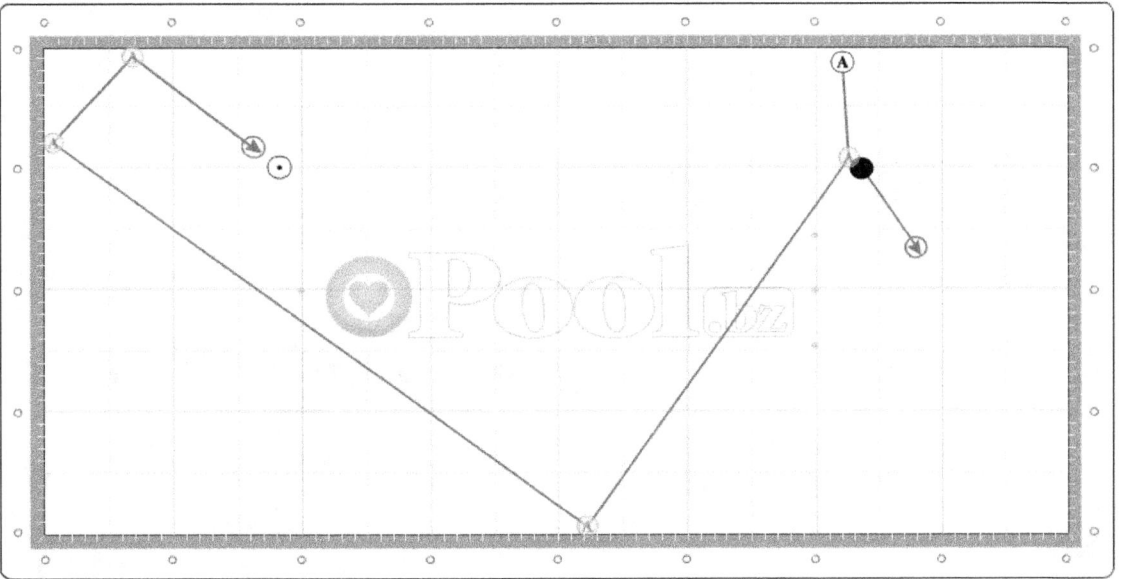

B:3c – Impostare

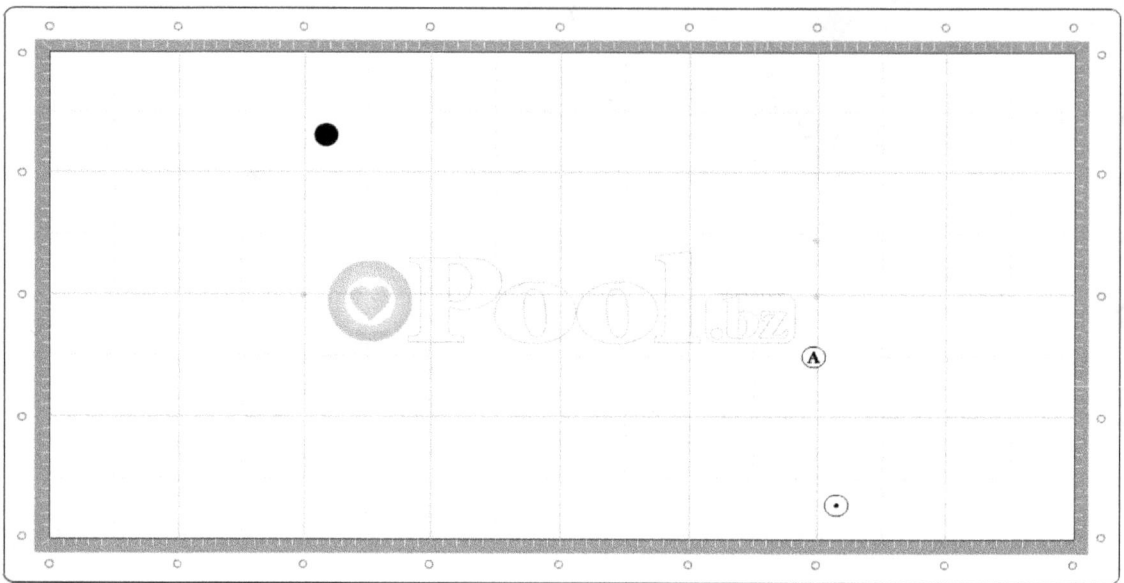

Note e idee:

Modello di colpo

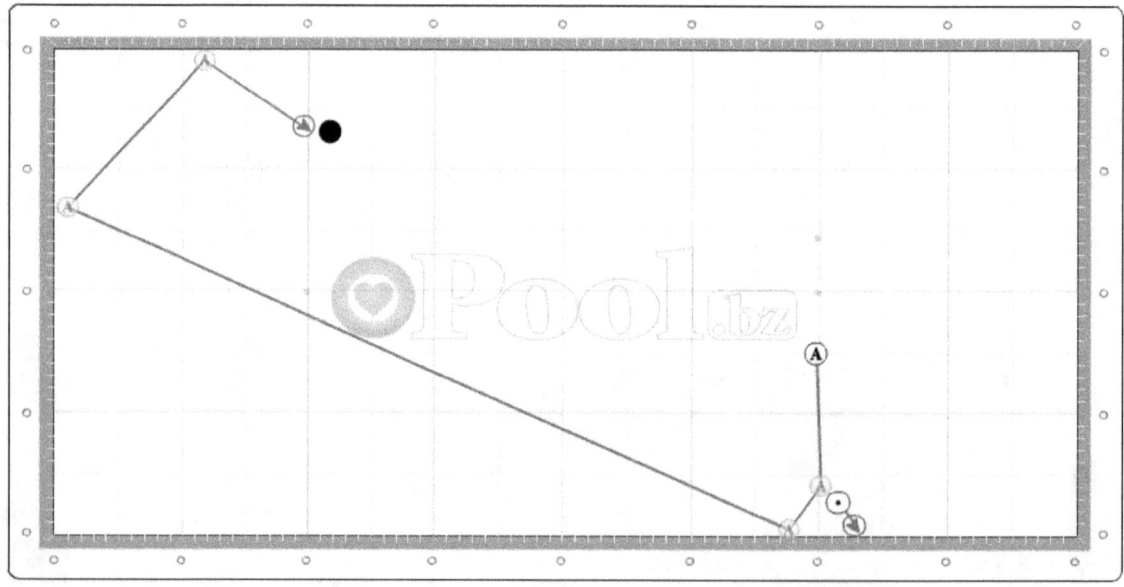

B:3d – Impostare

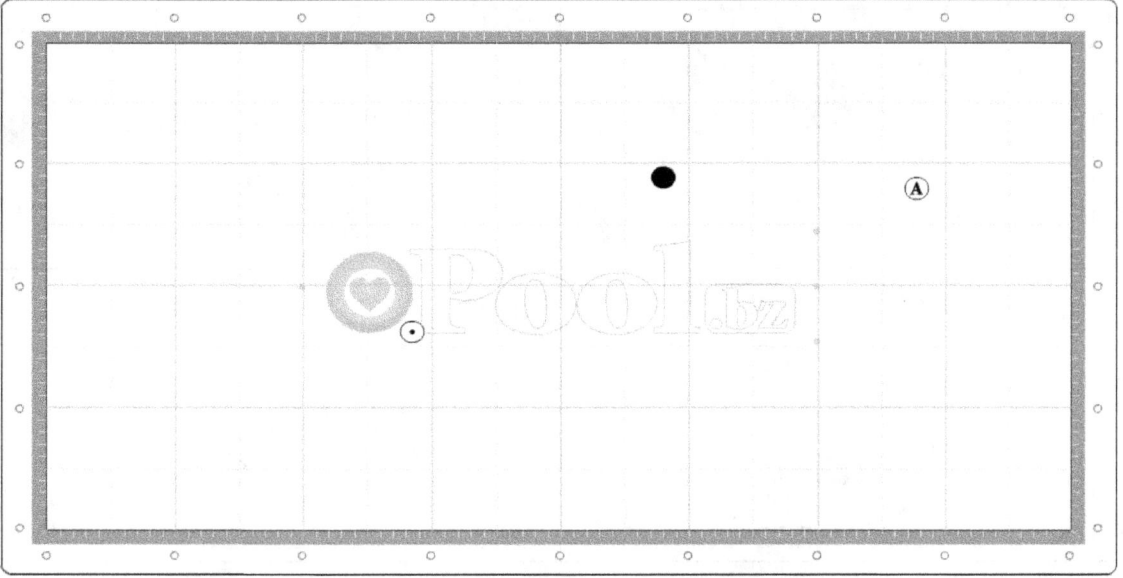

Note e idee:

Modello di colpo

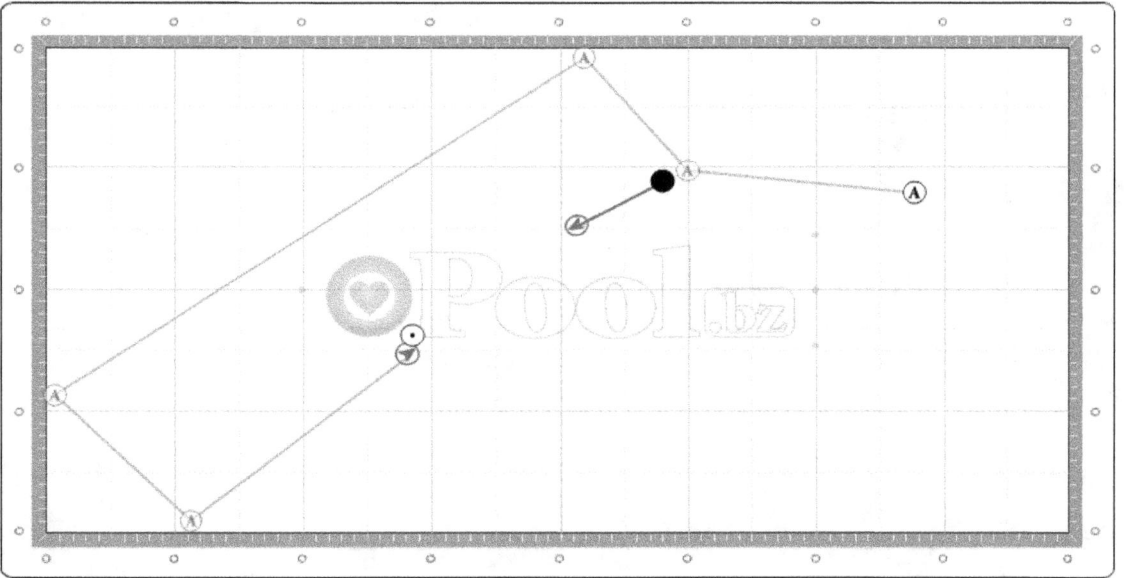

B: Gruppo 4

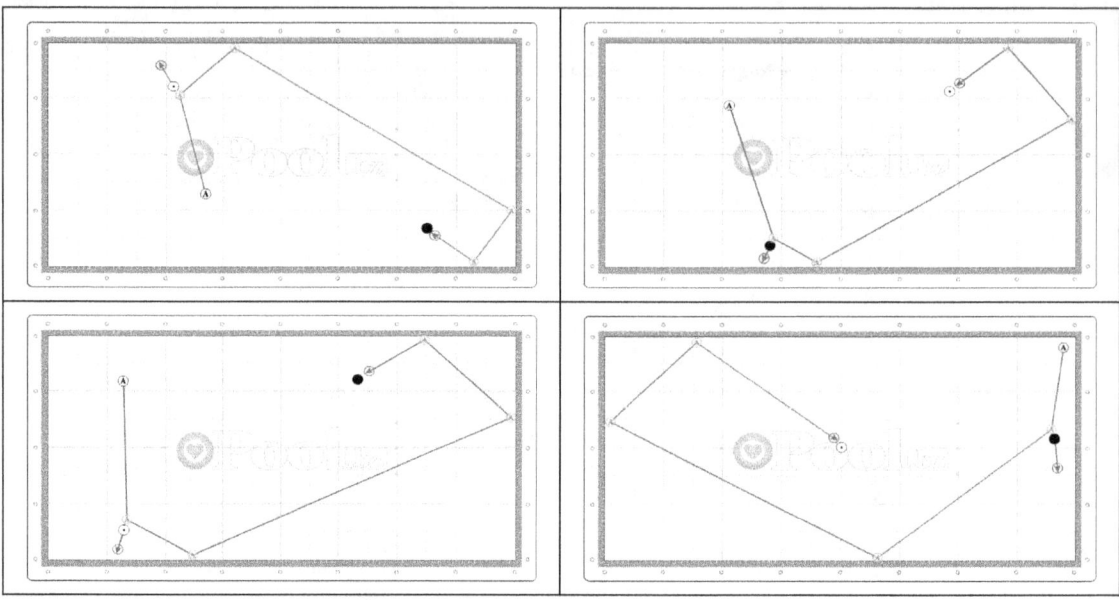

Analisi:

B:4a. _____

B:4b. _____

B:4c. _____

B:4d. _____

B:4a – Impostare

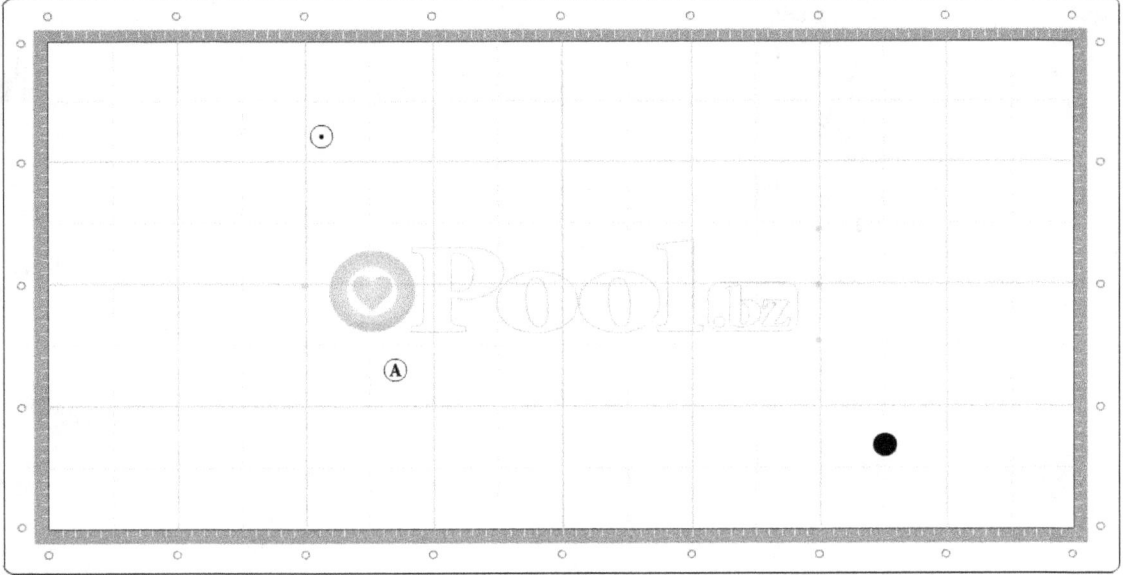

Note e idee:

Modello di colpo

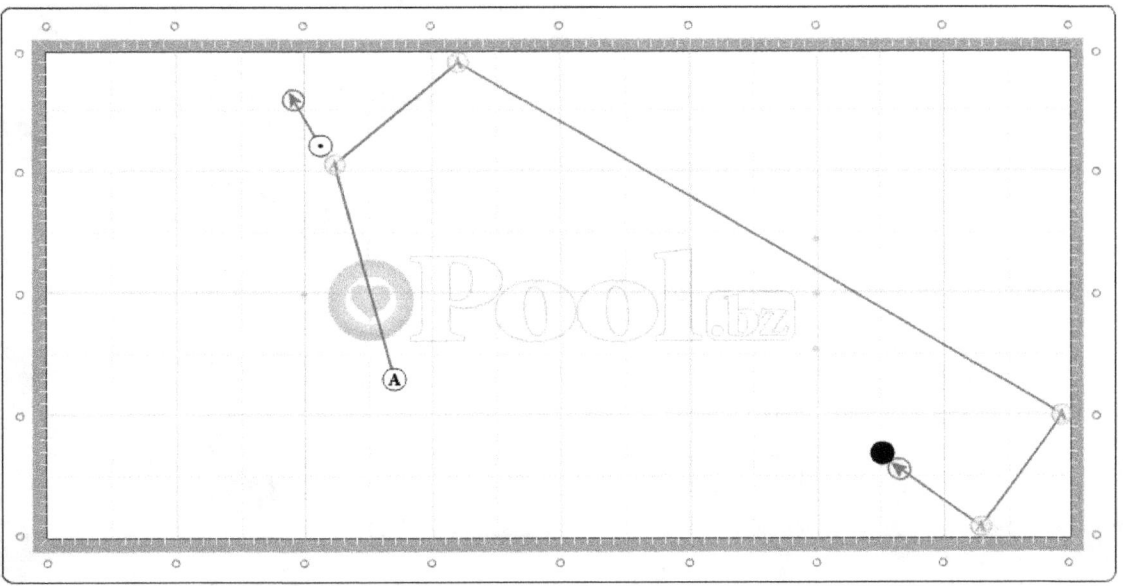

B:4b – Impostare

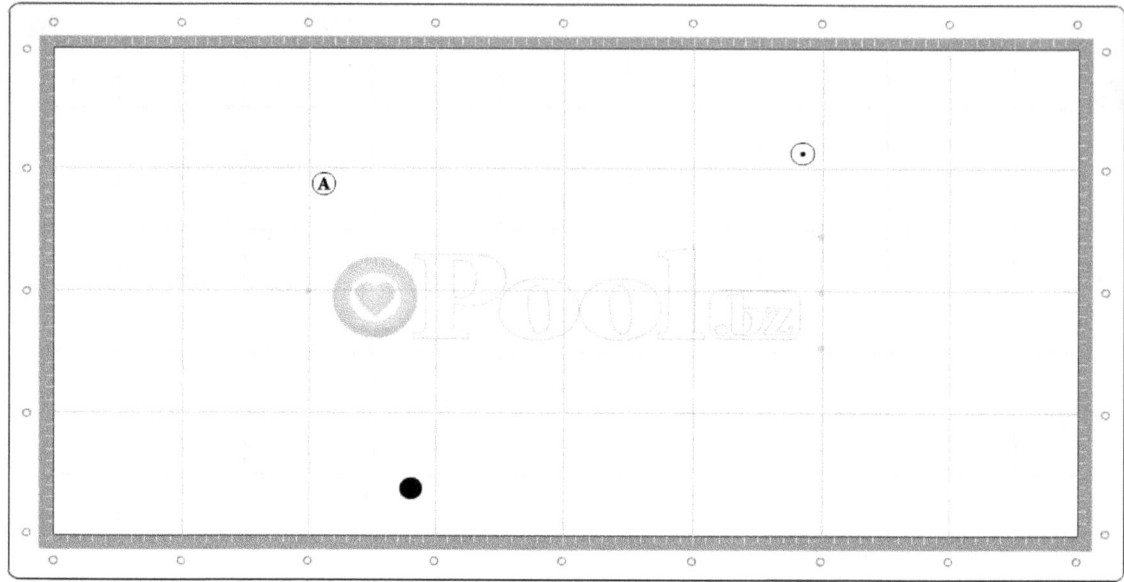

Note e idee:

Modello di colpo

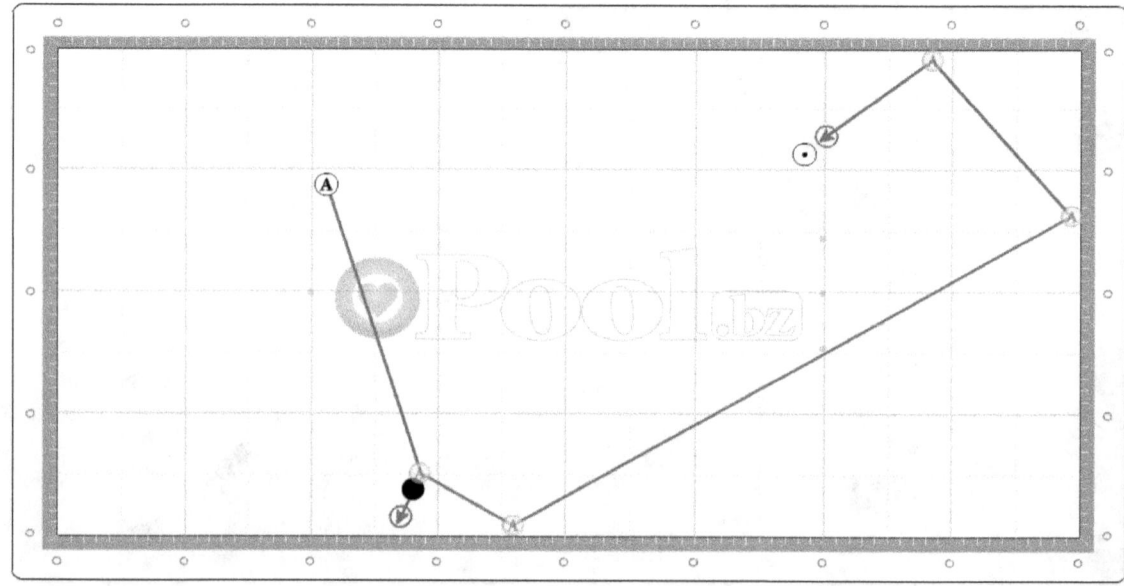

B:4c – Impostare

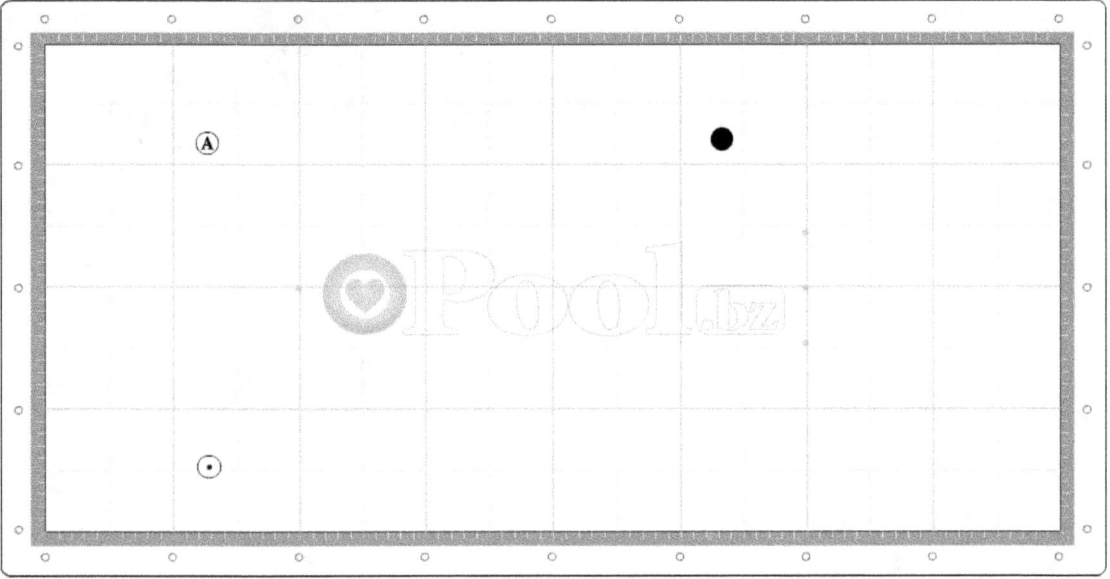

Note e idee:

Modello di colpo

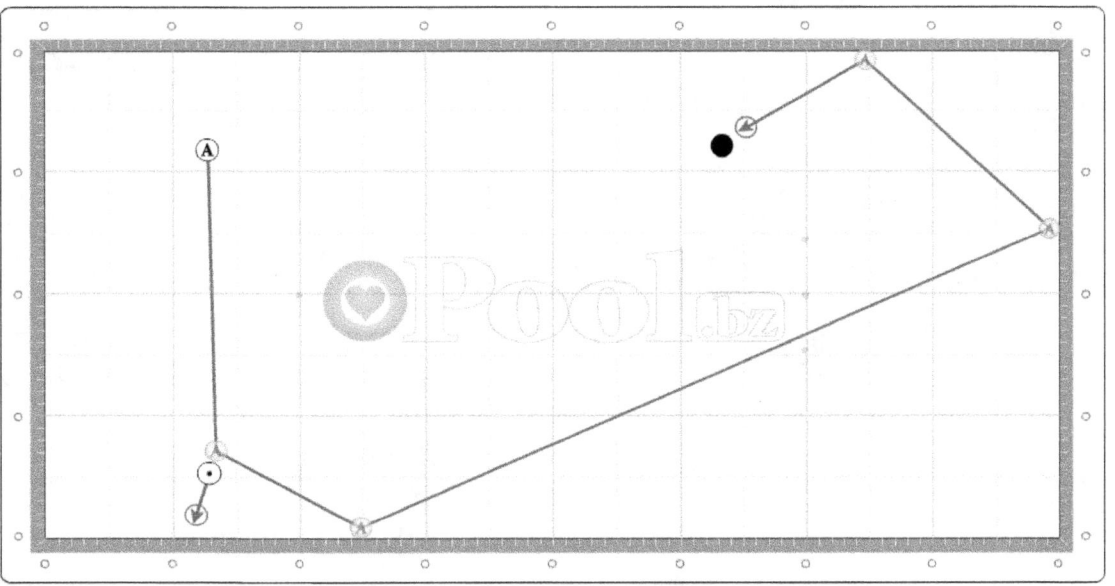

B:4d – Impostare

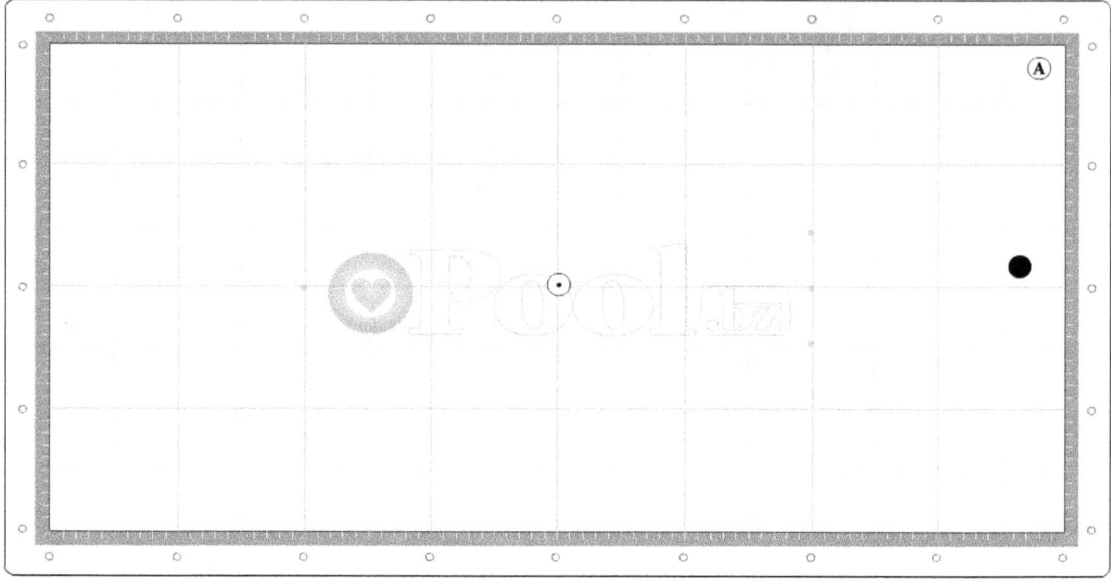

Note e idee:

Modello di colpo

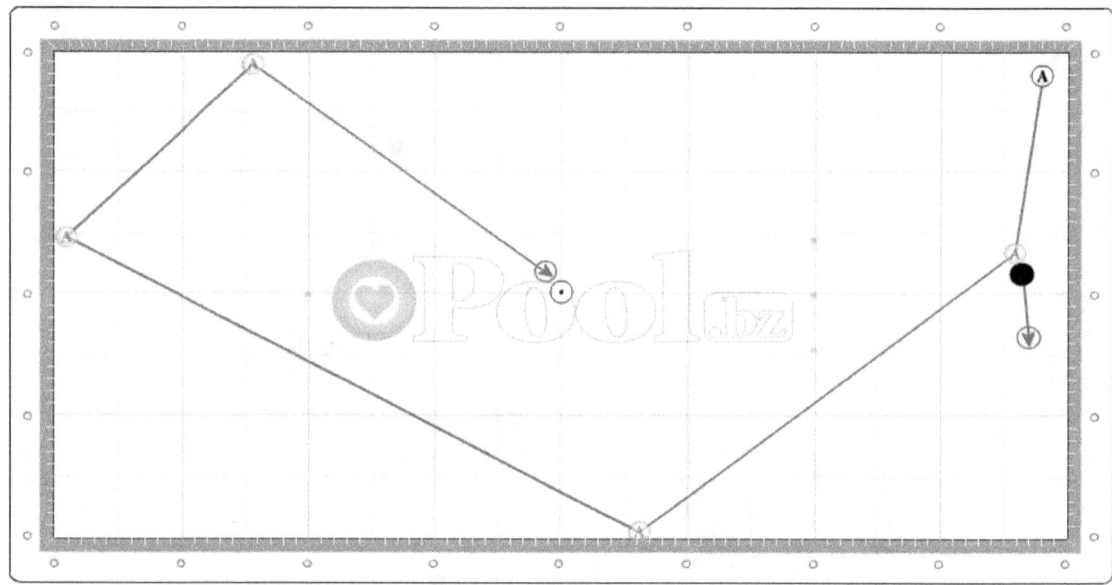

C: Tavolo completo (sponde corto)

Il (CB) si stacca per primo (OB) e nel sponde corto. Da lì, il (CB) attraversa la zona centrale del sponde lungo opposto. Il (CB) viaggia nell'altro angolo, prima il sponde corto. All'uscita, il (CB) colpisce l'altro (OB).

(A) (CB) (la tua palla) - (·) (OB) (palla dell'avversario) - ● (OB) (palla rossa)

C: Gruppo 1

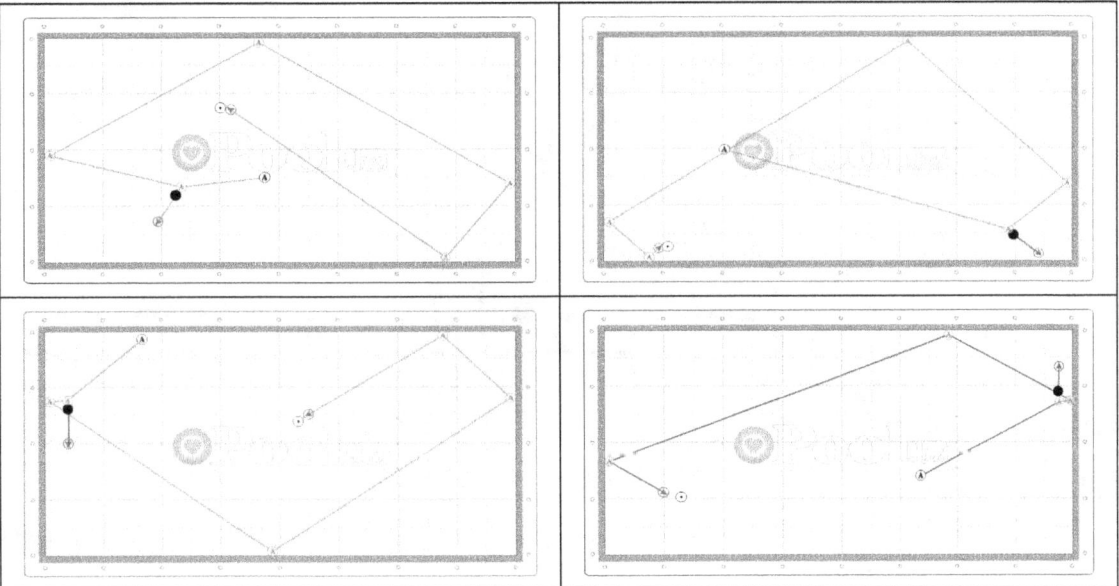

Analisi:

C:1a. _____

C:1b. _____

C:1c. _____

C:1d. _____

C:1a – Impostare

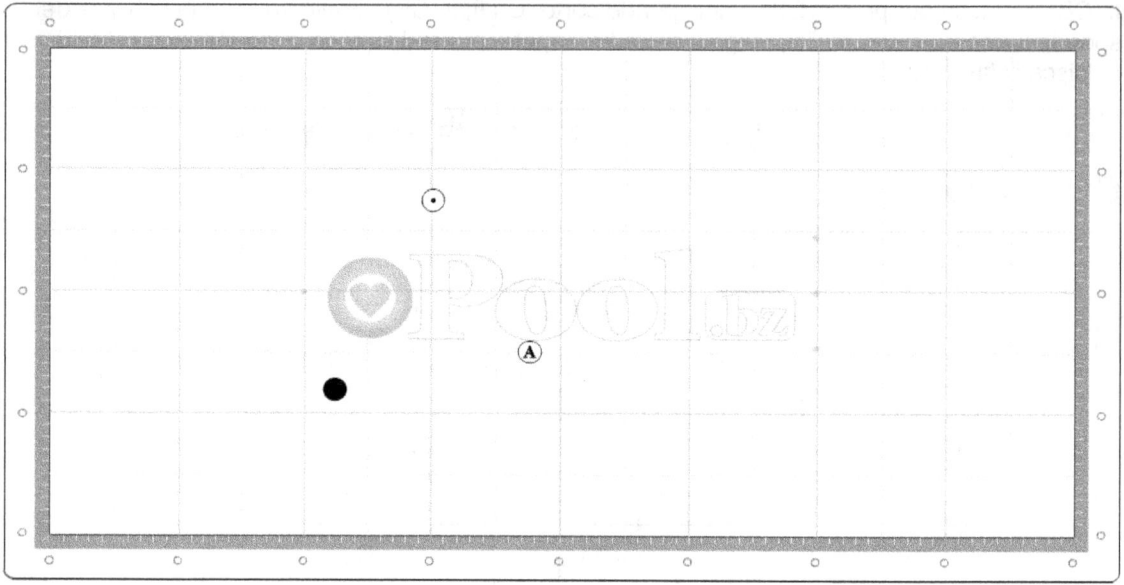

Note e idee:

Modello di colpo

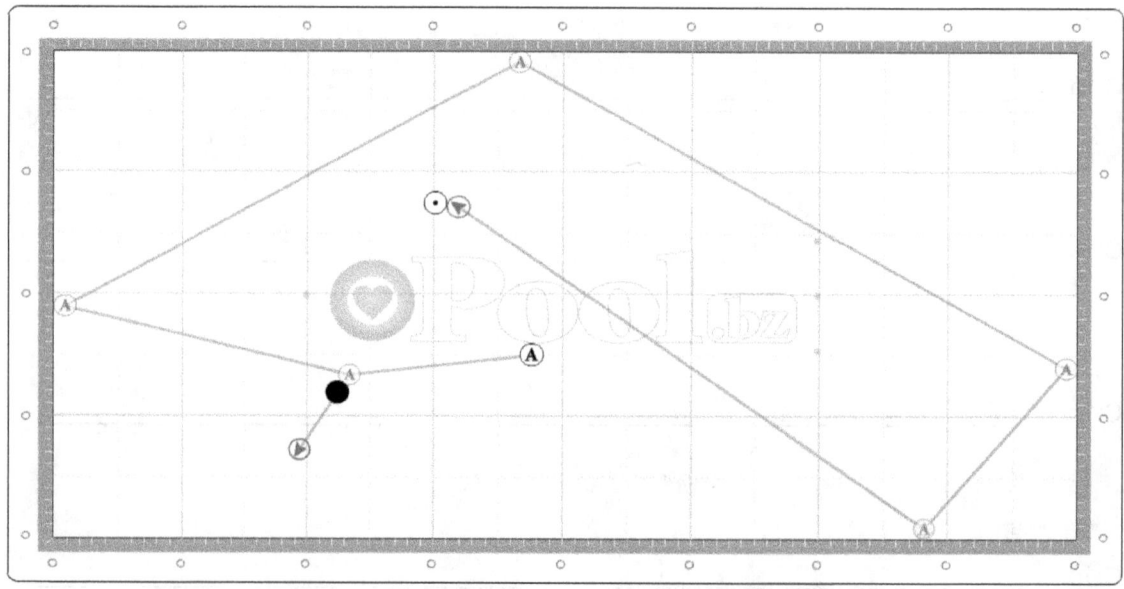

C:1b – Impostare

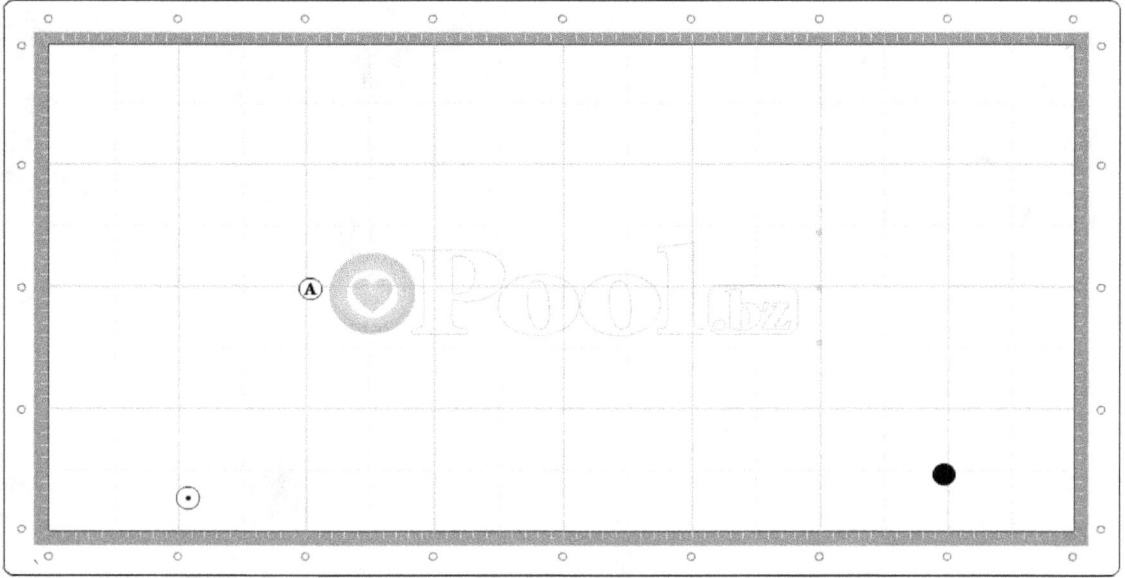

Note e idee:

Modello di colpo

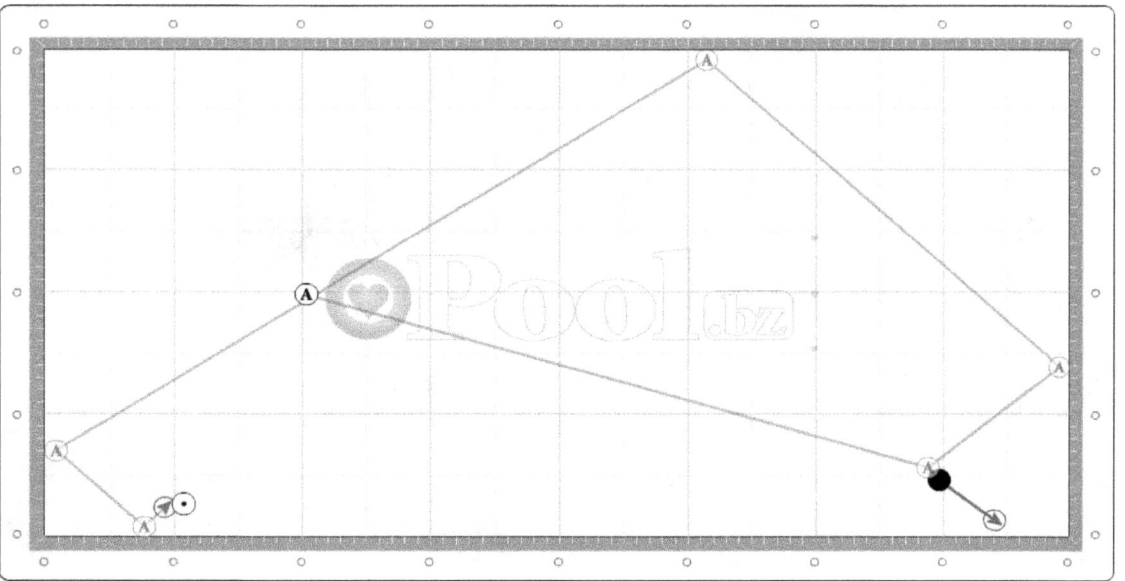

C:1c – Impostare

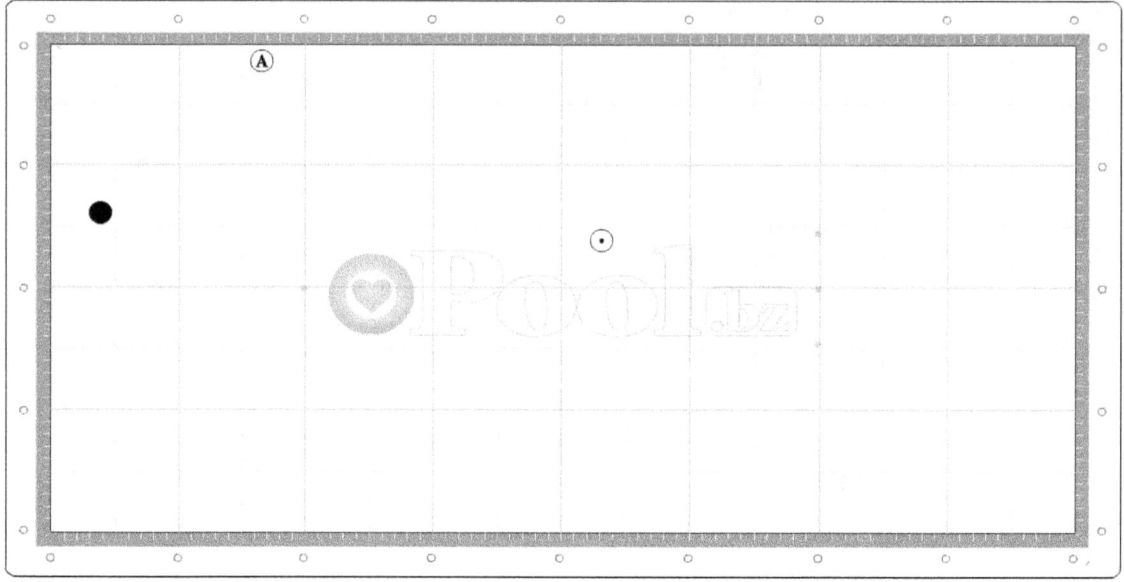

Note e idee:

Modello di colpo

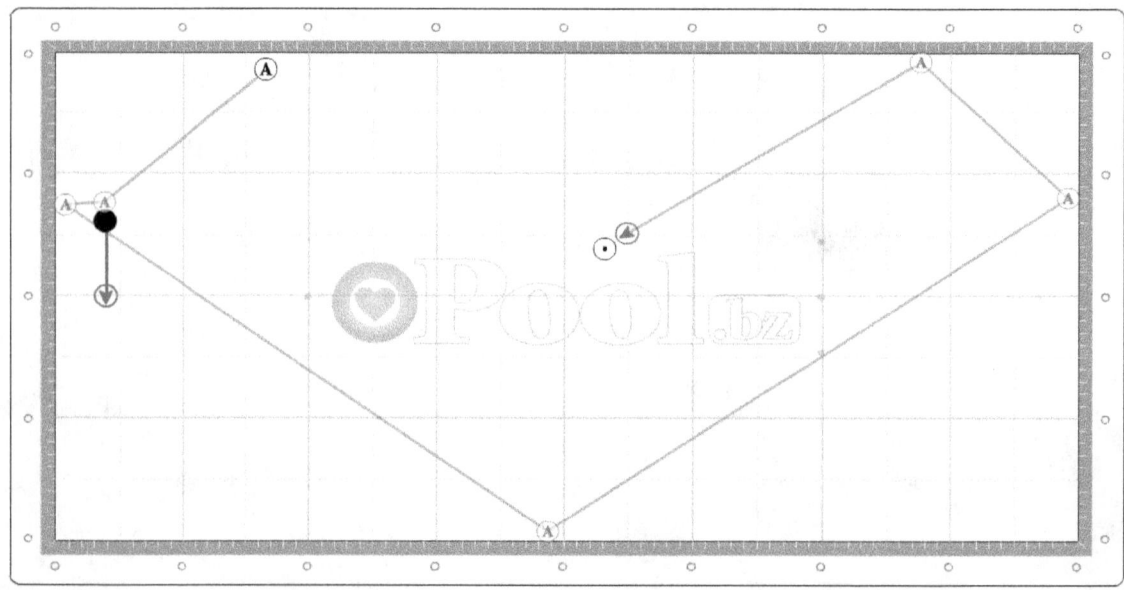

C:1d – Impostare

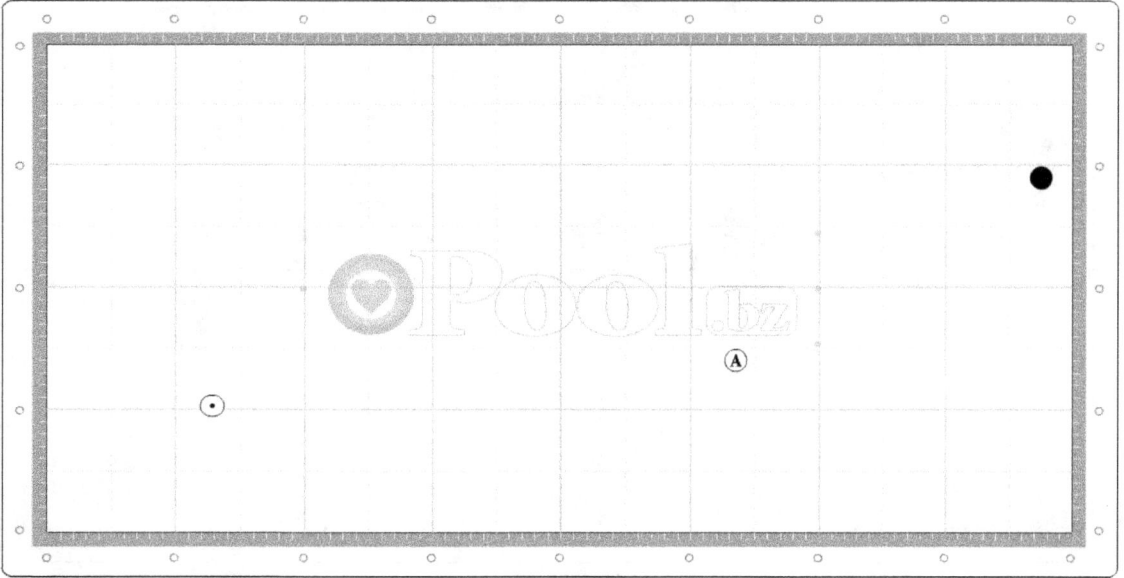

Note e idee:

Modello di colpo

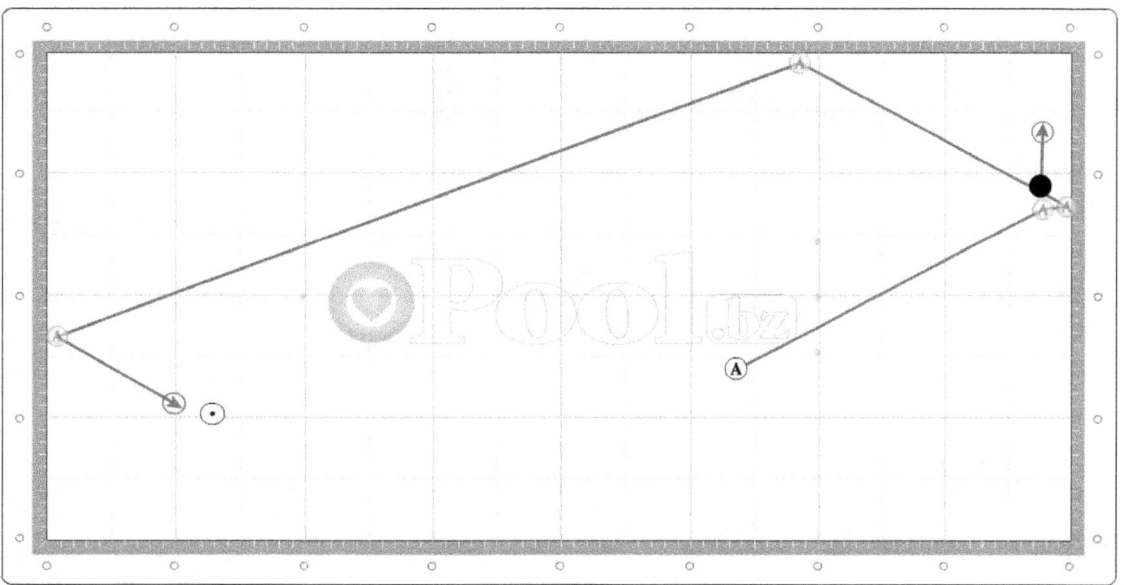

C: Gruppo 2

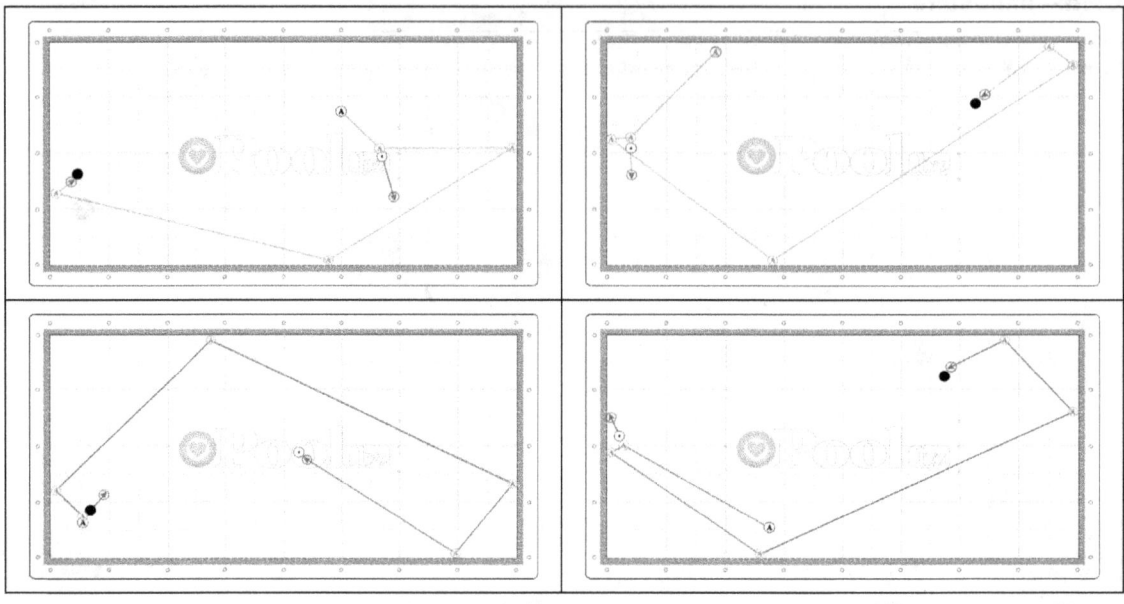

Analisi:

C:2a. _____

C:2b. _____

C:2c. _____

C:2d. _____

C:2a – Impostare

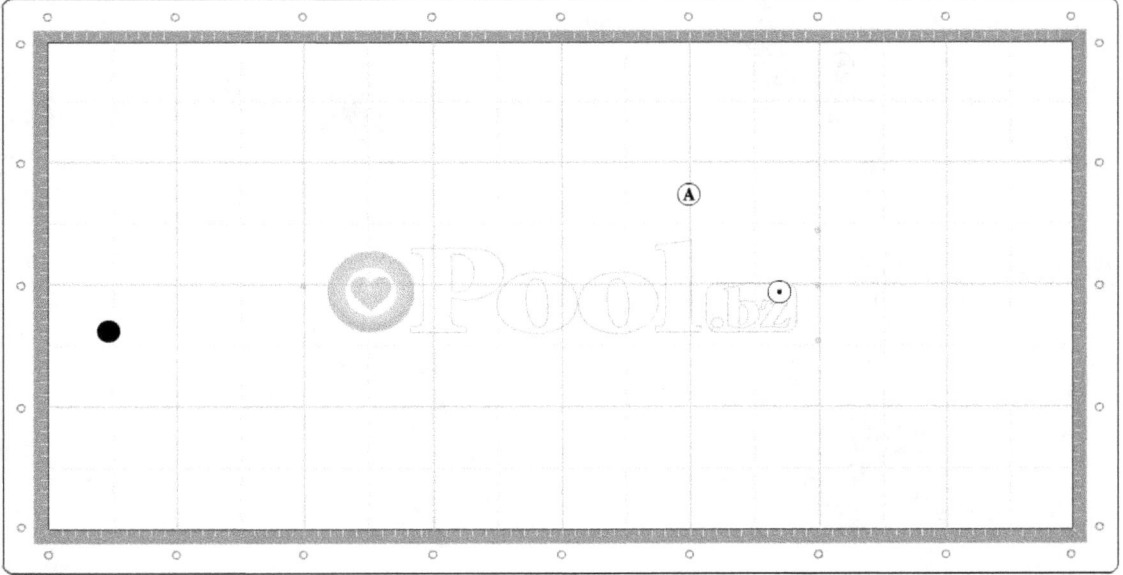

Note e idee:

Modello di colpo

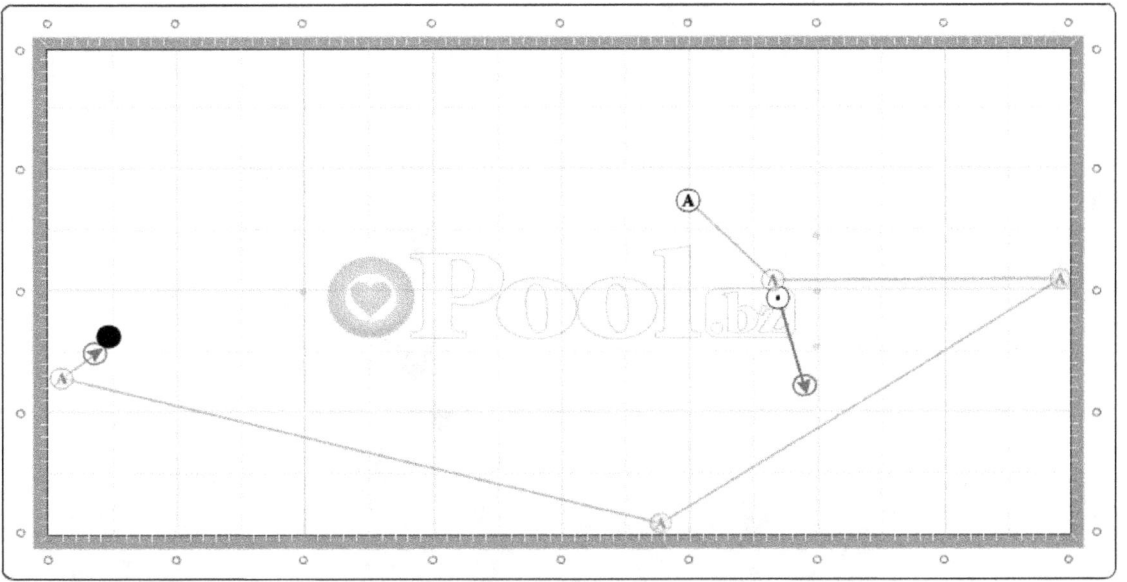

C:2b – Impostare

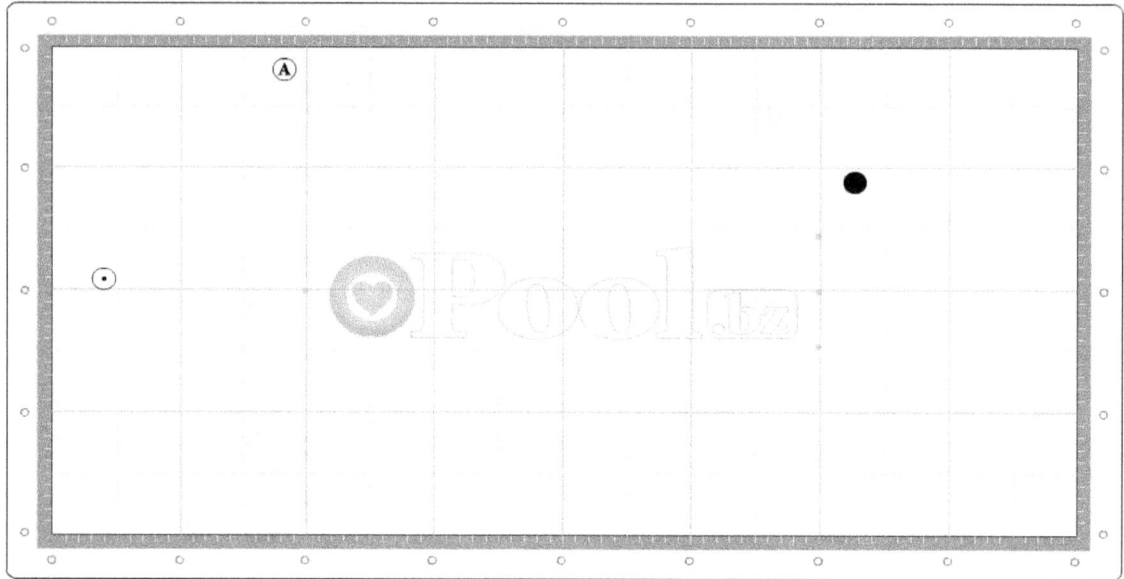

Note e idee:

Modello di colpo

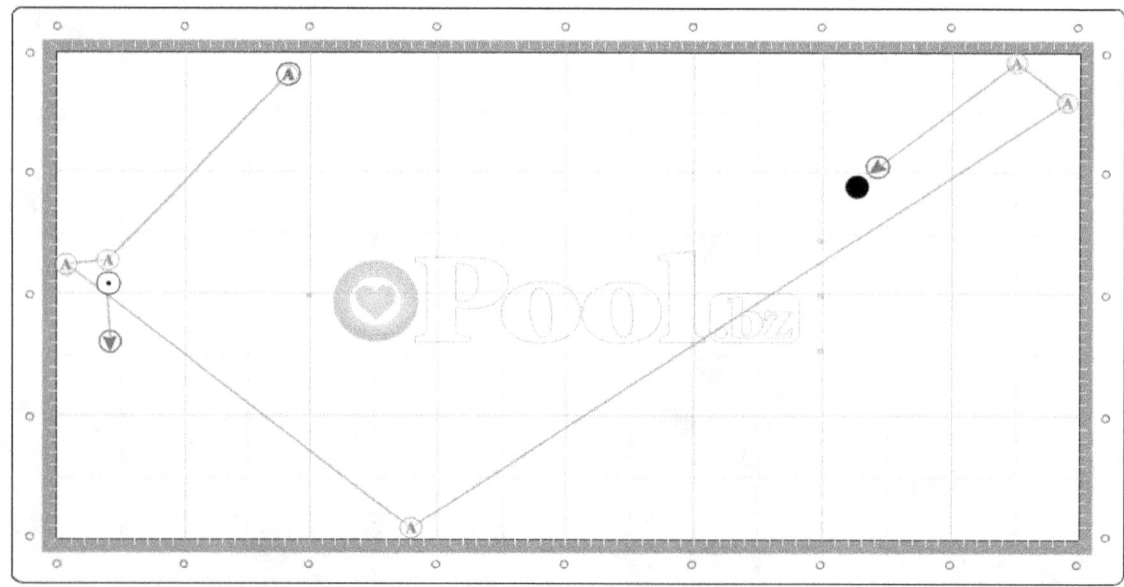

C:2c – Impostare

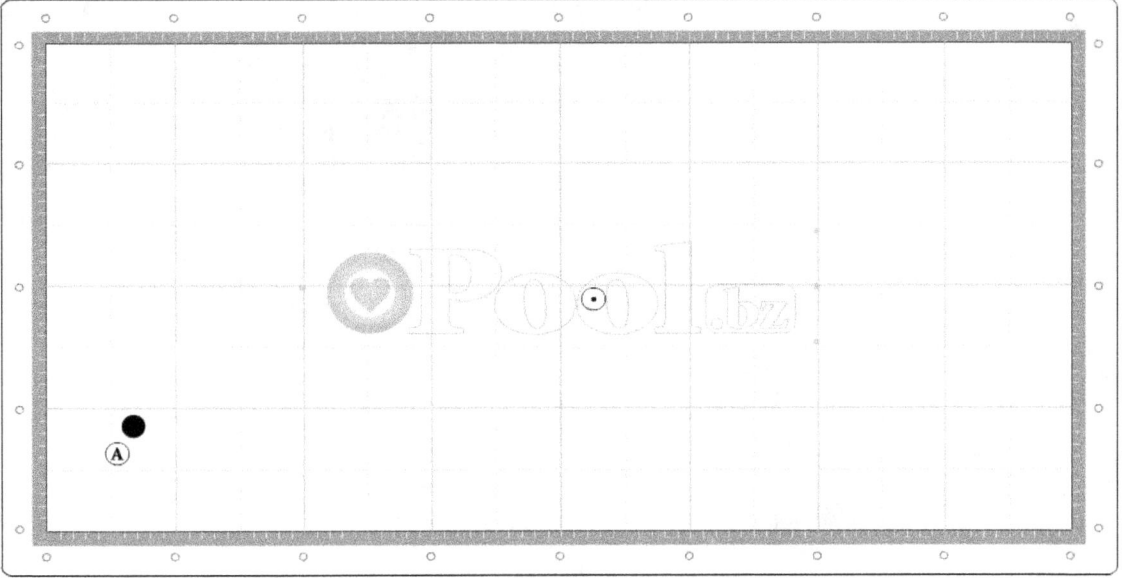

Note e idee:

Modello di colpo

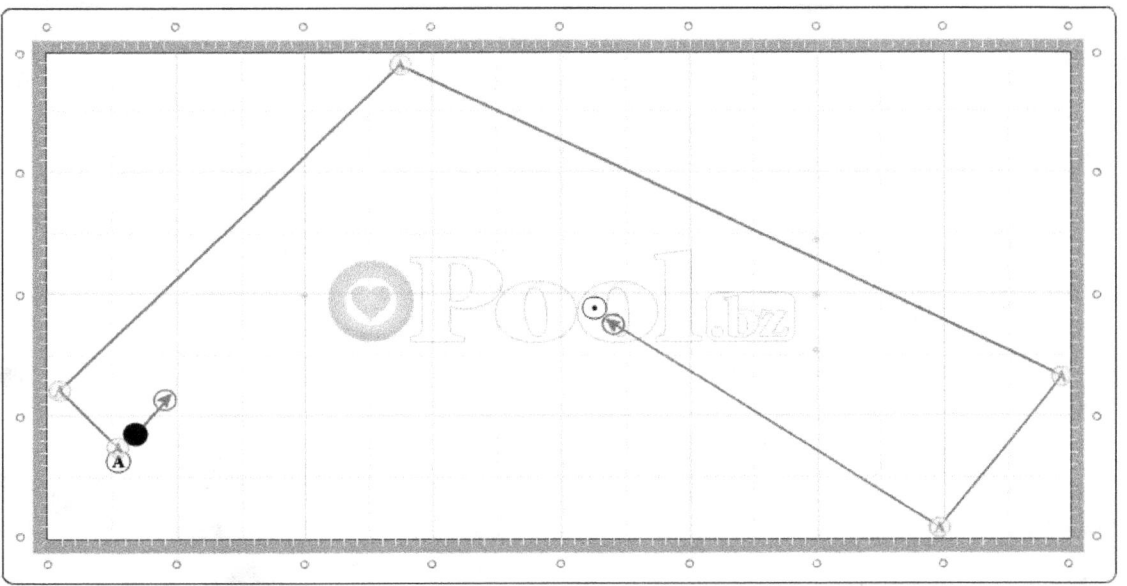

C:2d – Impostare

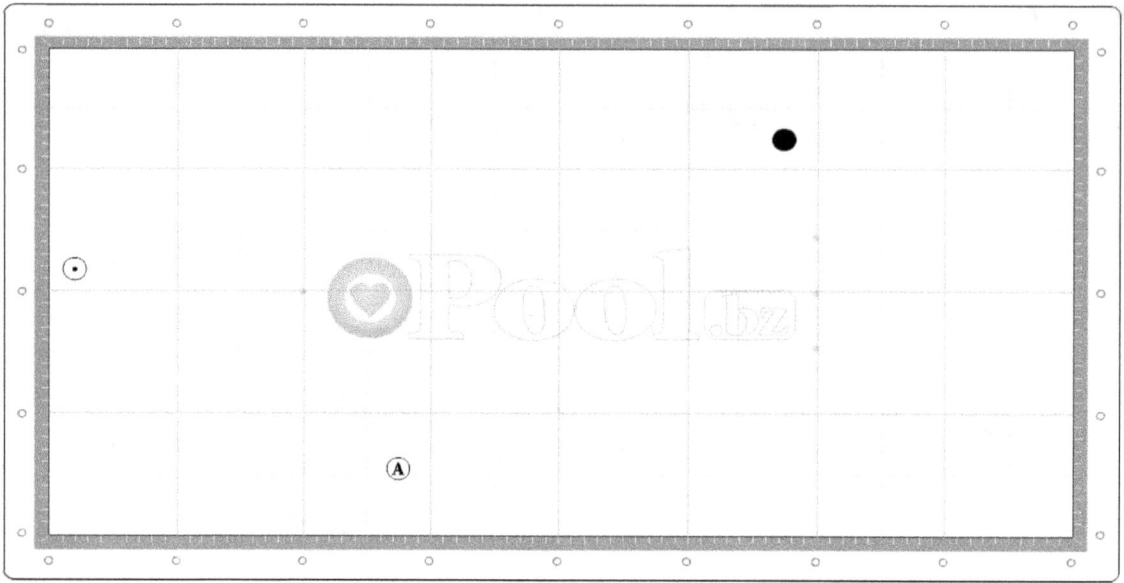

Note e idee:

Modello di colpo

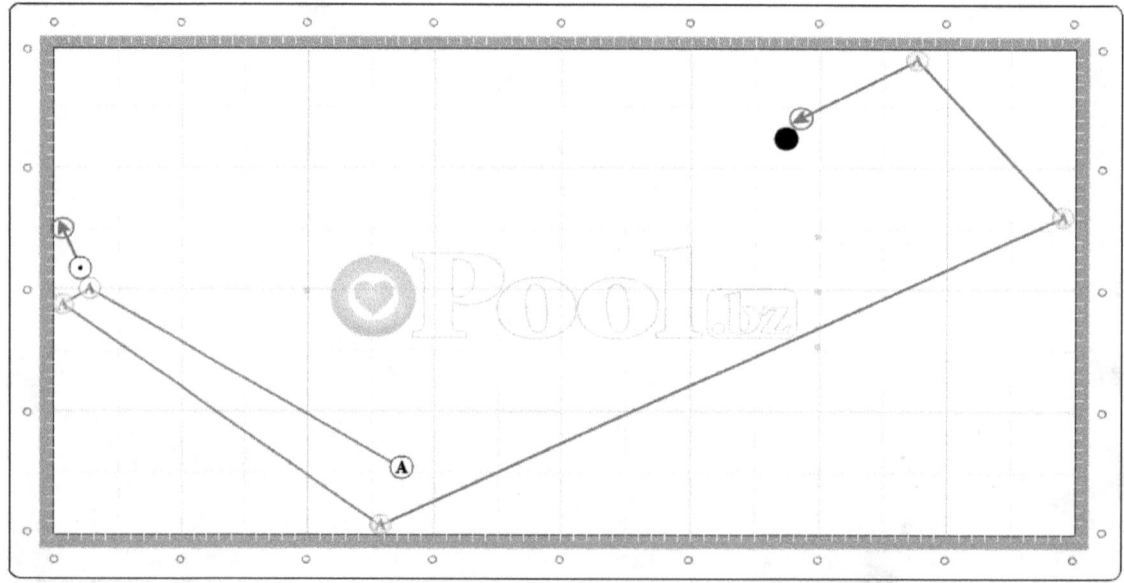

C: Gruppo 3

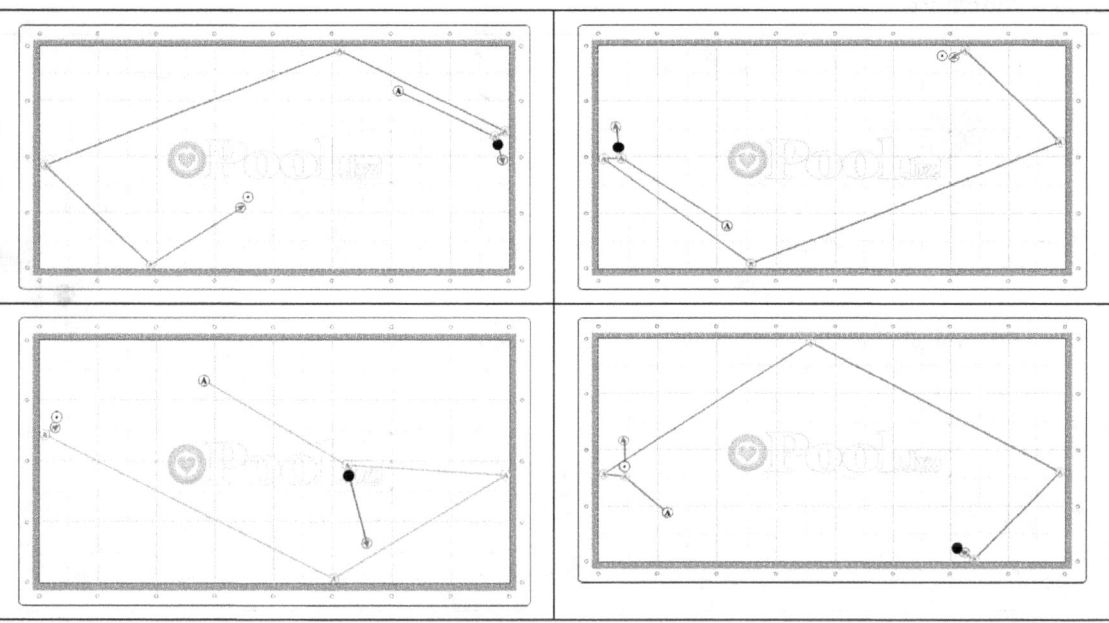

Analisi:

C:3a. _____

C:3b. _____

C:3c. _____

C:3d. _____

C:3a – Impostare

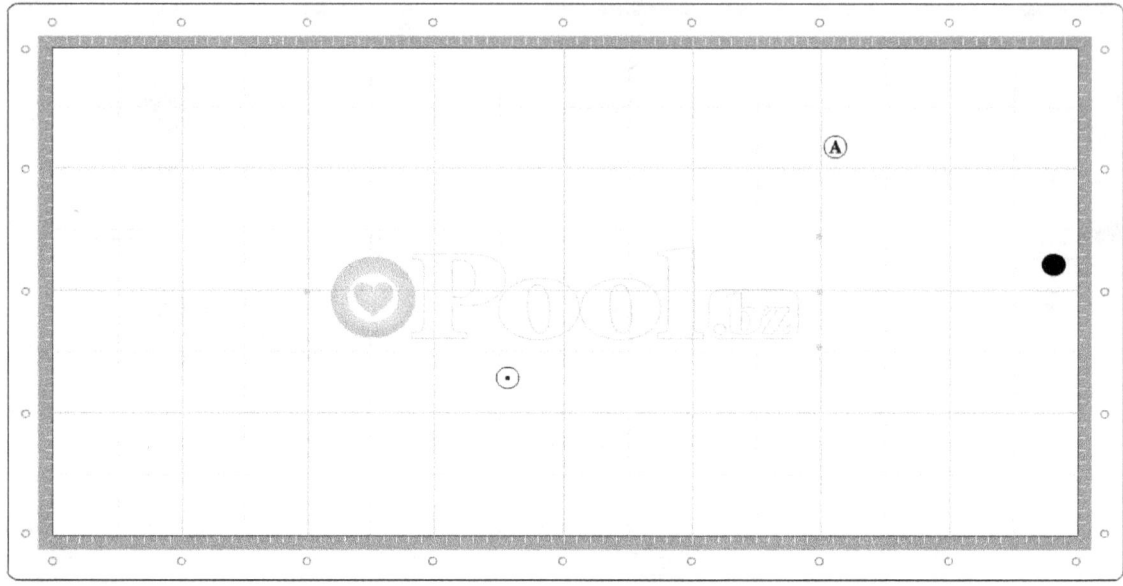

Note e idee:

Modello di colpo

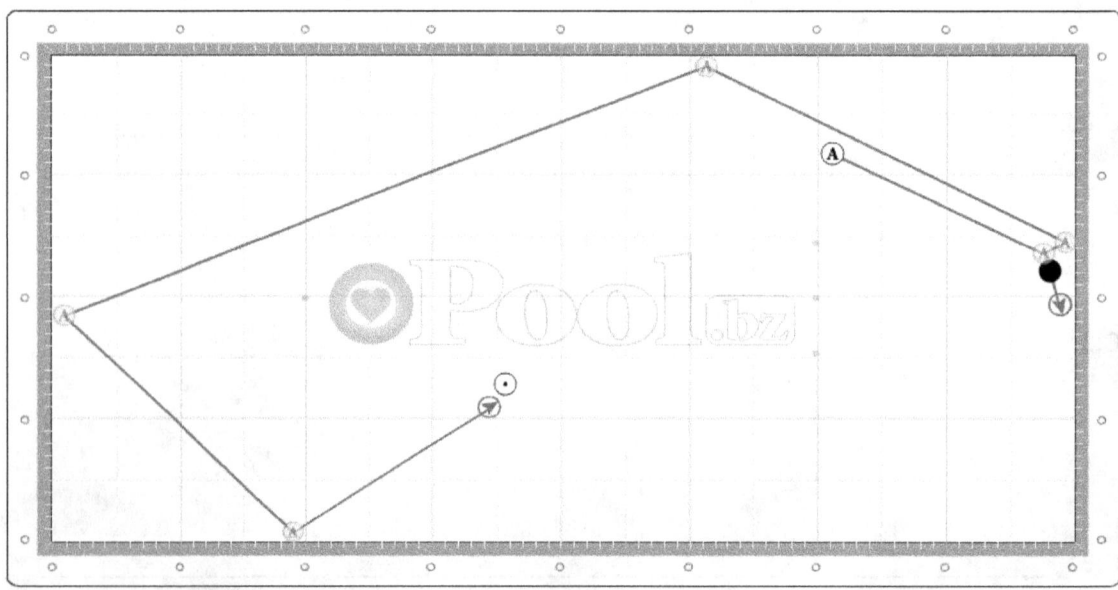

C:3b – Impostare

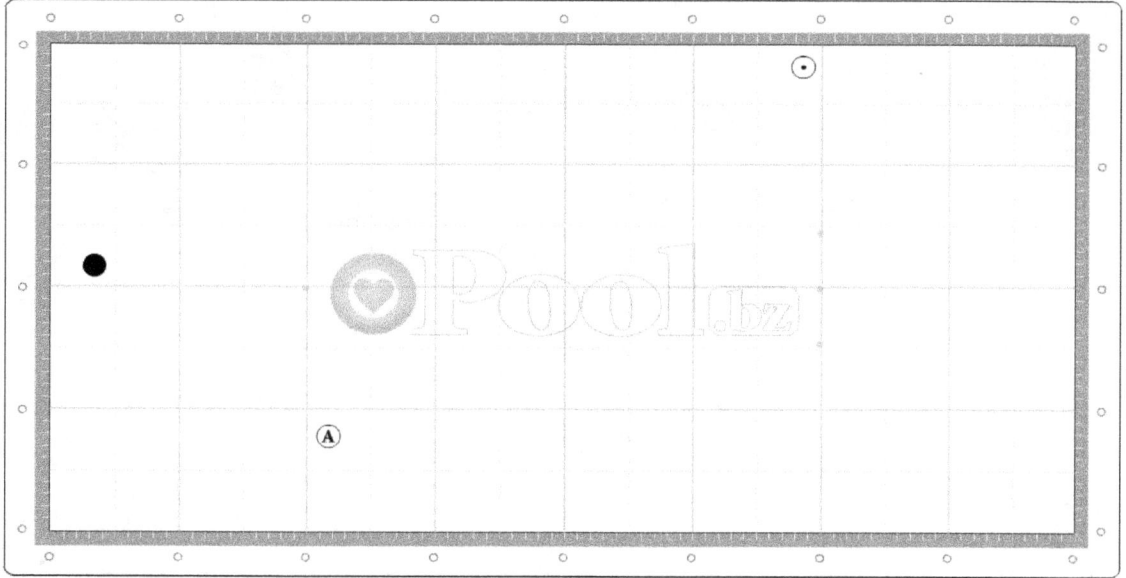

Note e idee:

Modello di colpo

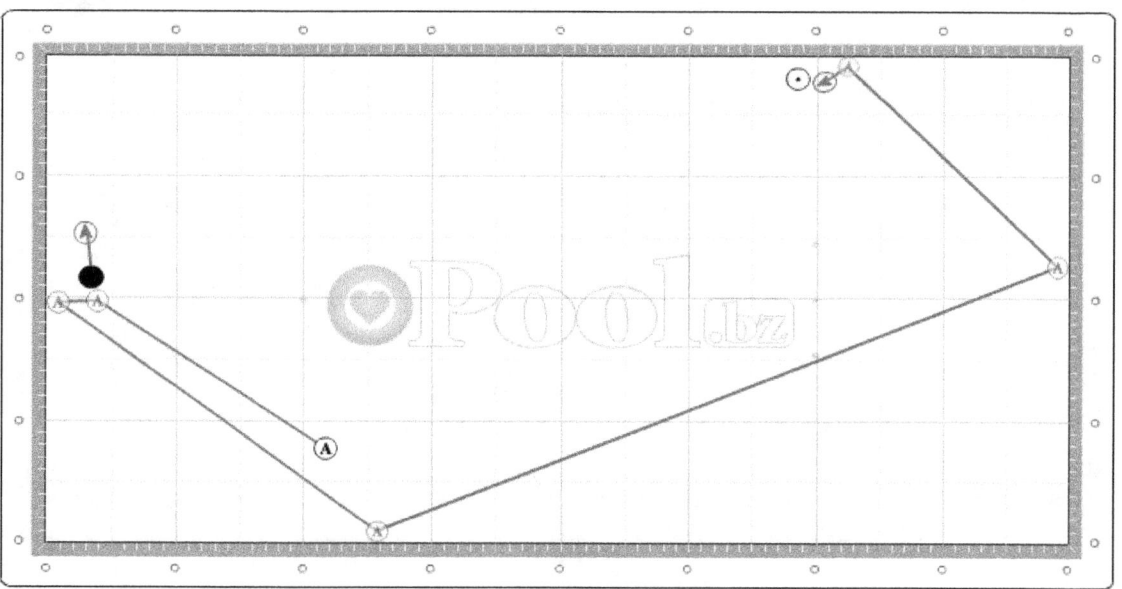

C:3c – Impostare

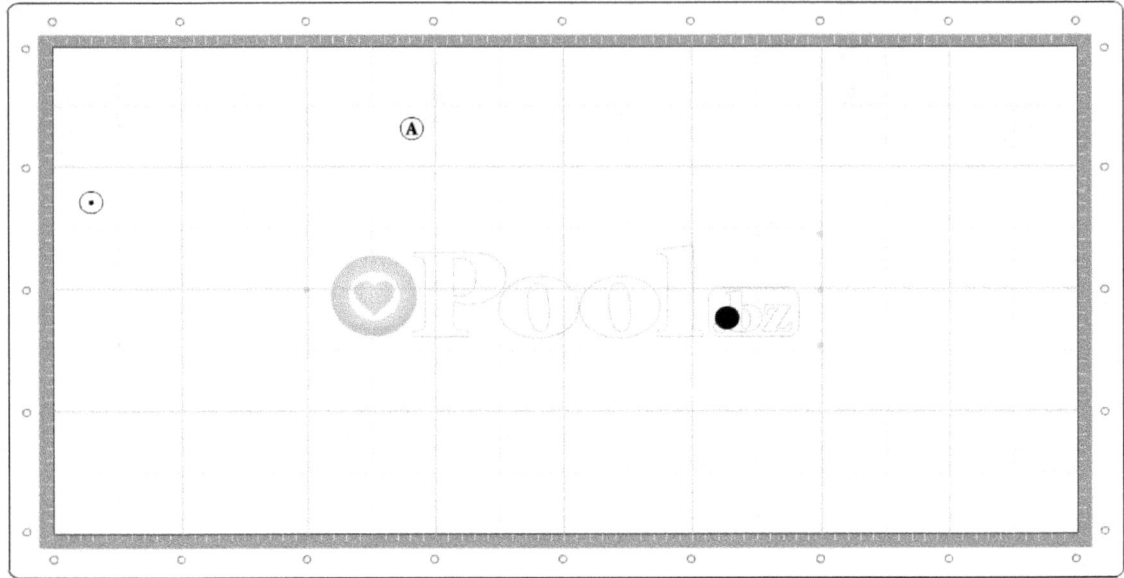

Note e idee:

Modello di colpo

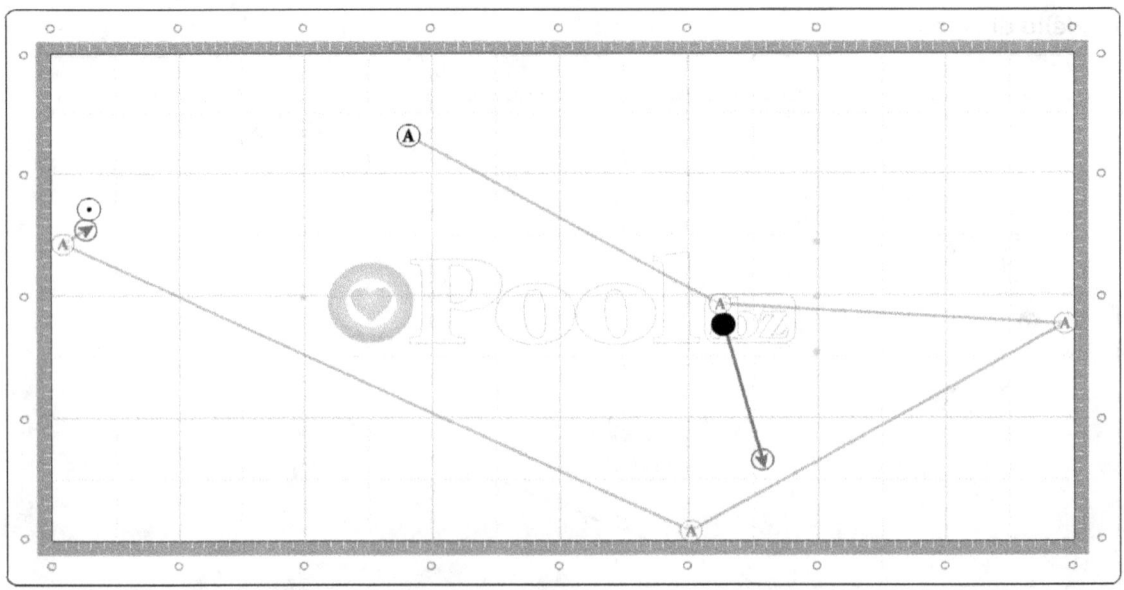

C:3d – Impostare

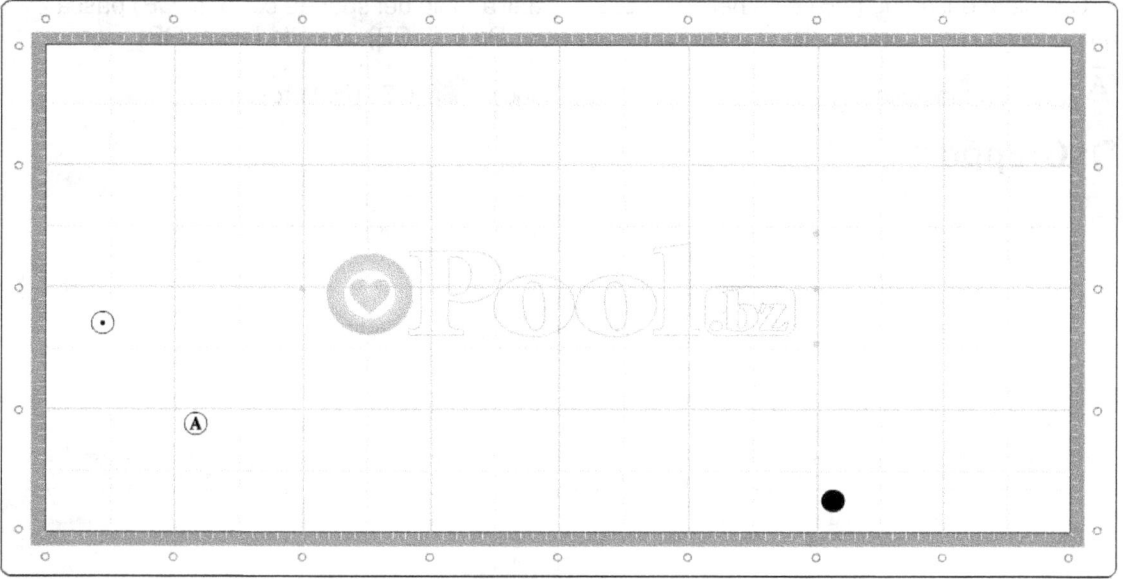

Note e idee:

Modello di colpo

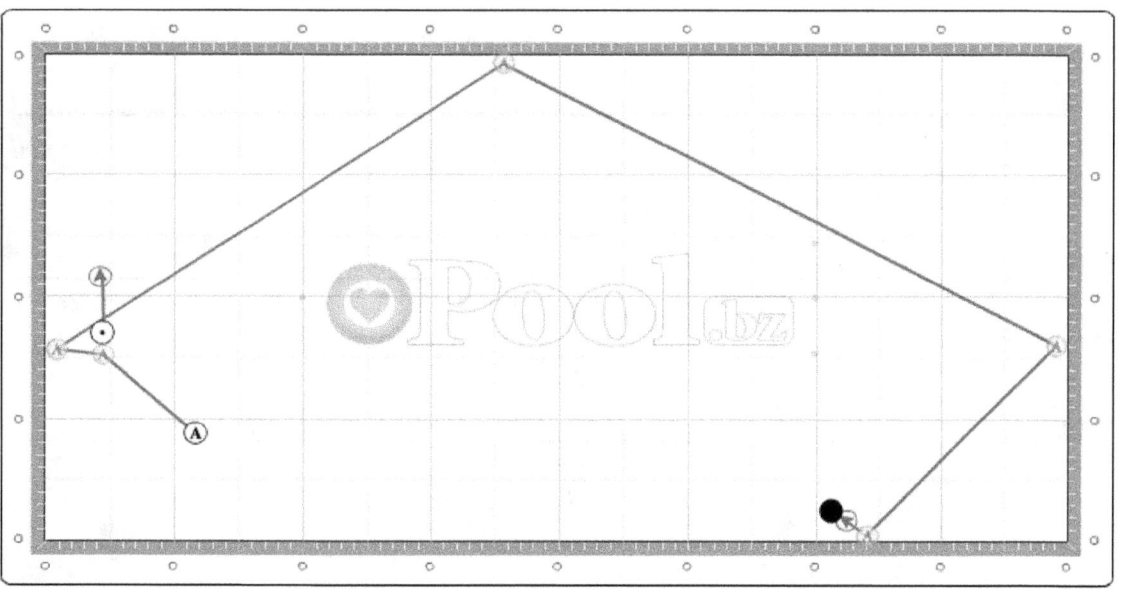

D: Ritorno all'angolo di base (sponde lungo)

Il (CB) esce dal primo (OB) e va nell'angolo. Esce dall'angolo del sponde corto. Il (CB) passa quindi nella zona centrale del sponde lungo opposto. Da lì, il (CB) contatta l'altro (OB).

Ⓐ (CB) (la tua palla) - ⊙ (OB) (palla dell'avversario) - ● (OB) (palla rossa)

D: Gruppo 1

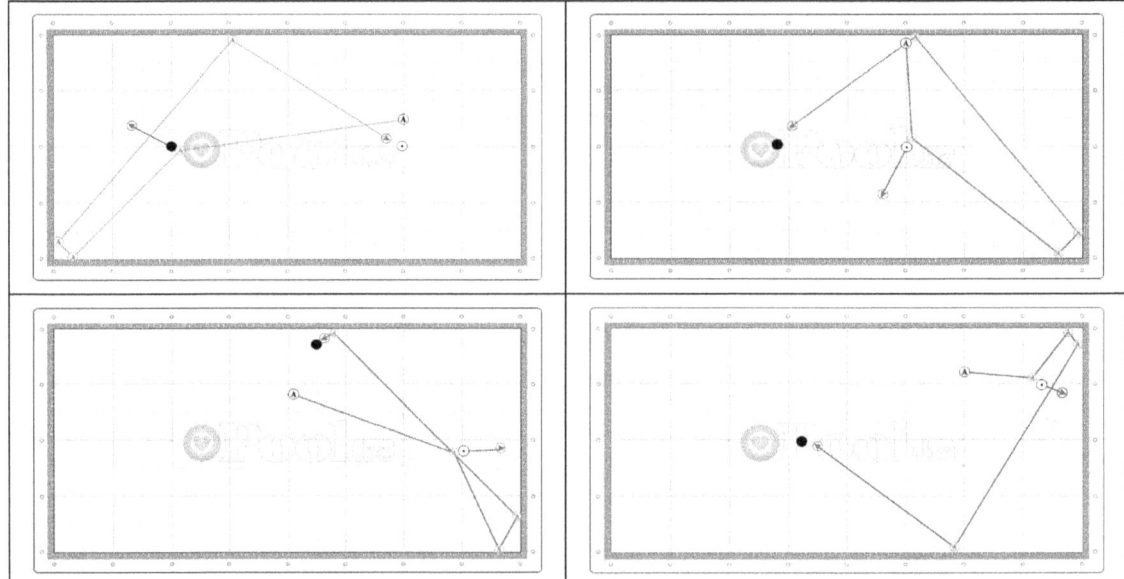

Analisi:

D:1a. _____

D:1b. _____

D:1c. _____

D:1d. _____

D:1a – Impostare

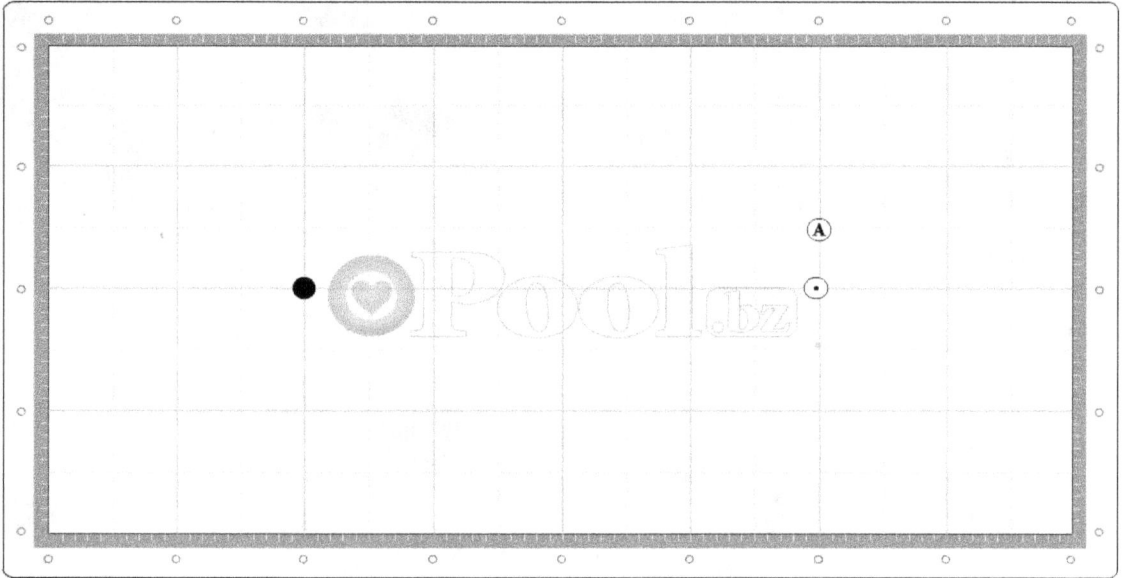

Note e idee:

Modello di colpo

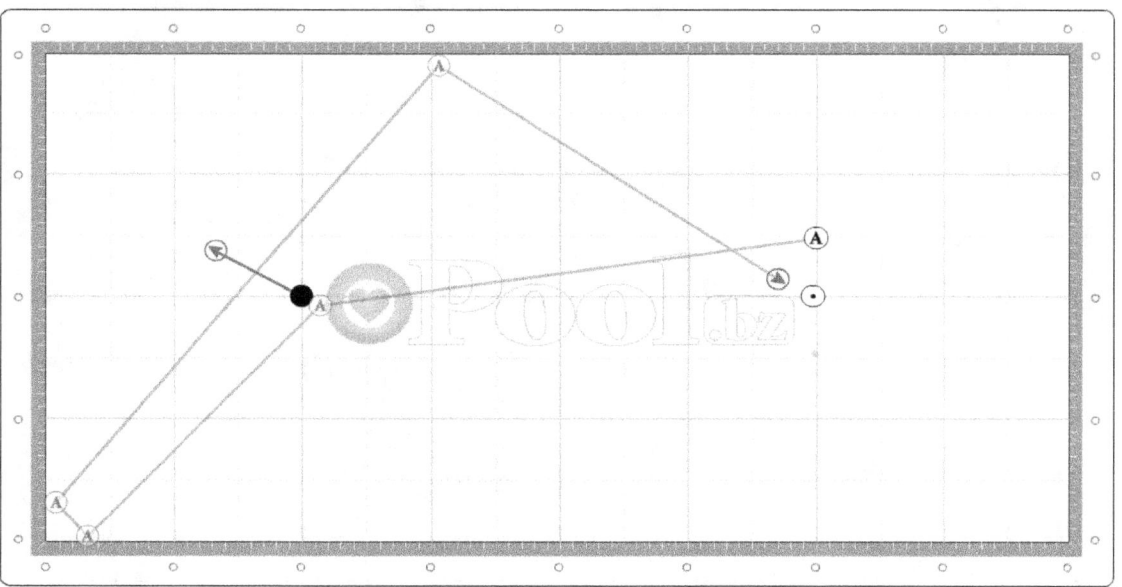

D:1b – Impostare

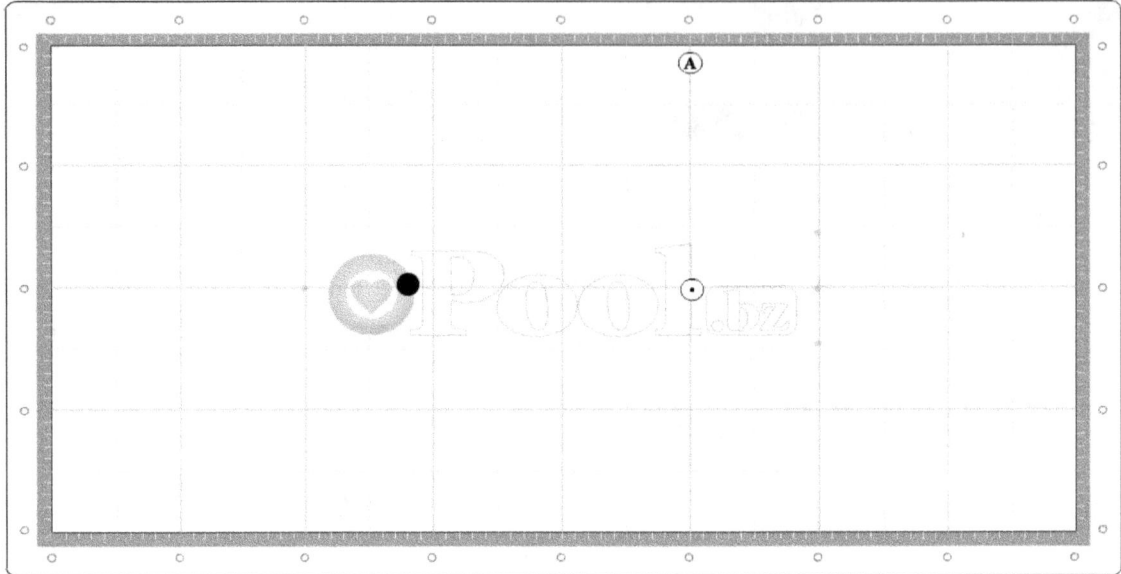

Note e idee:

Modello di colpo

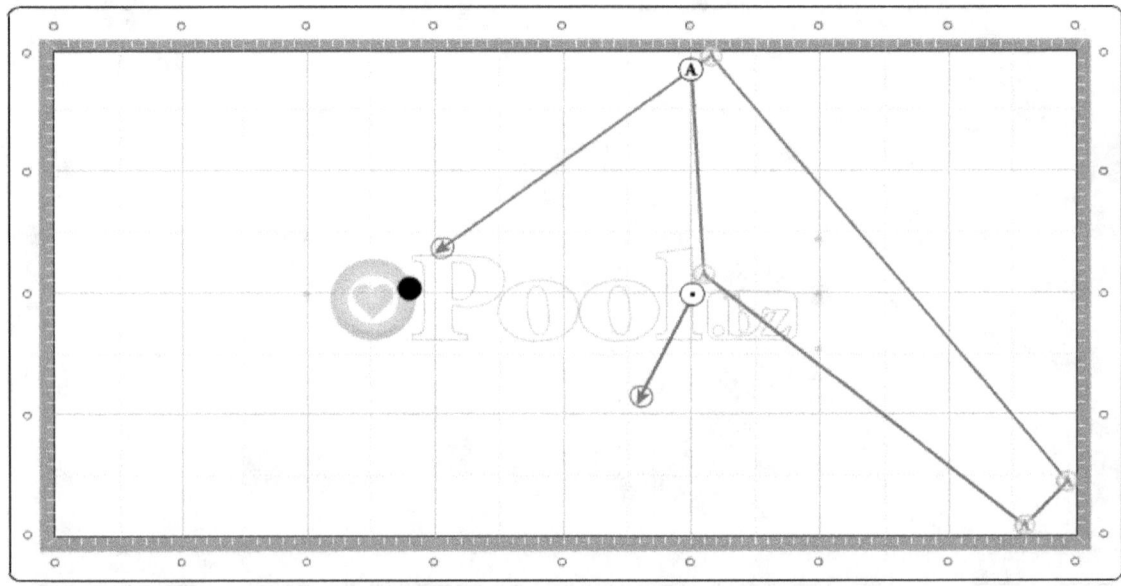

D:1c – Impostare

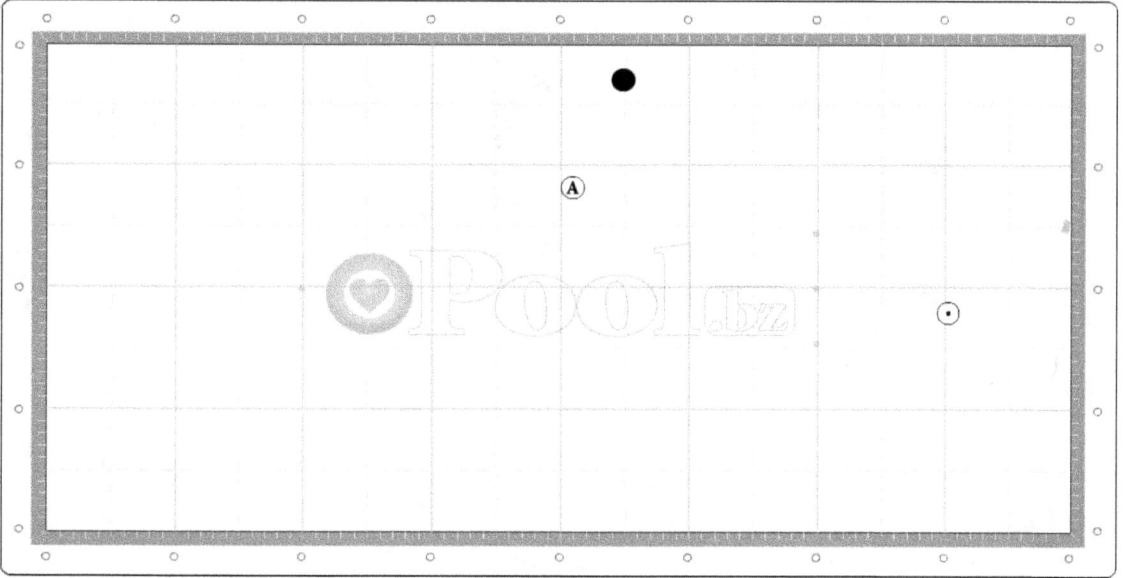

Note e idee:

Modello di colpo

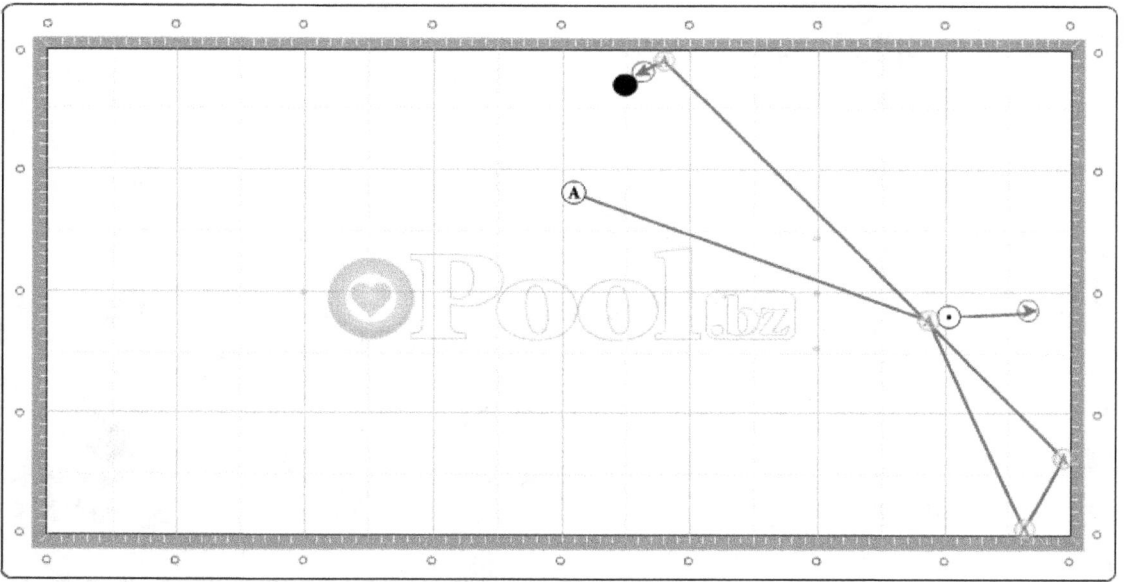

D:1d – Impostare

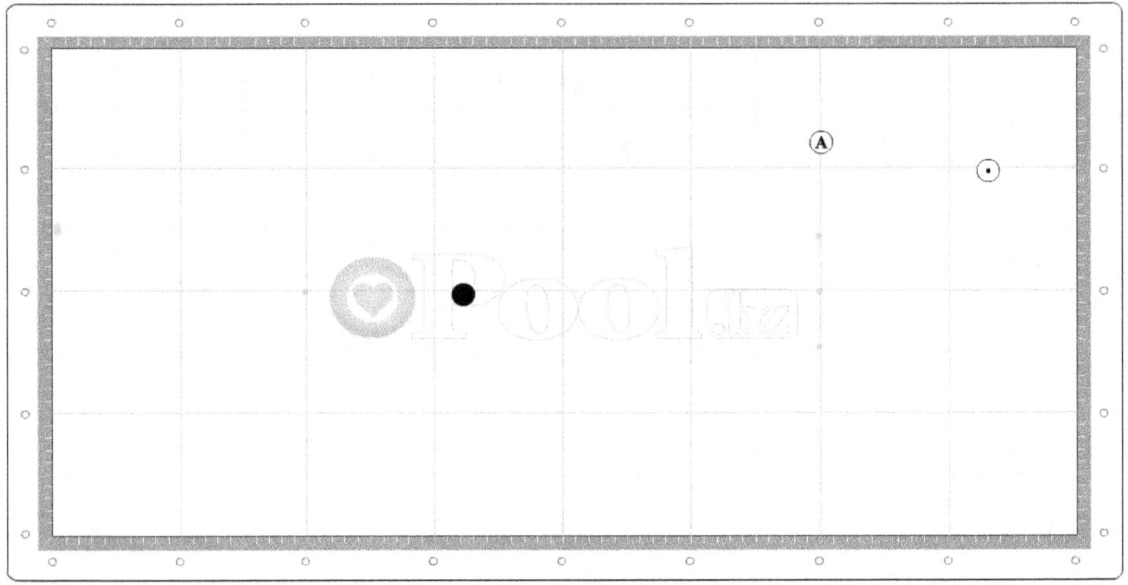

Note e idee:

Modello di colpo

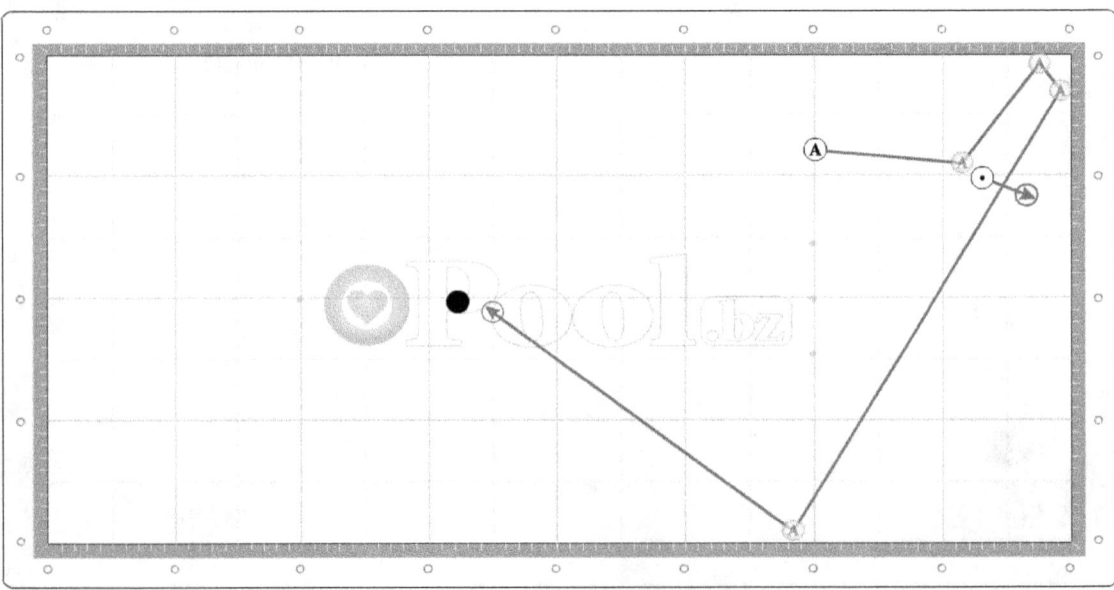

D: Gruppo 2

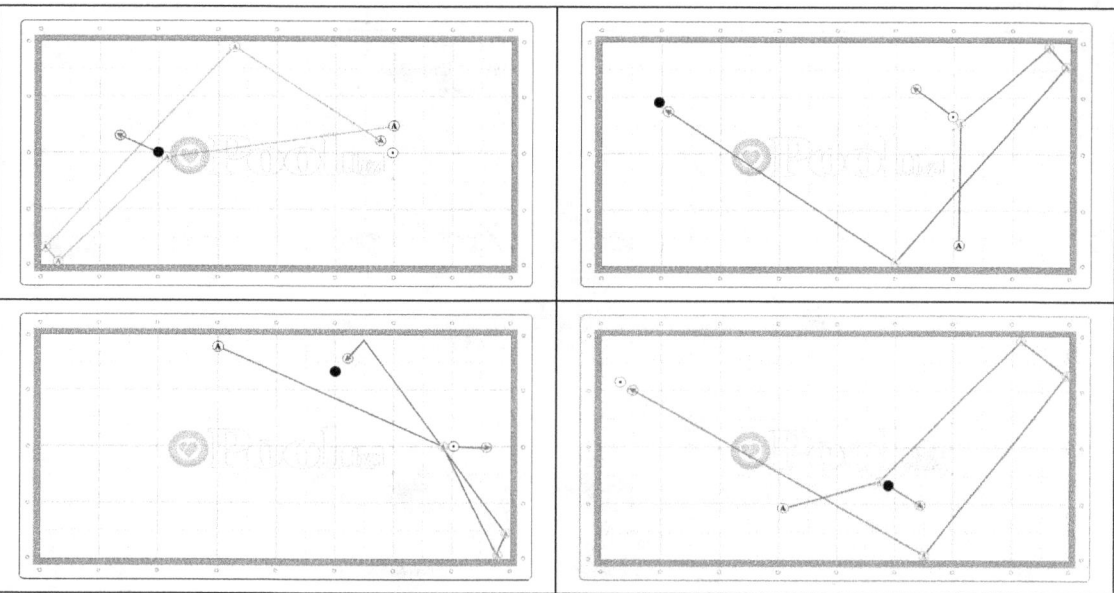

Analisi:

D:2a. _____

D:2b. _____

D:2c. _____

D:2d. _____

D:2a – Impostare

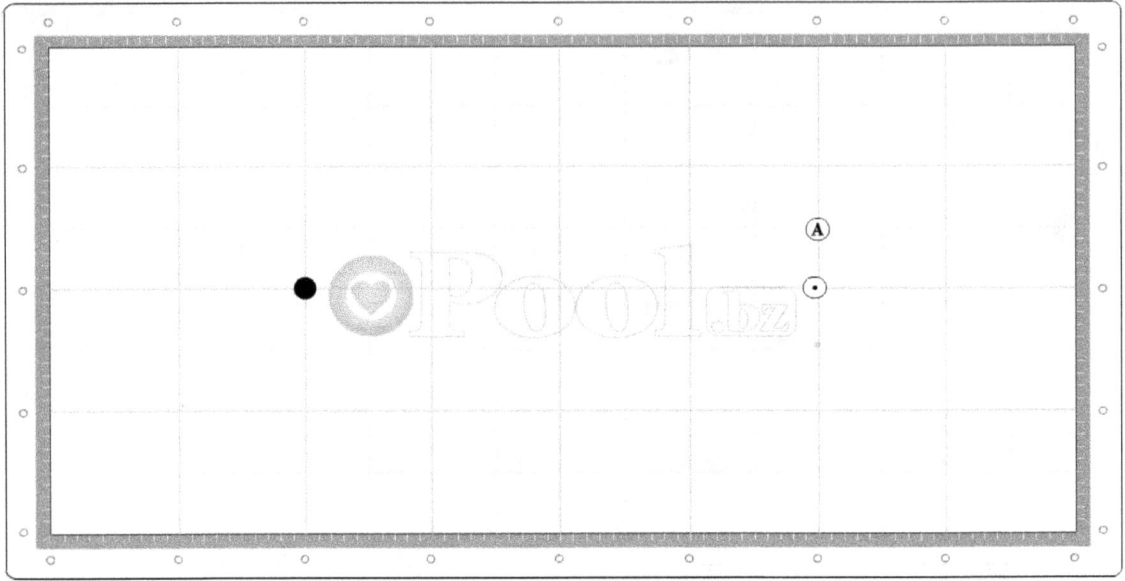

Note e idee:

Modello di colpo

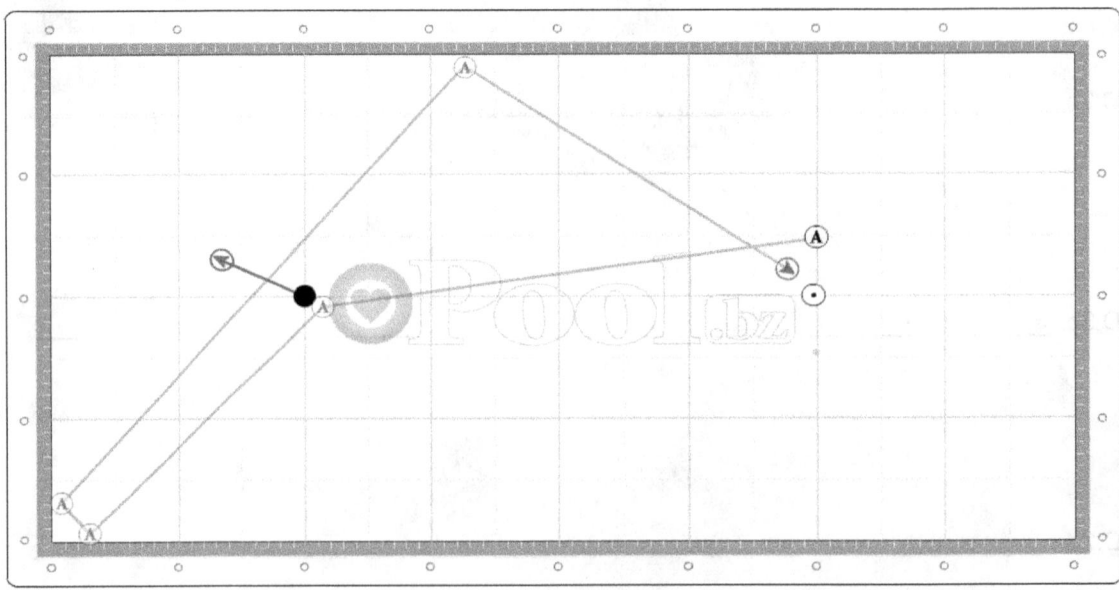

D:2b – Impostare

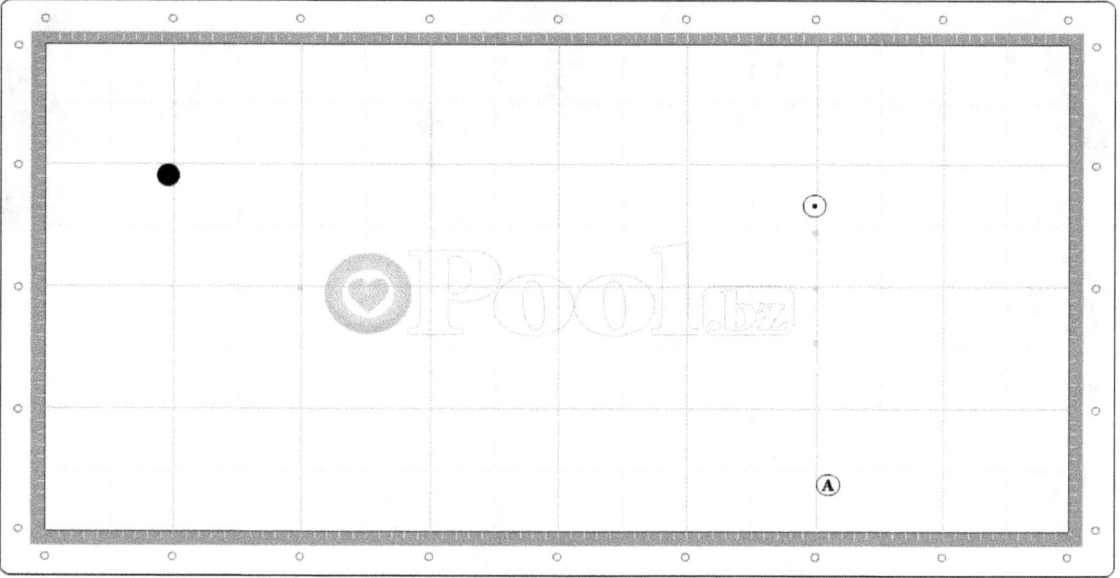

Note e idee:

Modello di colpo

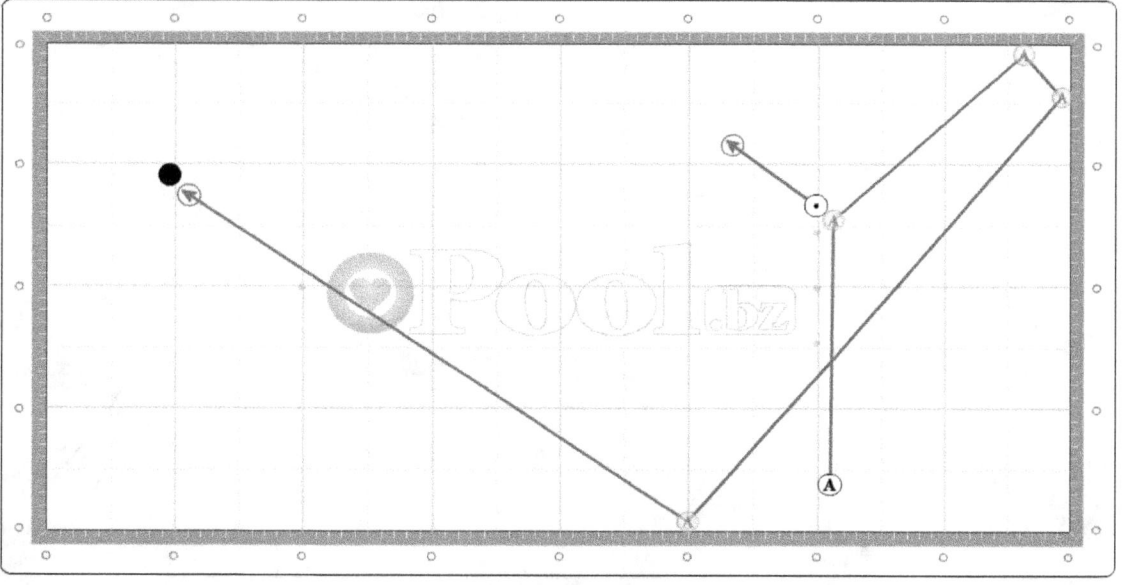

D:2c – Impostare

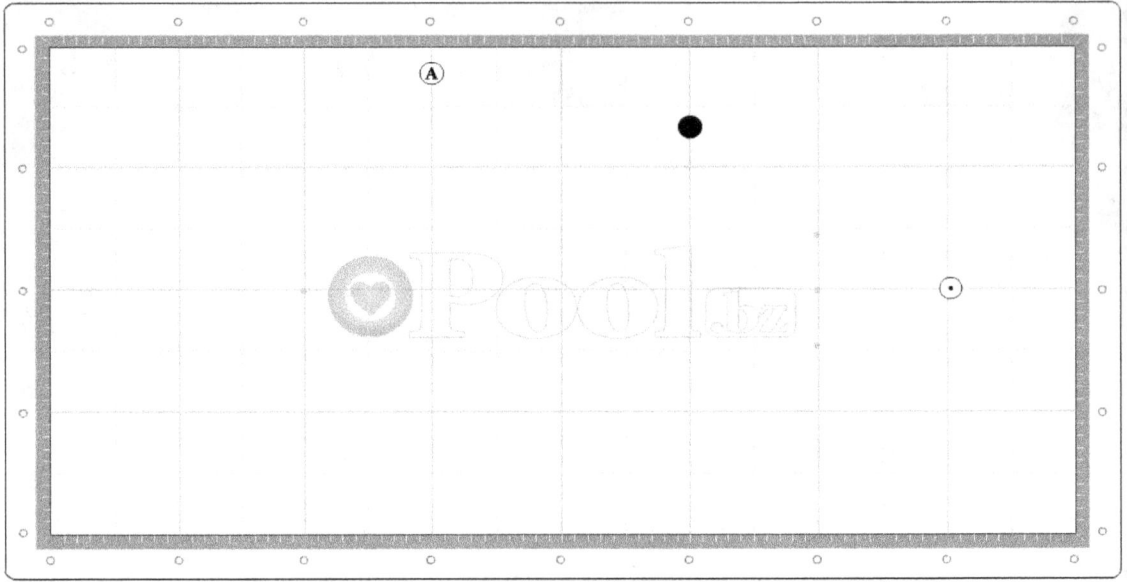

Note e idee:

Modello di colpo

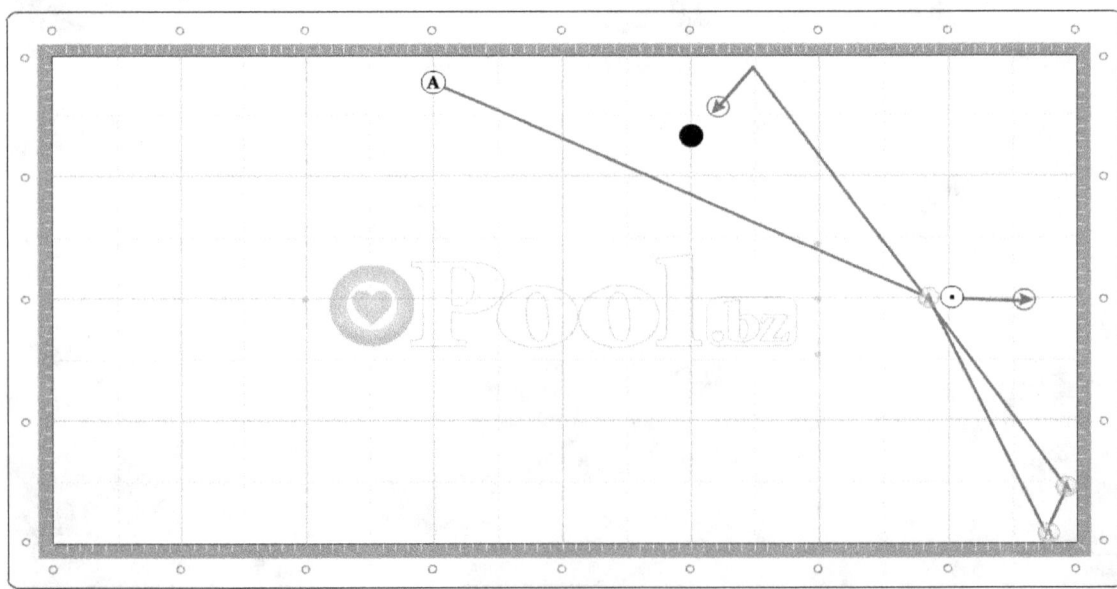

D:2d – Impostare

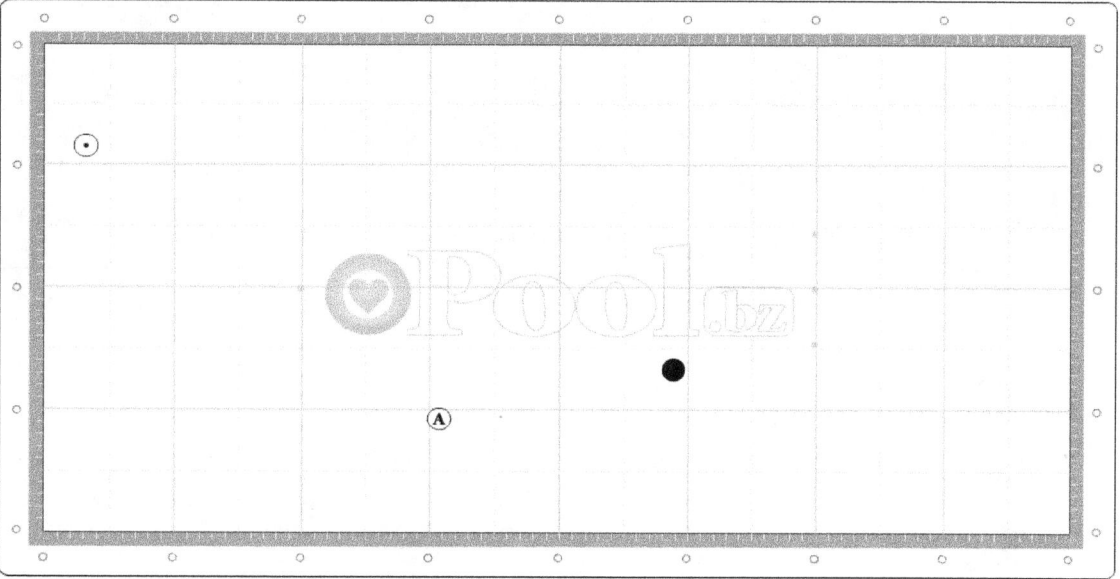

Note e idee:

Modello di colpo

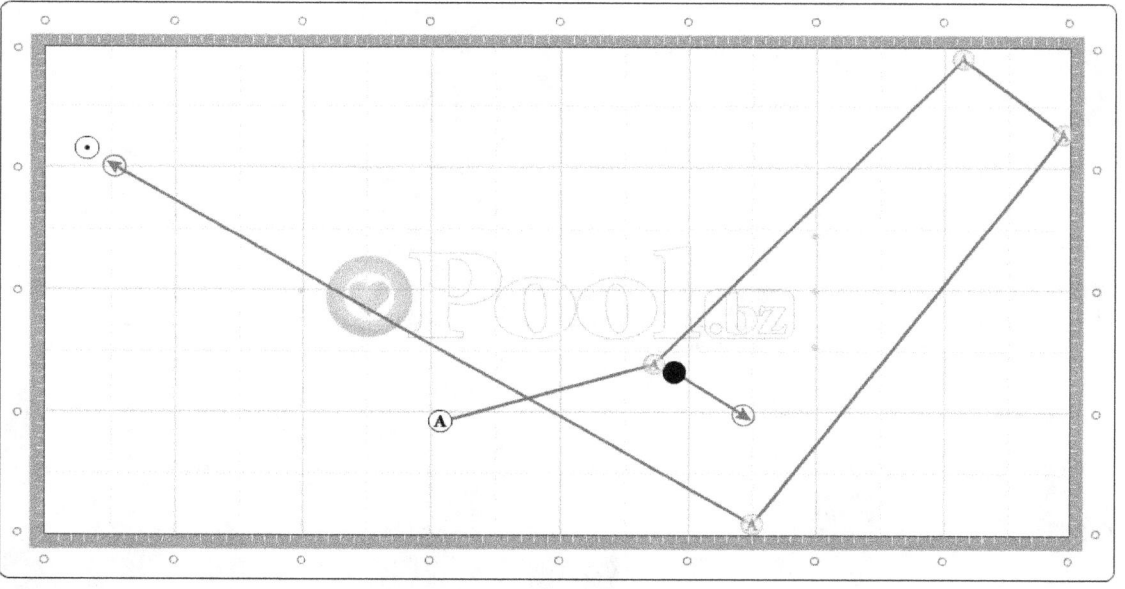

D: Gruppo 3

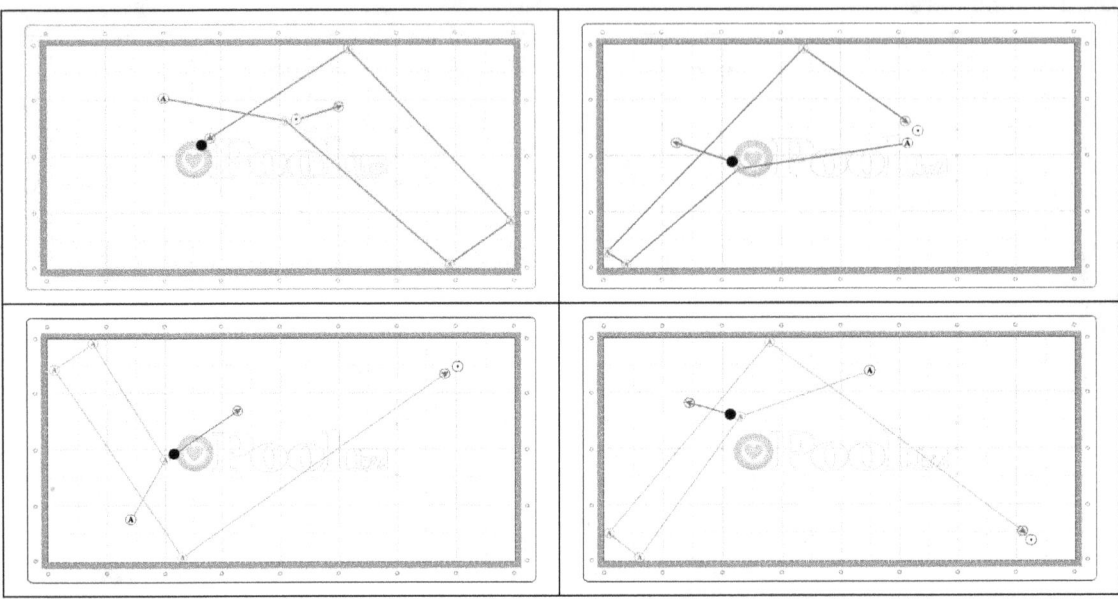

Analisi:

D:3a. _____

D:3b. _____

D:3c. _____

D:3d. _____

D:3a – Impostare

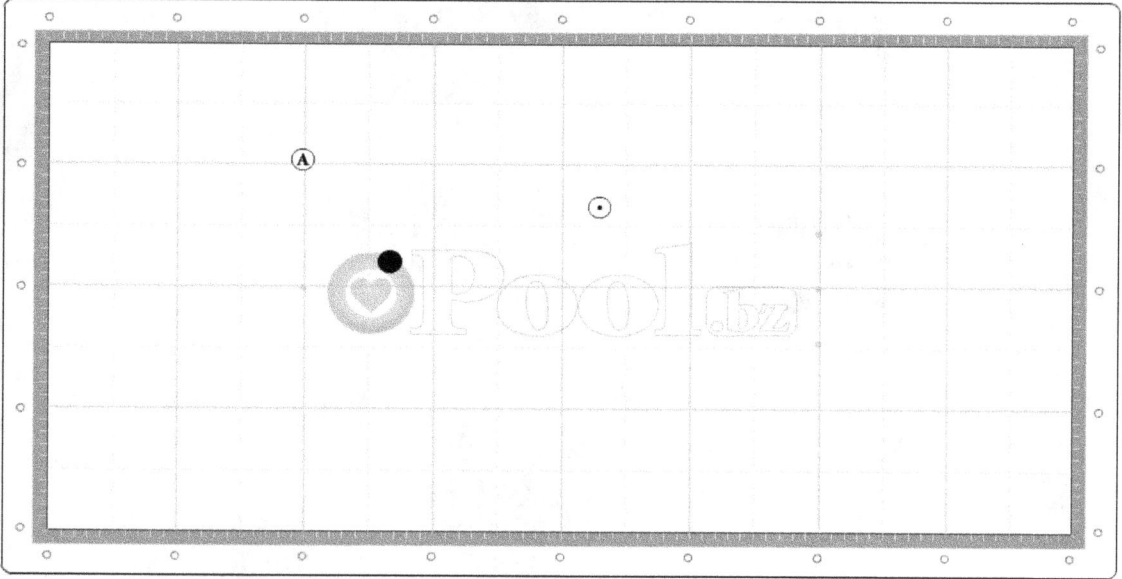

Note e idee:

Modello di colpo

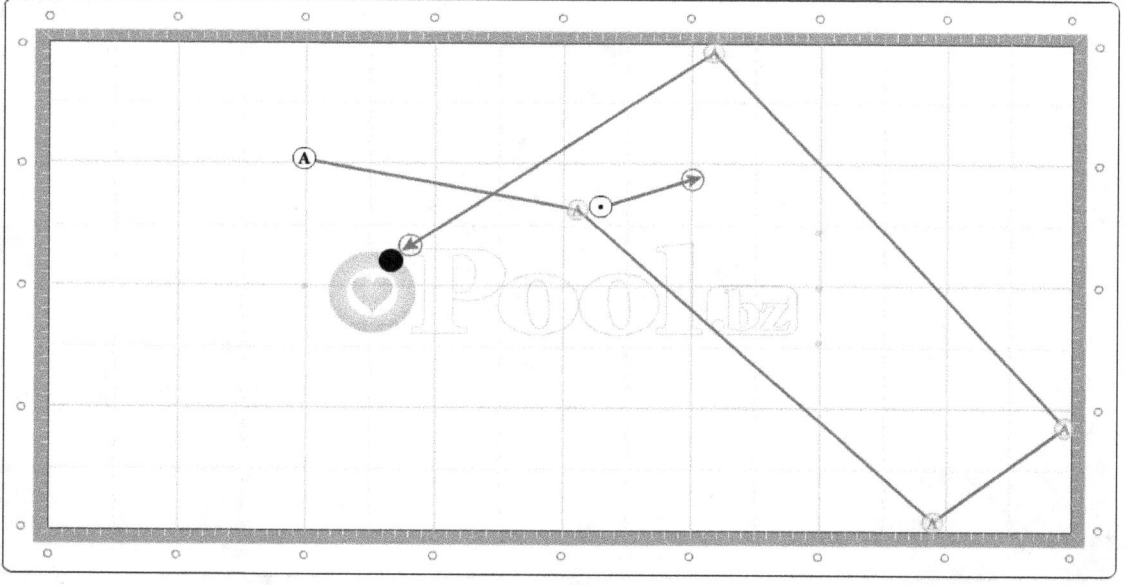

D:3b – Impostare

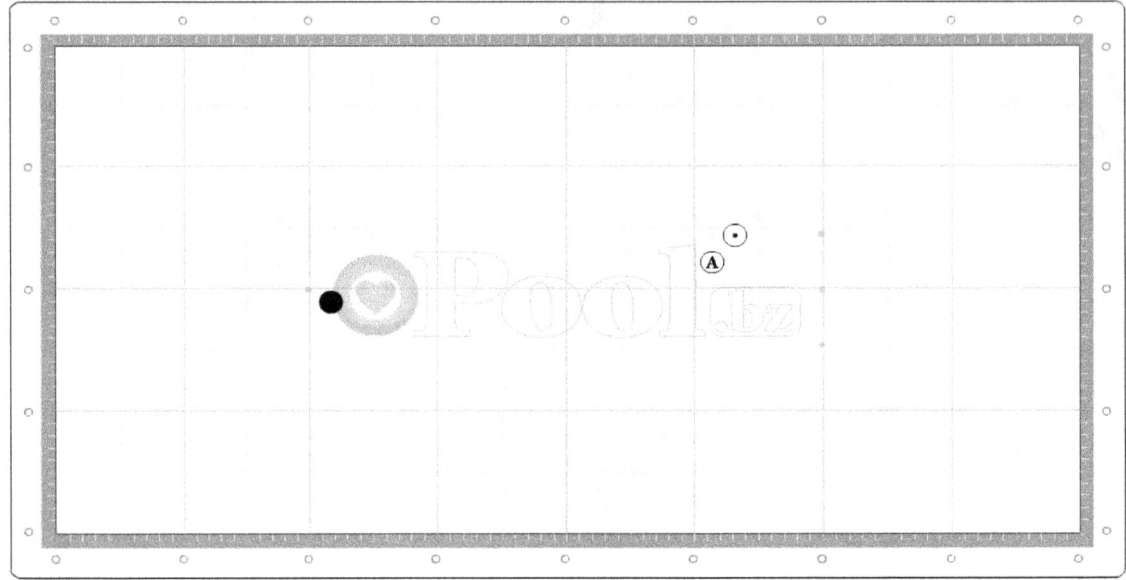

Note e idee:

Modello di colpo

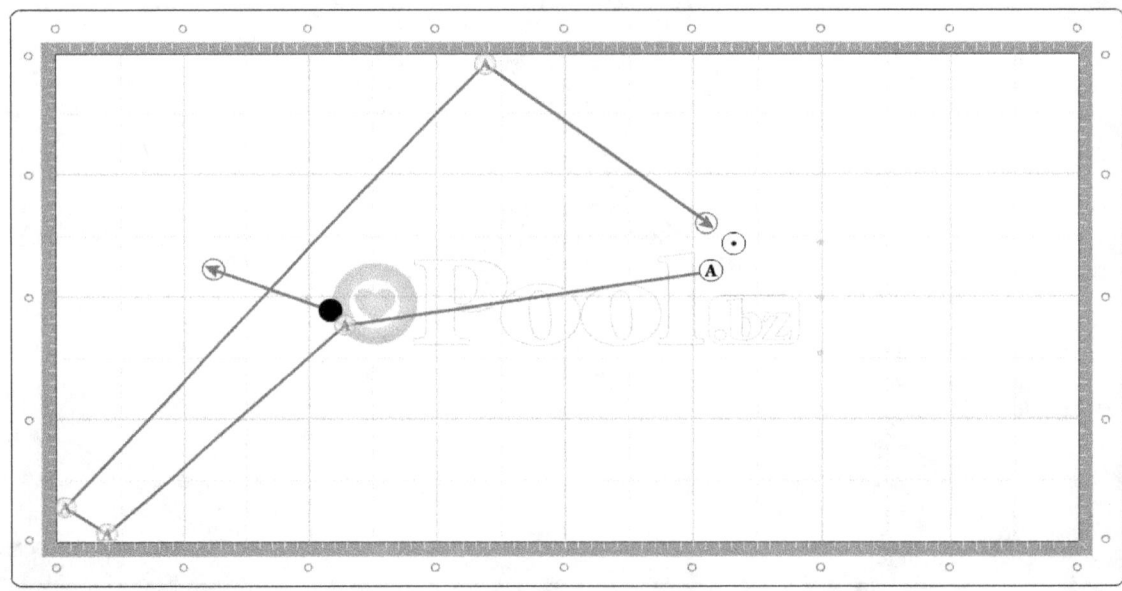

D:3c – Impostare

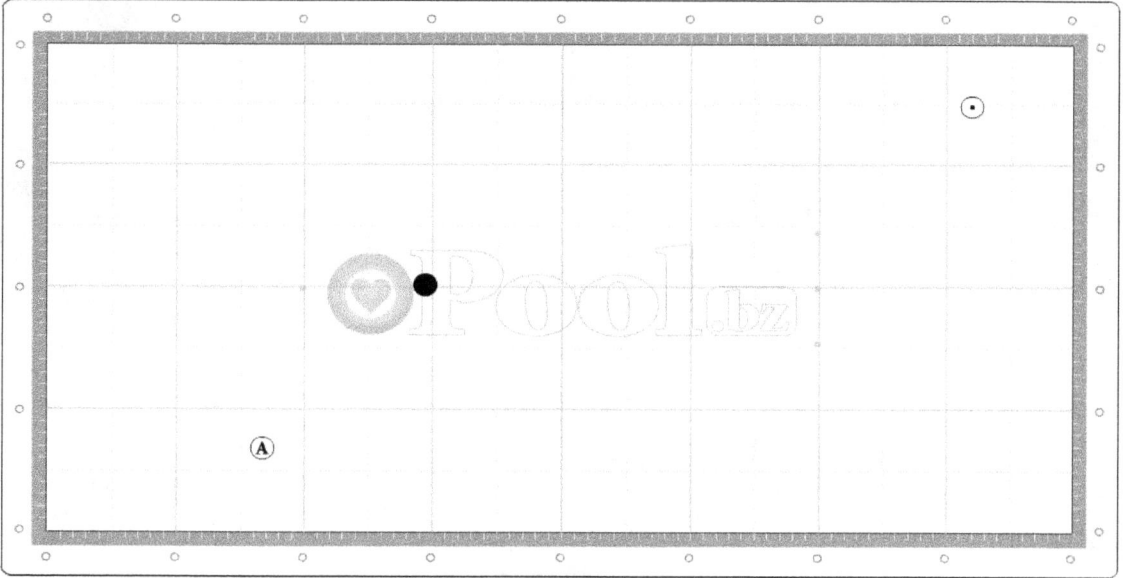

Note e idee:

Modello di colpo

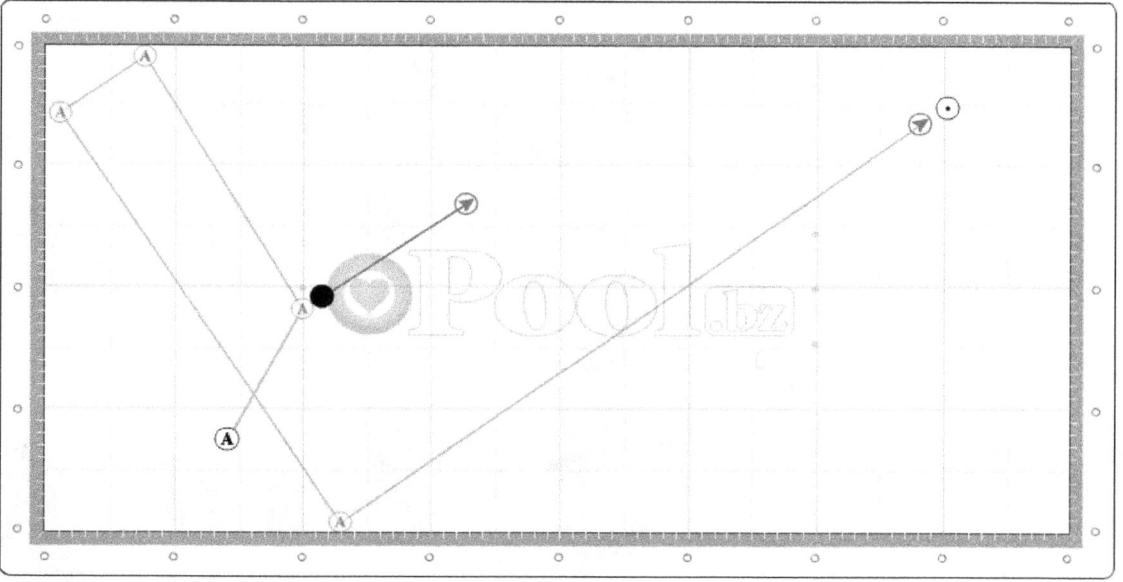

D:3d – Impostare

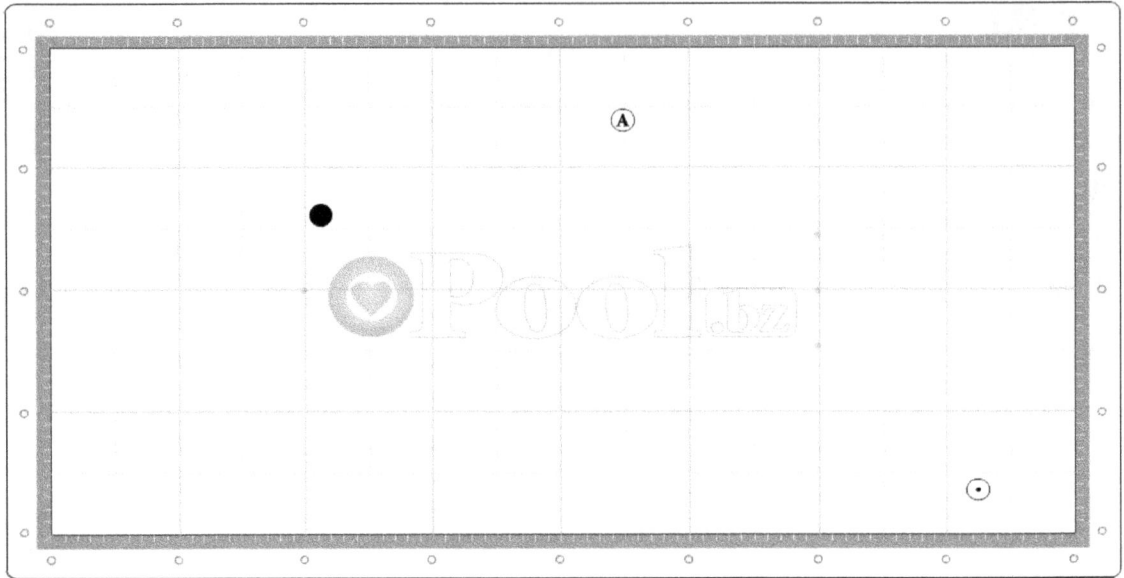

Note e idee:

Modello di colpo

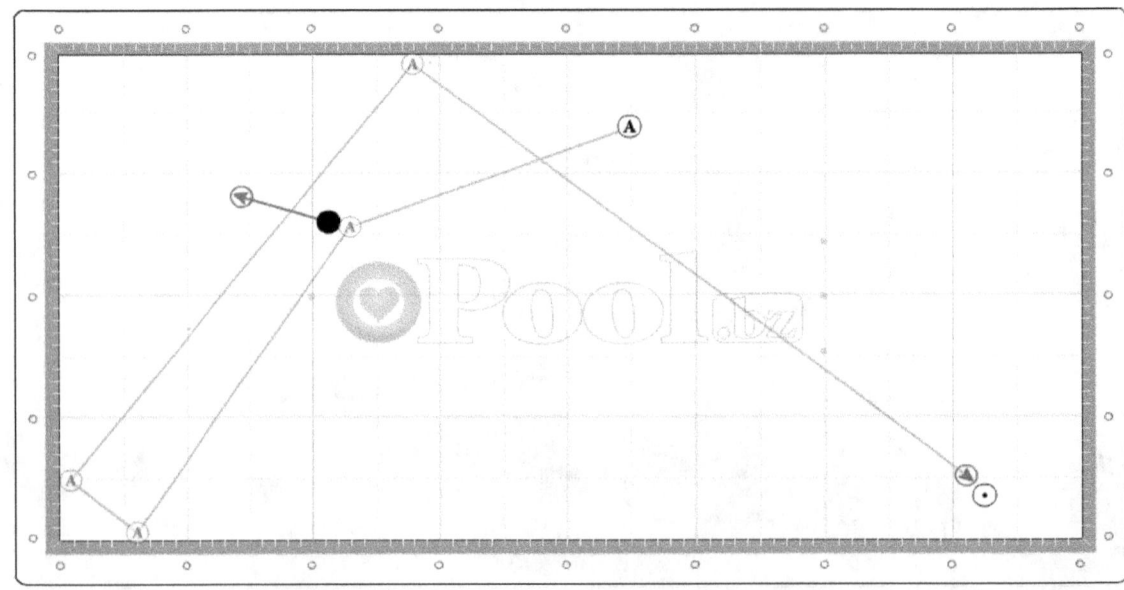

D: Gruppo 4

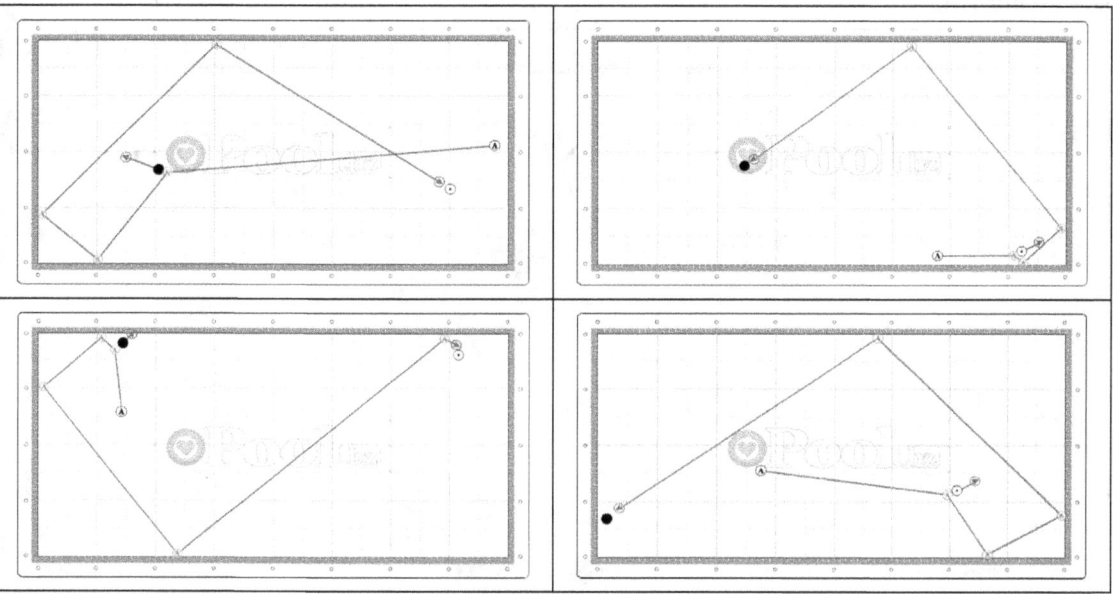

Analisi:

D:4a. _____

D:4b. _____

D:4c. _____

D:4d. _____

D:4a – Impostare

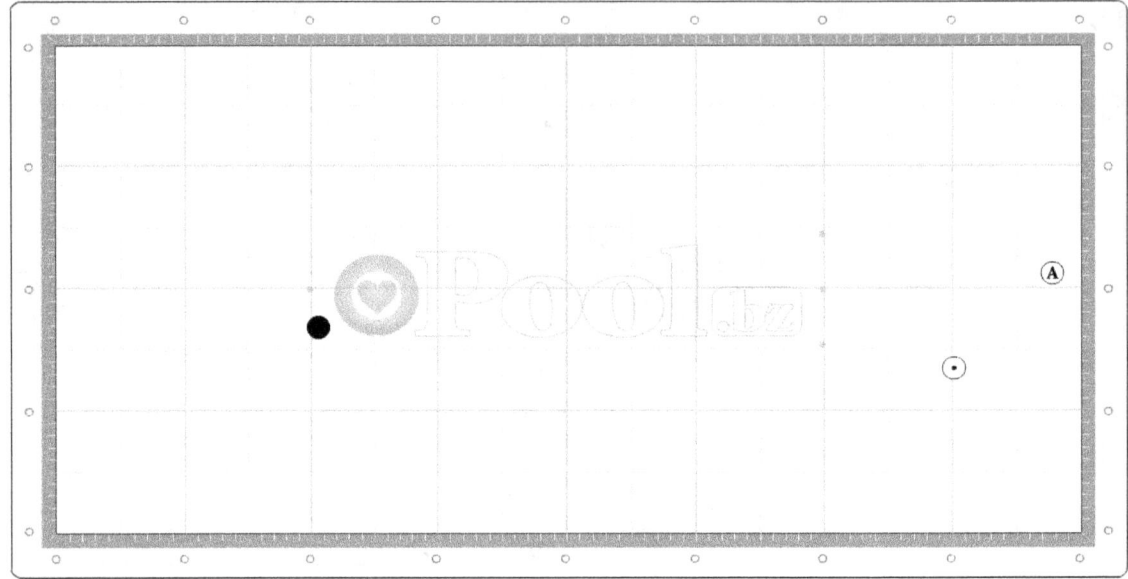

Note e idee:

Modello di colpo

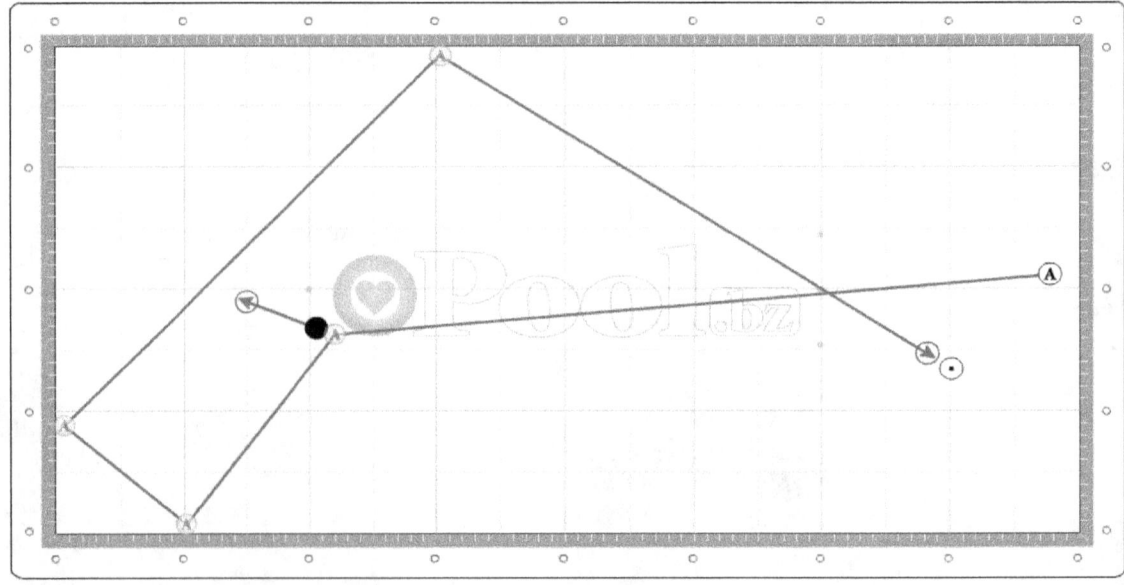

D:4b – Impostare

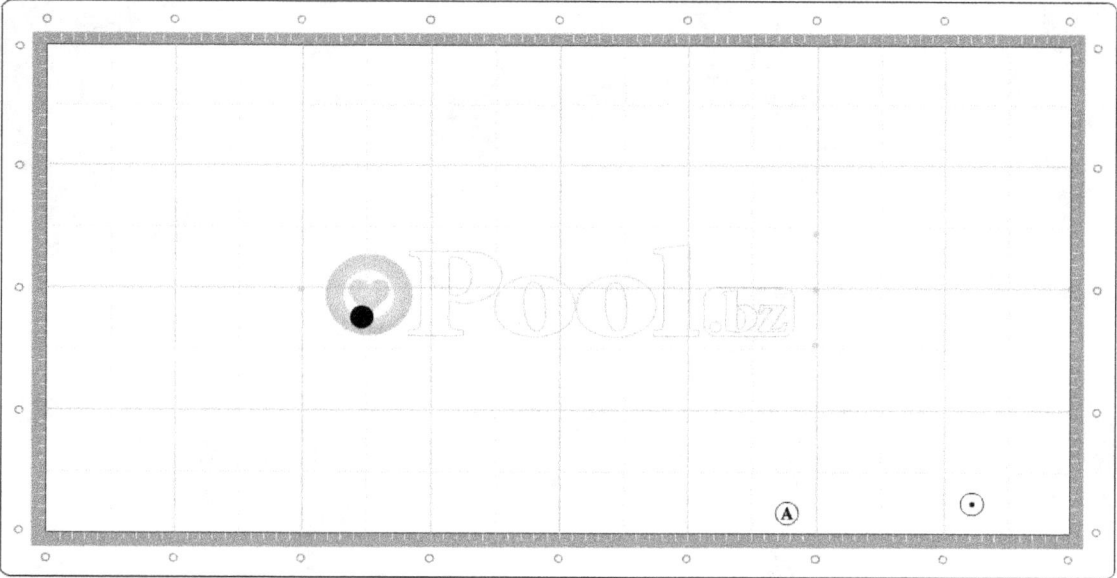

Note e idee:

Modello di colpo

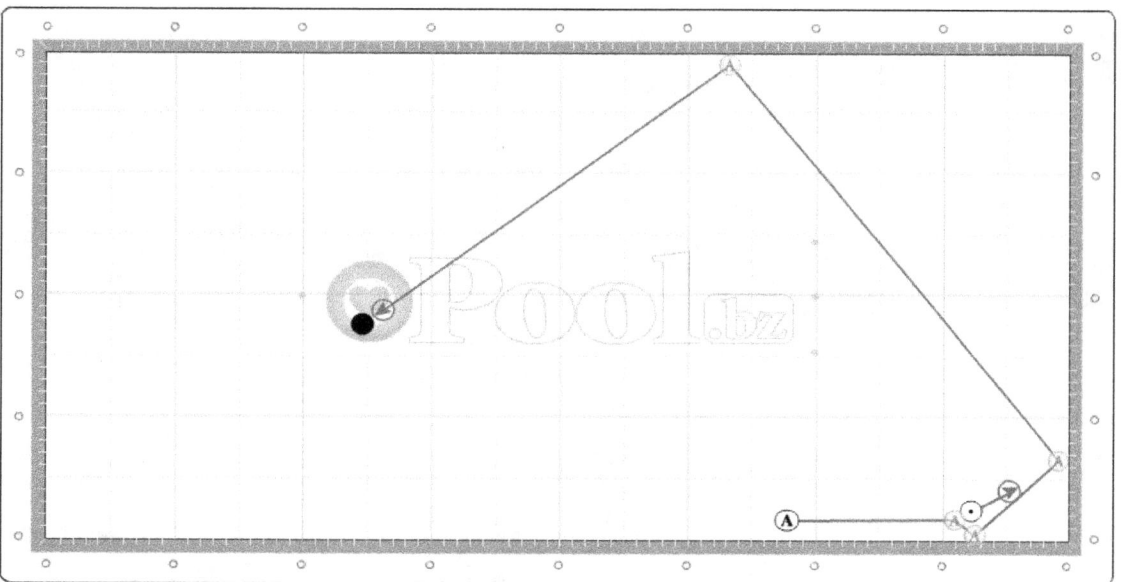

D:4c – Impostare

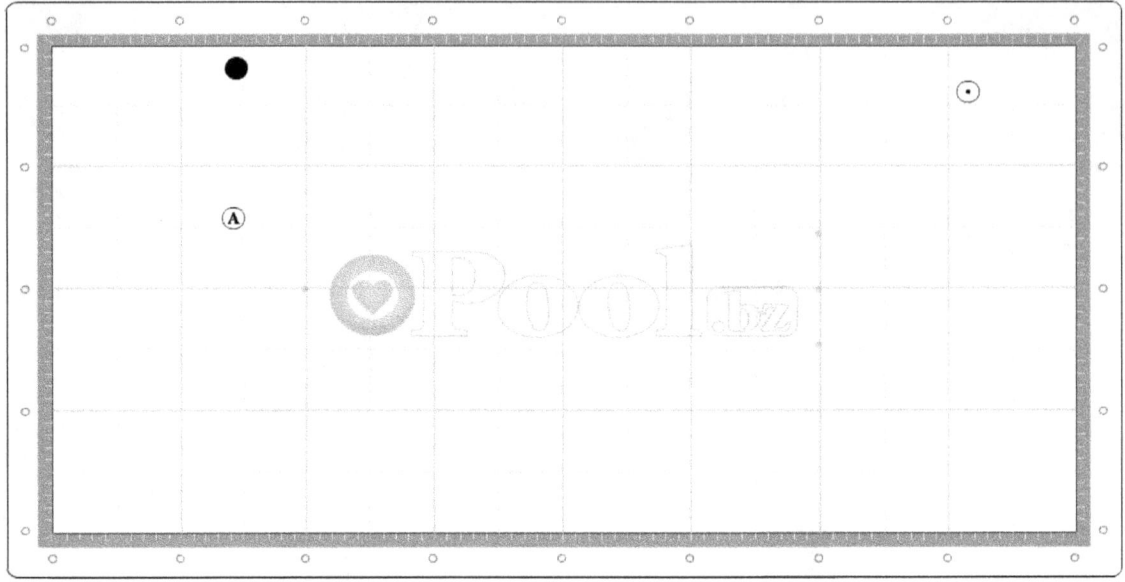

Note e idee:

Modello di colpo

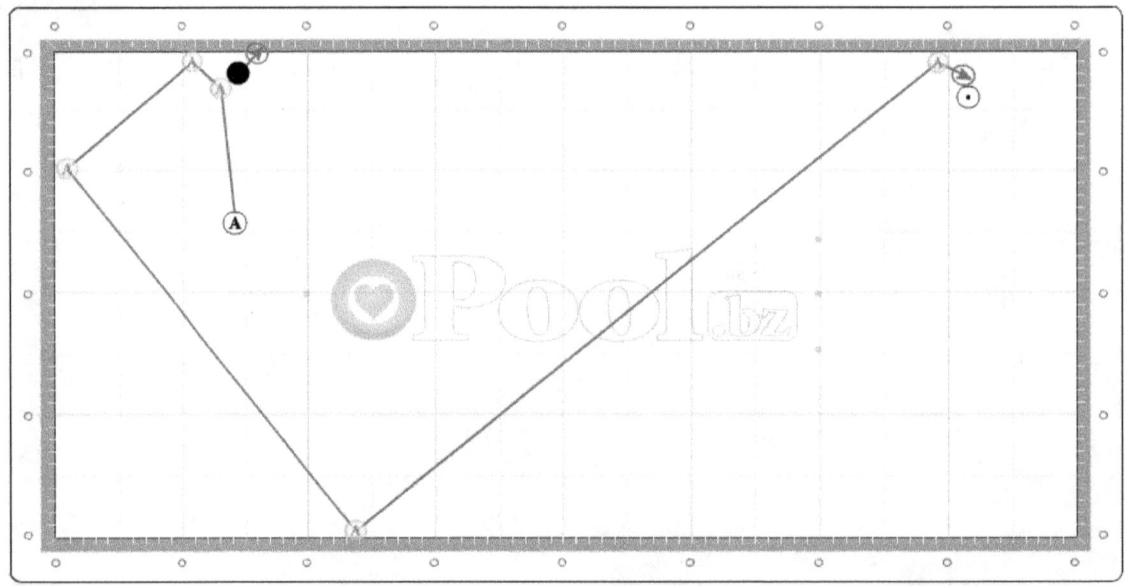

D:4d – Impostare

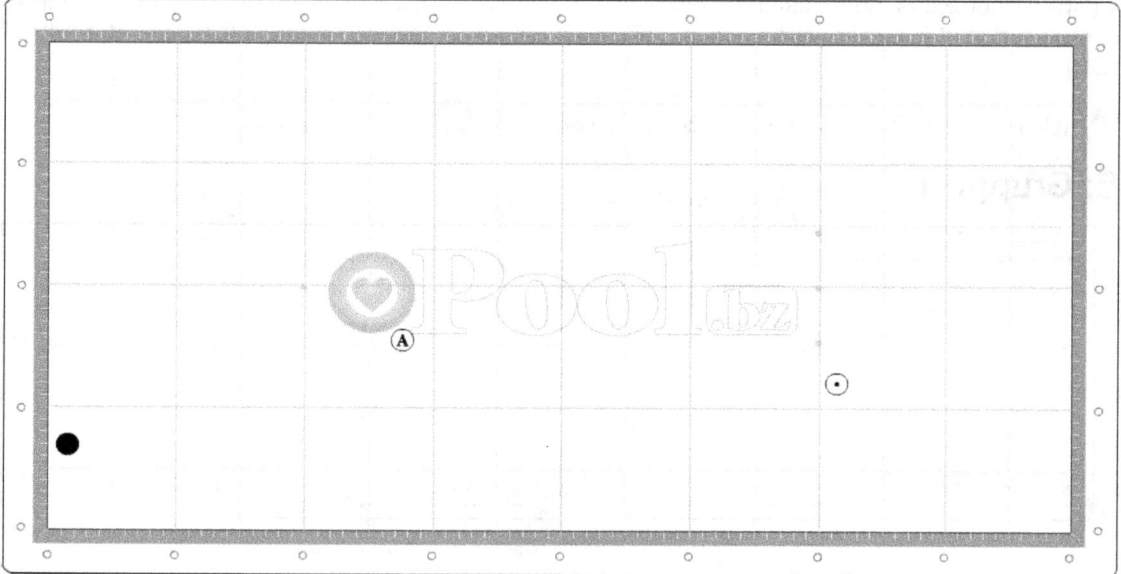

Note e idee:

Modello di colpo

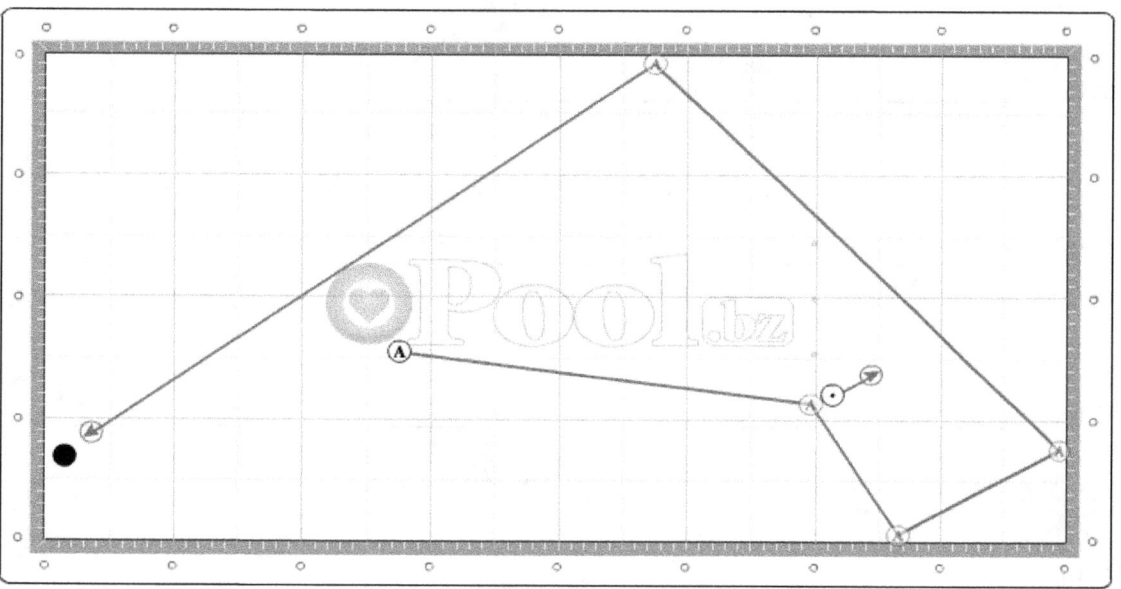

E: Ritorno angolo avanzato (sponde lungo)

Il (CB) percorre una lunga distanza fino al primo (OB). Quindi, il (CB) entra nell'angolo, prima il sponde lungo. Il (CB) attraversa il tavolo al centro del lungo sponde. Infine, il (CB) contatta l'altro (OB).

Ⓐ (CB) (la tua palla) - ⊙ (OB) (palla dell'avversario) - ● (OB) (palla rossa)

E: Gruppo 1

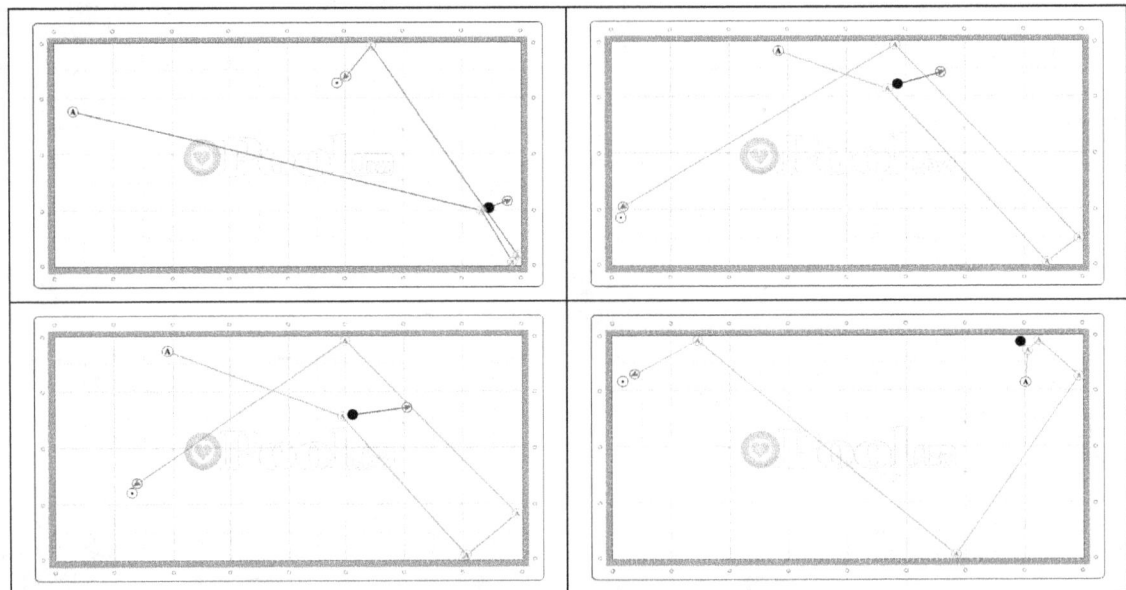

Analisi:

E:1a. _____

E:1b. _____

E:1c. _____

E:1d. _____

E:1a – Impostare

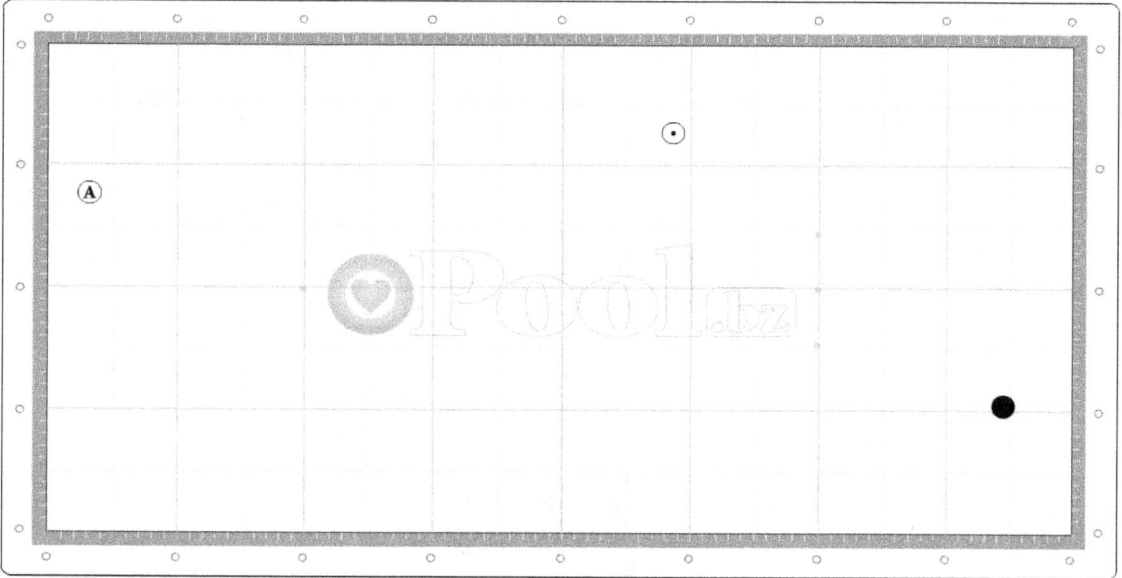

Note e idee:

Modello di colpo

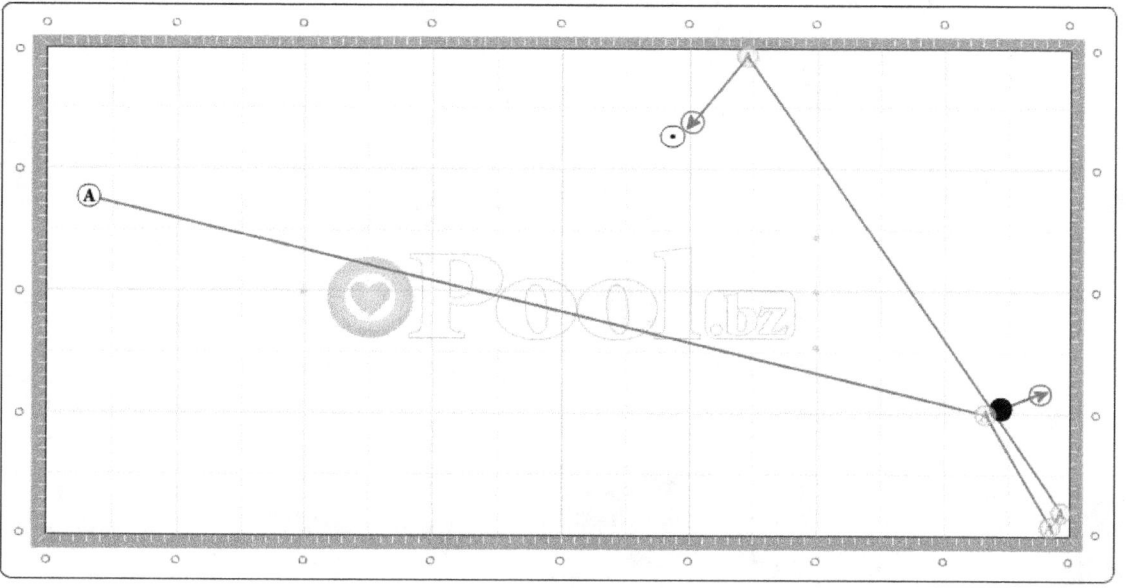

E:1b – Impostare

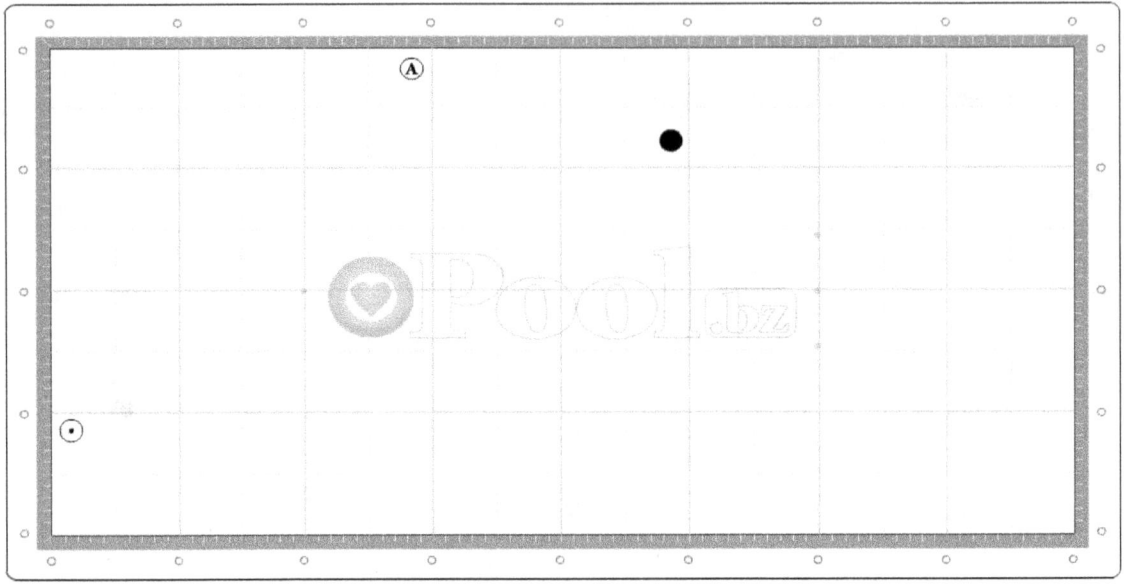

Note e idee:

Modello di colpo

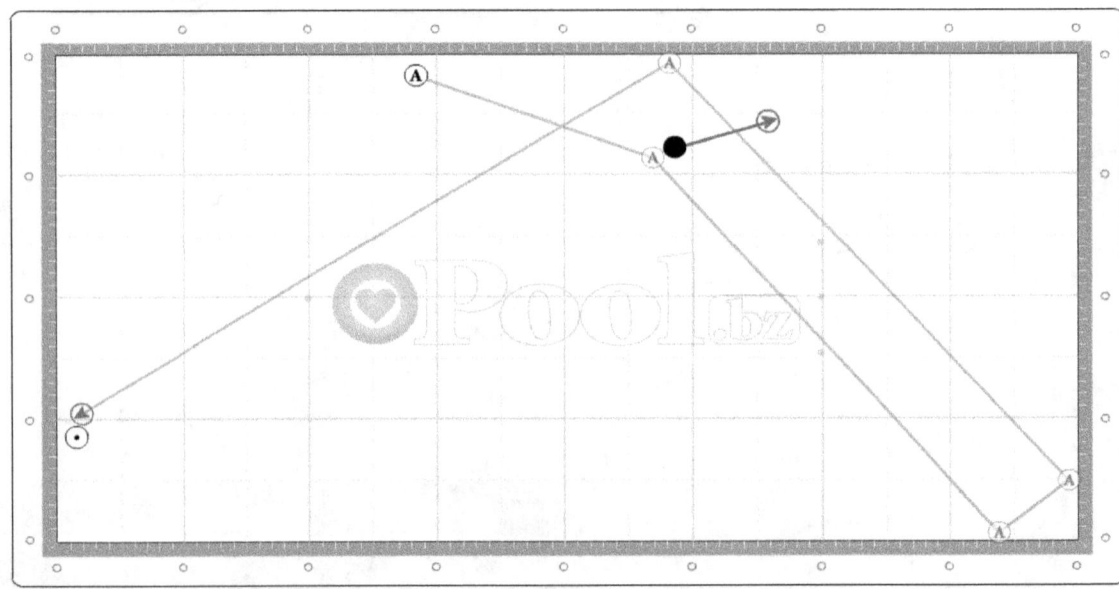

E:1c – Impostare

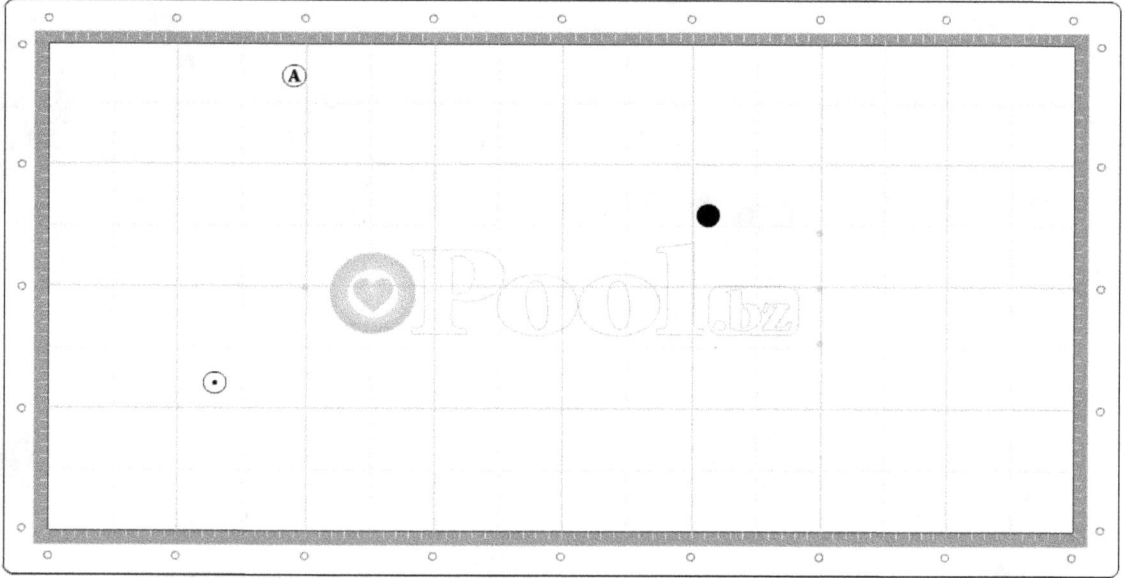

Note e idee:

Modello di colpo

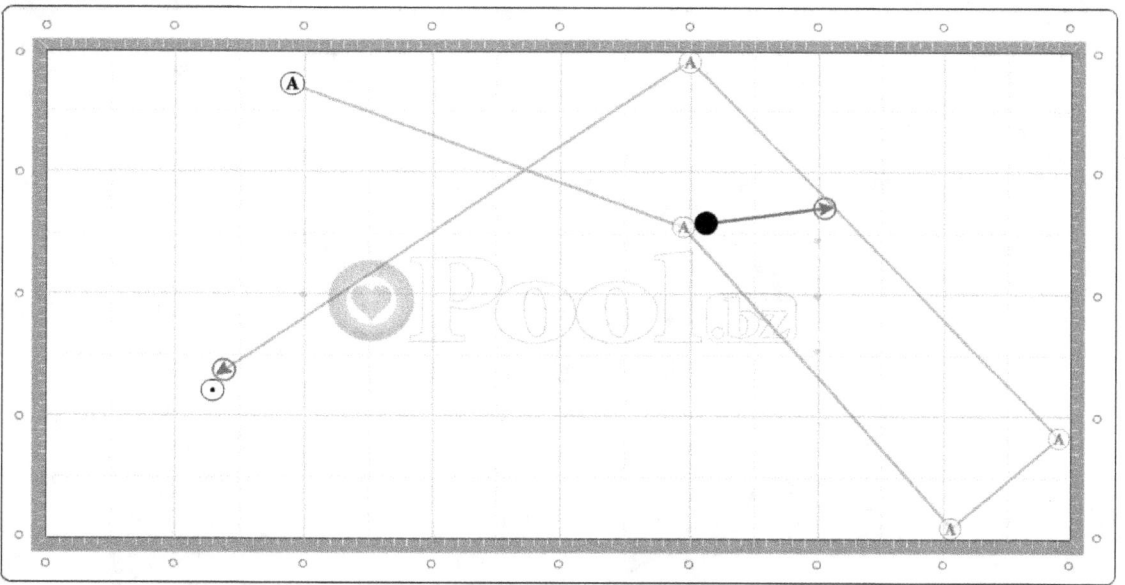

E:1d – Impostare

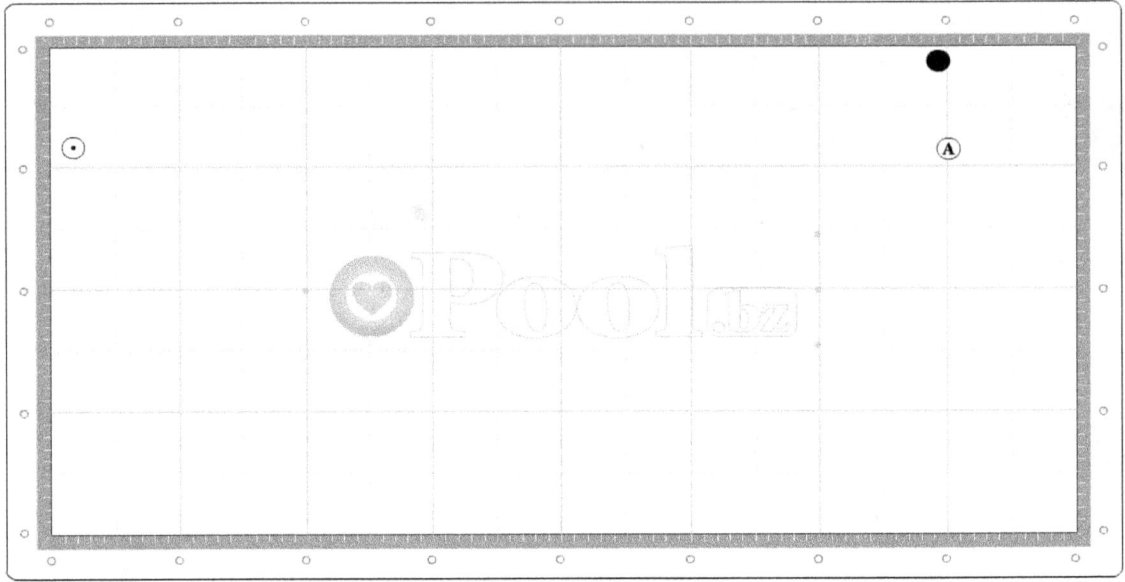

Note e idee:

Modello di colpo

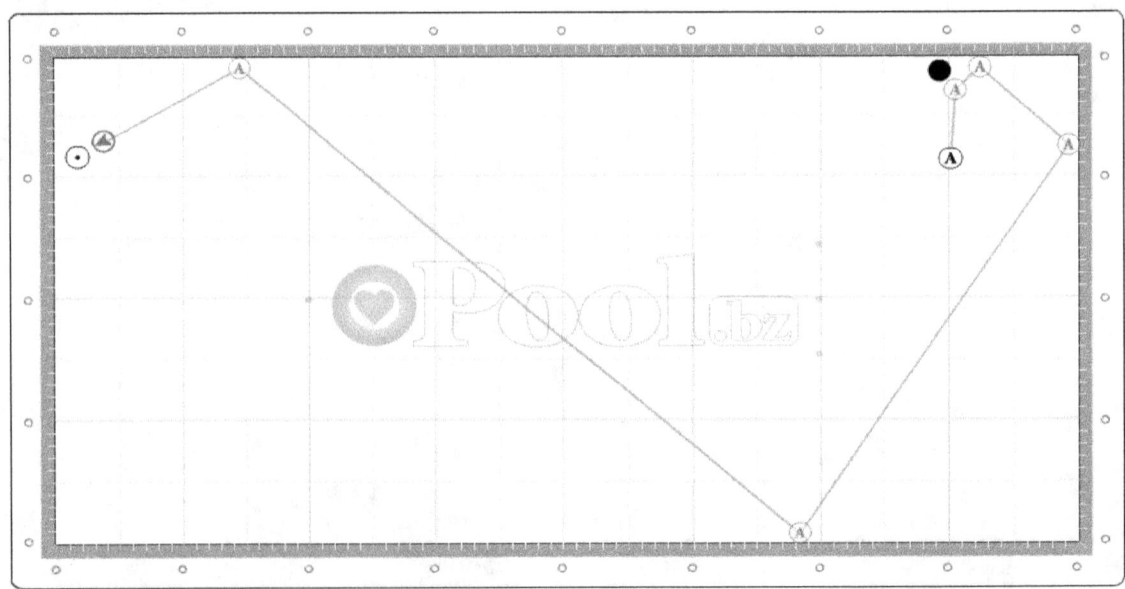

E: Gruppo 2

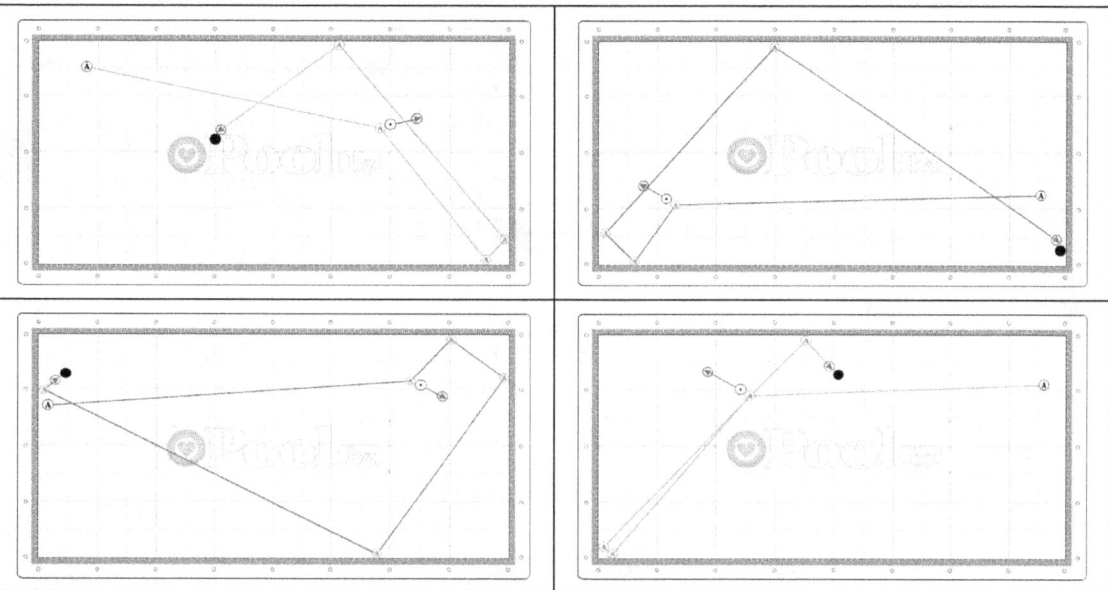

Analisi:

E:2a. _____

E:2b. _____

E:2c. _____

E:2d. _____

E:2a – Impostare

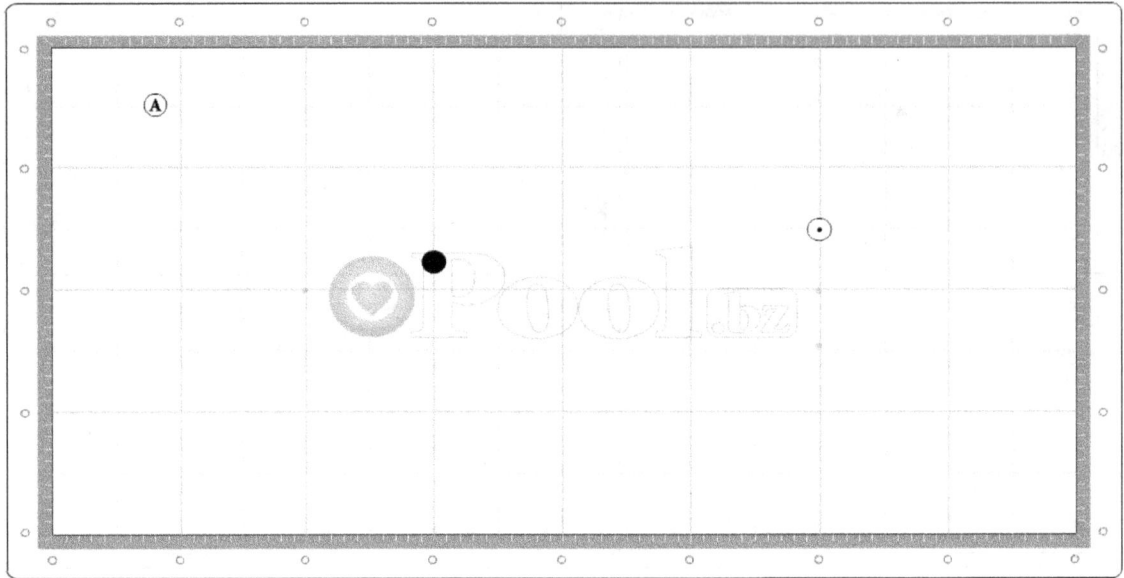

Note e idee:

Modello di colpo

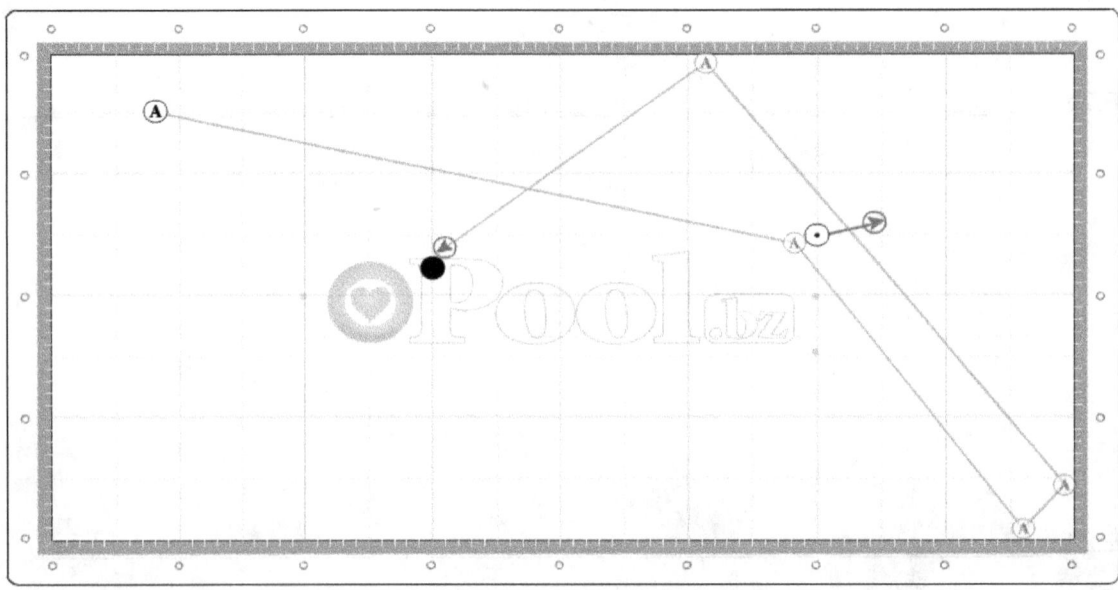

E:2b – Impostare

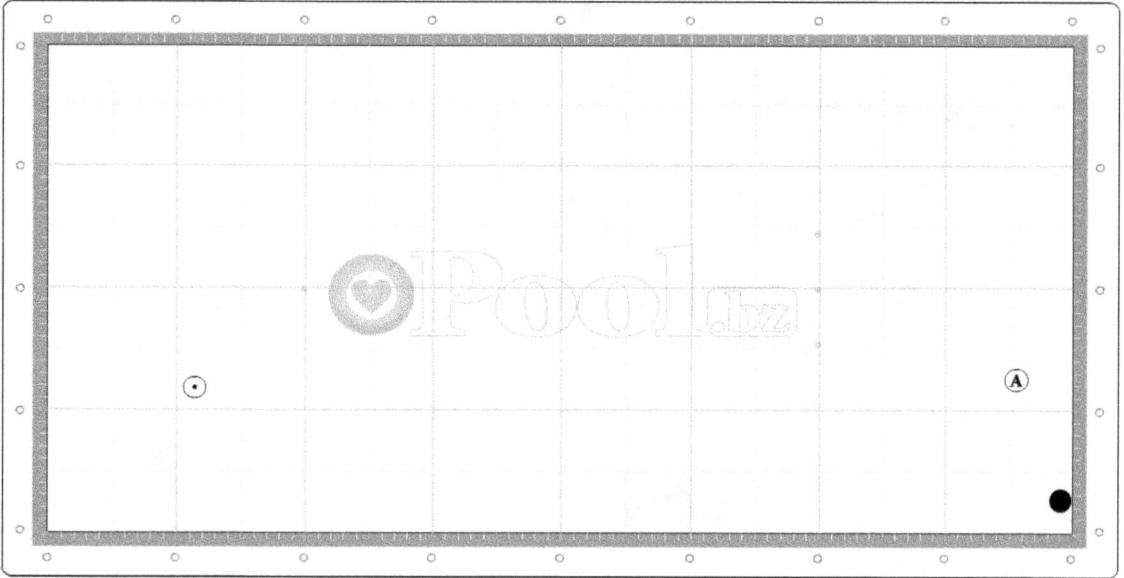

Note e idee:

Modello di colpo

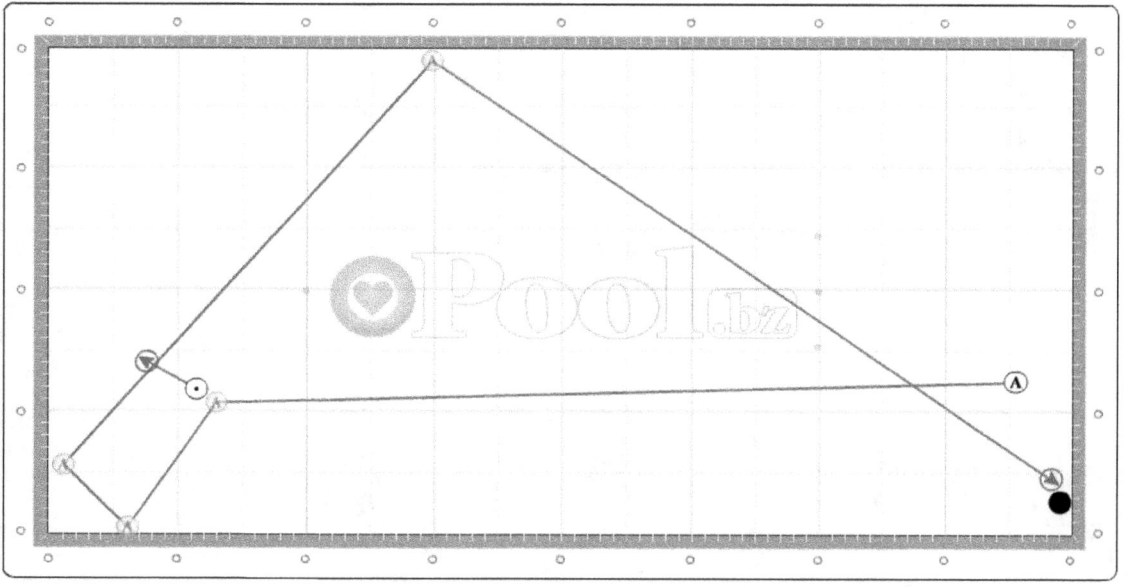

E:2c – Impostare

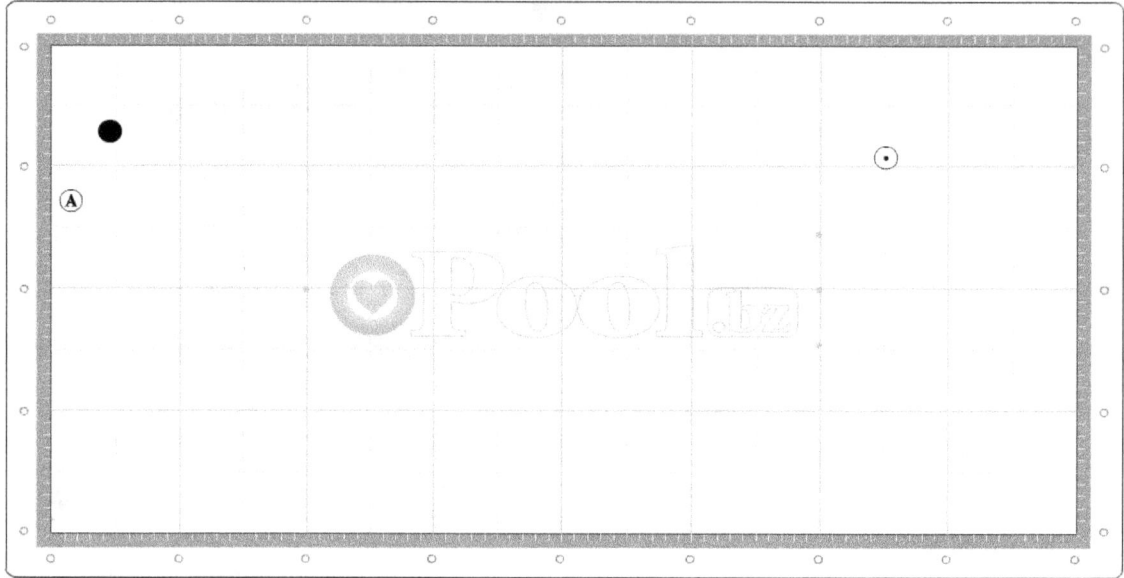

Note e idee:

Modello di colpo

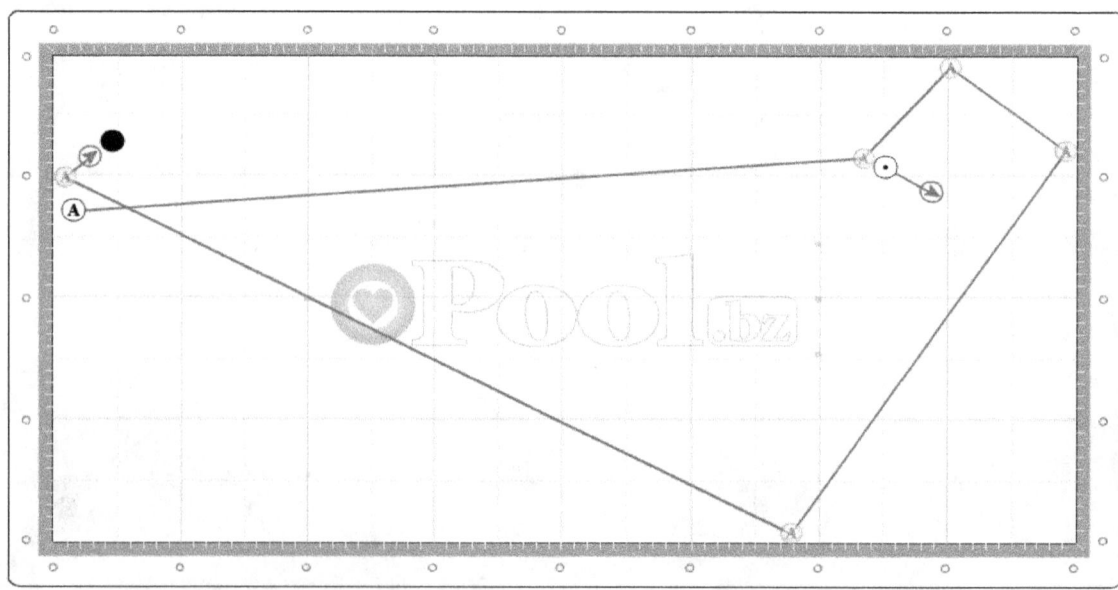

E:2d – Impostare

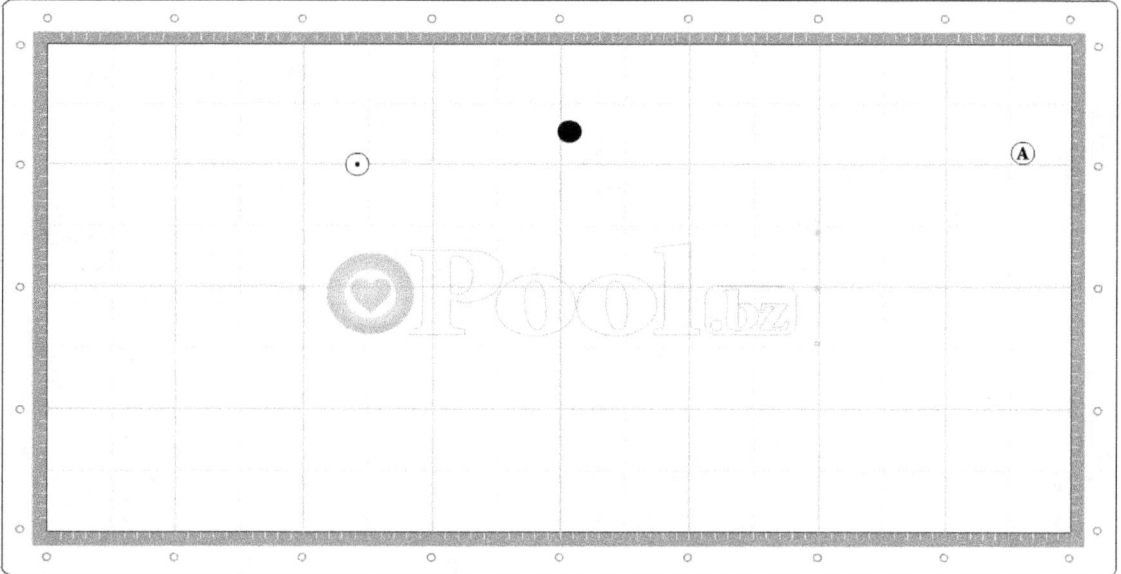

Note e idee:

Modello di colpo

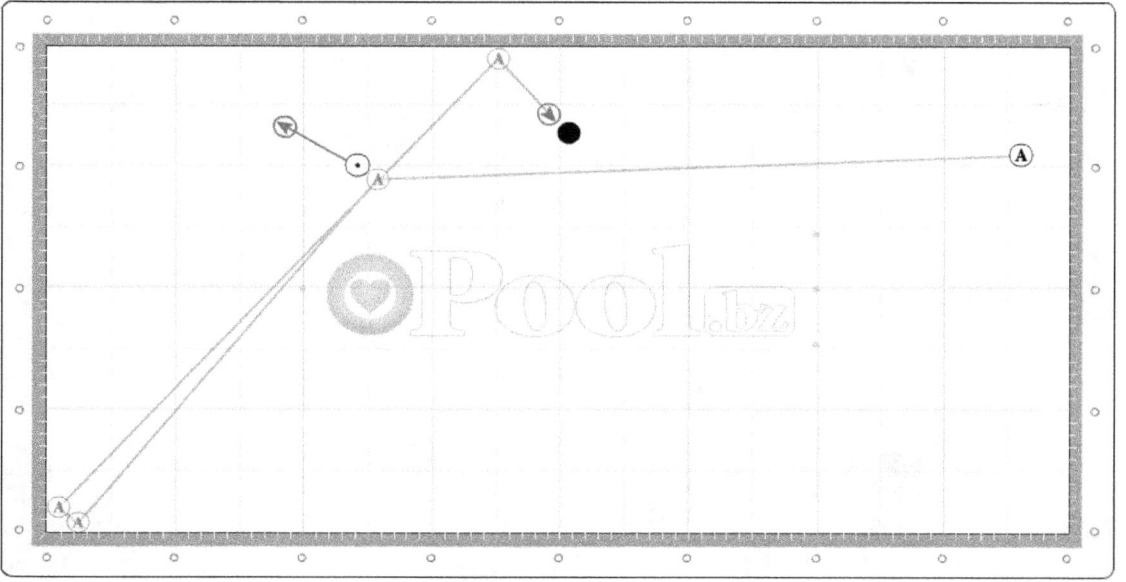

E: Gruppo 3

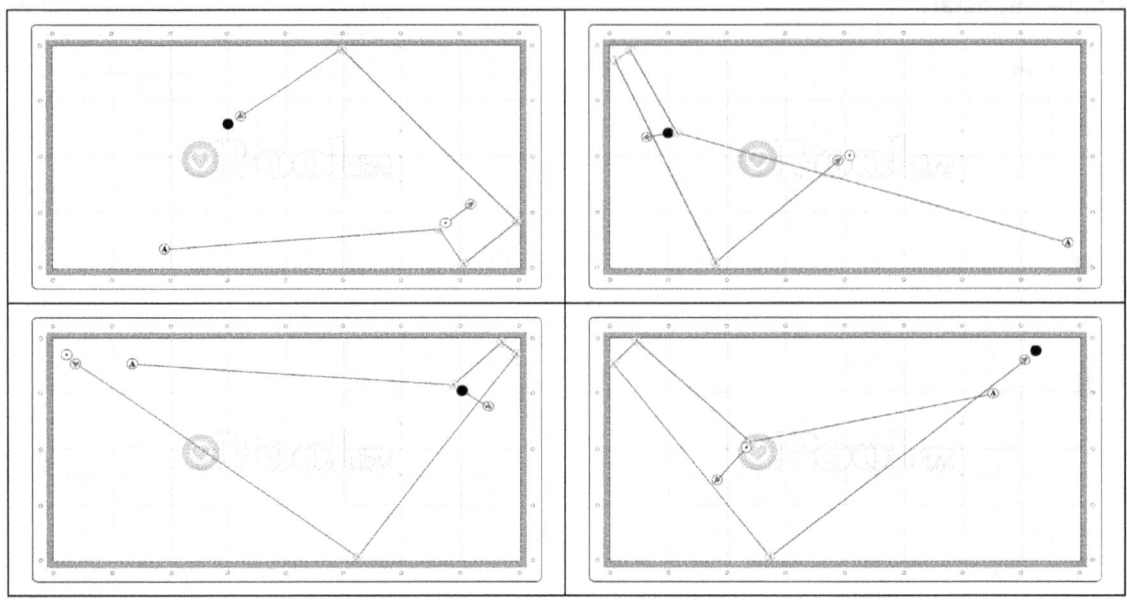

Analisi:

E:3a. _____

E:3b. _____

E:3c. _____

E:3d. _____

E:3a – Impostare

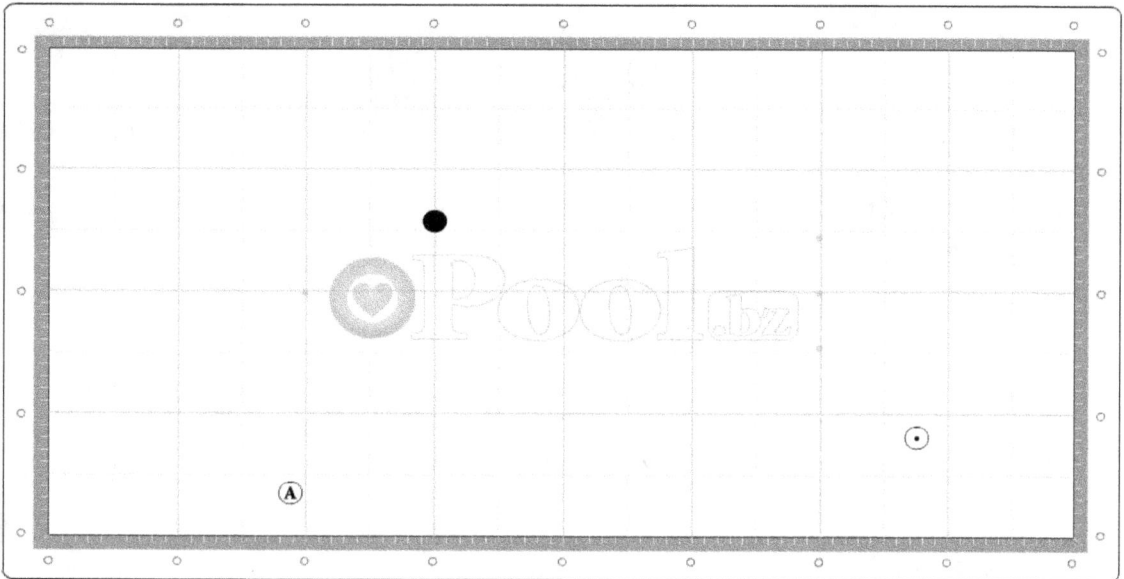

Note e idee:

Modello di colpo

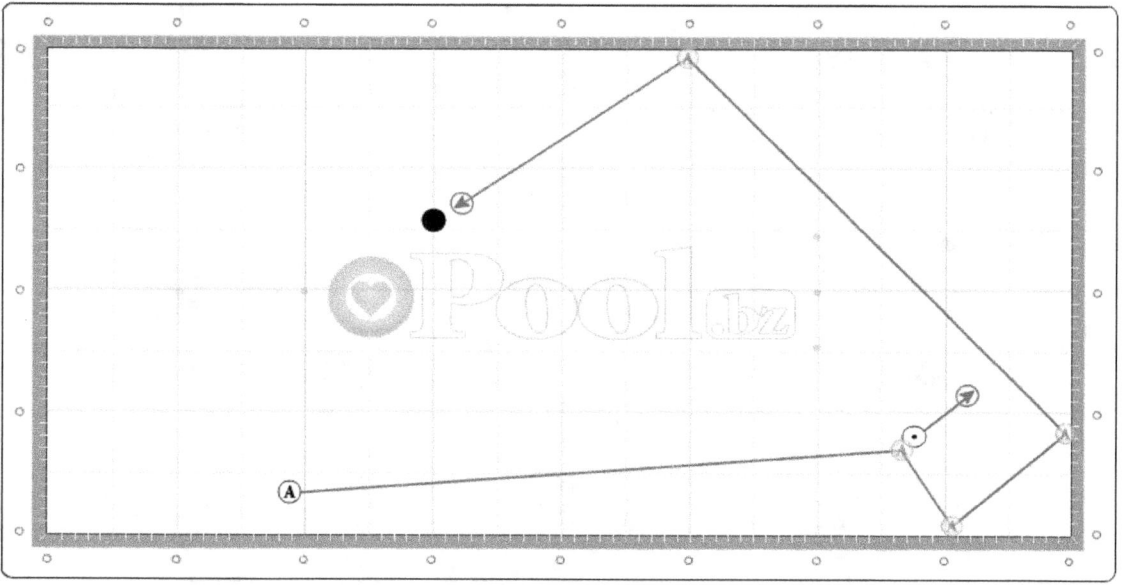

E:3b – Impostare

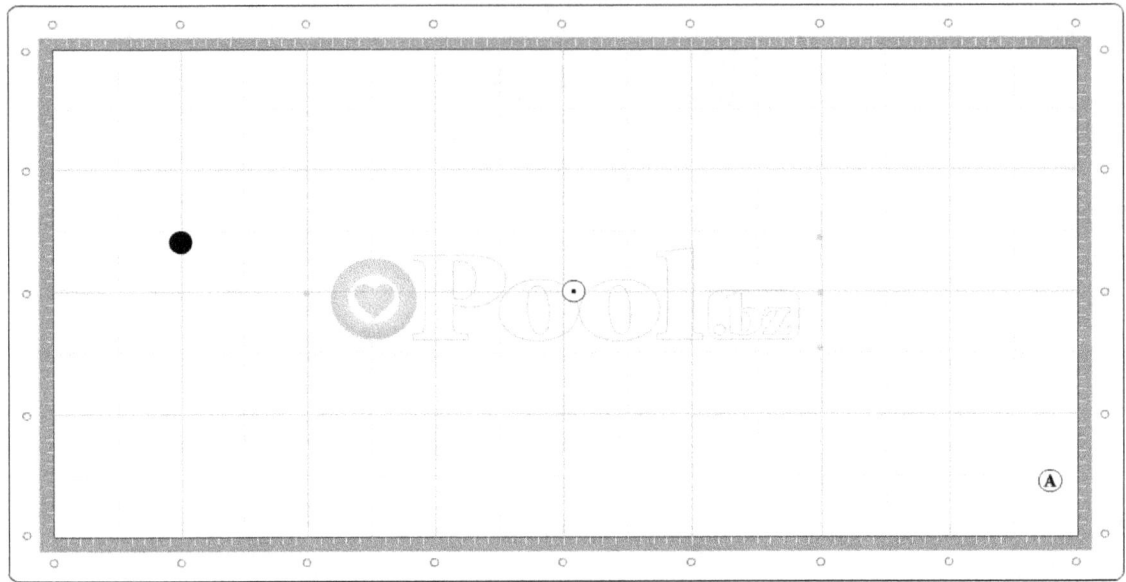

Note e idee:

Modello di colpo

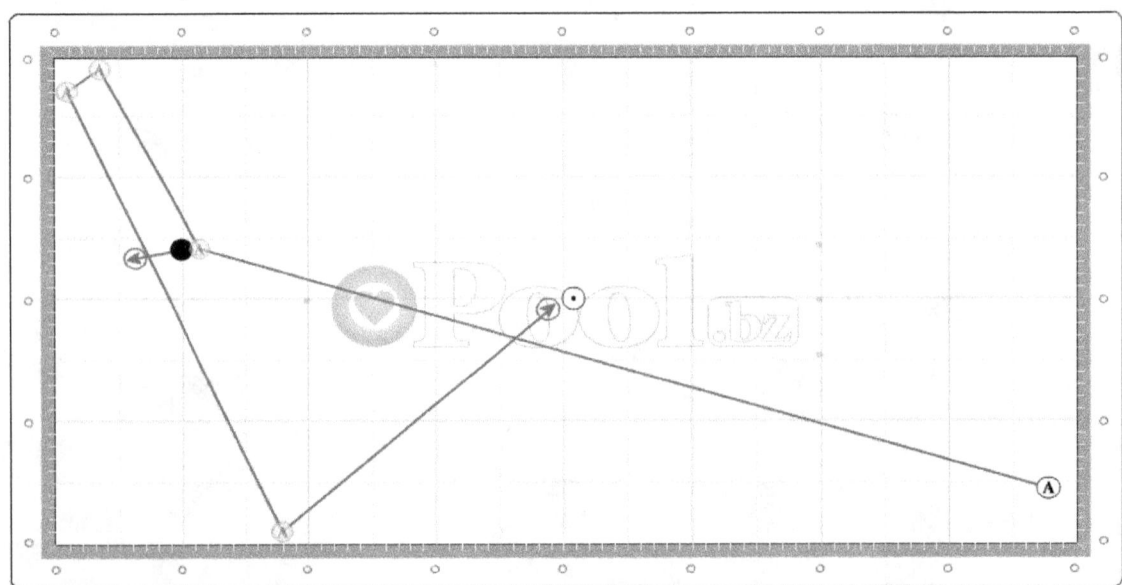

E:3c – Impostare

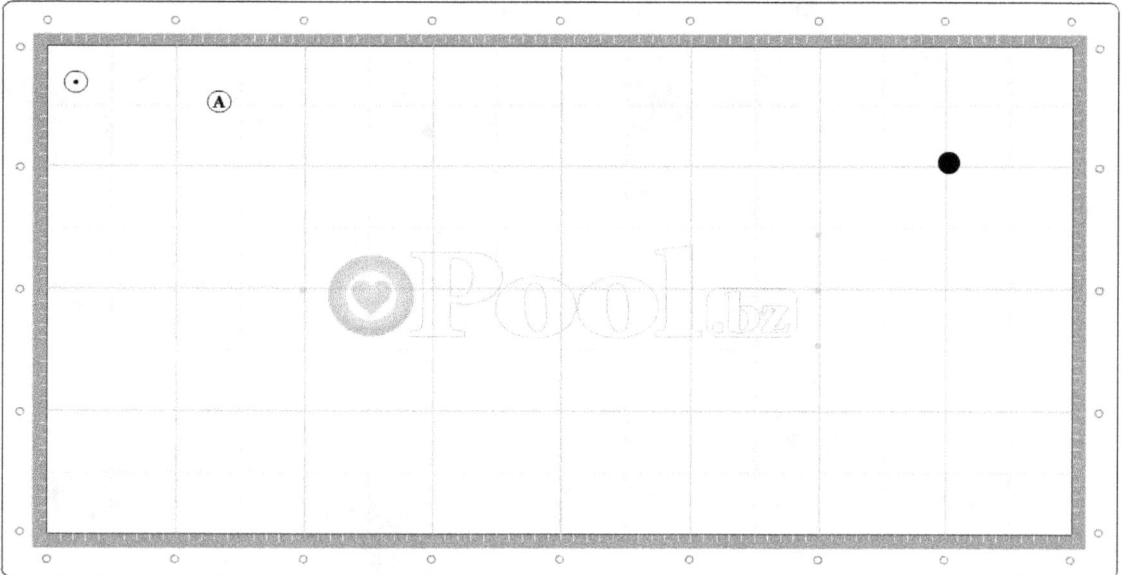

Note e idee:

Modello di colpo

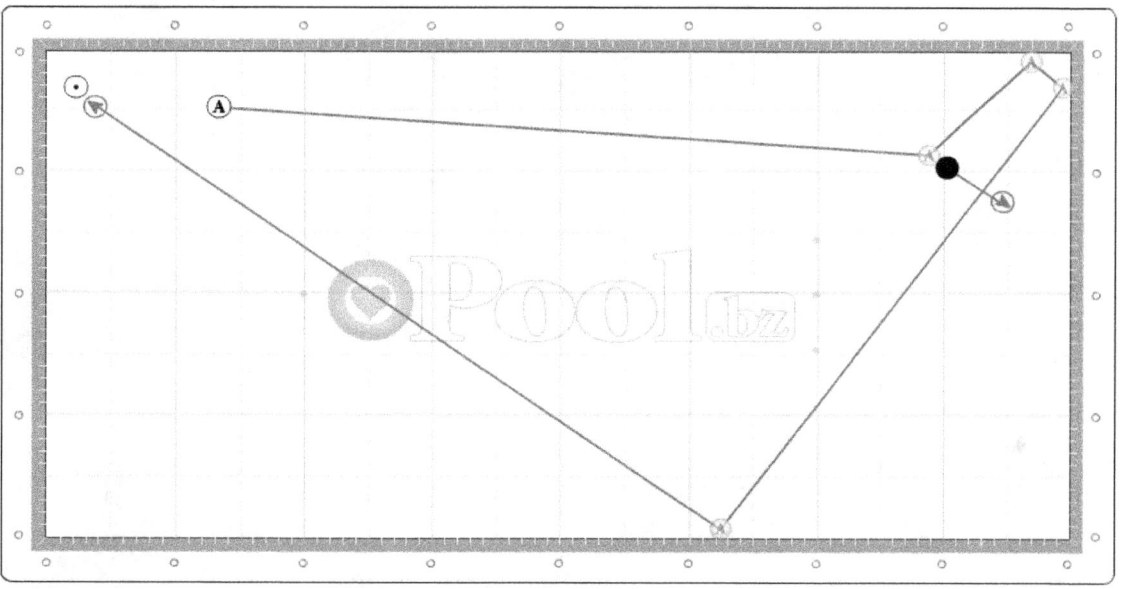

E:3d – Impostare

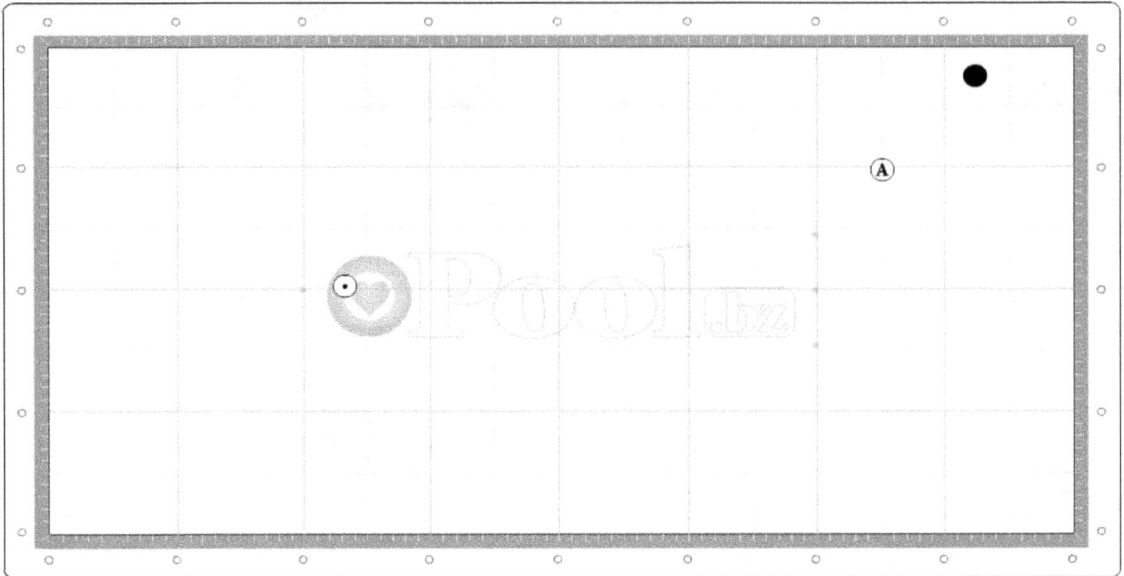

Note e idee:

Modello di colpo

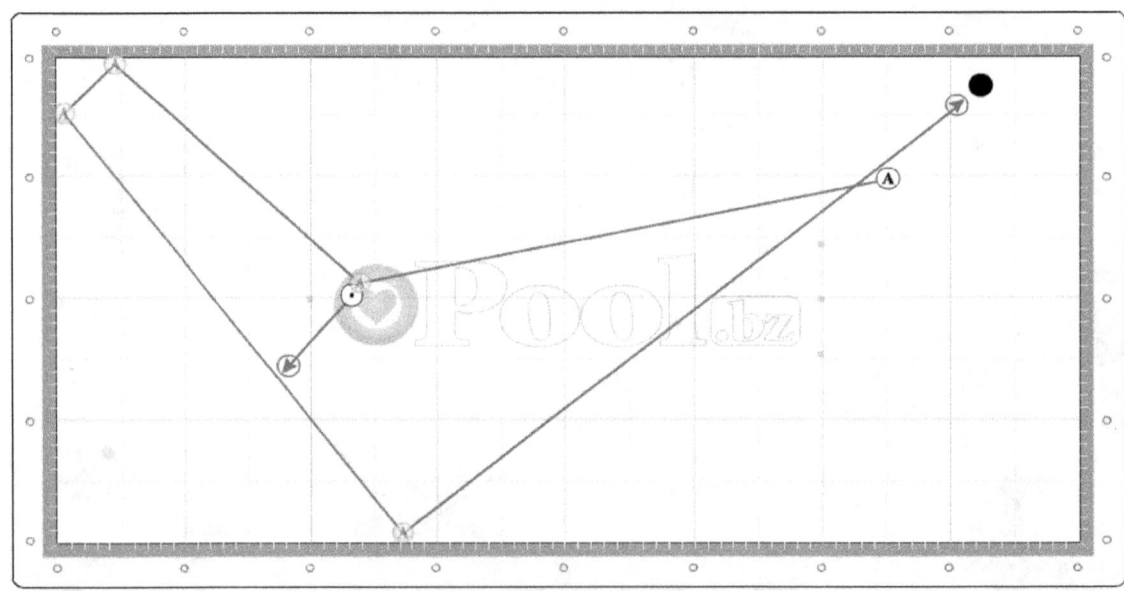

F: Gamba poco profonda, giù per la collina

Il (CB) contatta il primo (OB), quindi entra nell'angolo, prima il sponde lungo. Il (CB) esce al centro del sponde lungo opposto. Il (CB) esce su un angolo poco profondo e contatta l'altro (OB).

Ⓐ (CB) (la tua palla) - ⊙ (OB) (palla dell'avversario) - ● (OB) (palla rossa)

F: Gruppo 1

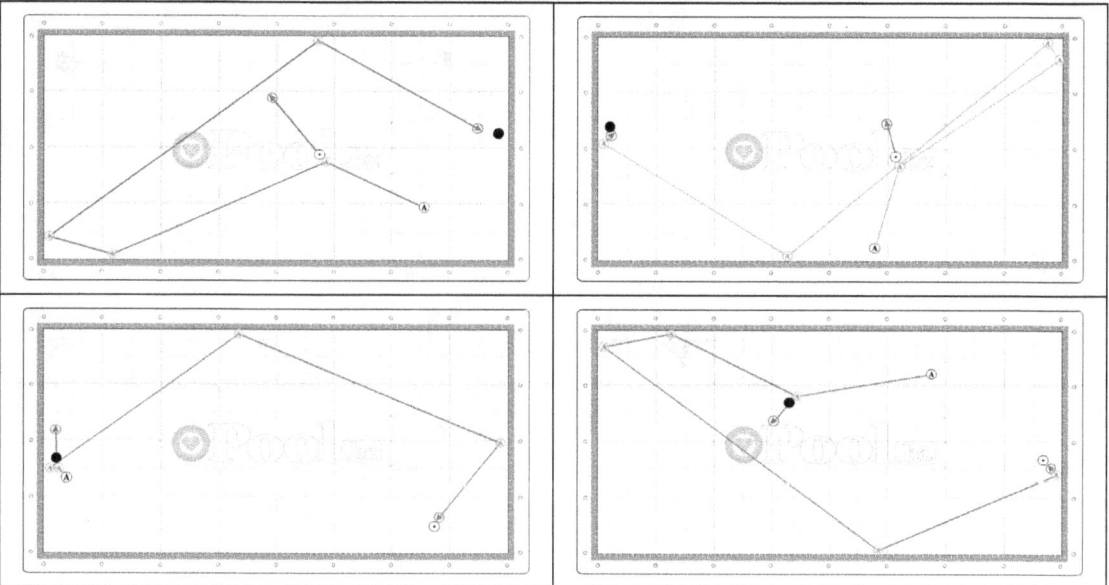

Analisi:

F:1a. _____

F:1b. _____

F:1c. _____

F:1d. _____

F:1a – Impostare

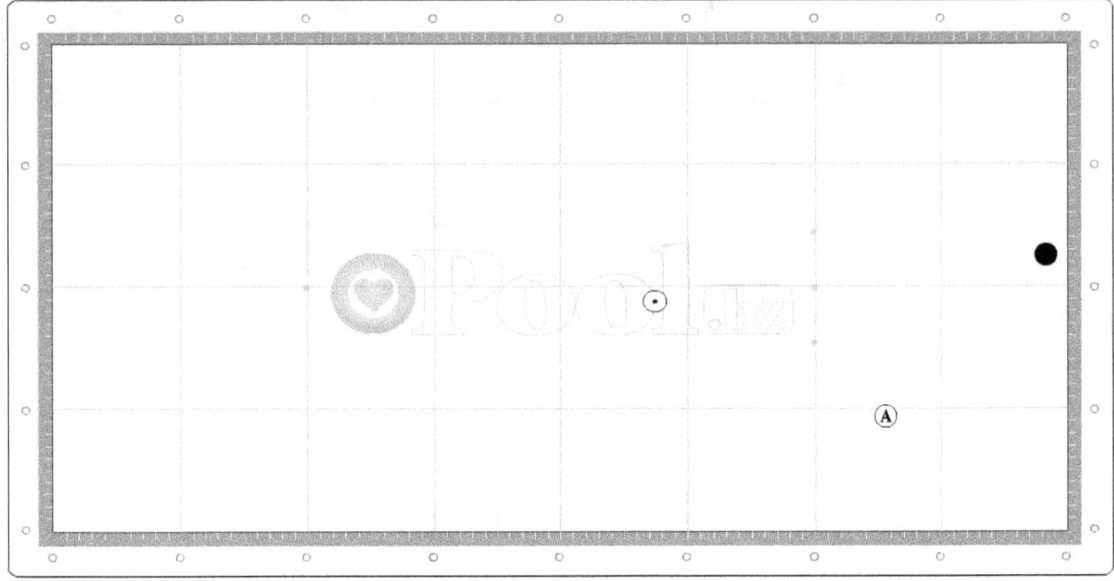

Note e idee:

Modello di colpo

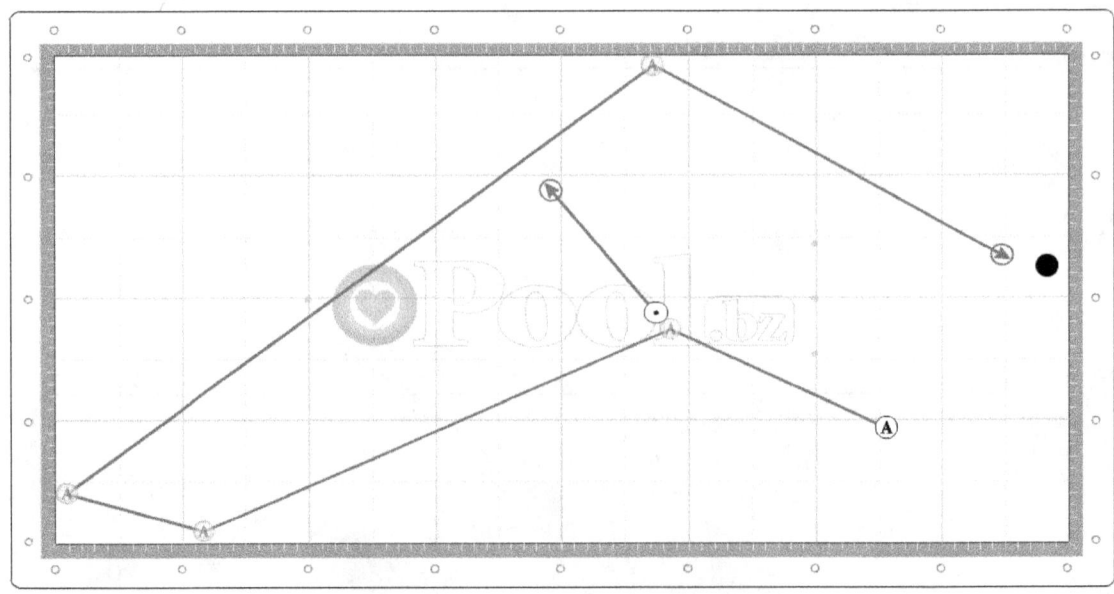

F:1b – Impostare

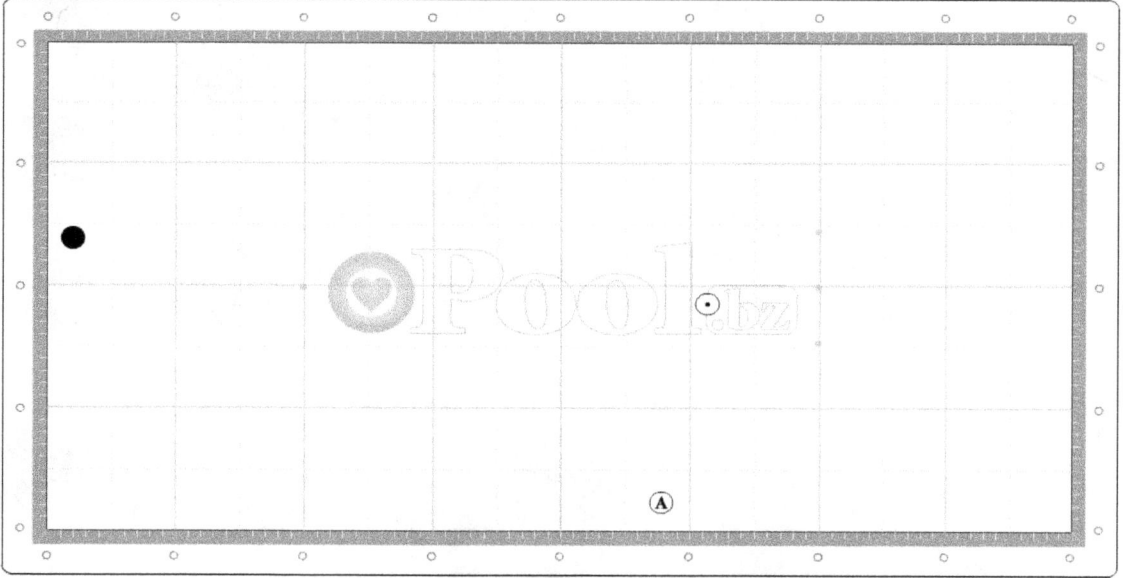

Note e idee:

Modello di colpo

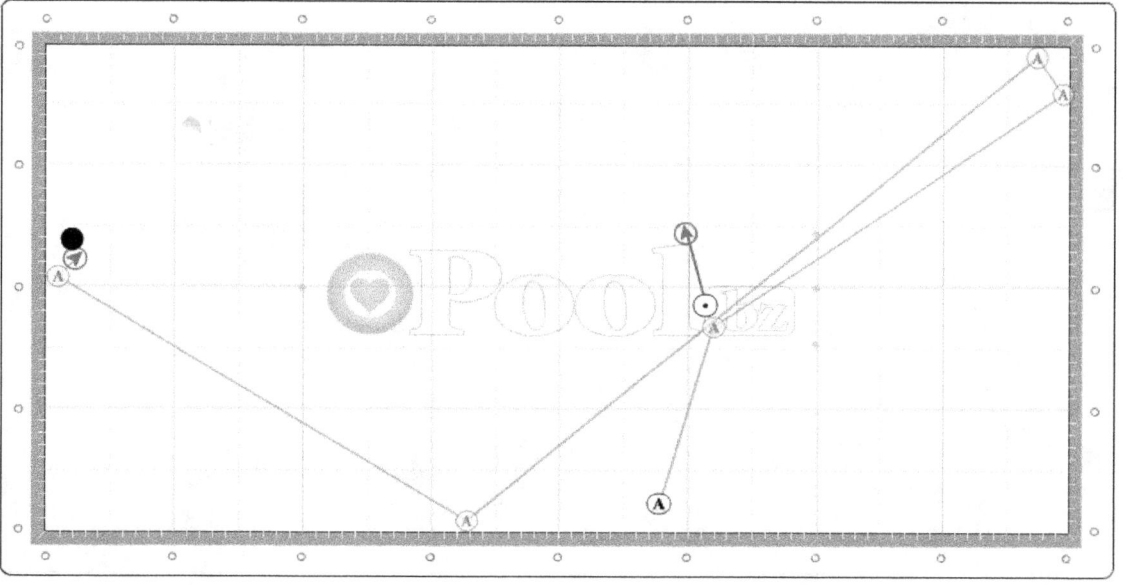

F:1c – Impostare

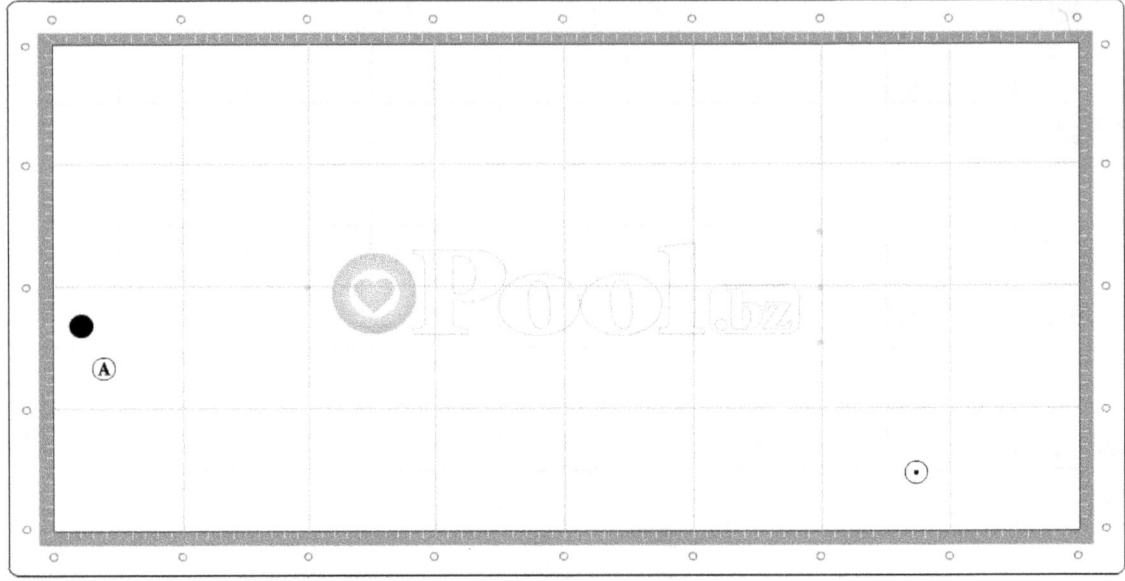

Note e idee:

Modello di colpo

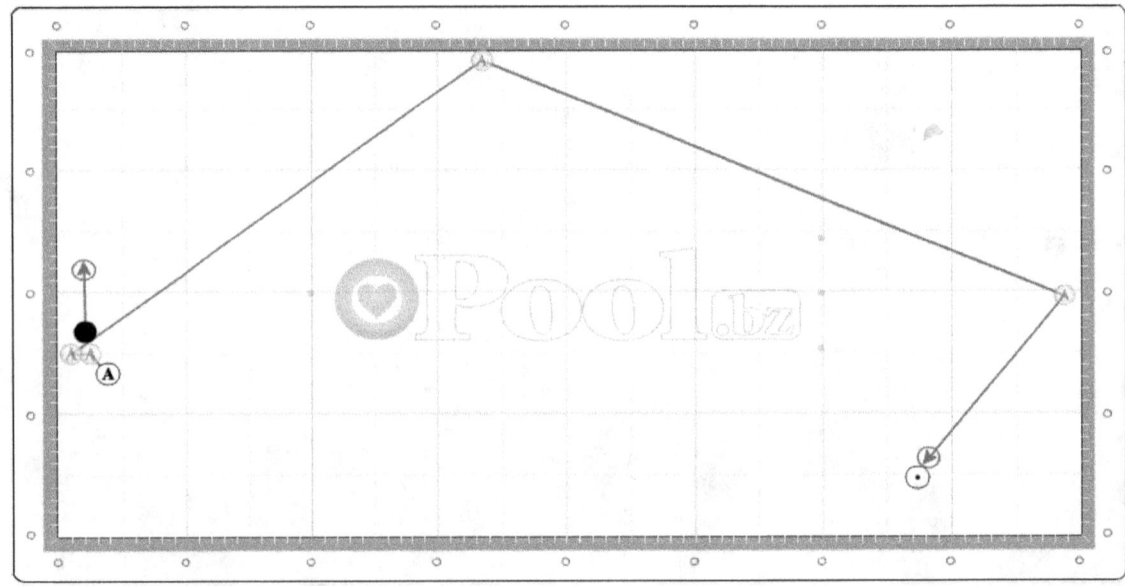

F:1d – Impostare

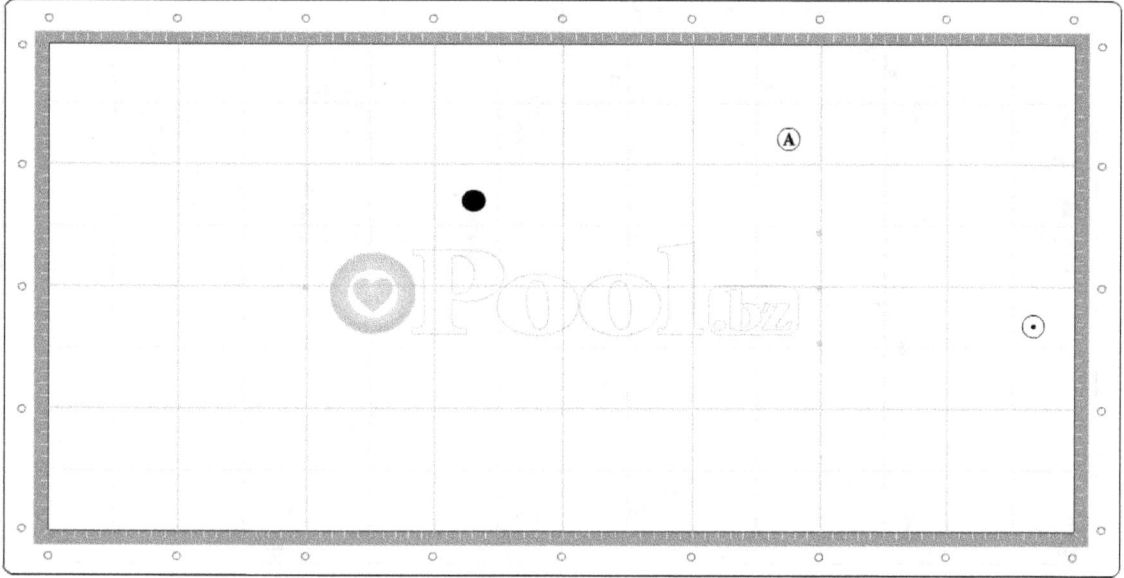

Note e idee:

Modello di colpo

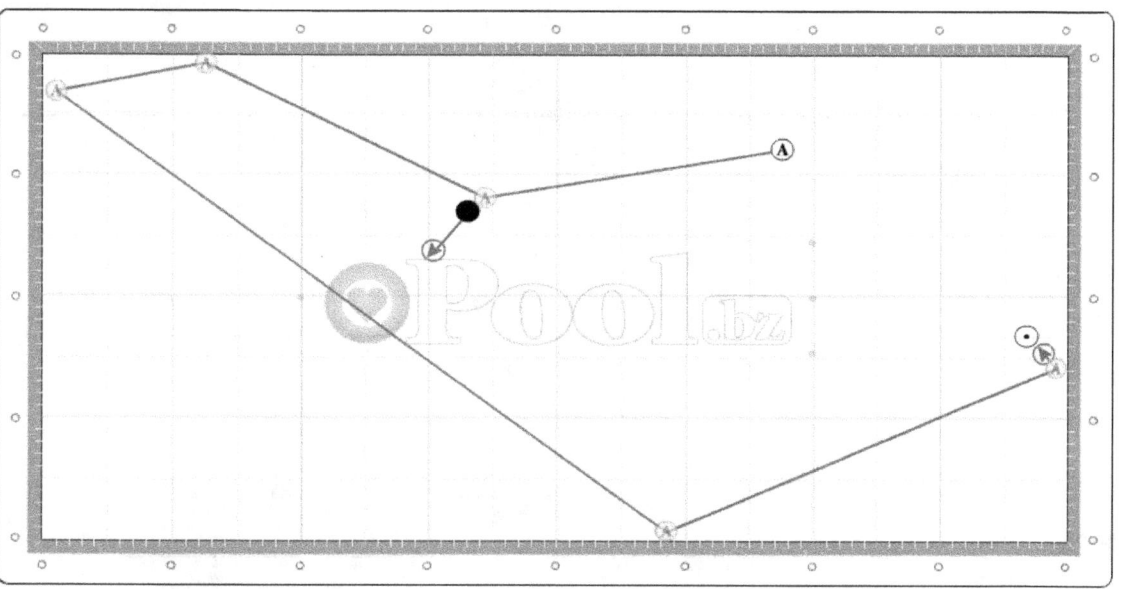

F: Gruppo 2

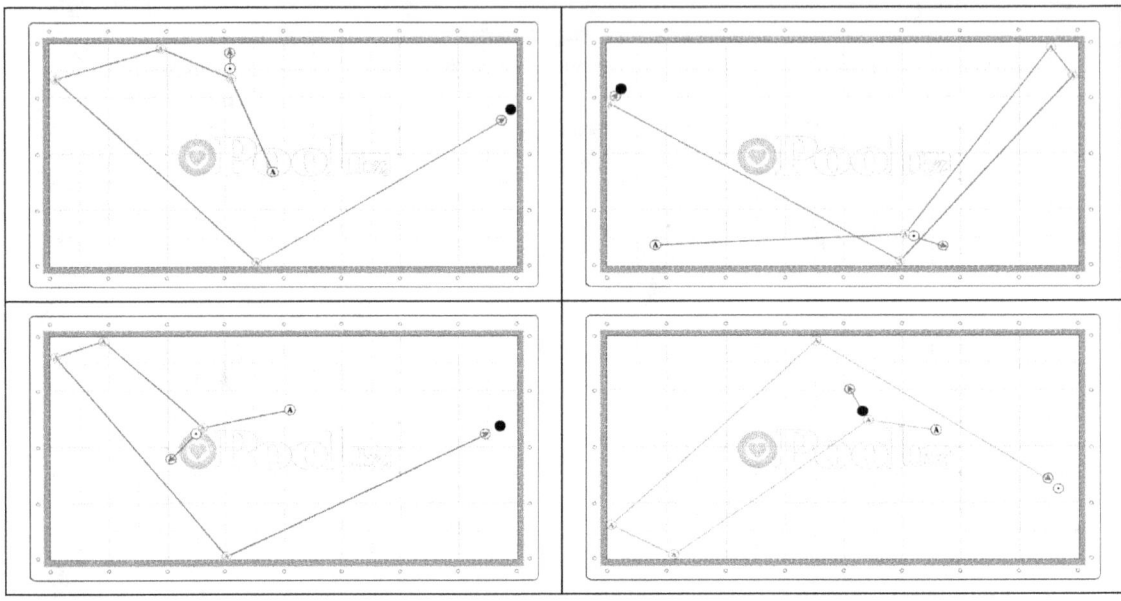

Analisi:

F:2a. _____

F:2b. _____

F:2c. _____

F:2d. _____

F:2a – Impostare

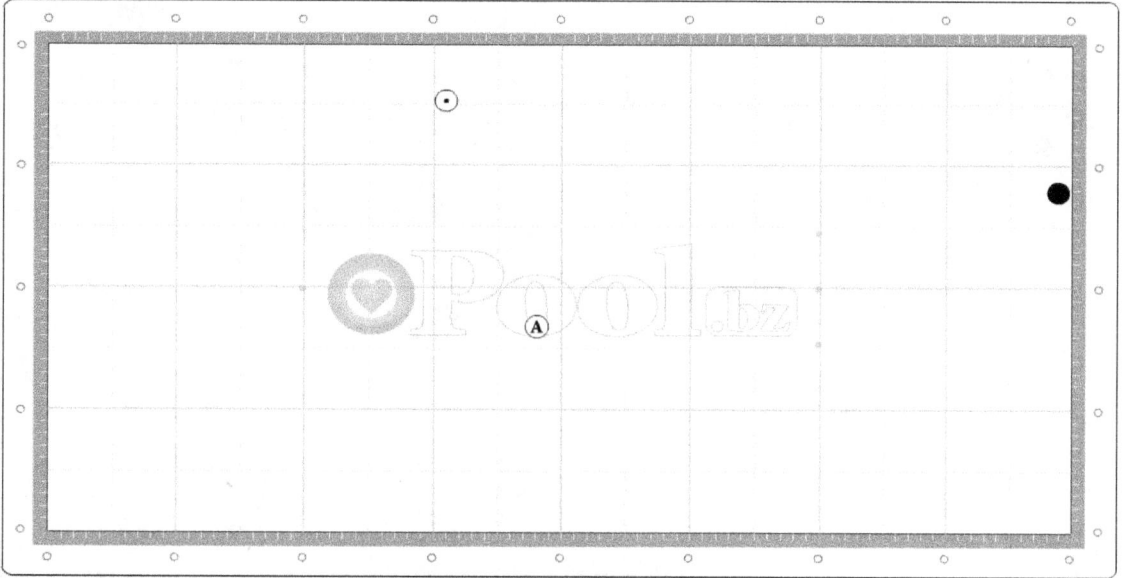

Note e idee:

Modello di colpo

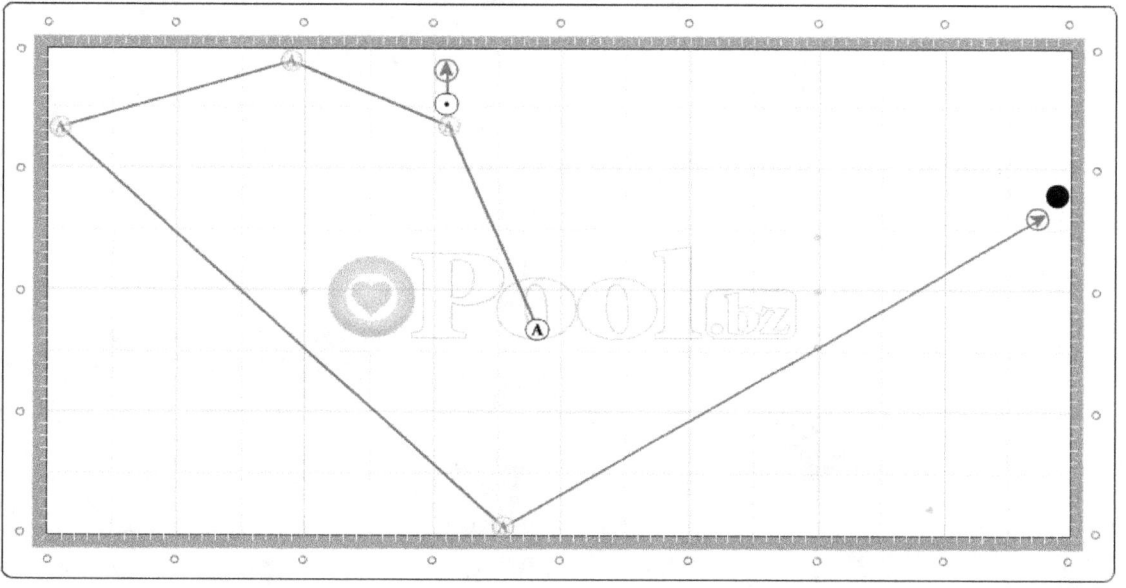

F:2b – Impostare

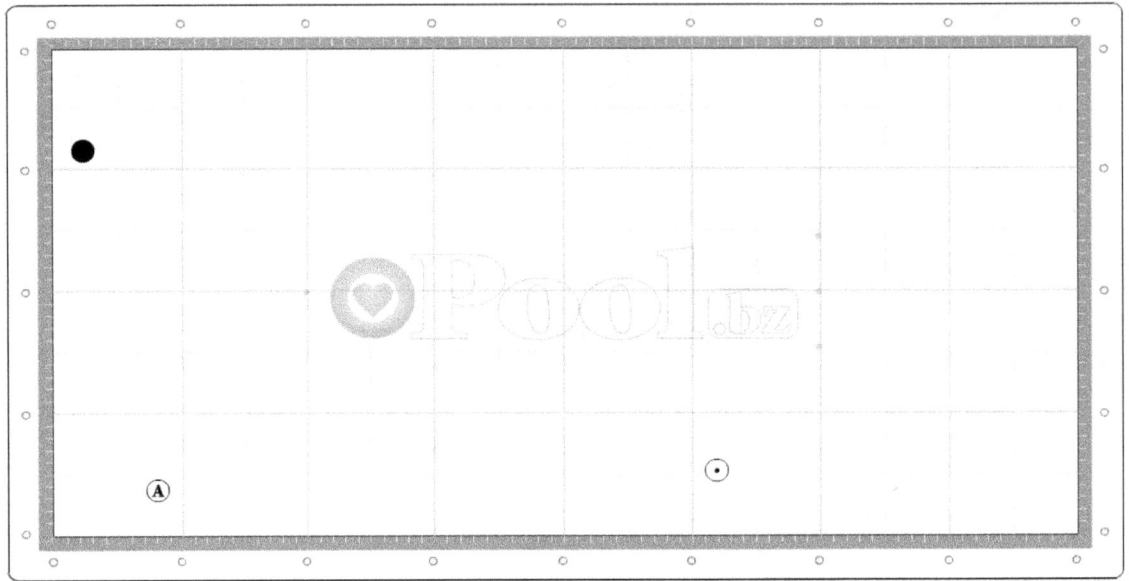

Note e idee:

Modello di colpo

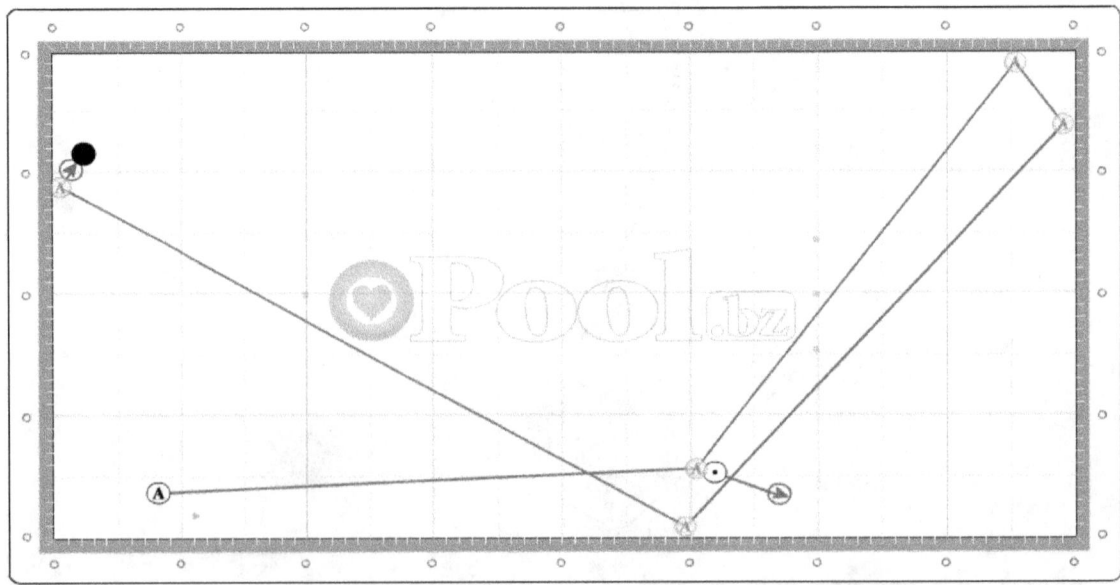

F:2c – Impostare

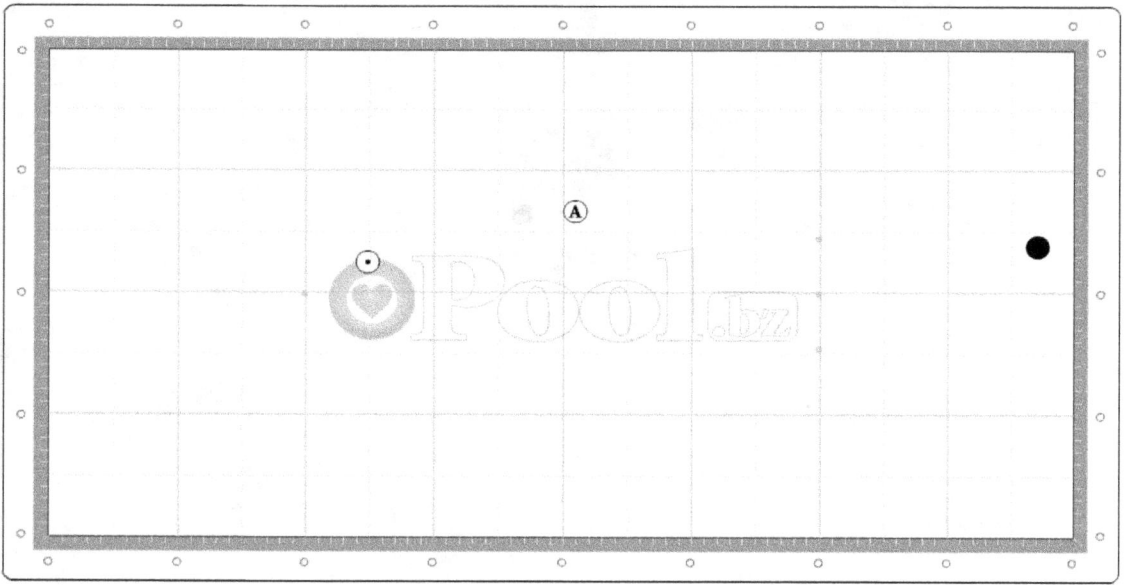

Note e idee:

Modello di colpo

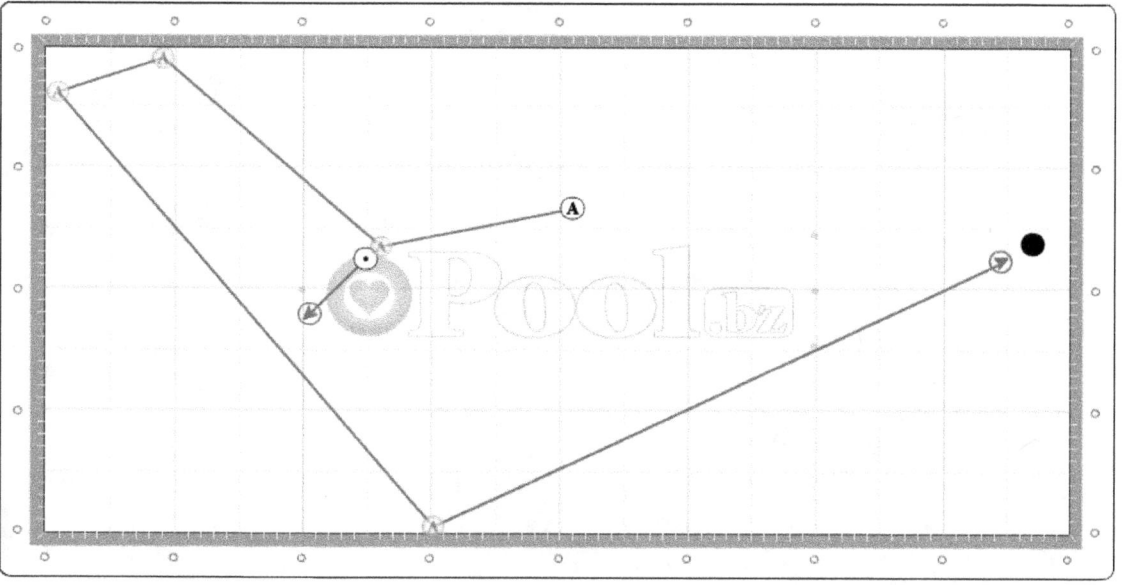

F:2d – Impostare

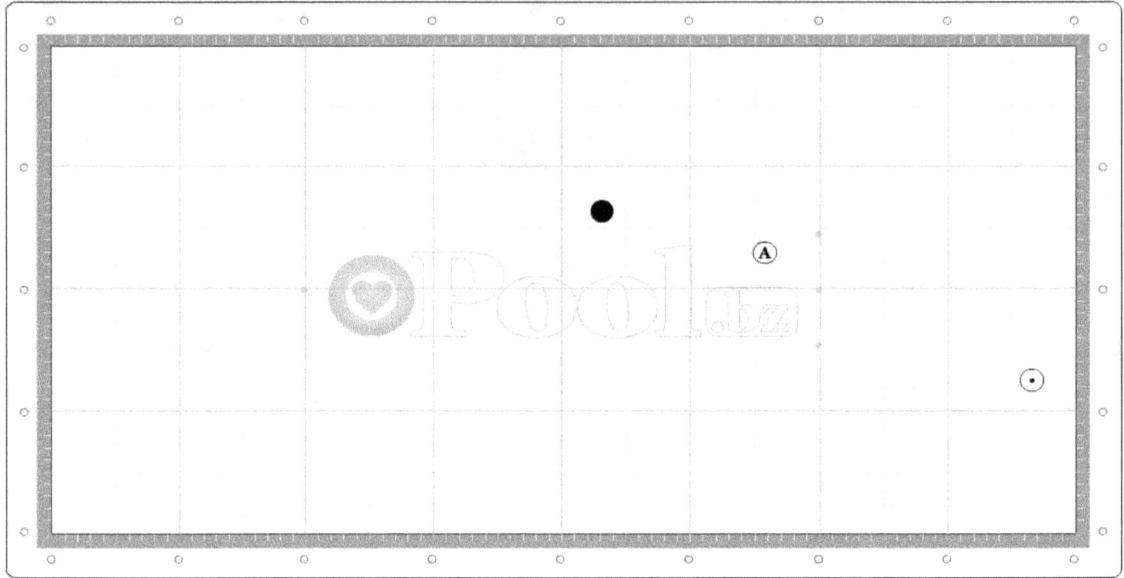

Note e idee:

Modello di colpo

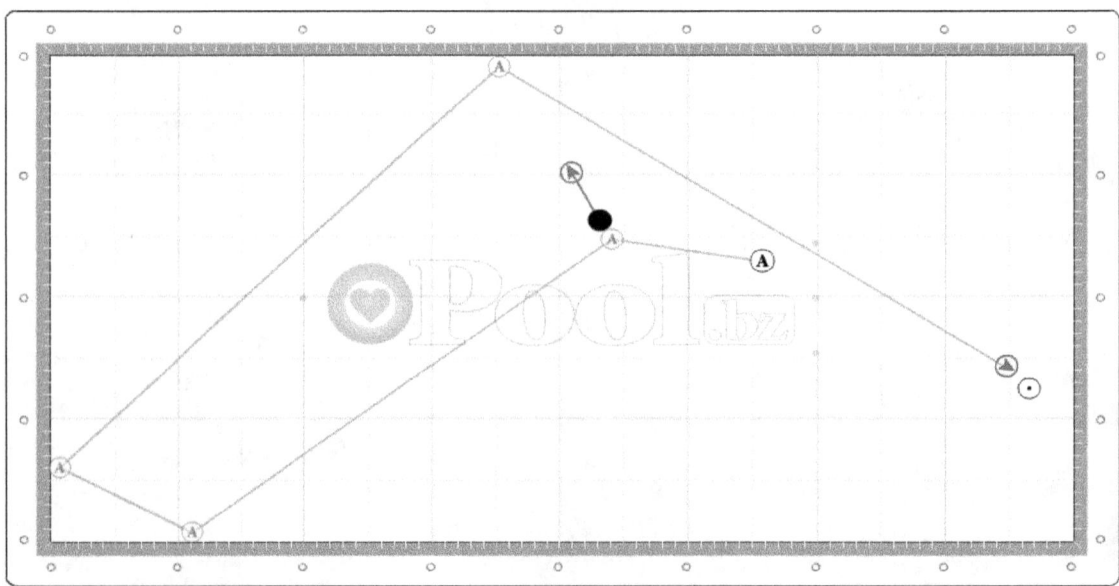

F: Gruppo 3

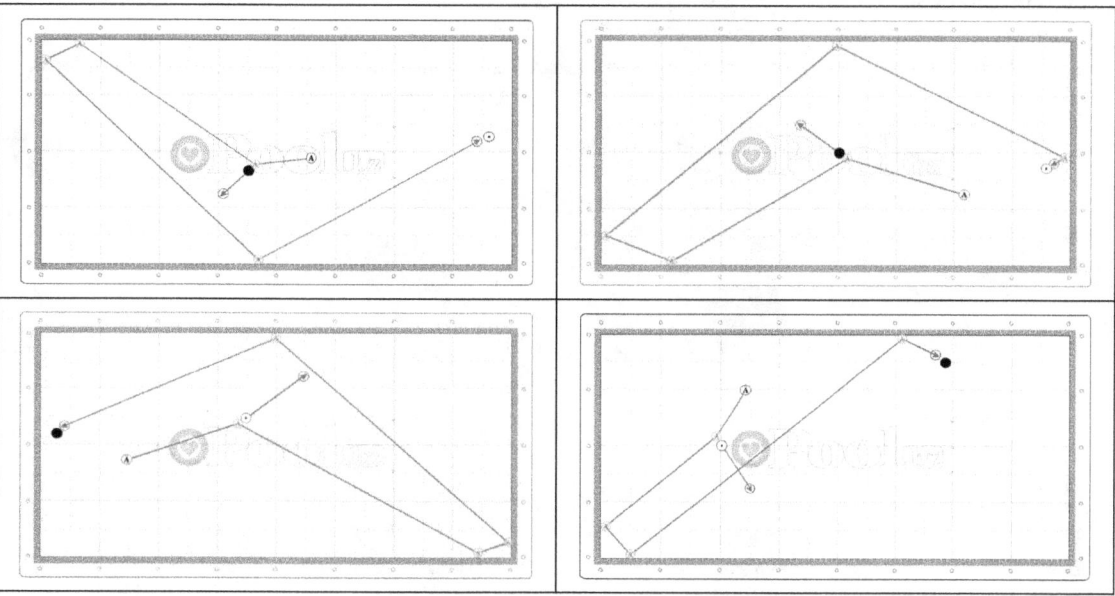

Analisi:

F:3a. _____

F:3b. _____

F:3c. _____

F:3d. _____

F:3a – Impostare

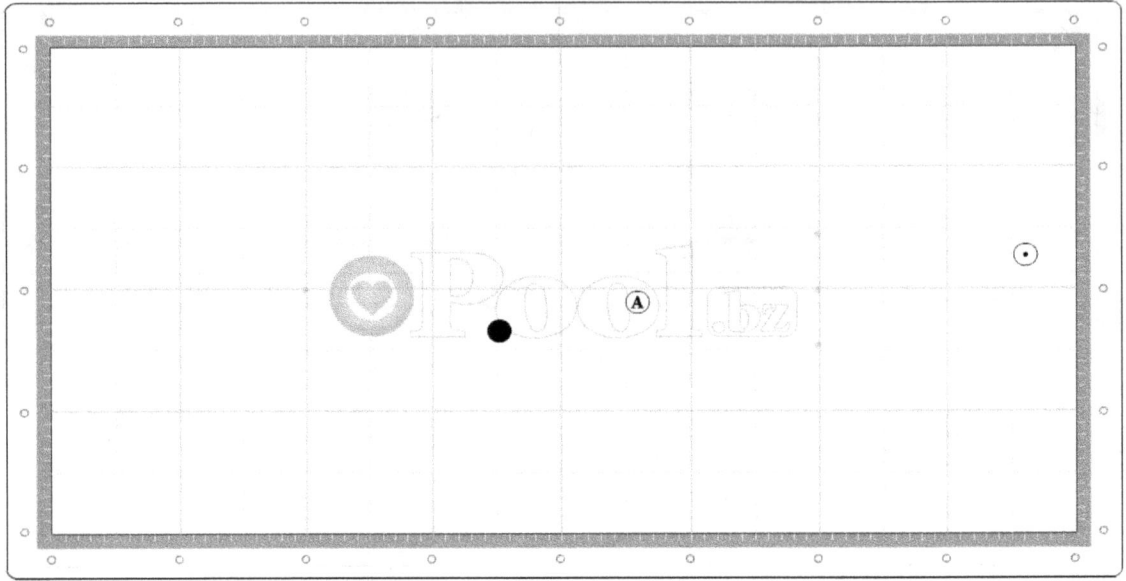

Note e idee:

Modello di colpo

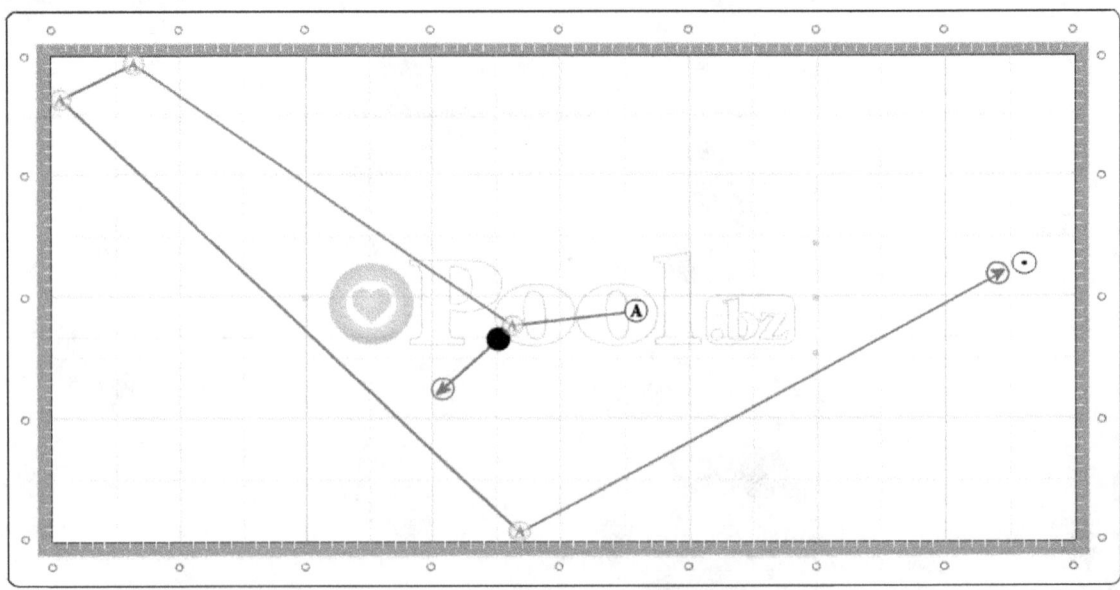

F:3b – Impostare

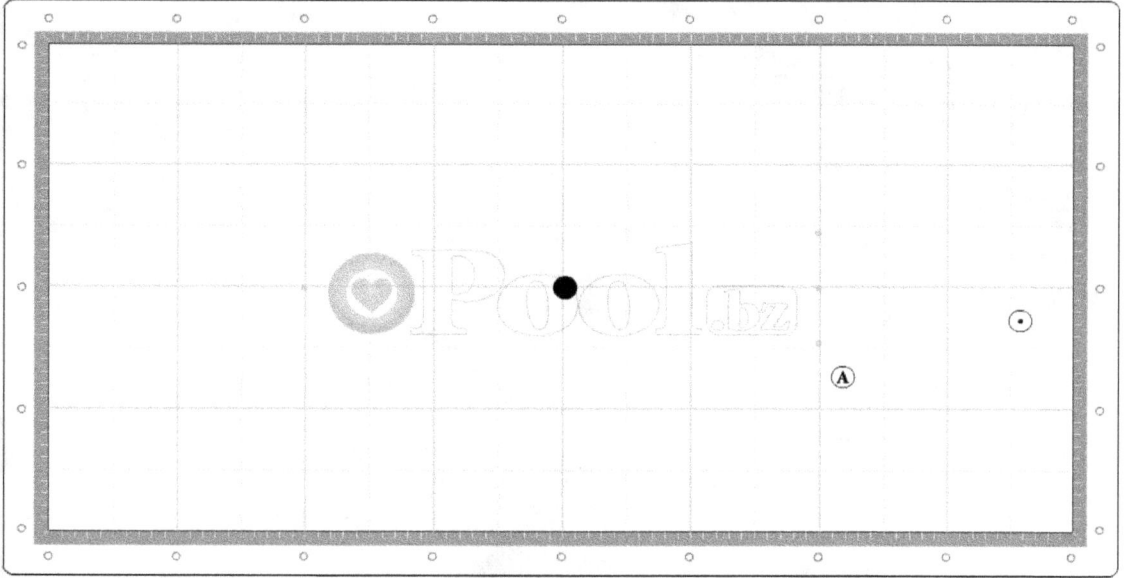

Note e idee:

Modello di colpo

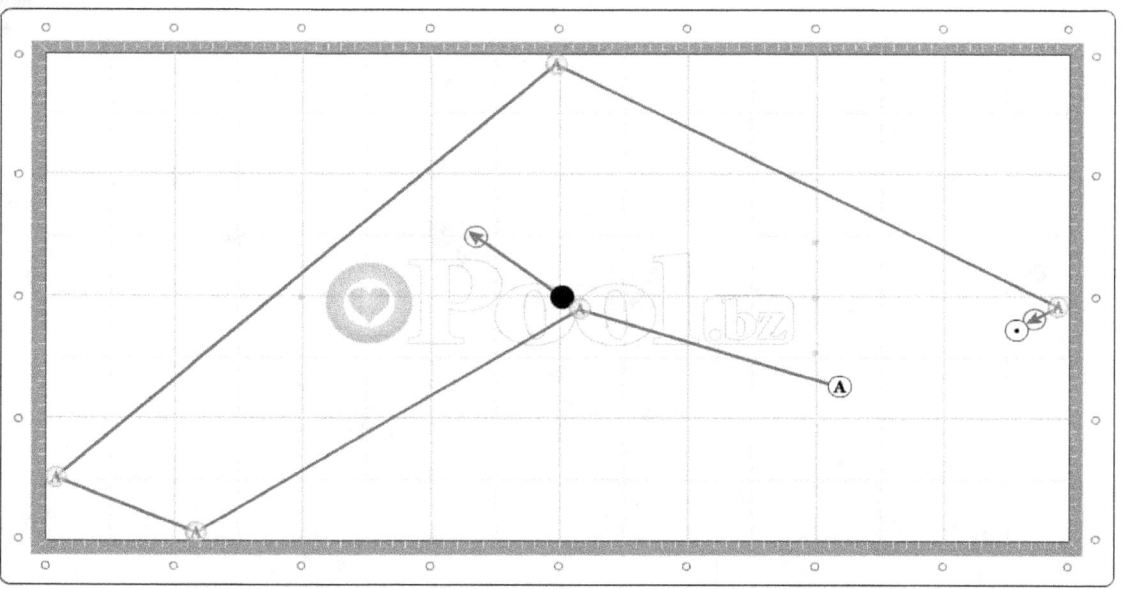

F:3c – Impostare

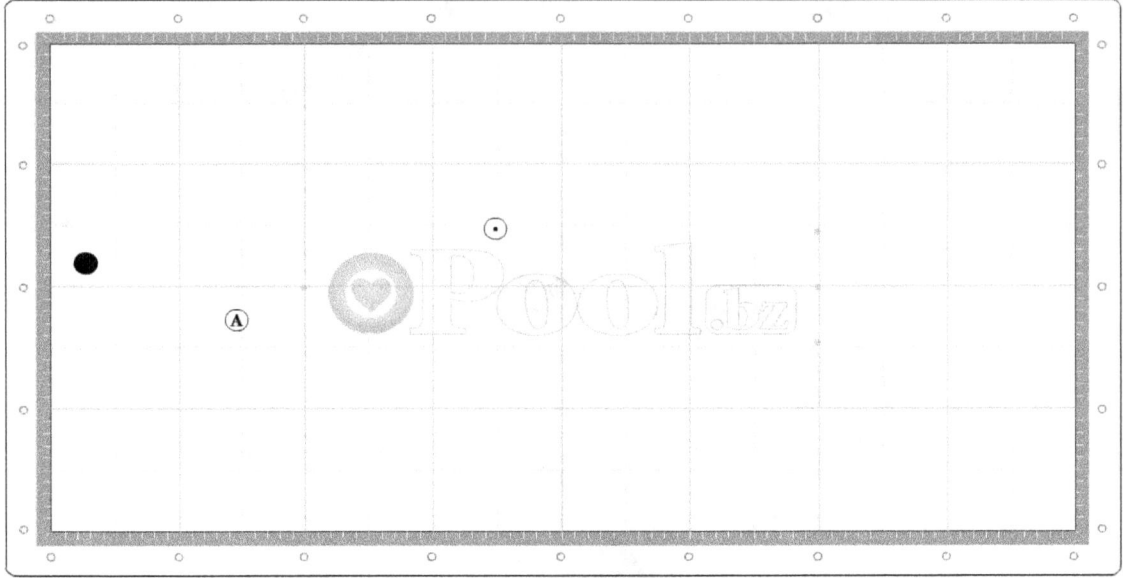

Note e idee:

Modello di colpo

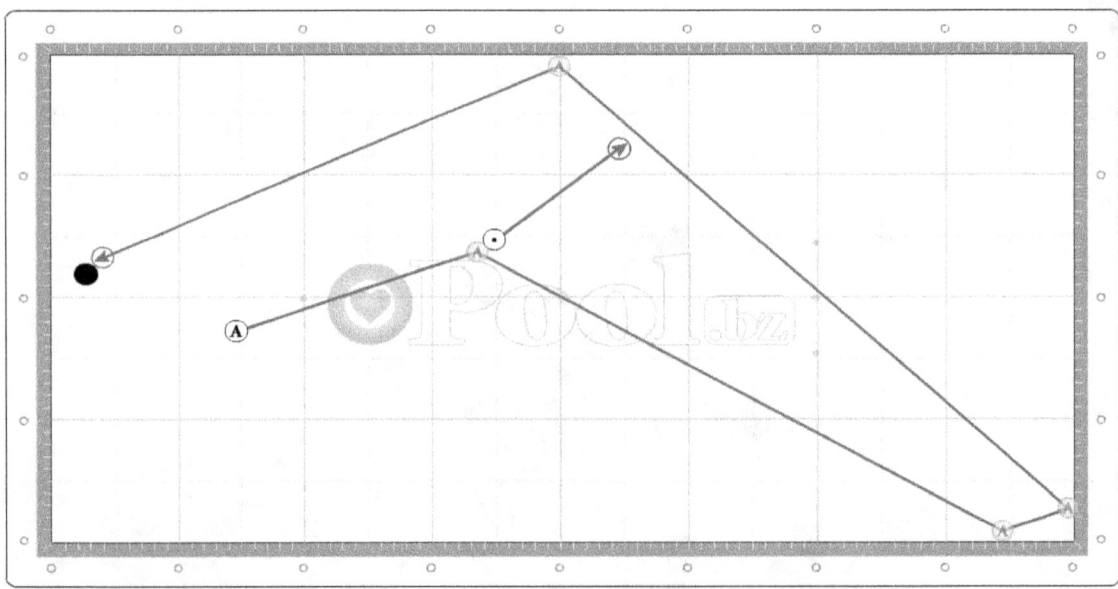

F:3d – Impostare

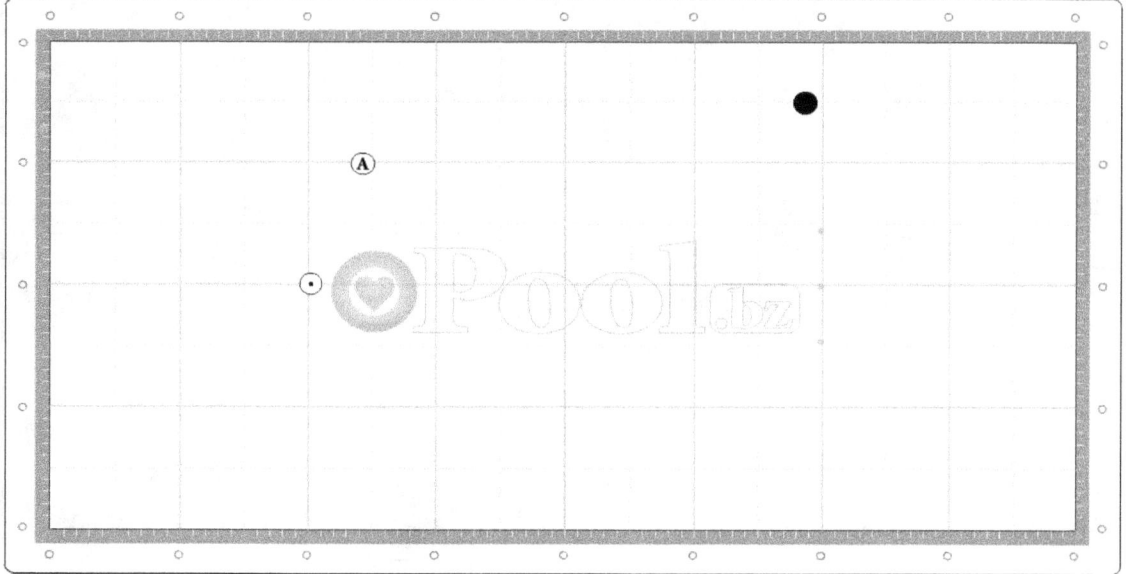

Note e idee:

Modello di colpo

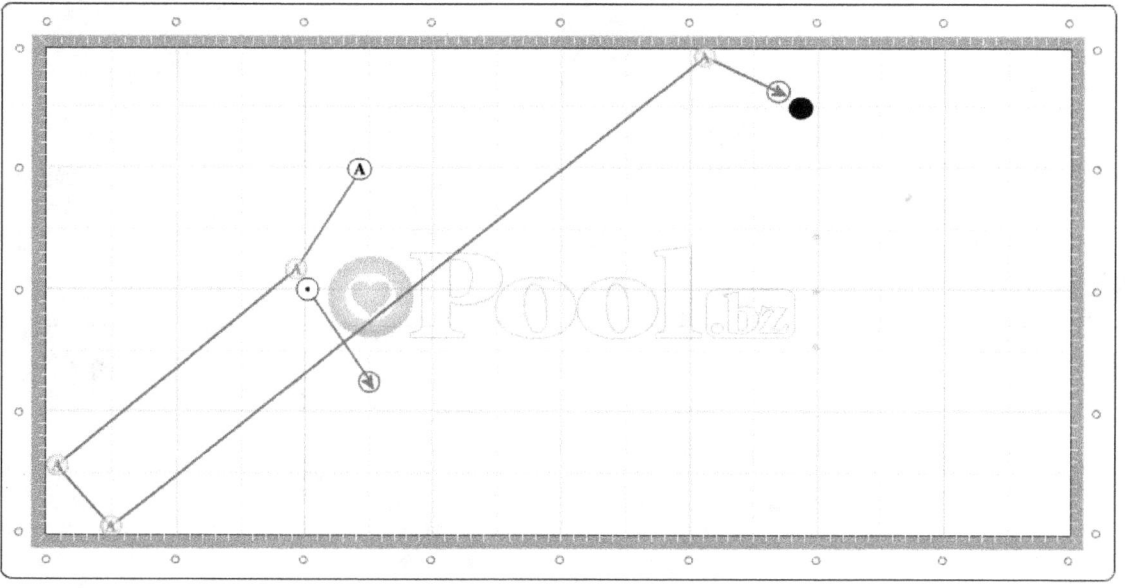

F: Gruppo 4

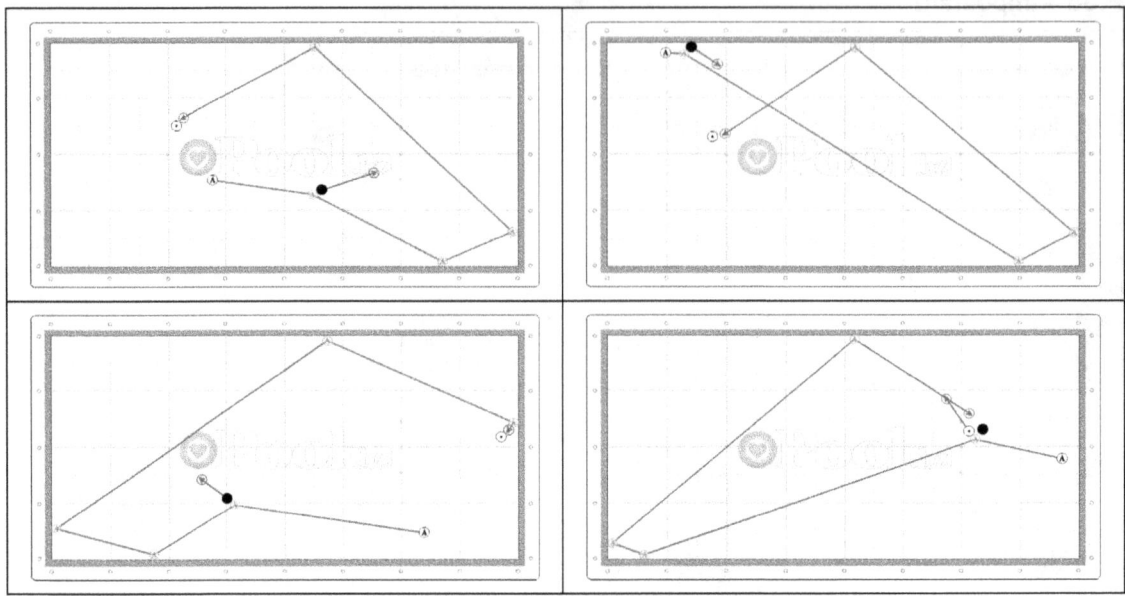

Analisi:

F:4a. _____

F:4b. _____

F:4c. _____

F:4d. _____

F:4a – Impostare

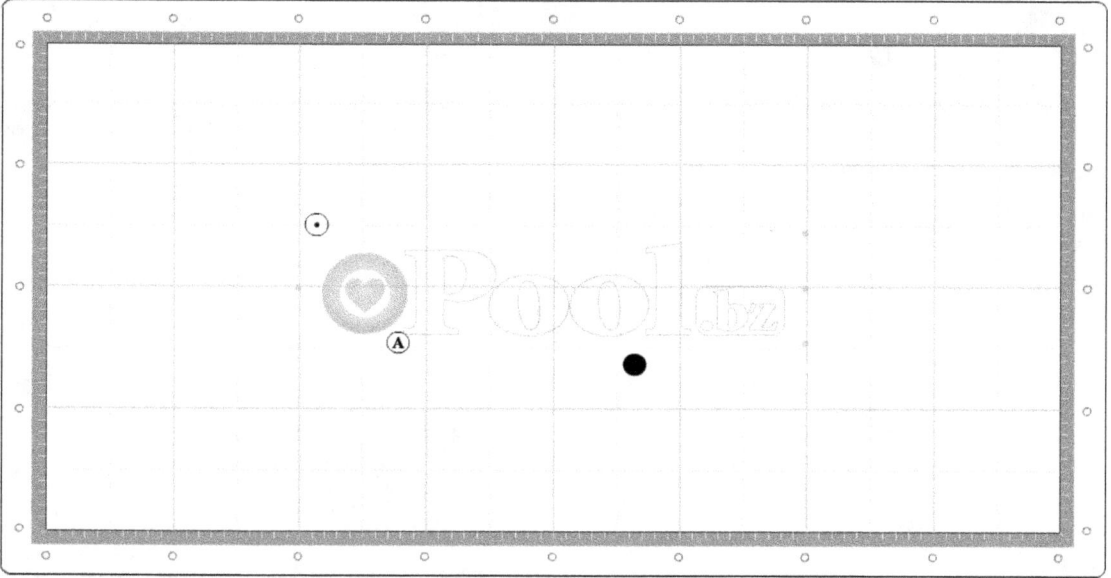

Note e idee:

Modello di colpo

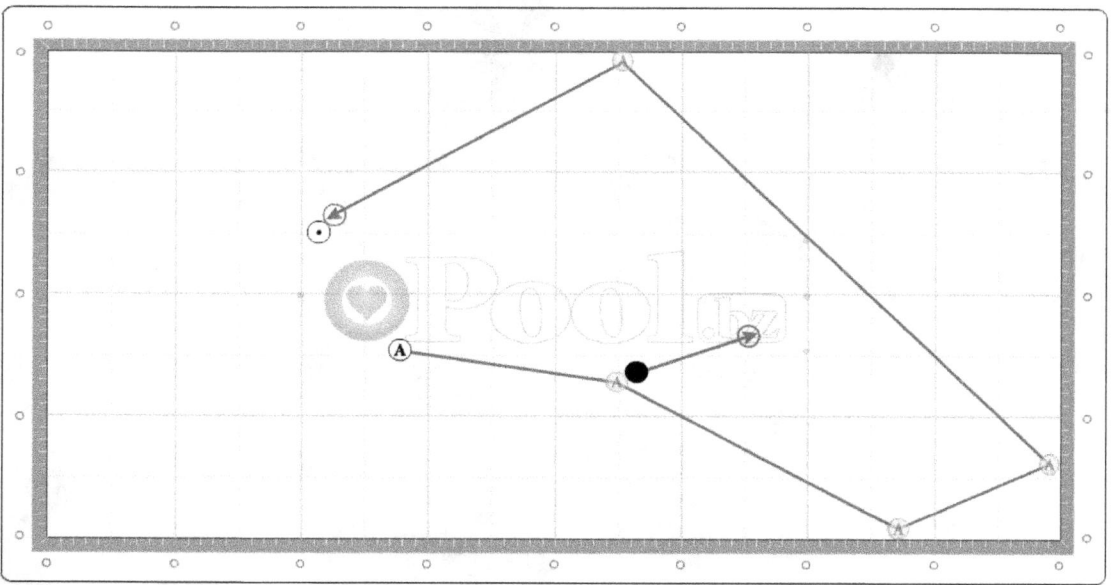

F:4b – Impostare

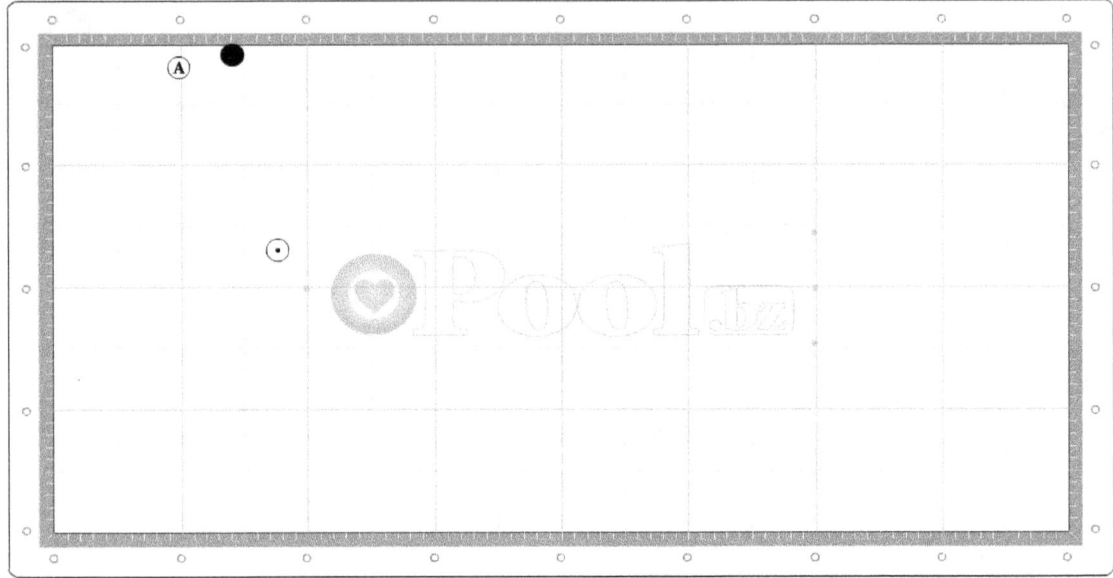

Note e idee:

Modello di colpo

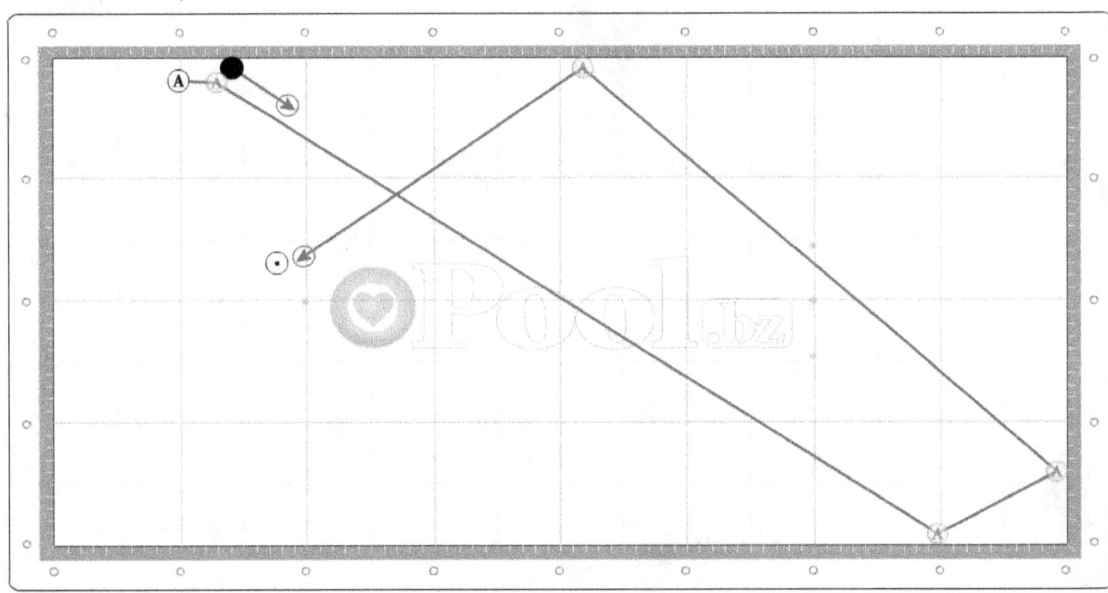

F:4c – Impostare

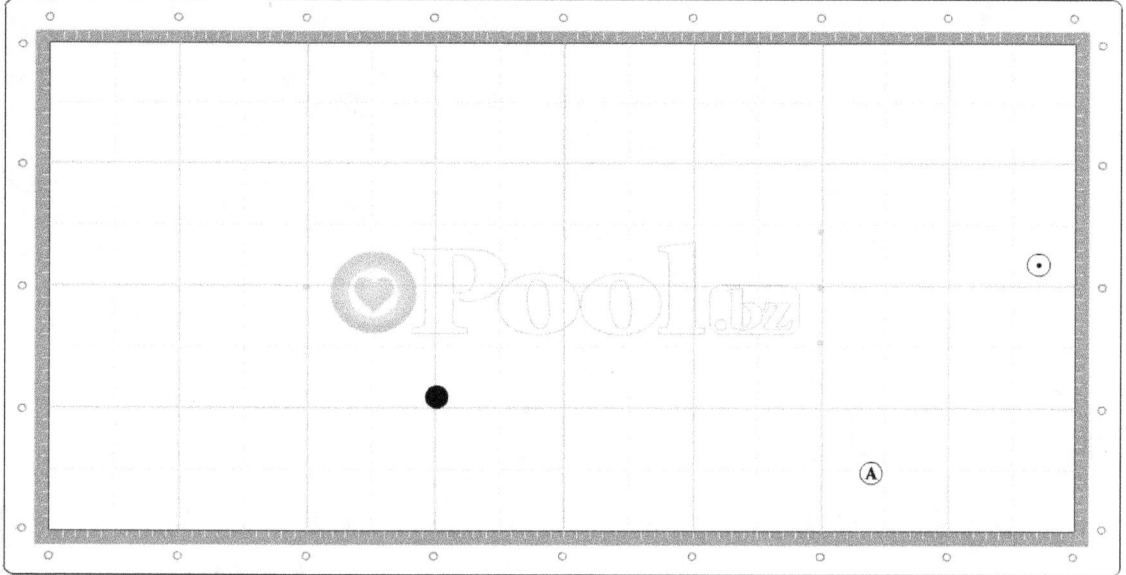

Note e idee:

Modello di colpo

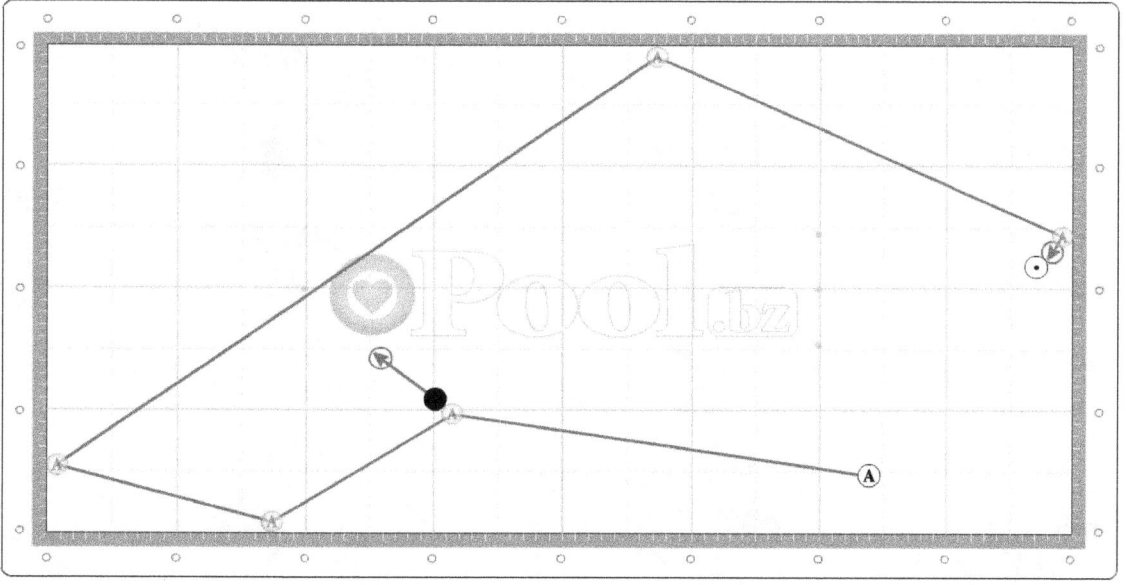

F:4d – Impostare

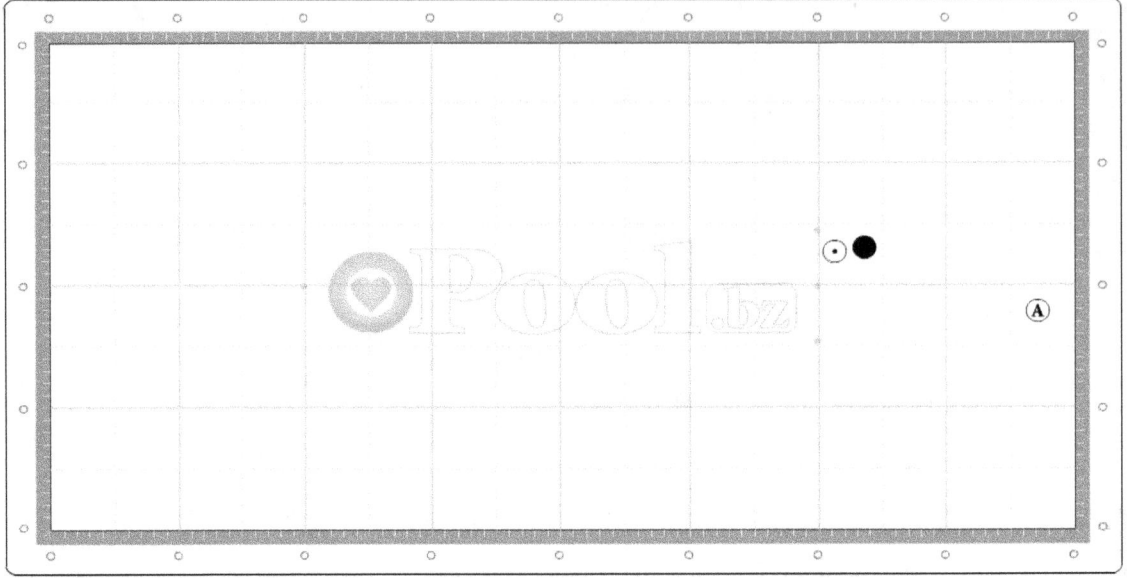

Note e idee:

Modello di colpo

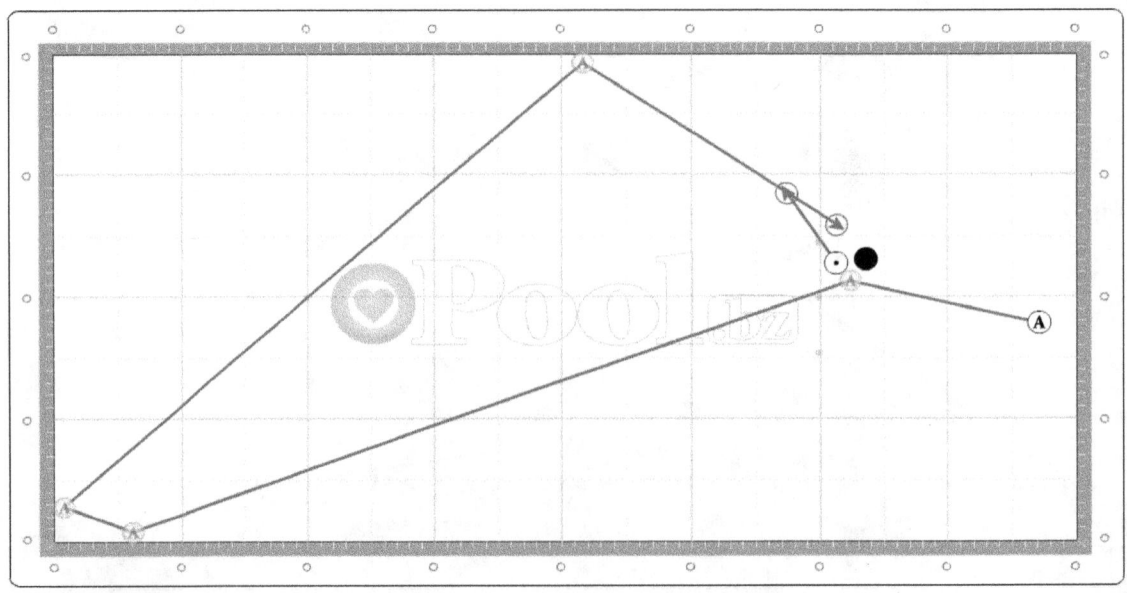

G: Nell'angolo (sponde corto)

Il (CB) si collega con il primo (OB). Il (CB) entra nell'angolo, prima il sponde corto. Quindi, la (CB) attraversa il tavolo al centro del lungo sponde. Da lì, il (CB) contatta l'altro (OB).

Ⓐ (CB) (la tua palla) - ⊙ (OB) (palla dell'avversario) - ● (OB) (palla rossa)

G: Gruppo 1

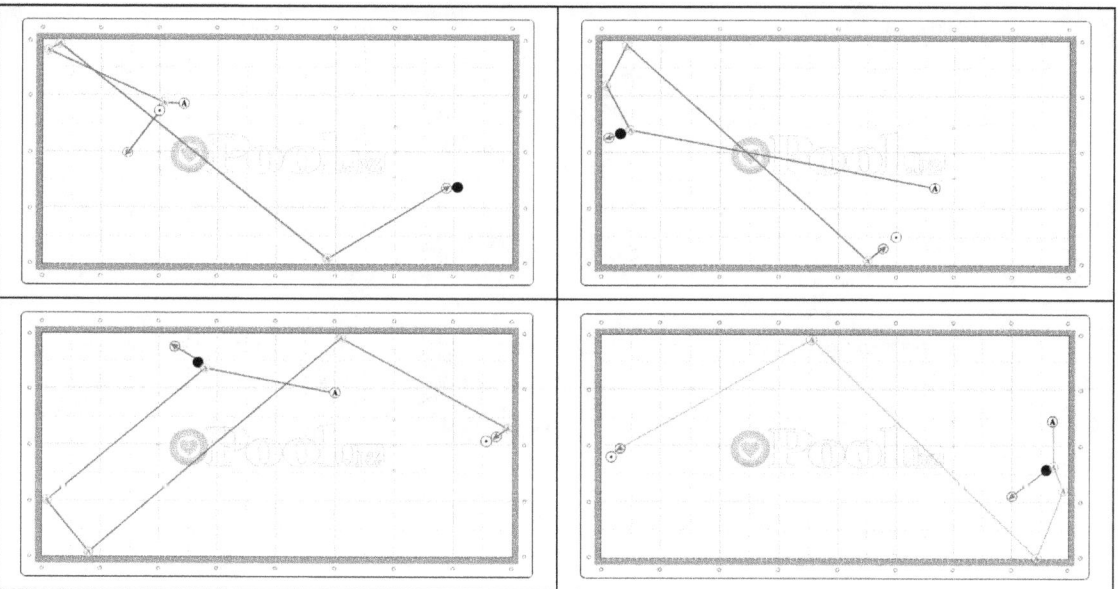

Analisi:

G:1a. _____

G:1b. _____

G:1c. _____

G:1d. _____

G:1a – Impostare

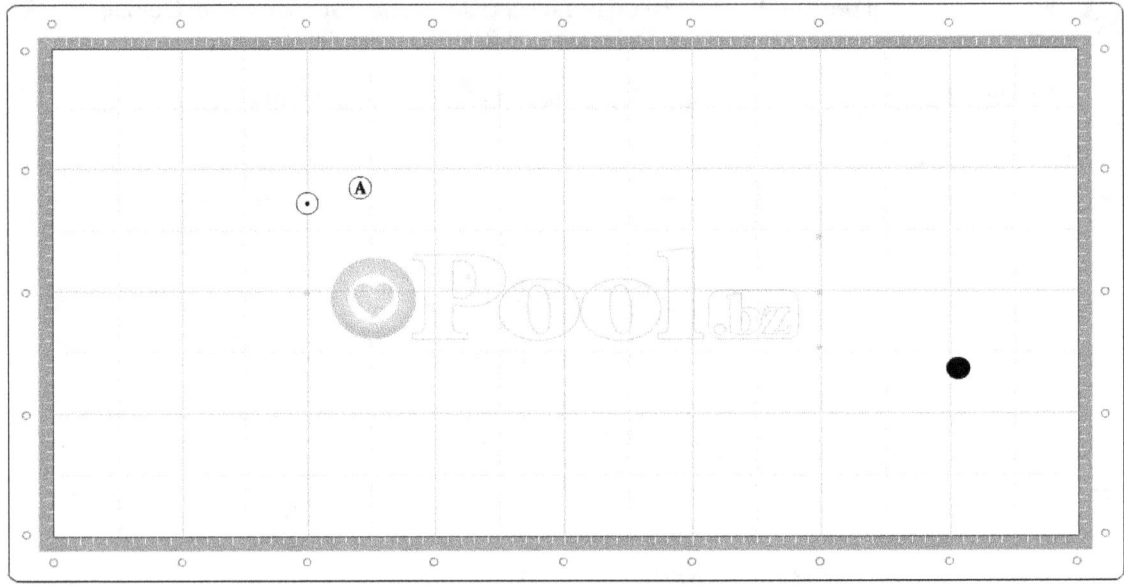

Note e idee:

Modello di colpo

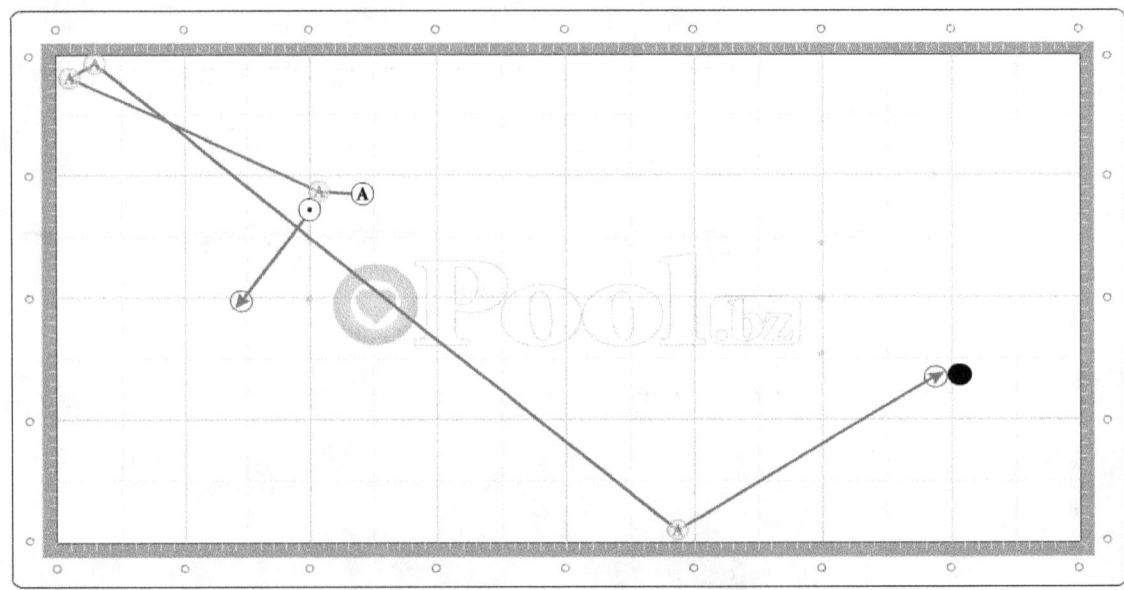

G:1b – Impostare

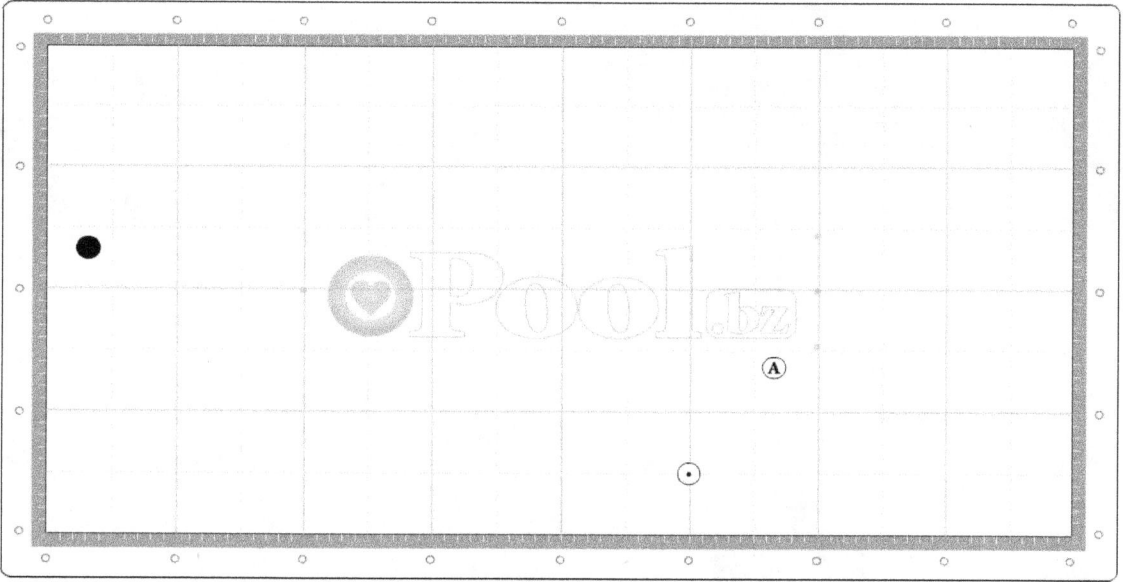

Note e idee:

Modello di colpo

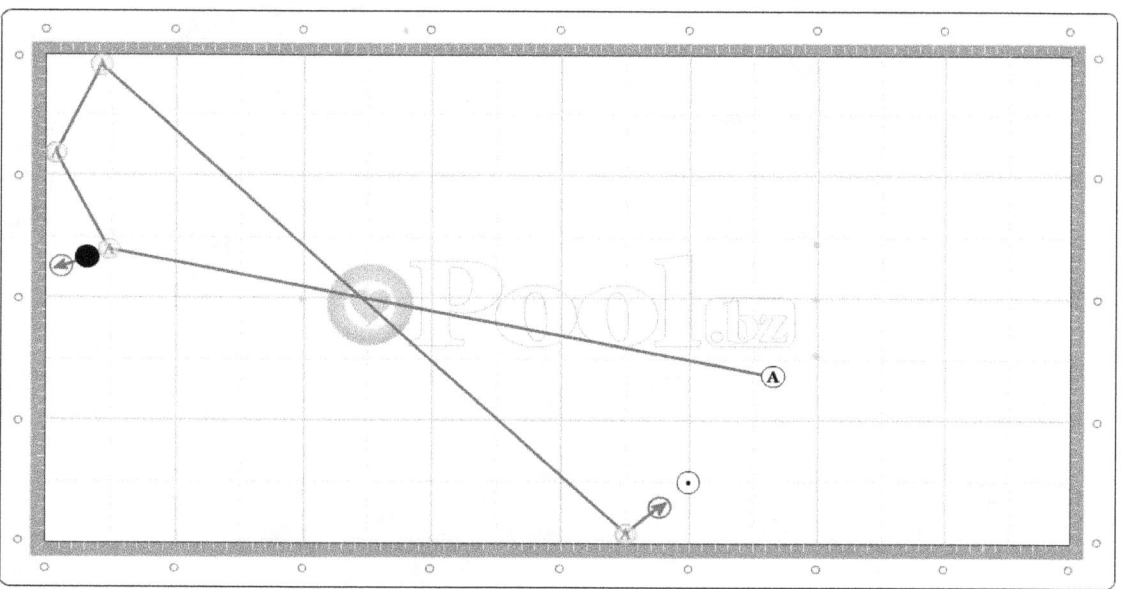

G:1c – Impostare

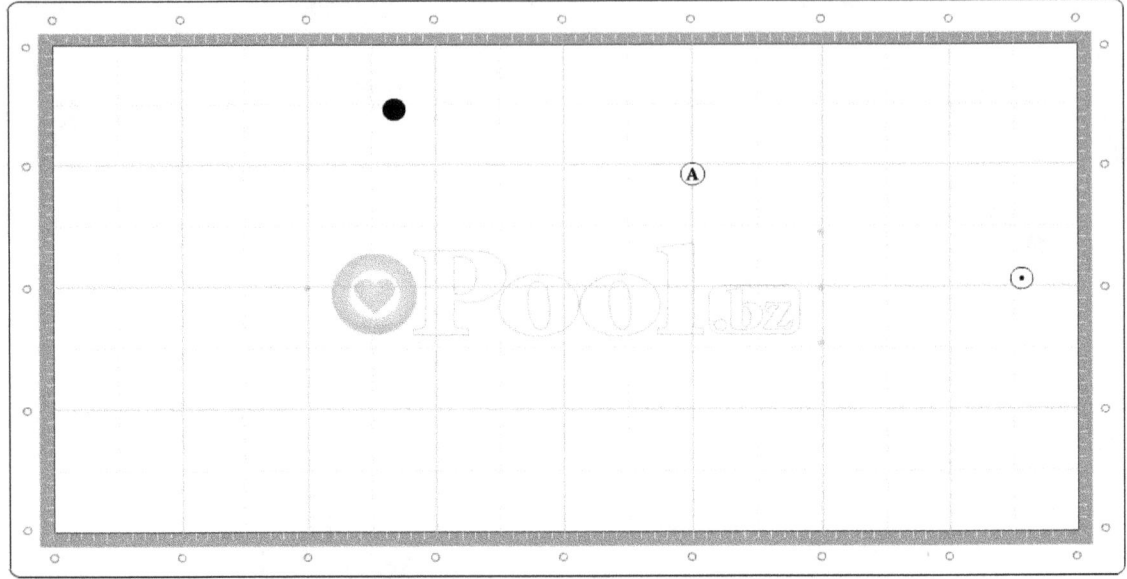

Note e idee:

Modello di colpo

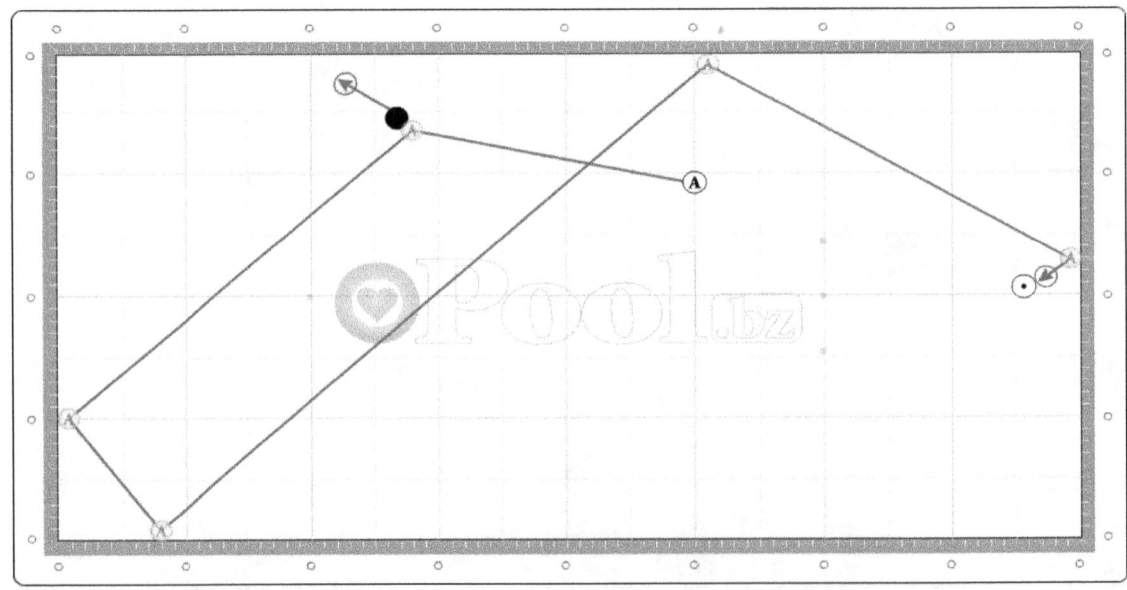

G:1d – Impostare

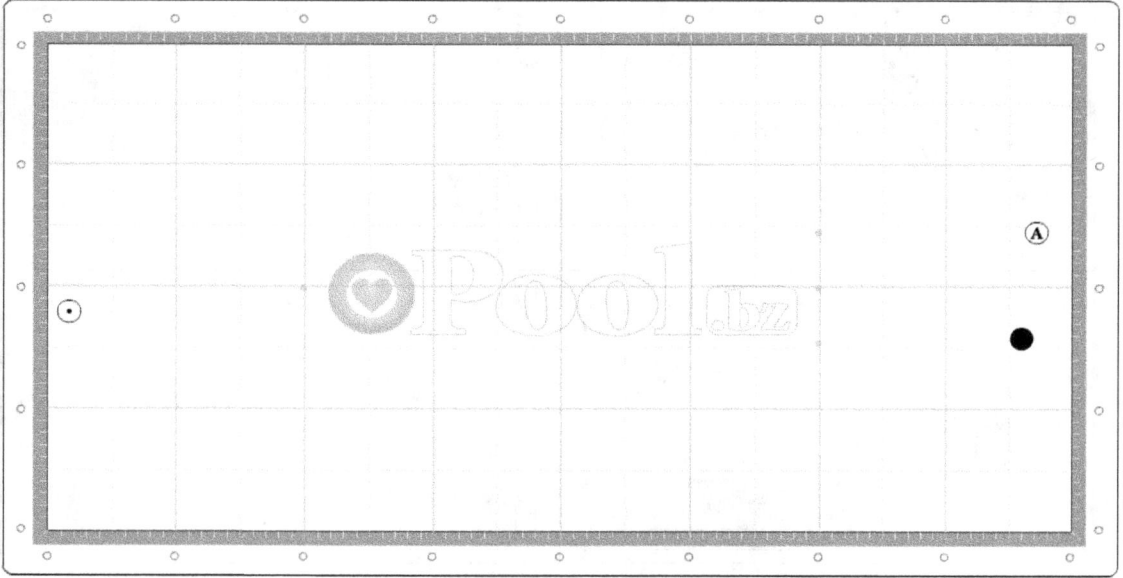

Note e idee:

Modello di colpo

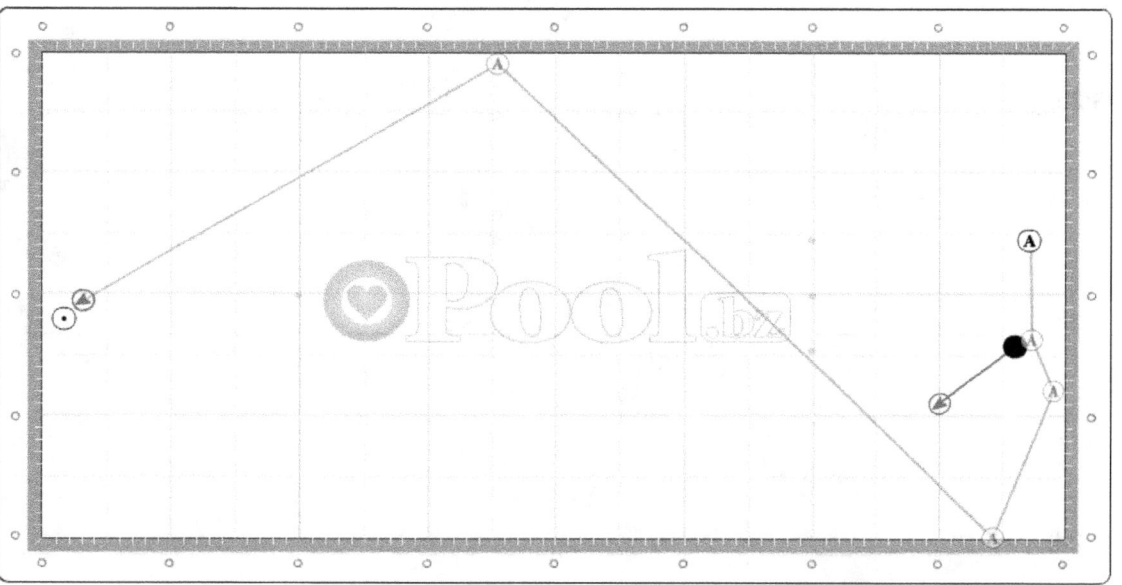

G: Gruppo 2

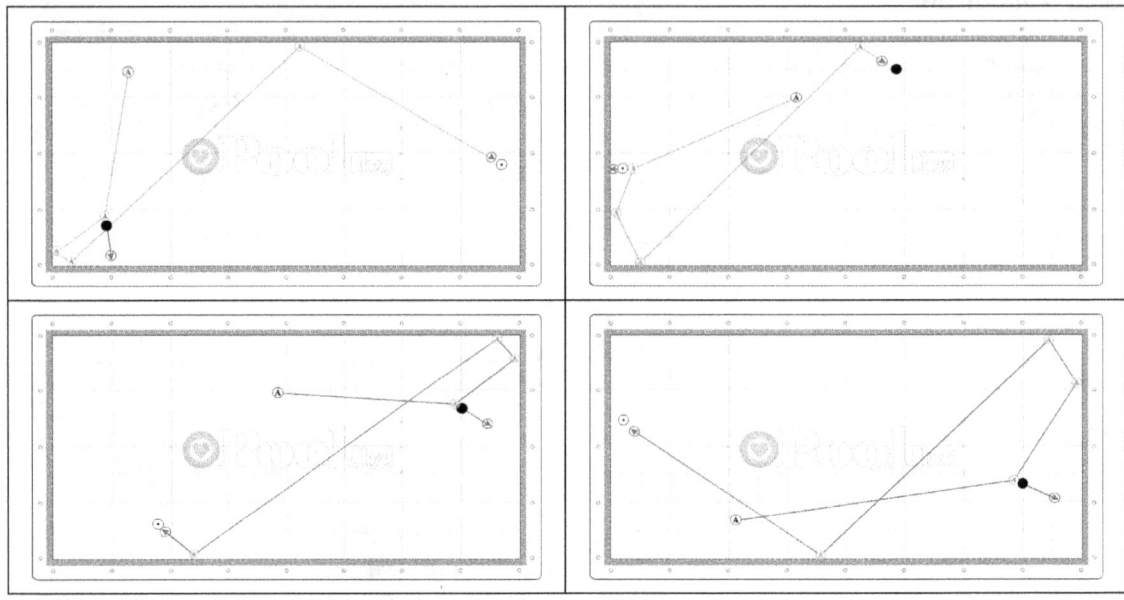

Analisi:

G:2a. _____

G:2b. _____

G:2c. _____

G:2d. _____

G:2a – Impostare

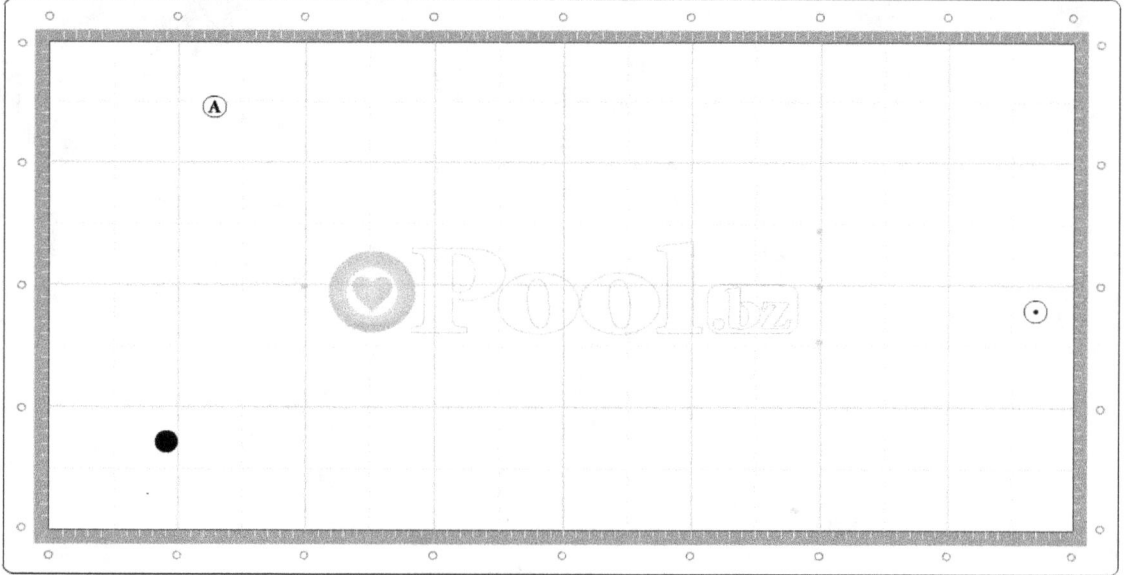

Note e idee:

Modello di colpo

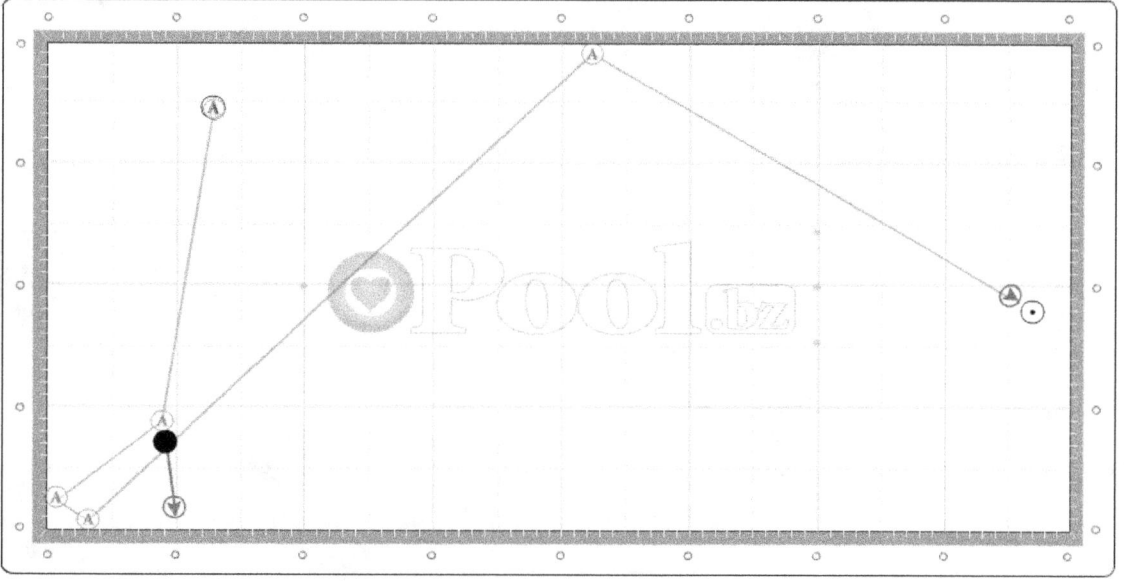

G:2b – Impostare

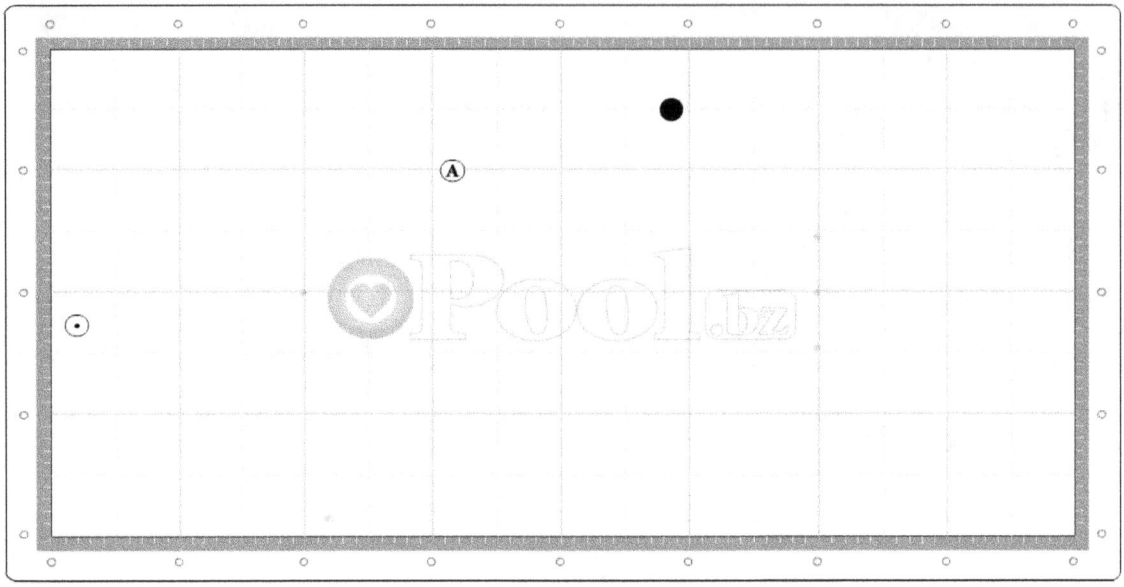

Note e idee:

Modello di colpo

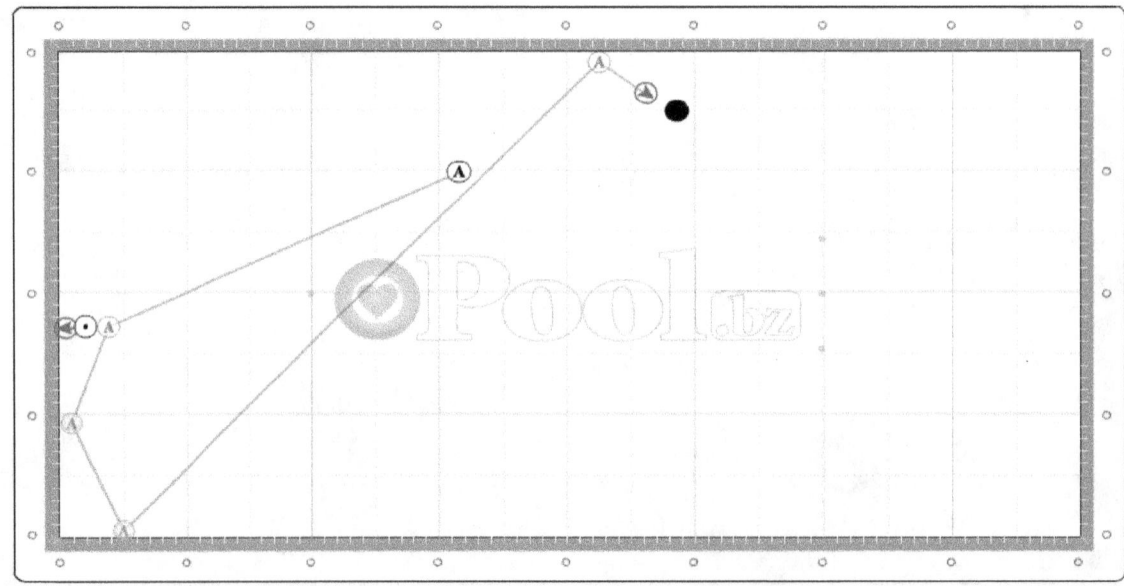

G:2c – Impostare

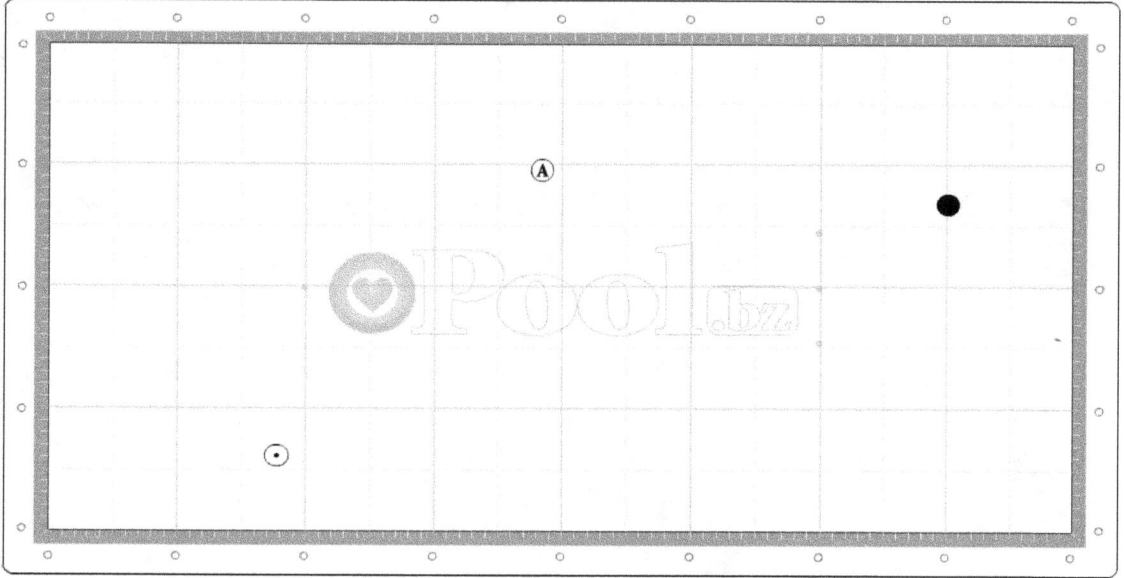

Note e idee:

Modello di colpo

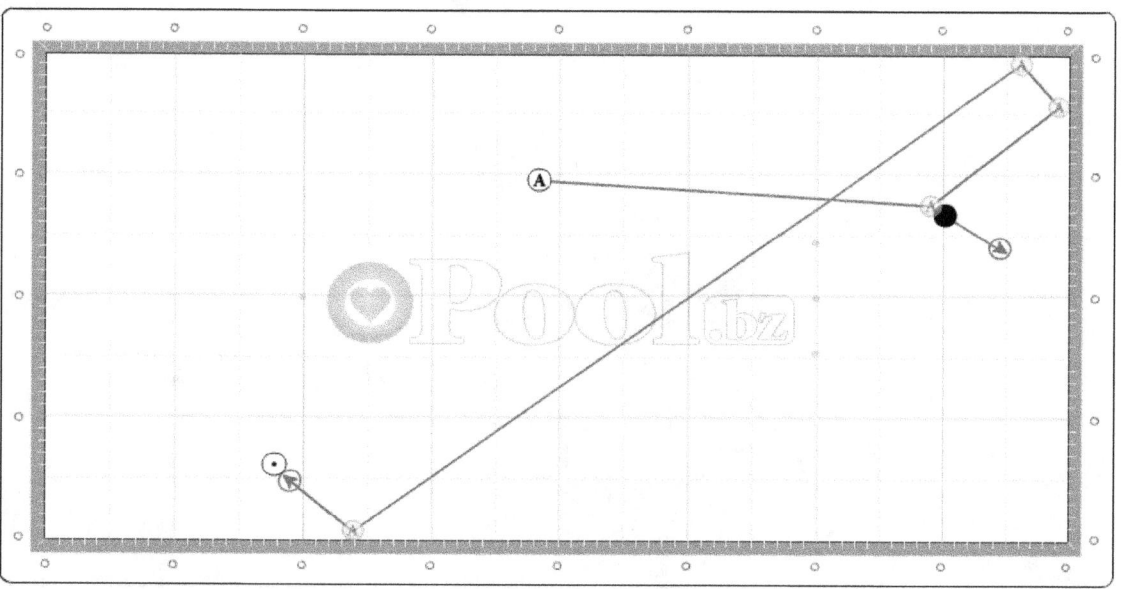

G:3d – Impostare

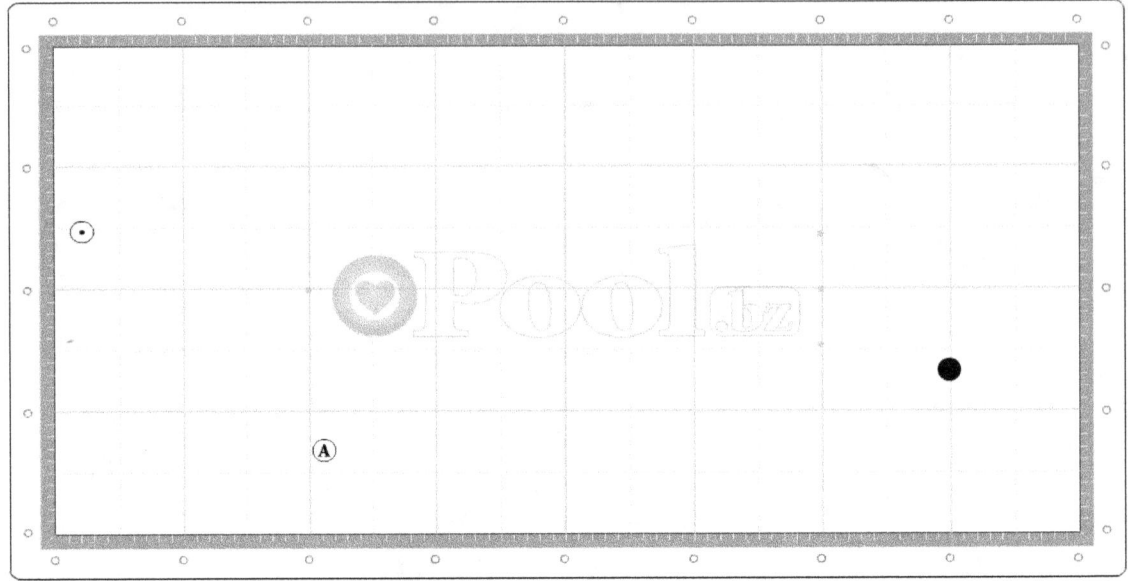

Note e idee:

Modello di colpo

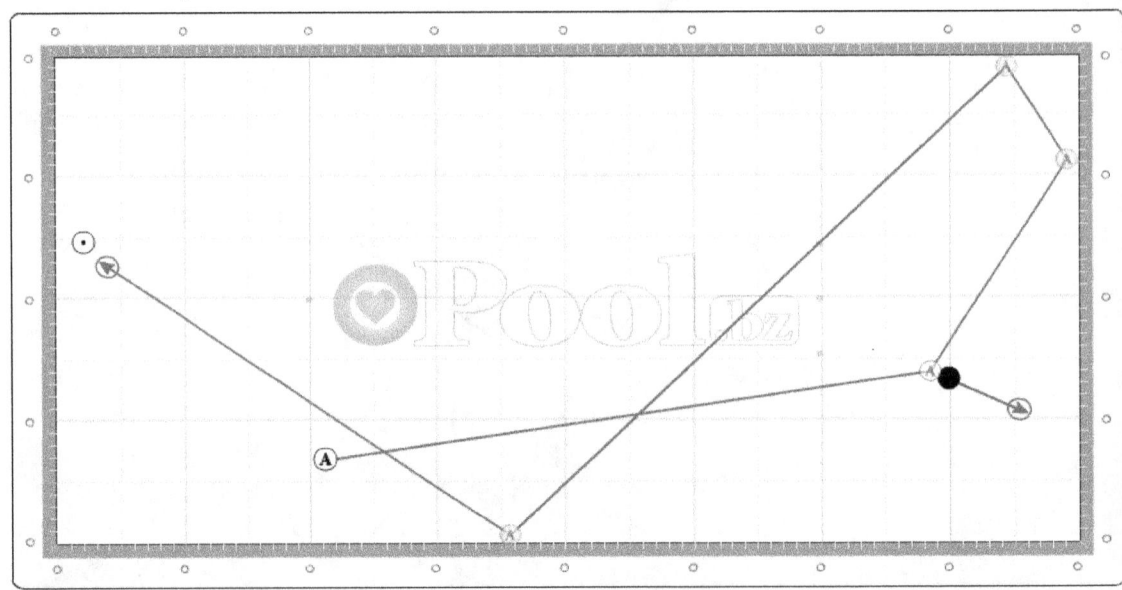

G: Gruppo 3

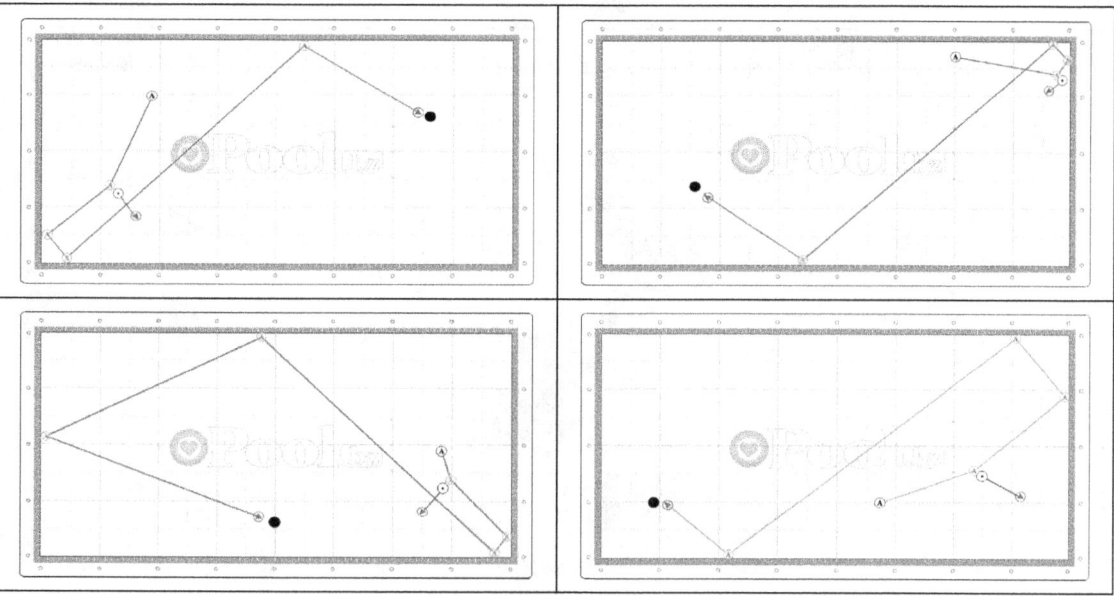

Analisi:

G:3a. _____

G:3b. _____

G:3c. _____

G:3d. _____

G:3a – Impostare

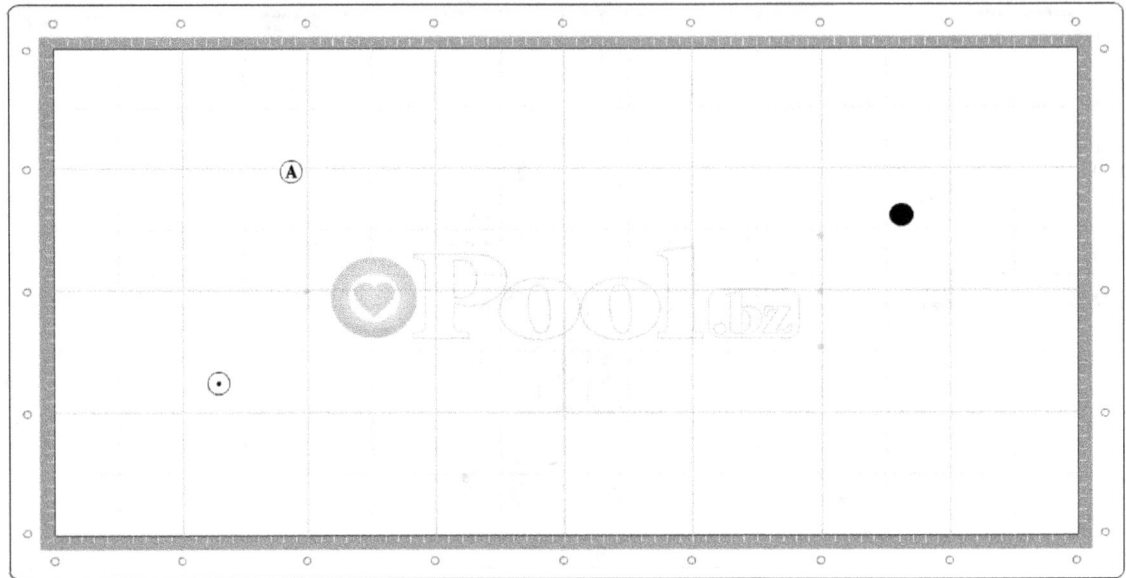

Note e idee:

Modello di colpo

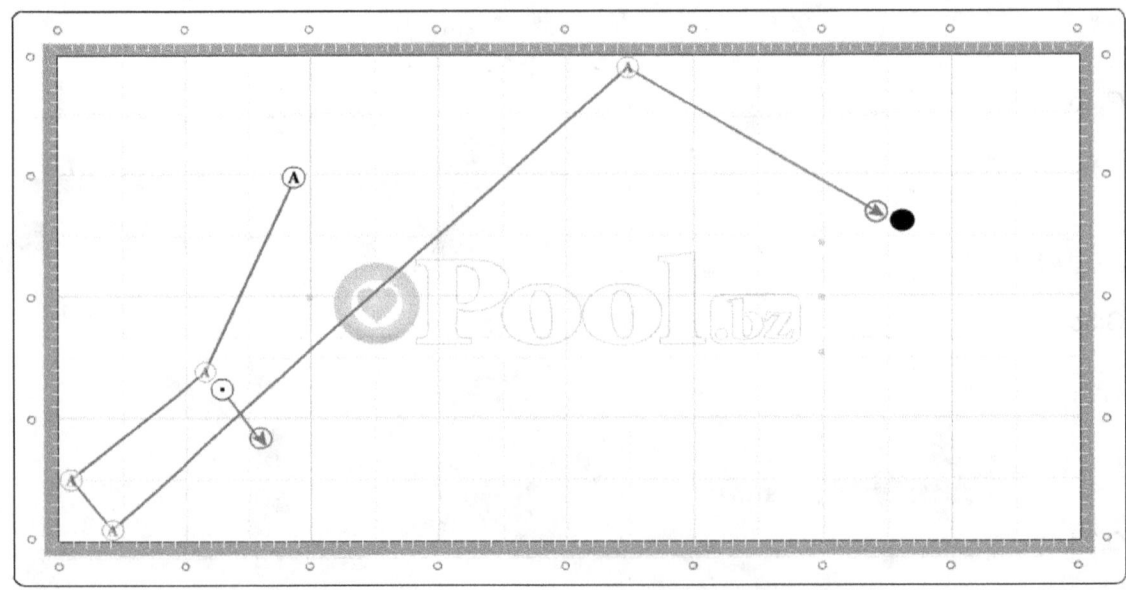

G:3b – Impostare

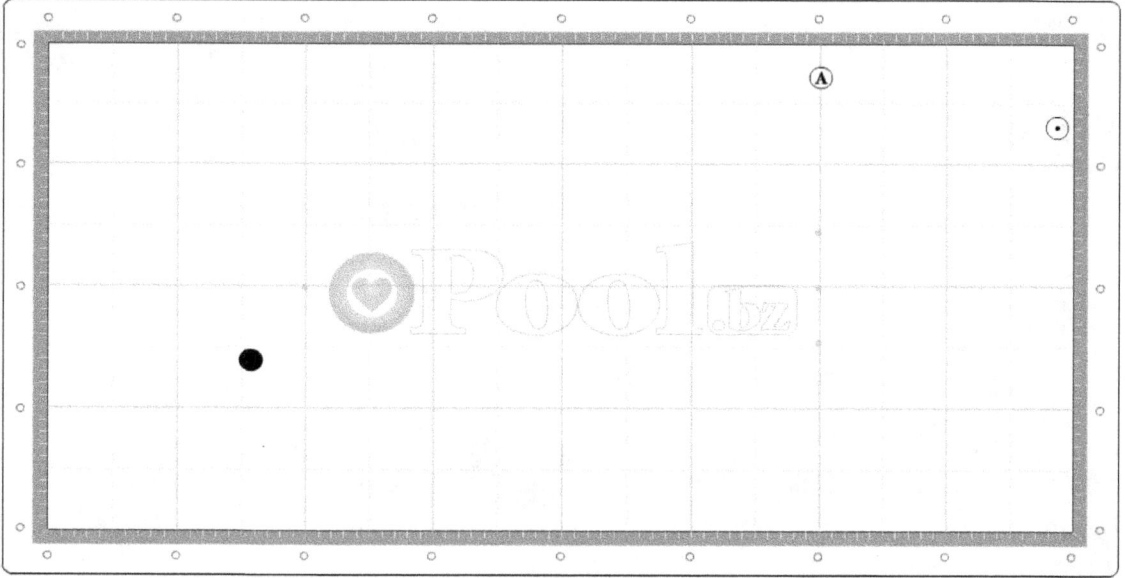

Note e idee:

Modello di colpo

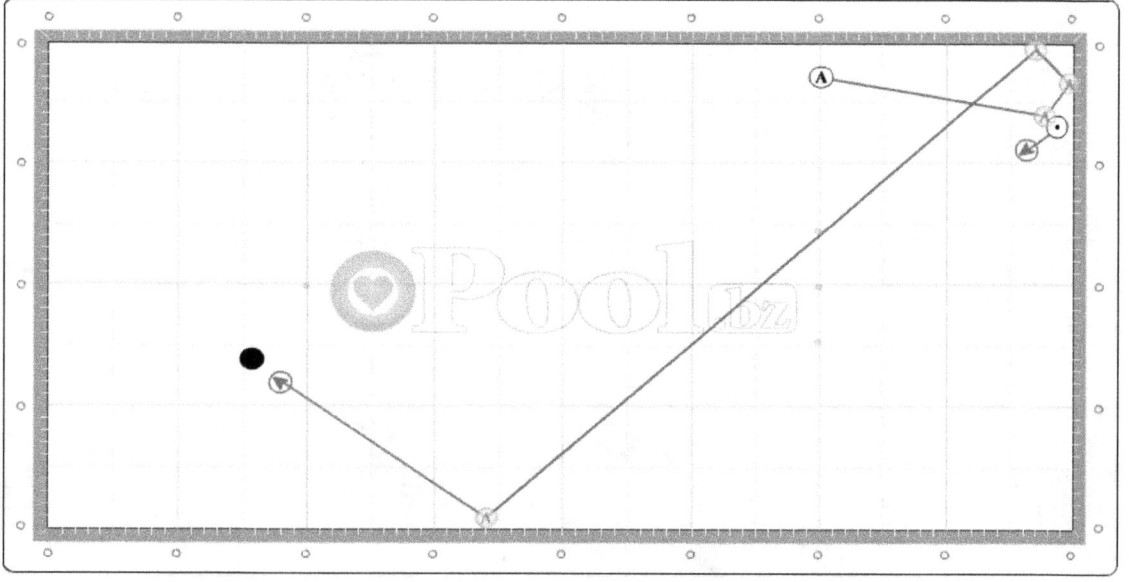

G:3c – Impostare

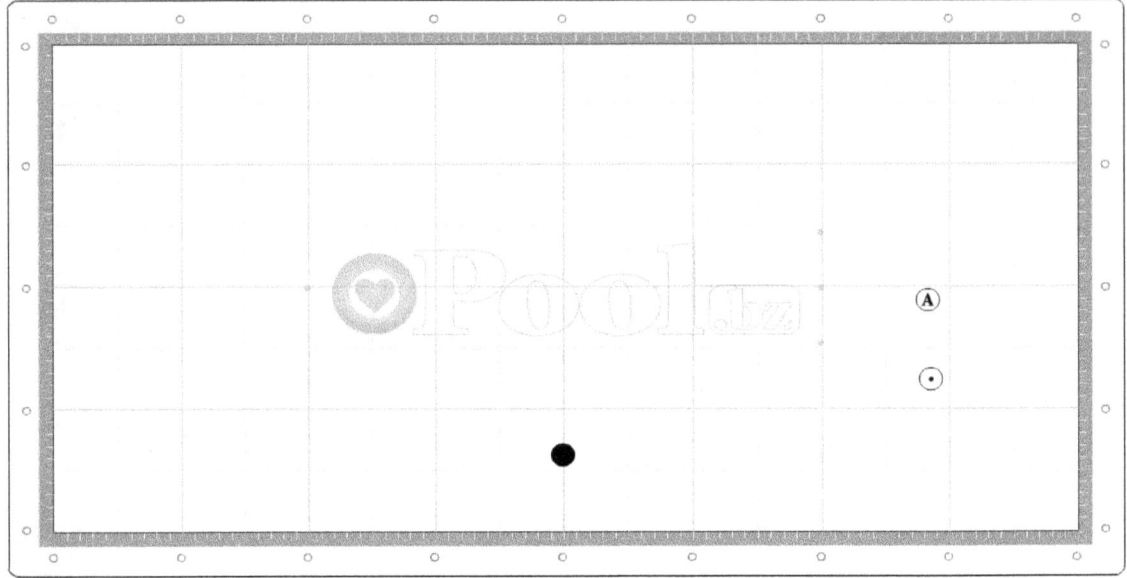

Note e idee:

Modello di colpo

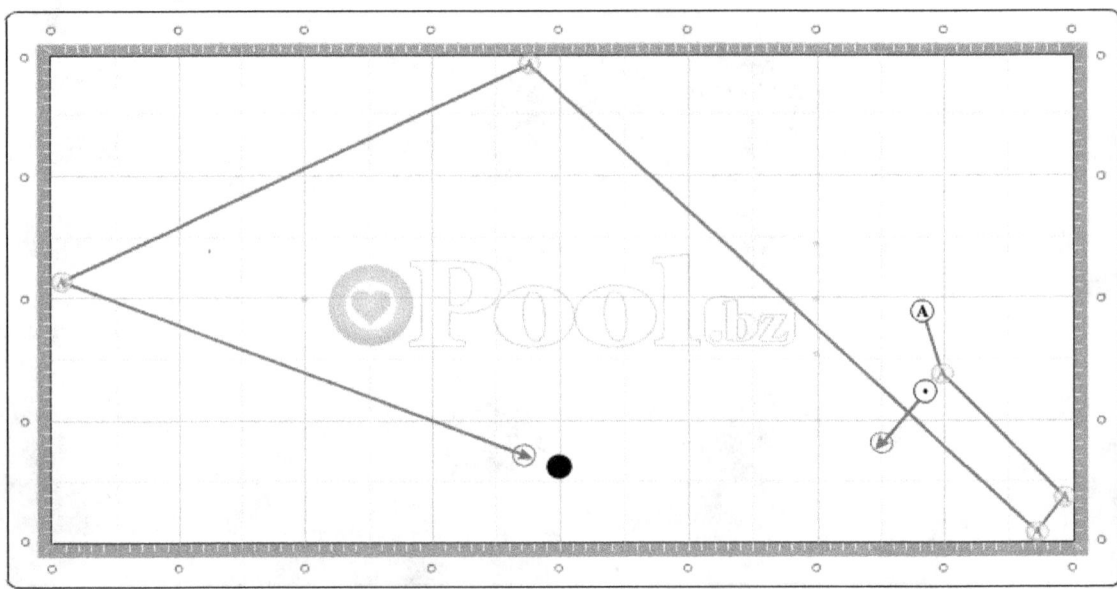

G:3d – Impostare

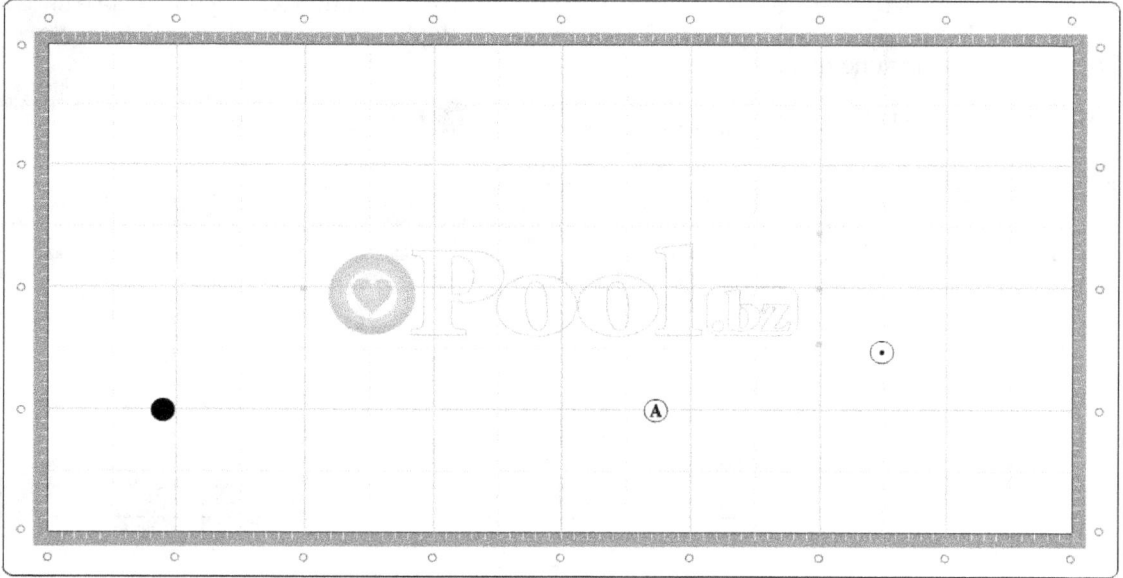

Note e idee:

Modello di colpo

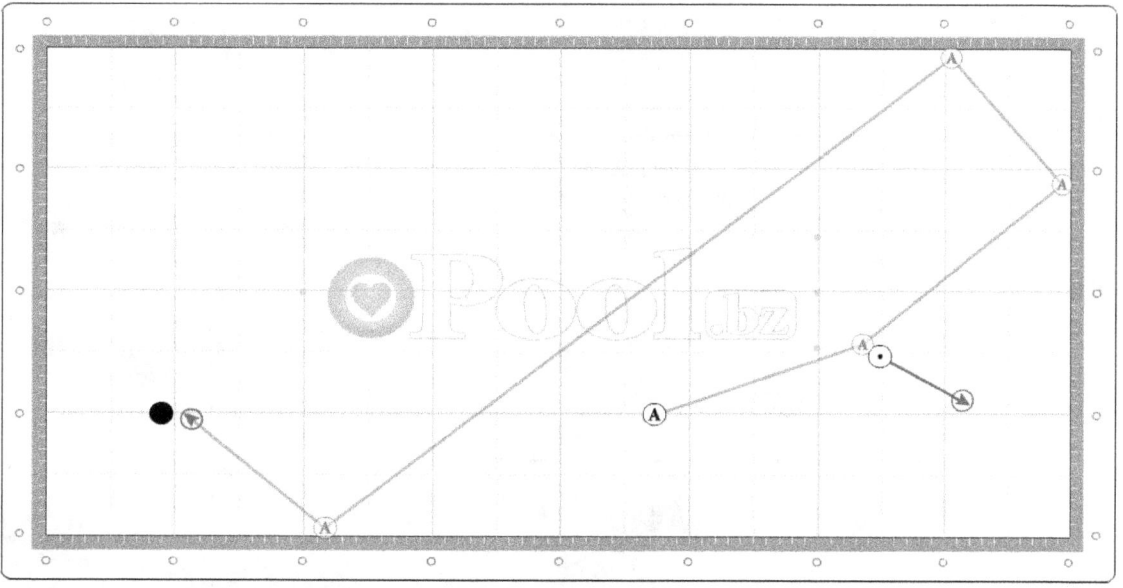

H: Doppio gancio di base

Su questi schemi, il (CB) si stacca dal primo (OB) nell'angolo - il sponde lungo prima e sale sulla collina verso il centro del lungo sponde. Sul lato discendente, la (CB) entra ed esce dall'angolo opposto - una situazione di sponde da cinque biliardi.

Ⓐ (CB) (la tua palla) - ⊙ (OB) (palla dell'avversario) - ● (OB) (palla rossa)

H: Gruppo 1

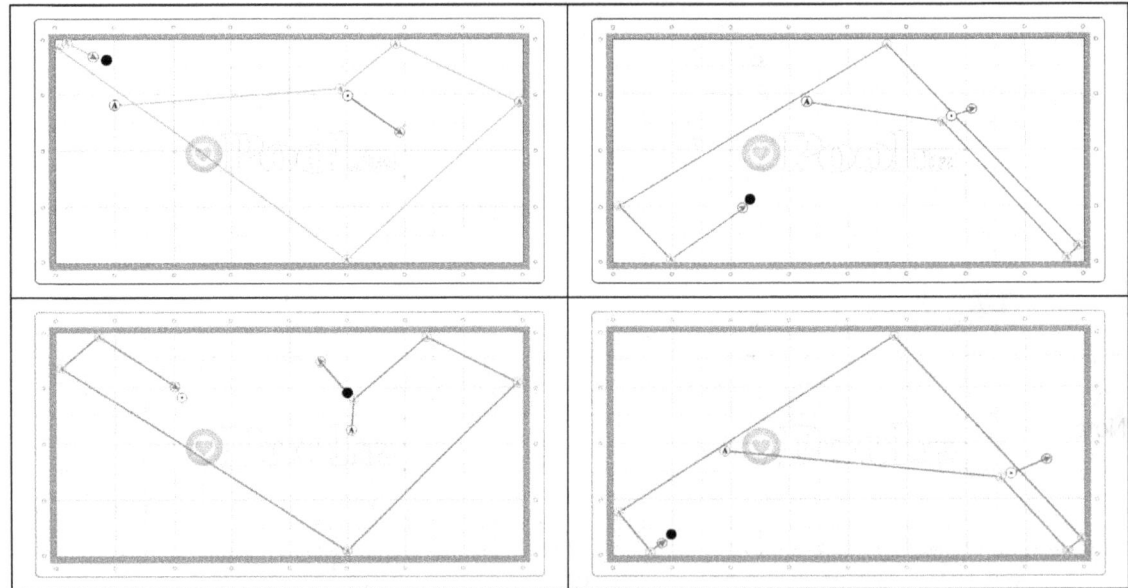

Analisi:

H:1a. _____

H:1b. _____

H:1c. _____

H:1d. _____

H:1a – Impostare

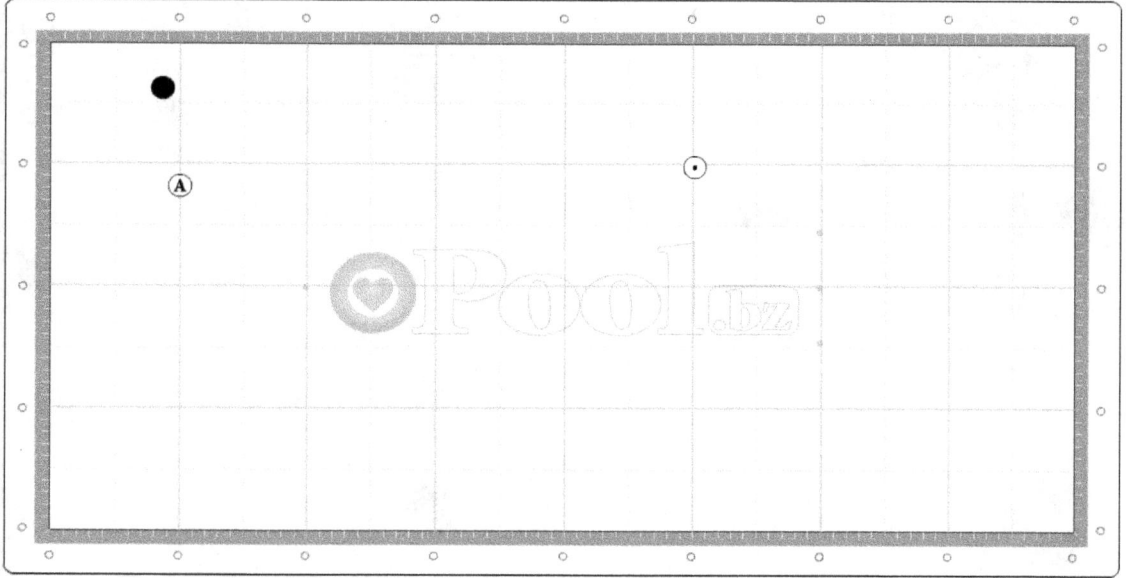

Note e idee:

Modello di colpo

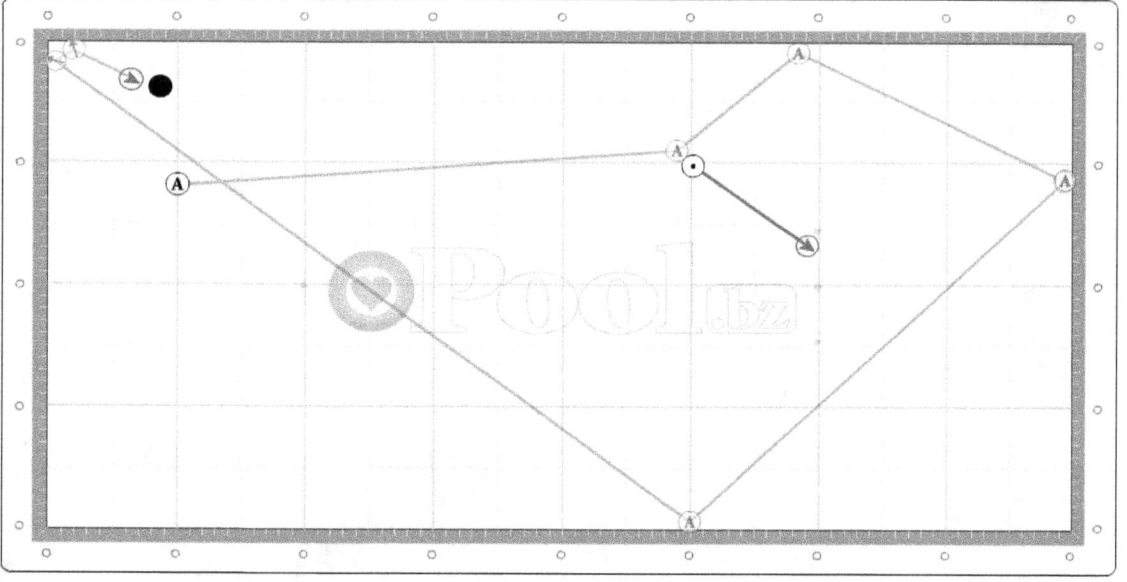

H:1b – Impostare

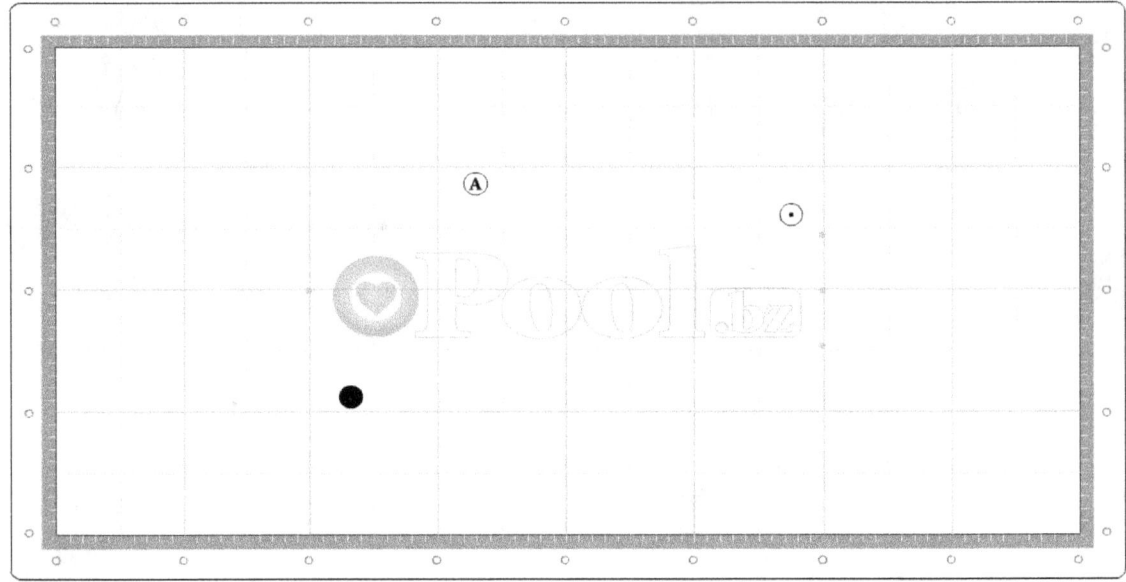

Note e idee:

Modello di colpo

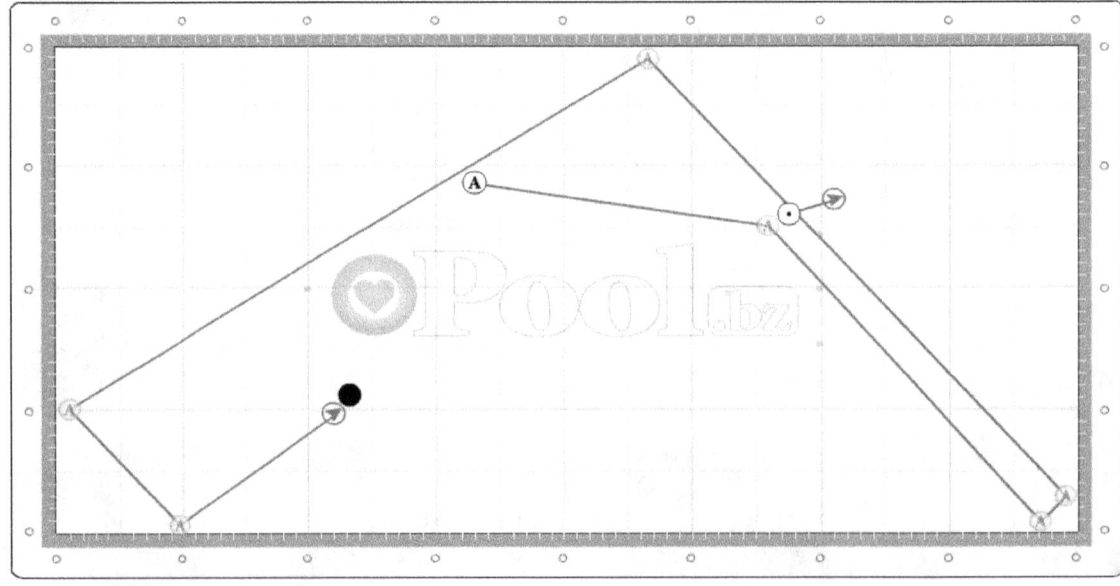

H:1c – Impostare

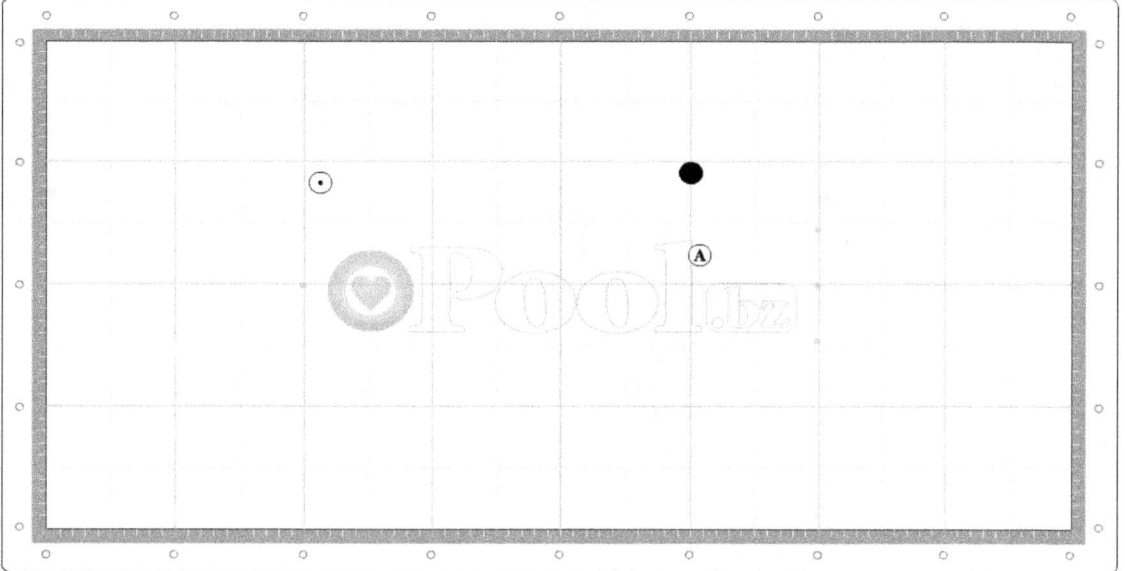

Note e idee:

Modello di colpo

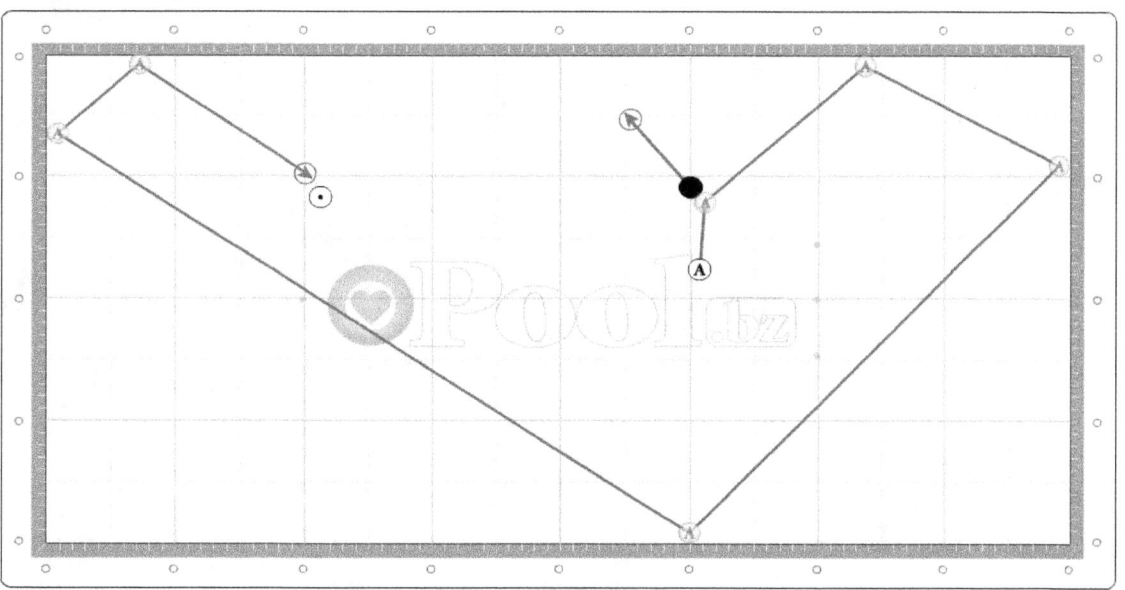

H:1d – Impostare

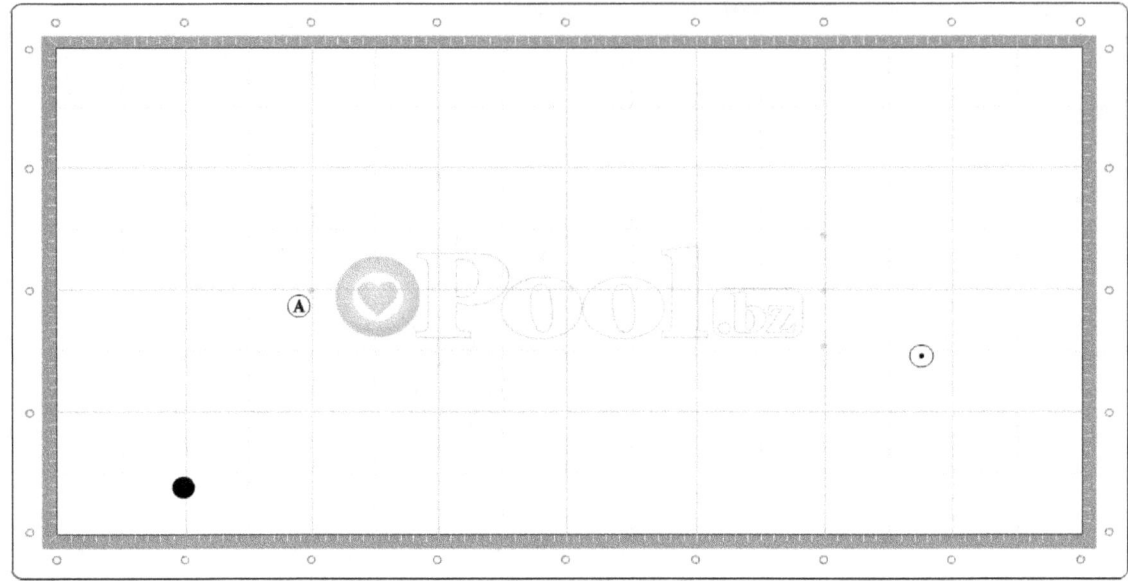

Note e idee:

Modello di colpo

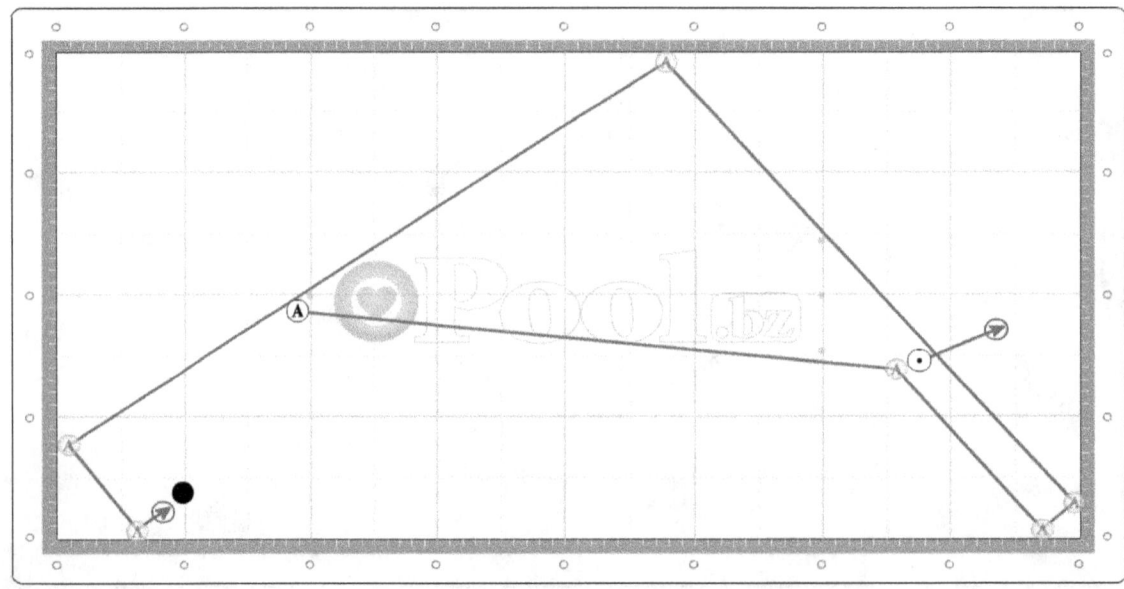

H: Gruppo 2

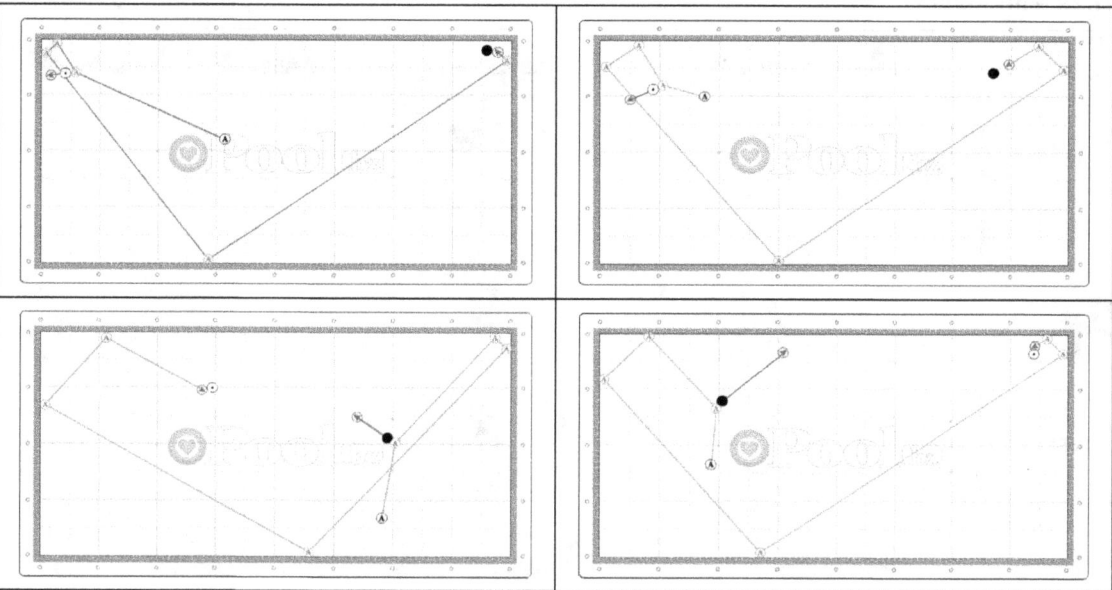

Analisi:

H:2a. _____

H:2b. _____

H:2c. _____

H:2d. _____

H:2a – Impostare

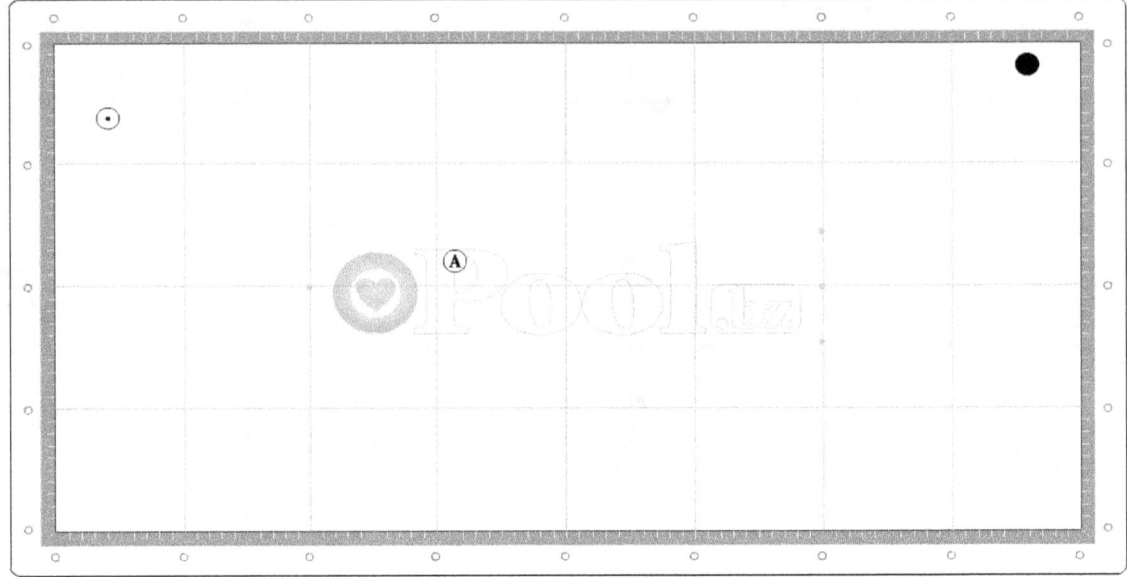

Note e idee:

Modello di colpo

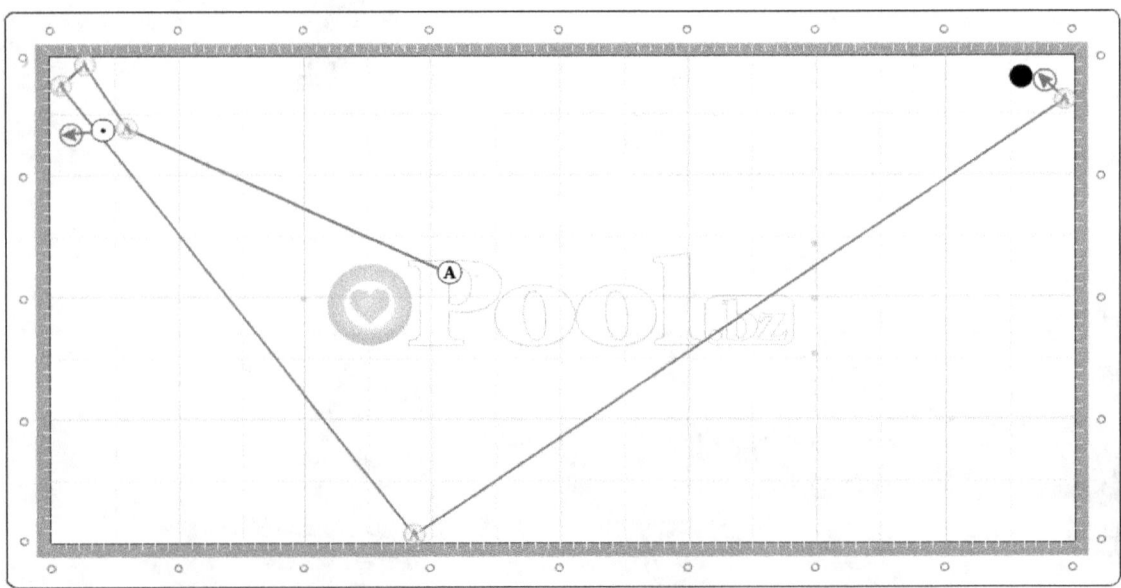

H:2b – Impostare

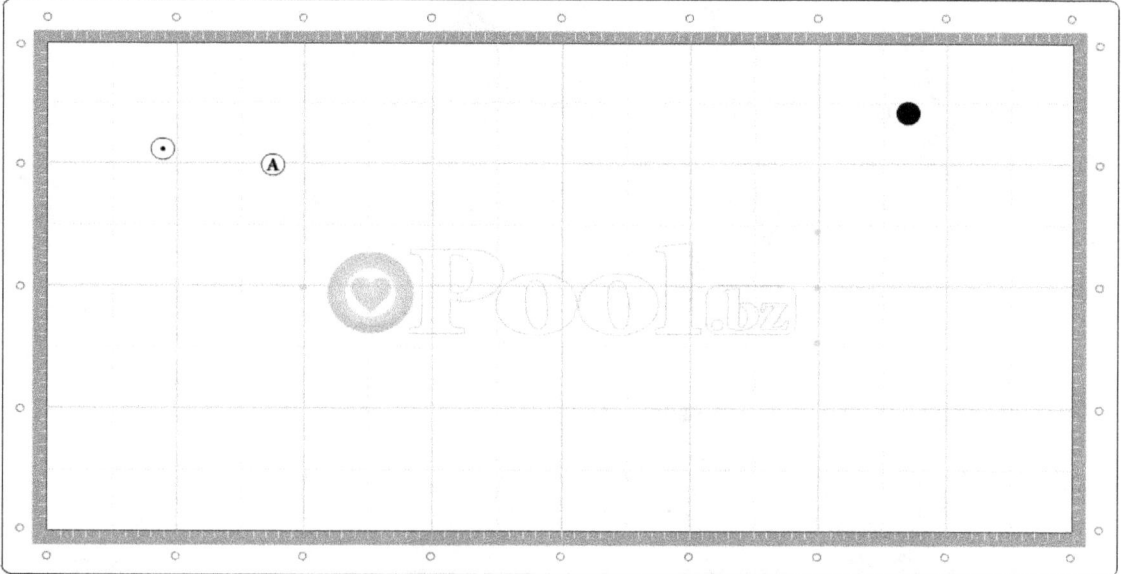

Note e idee:

Modello di colpo

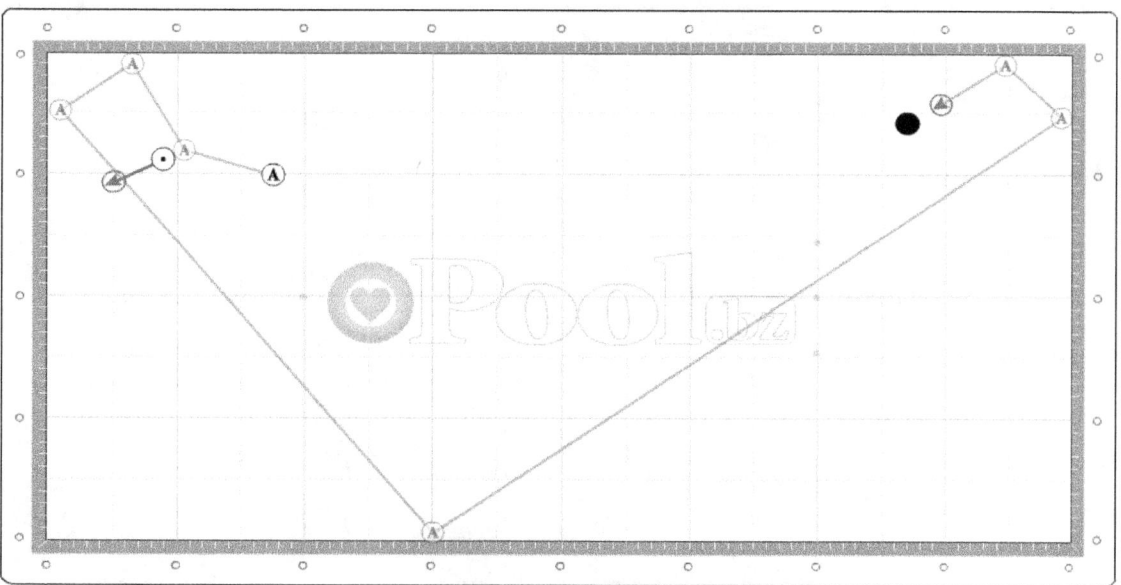

H:2c – Impostare

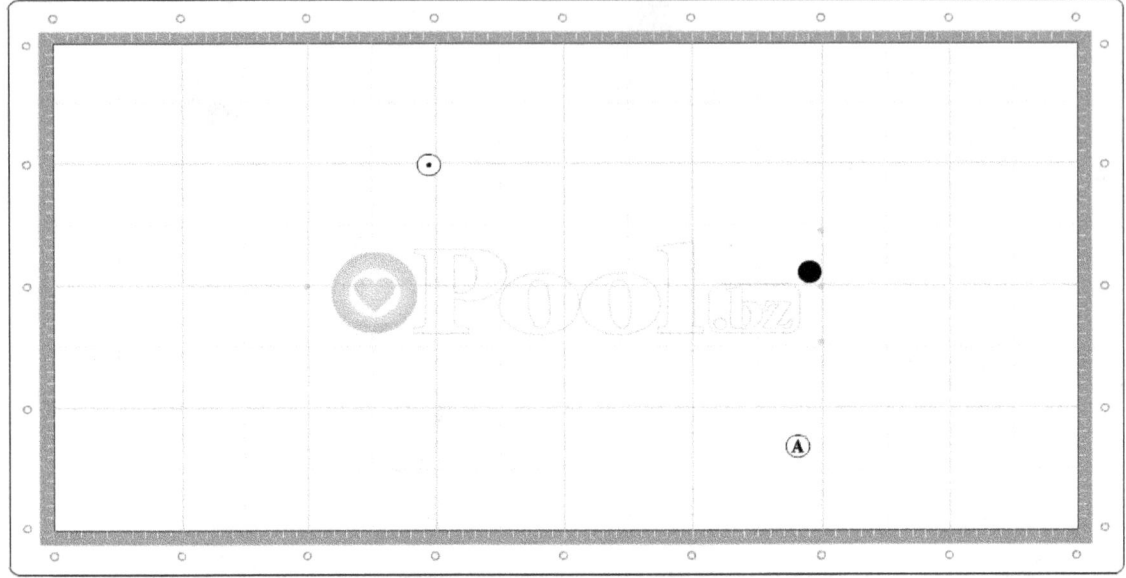

Note e idee:

Modello di colpo

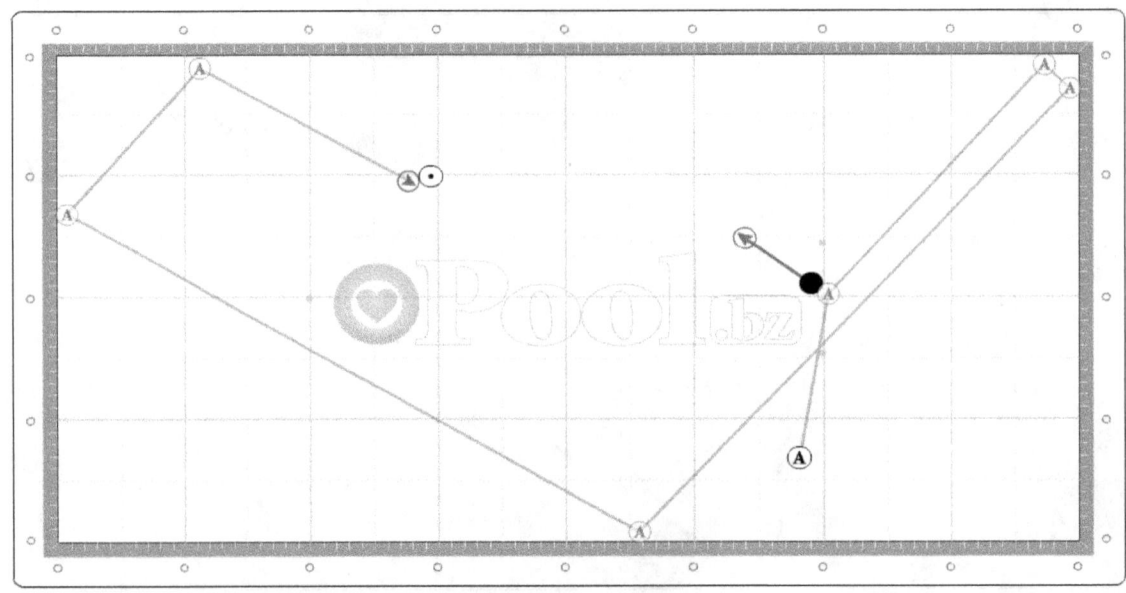

H:2d – Impostare

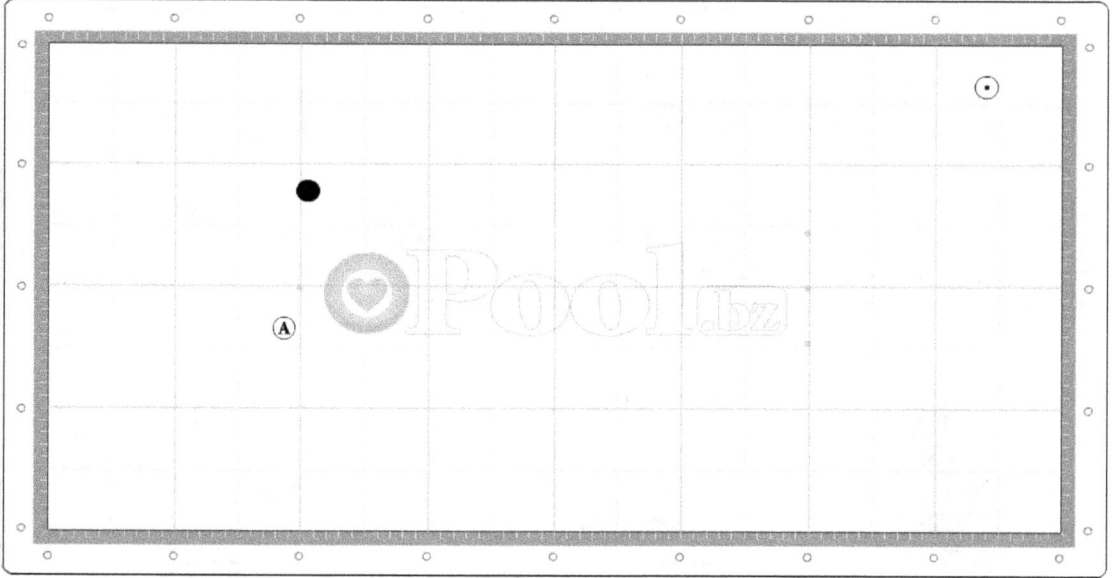

Note e idee:

Modello di colpo

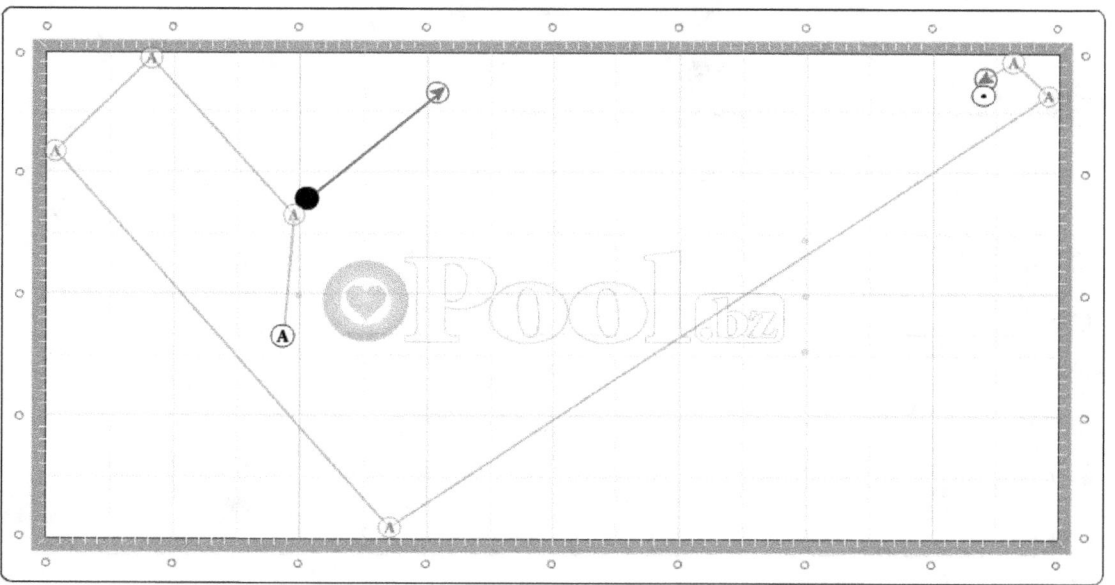

H: Gruppo 3

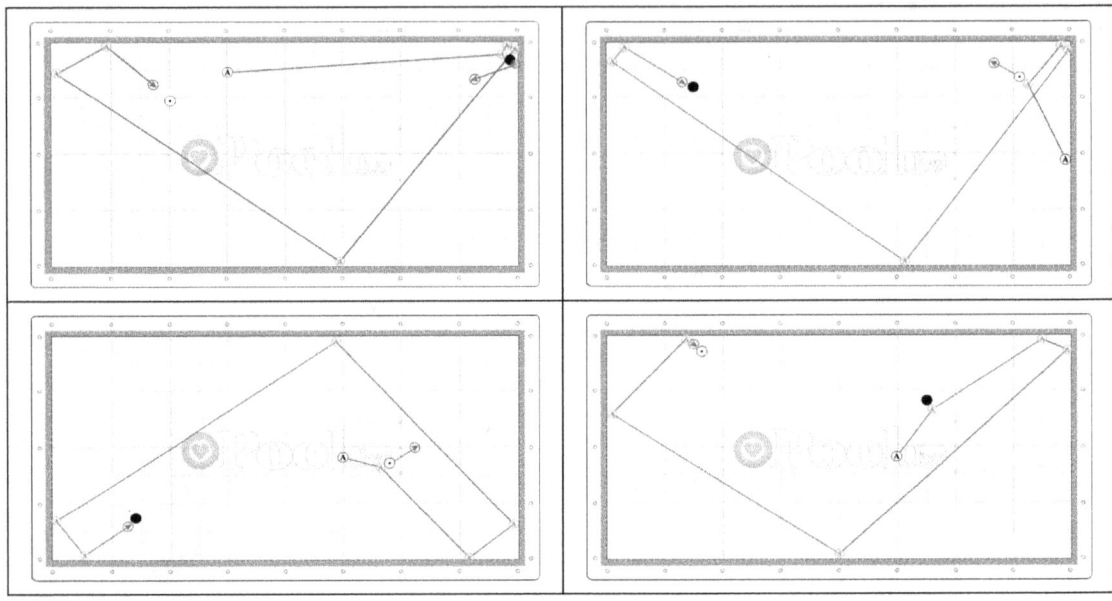

Analisi:

H:3a. _____

H:3b. _____

H:3c. _____

H:3d. _____

H:3a – Impostare

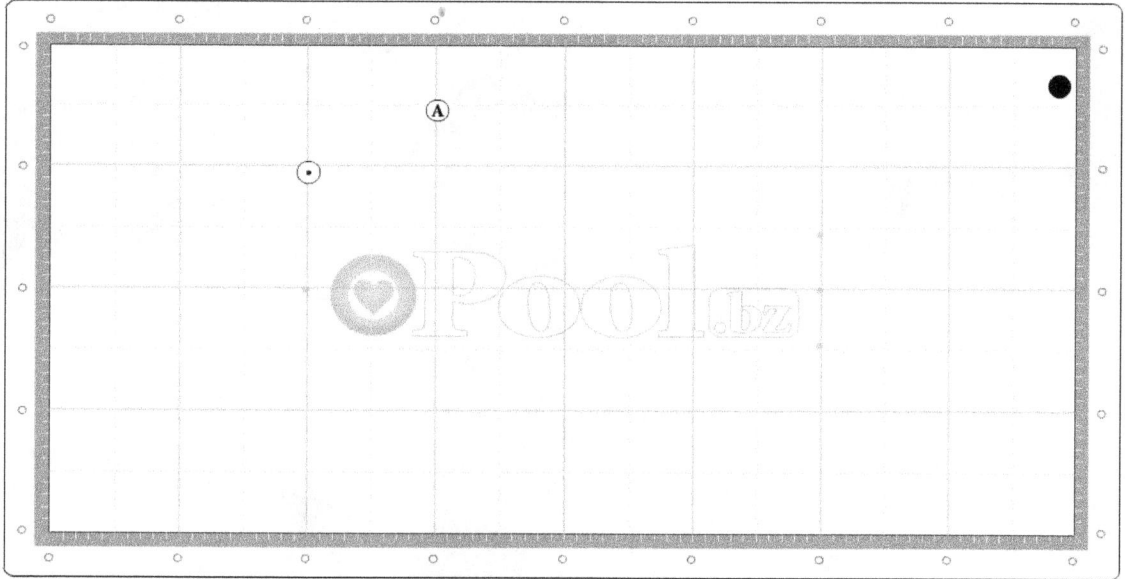

Note e idee:

Modello di colpo

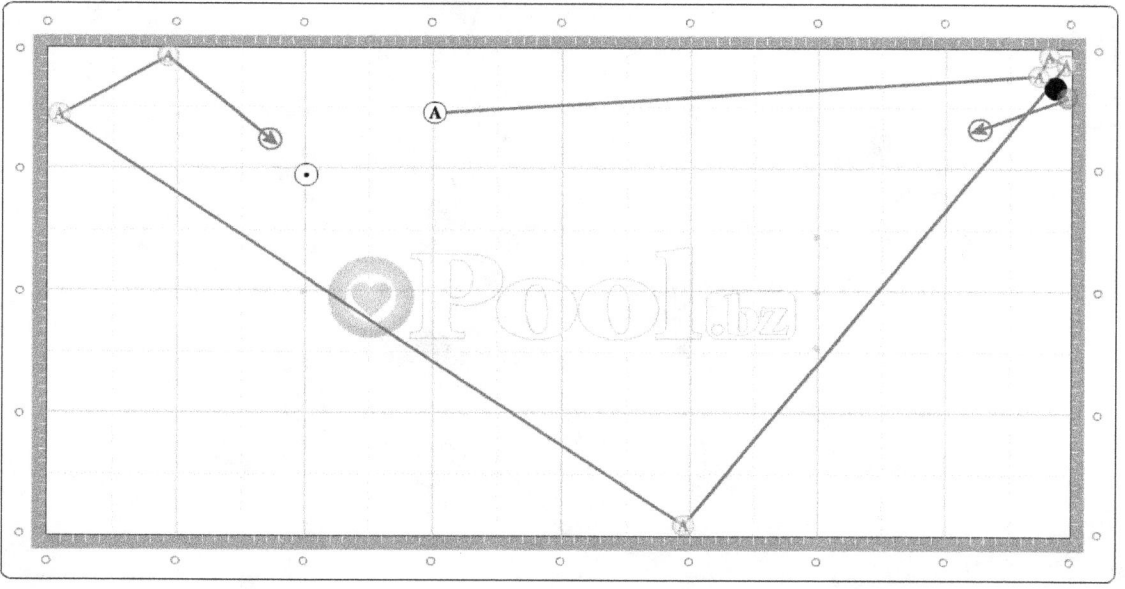

H:3b – Impostare

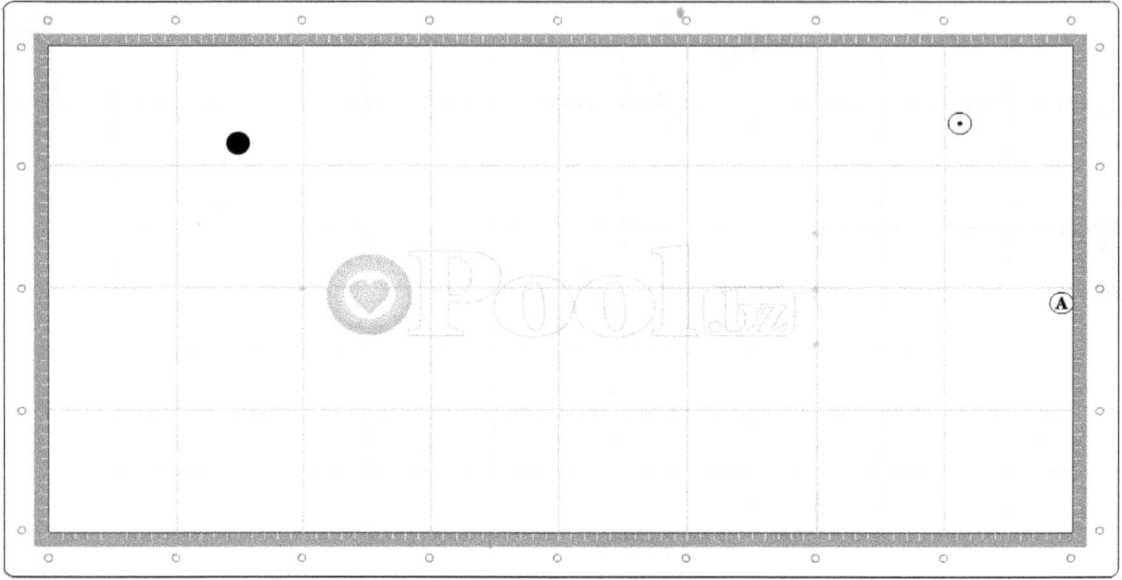

Note e idee:

Modello di colpo

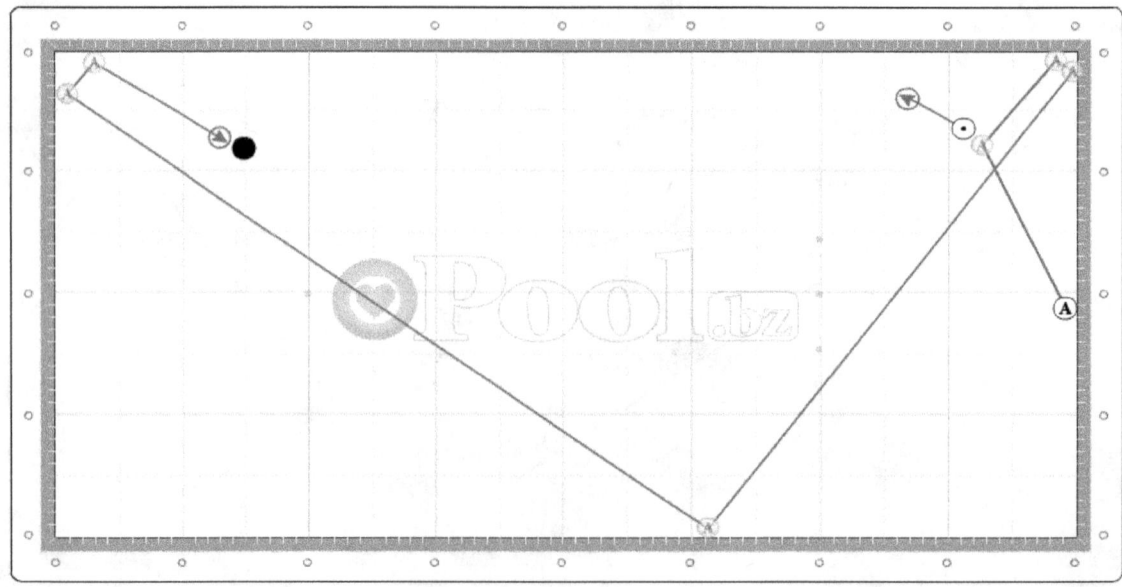

H:3c – Impostare

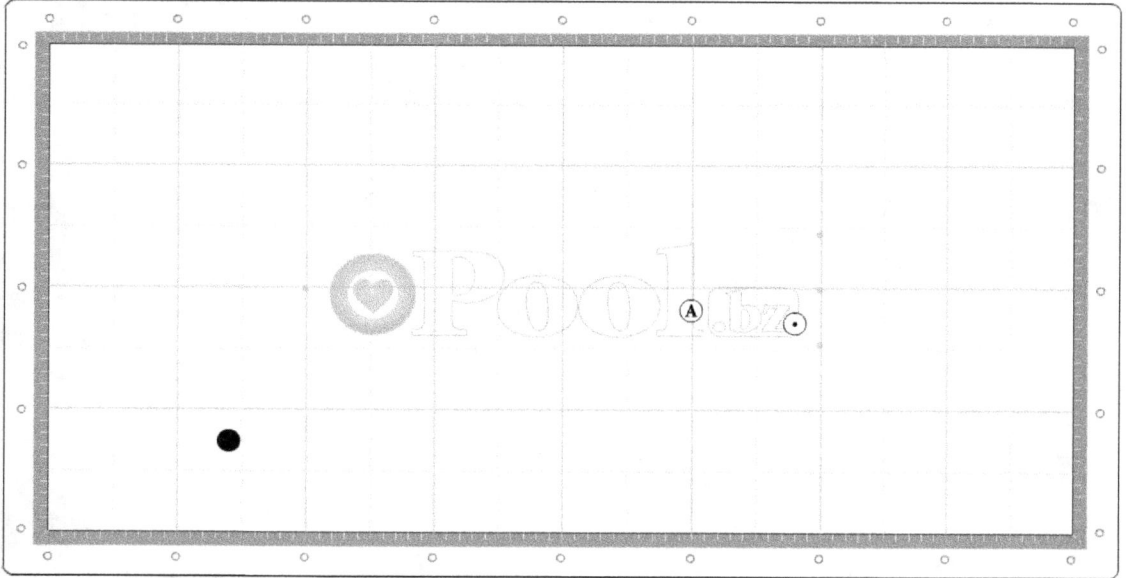

Note e idee:

Modello di colpo

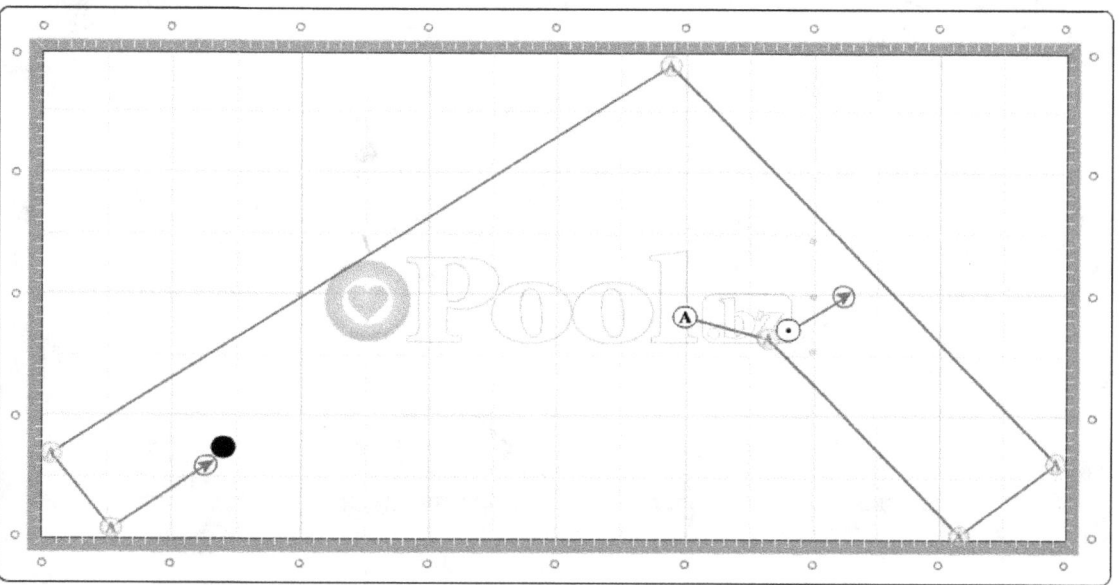

H:3d – Impostare

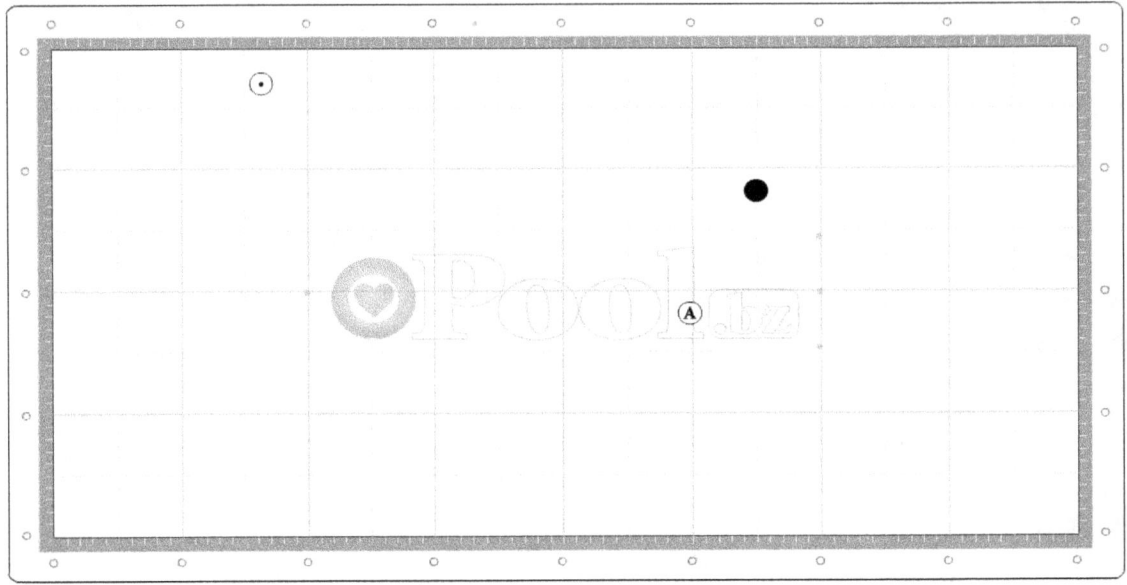

Note e idee:

Modello di colpo

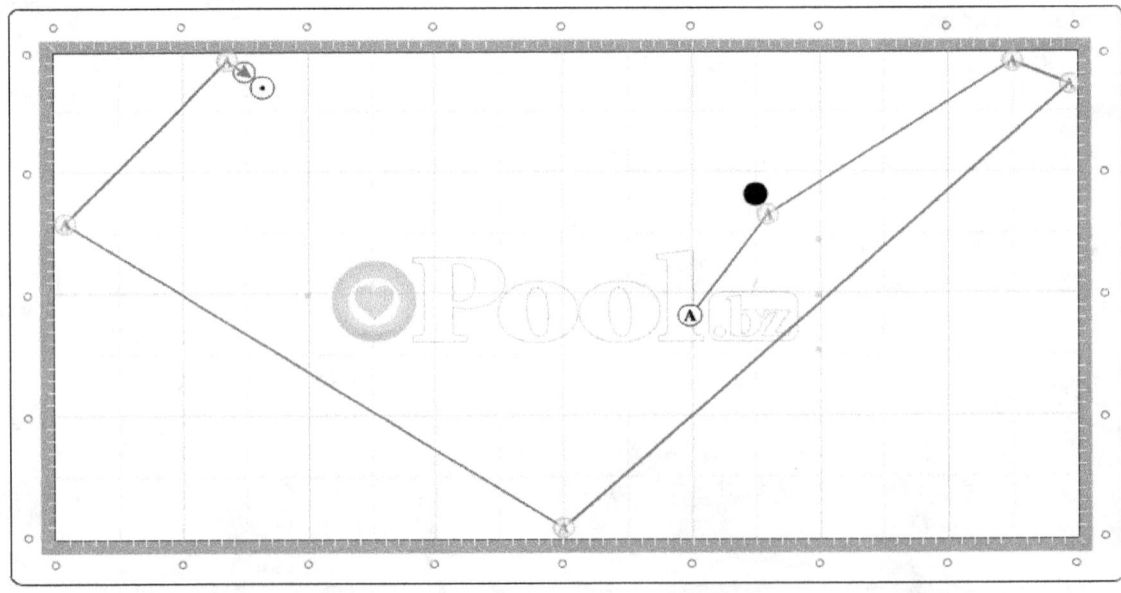

I: Doppio gancio (esteso)

Su questi layout, il (CB) si stacca dal primo (OB) nell'angolo - il sponde lungo prima. Il (CB) sale verso il centro del sponde lungo opposto. Sul lato discendente, il (CB) entra e esce dall'angolo opposto per contattare l'altro (OB).

Ⓐ (CB) (la tua palla) - ⊙ (OB) (palla dell'avversario) - ● (OB) (palla rossa)

I: Gruppo 1

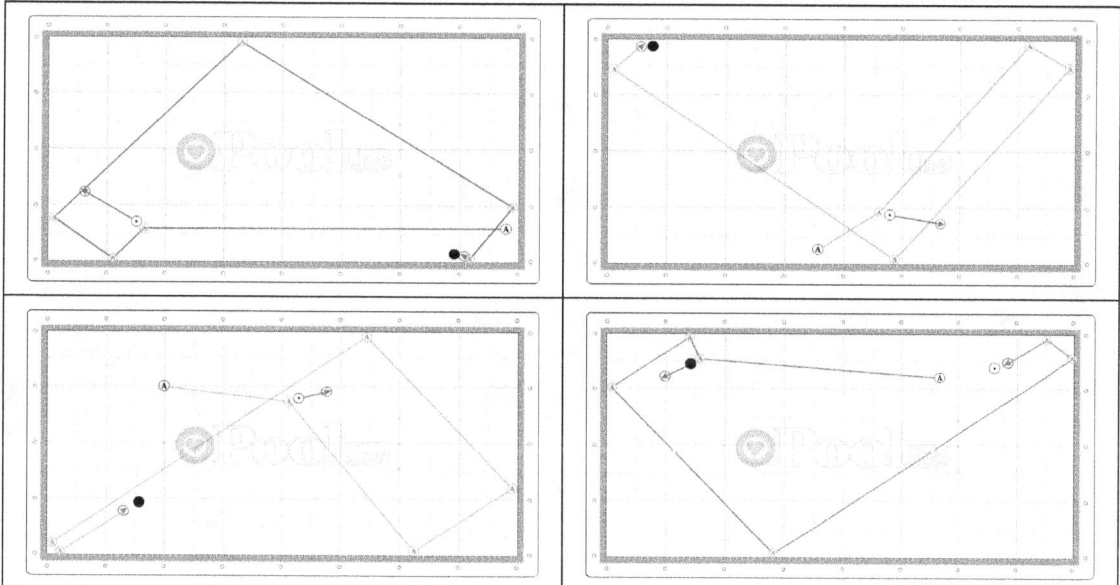

Analisi:

I:1a. _____

I:1b. _____

I:1c. _____

I:1d. _____

I:1a – Impostare

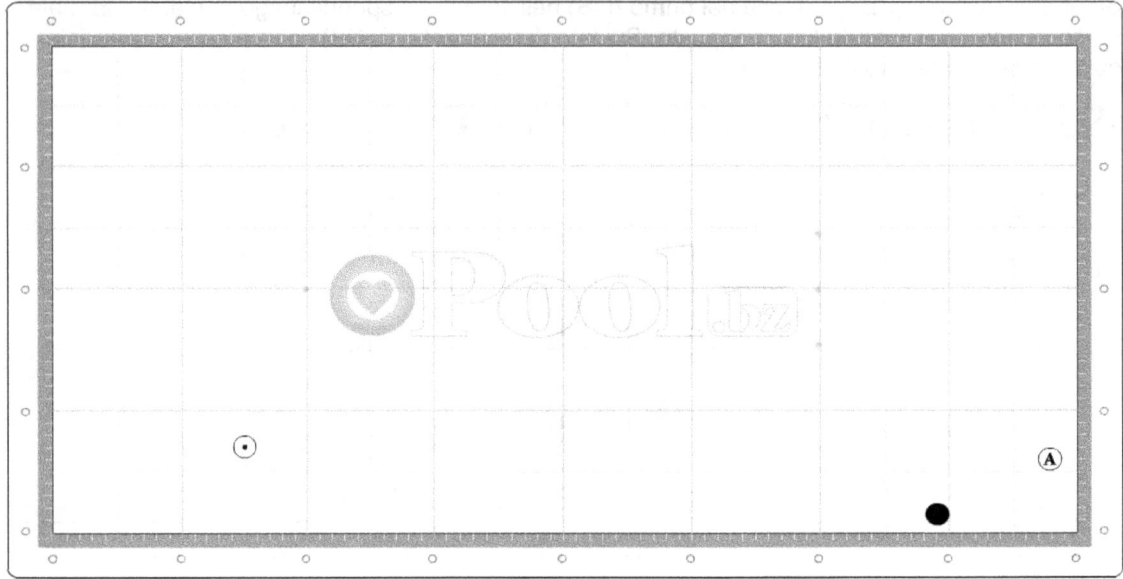

Note e idee:

Modello di colpo

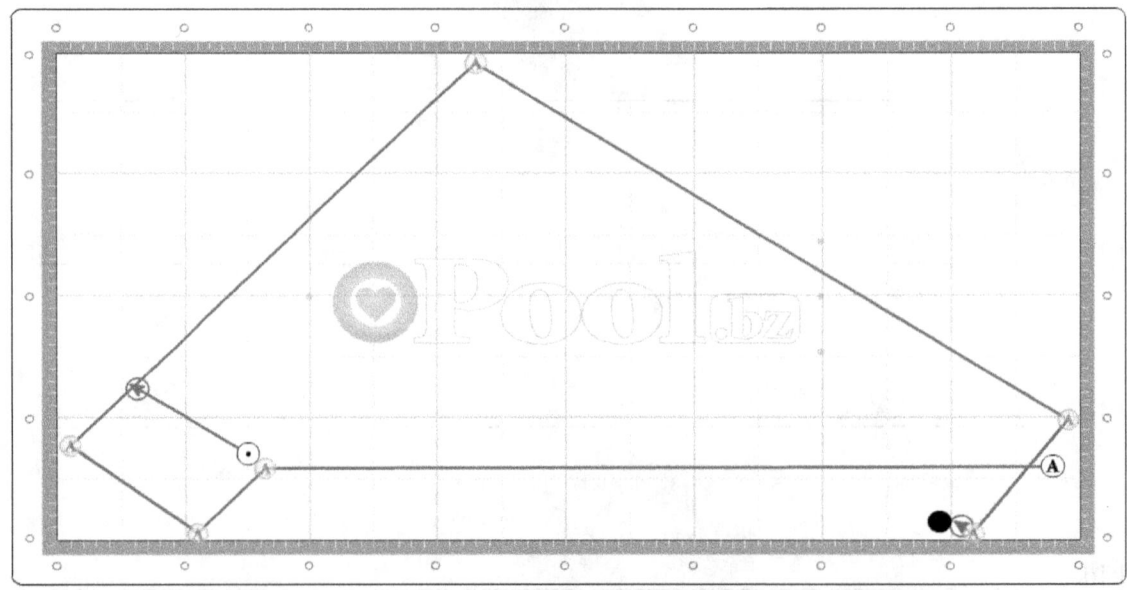

I:1b – Impostare

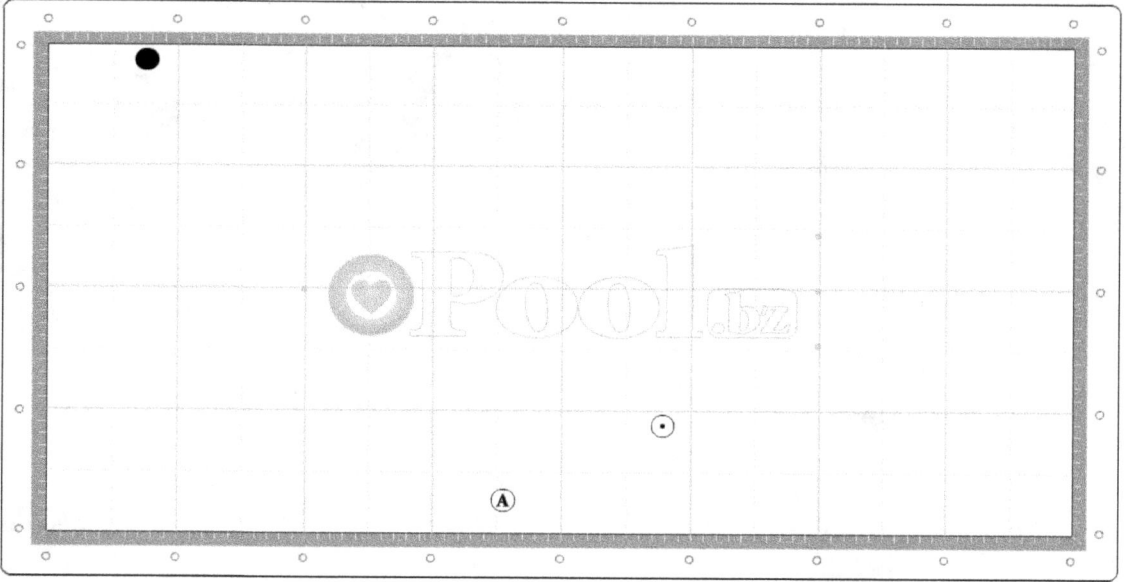

Note e idee:

Modello di colpo

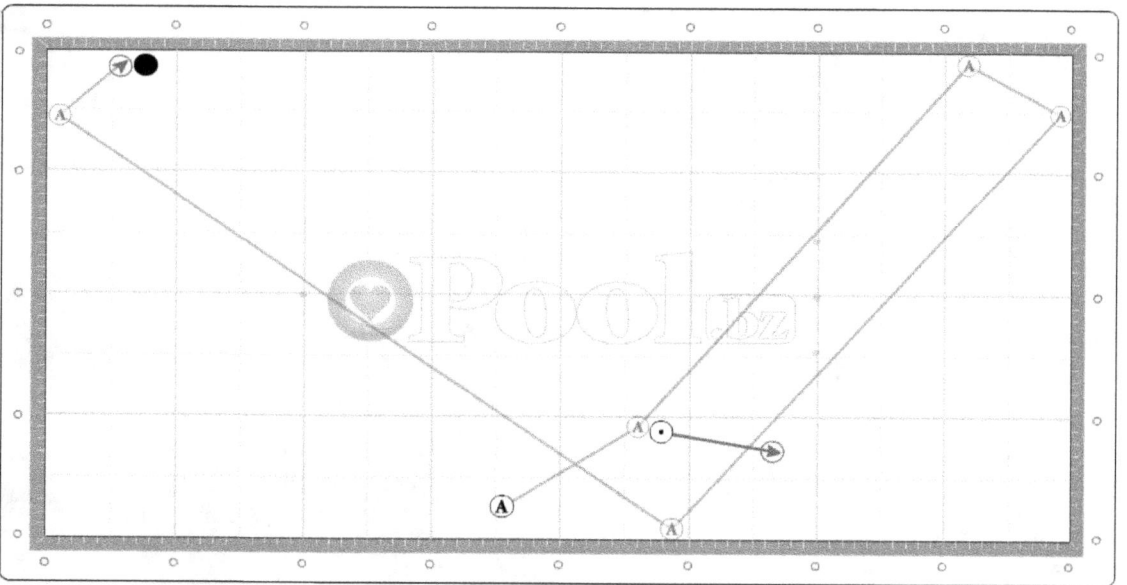

I:1c – Impostare

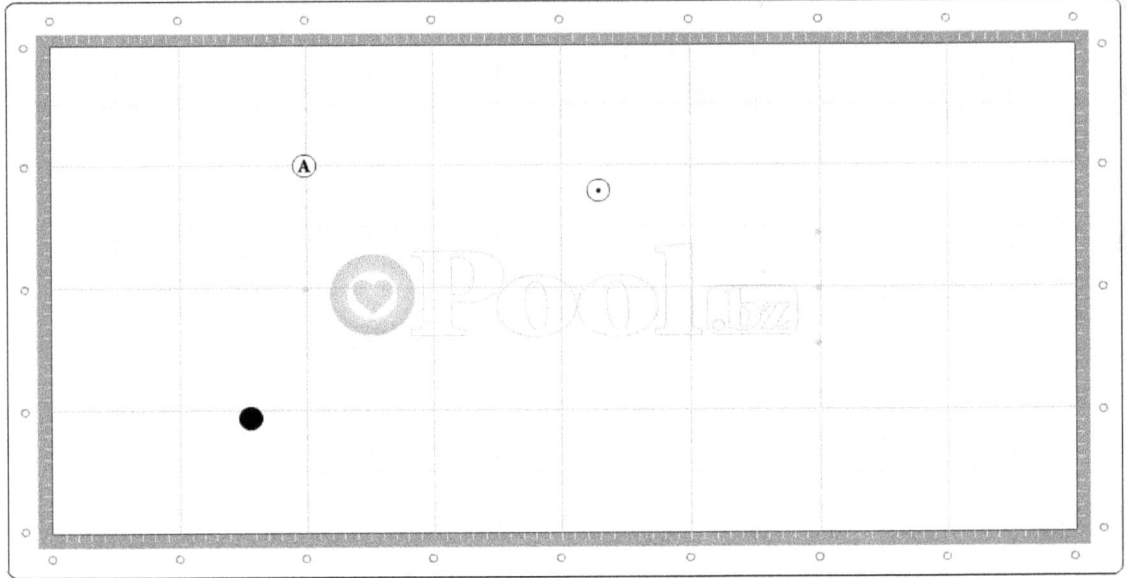

Note e idee:

Modello di colpo

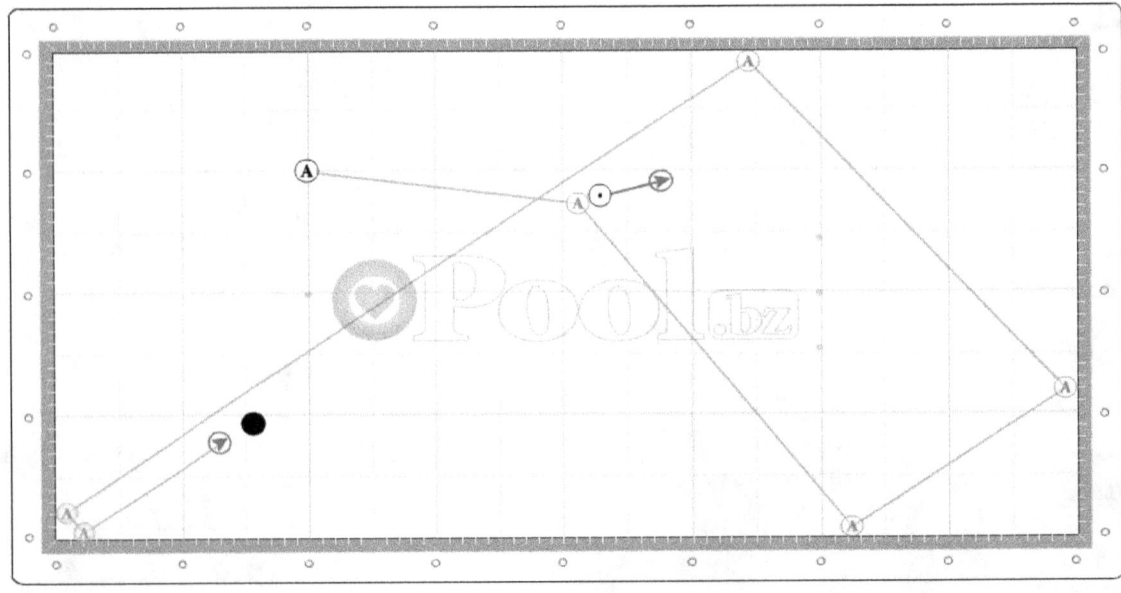

I:1d – Impostare

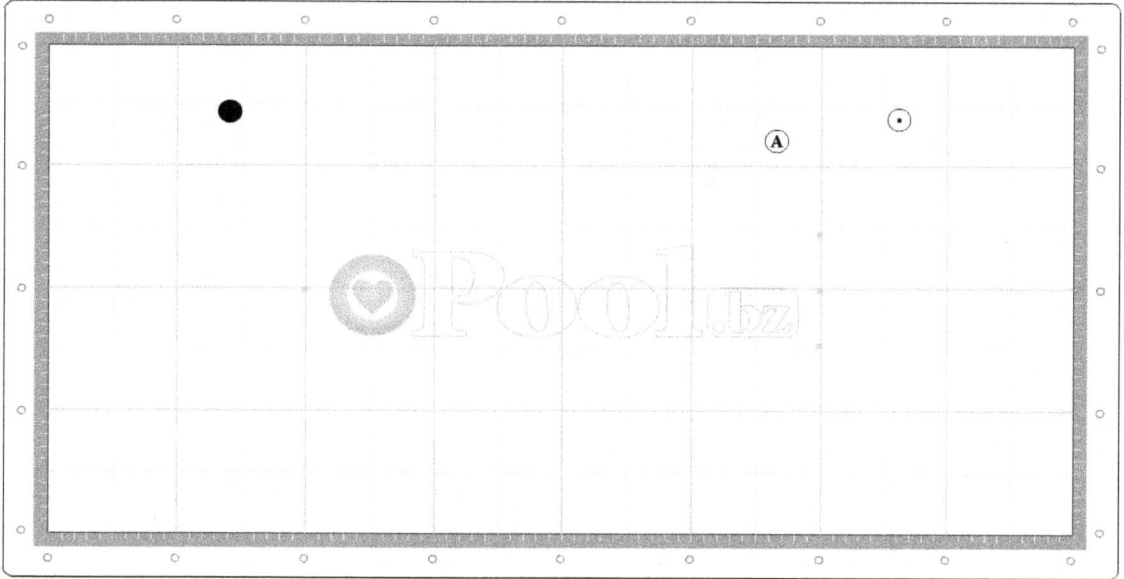

Note e idee:

Modello di colpo

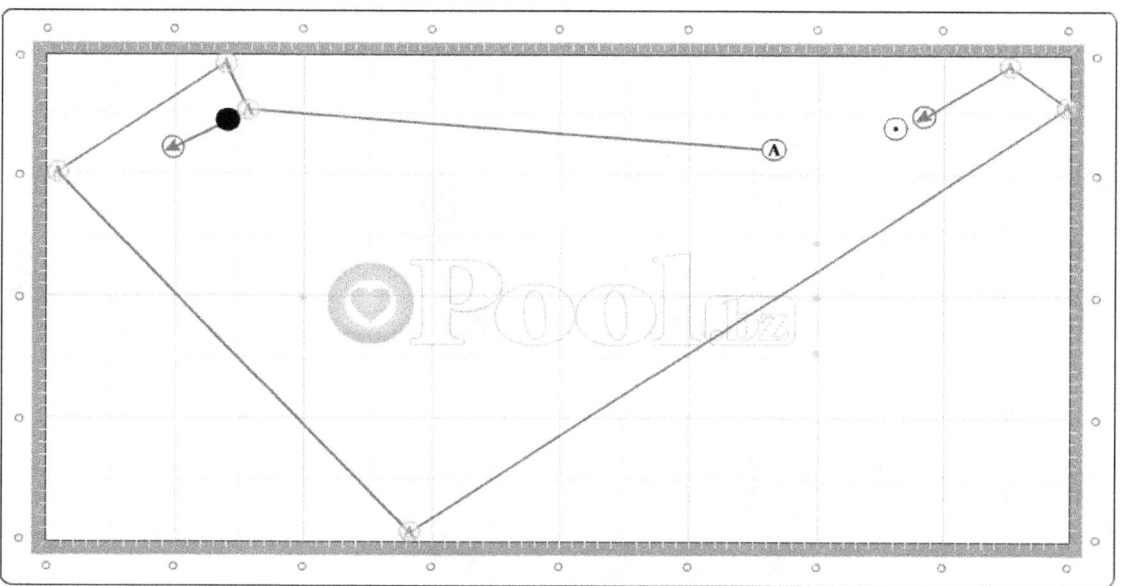

I: Gruppo 2

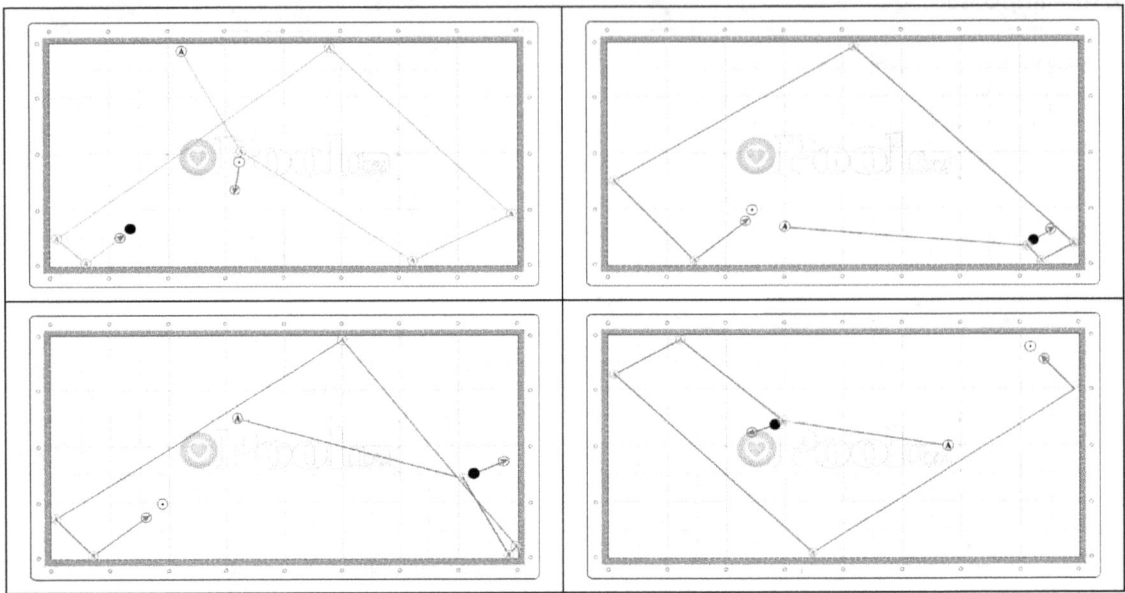

Analisi:

I:2a. _____

I:2b. _____

I:2c. _____

I:2d. _____

I:2a – Impostare

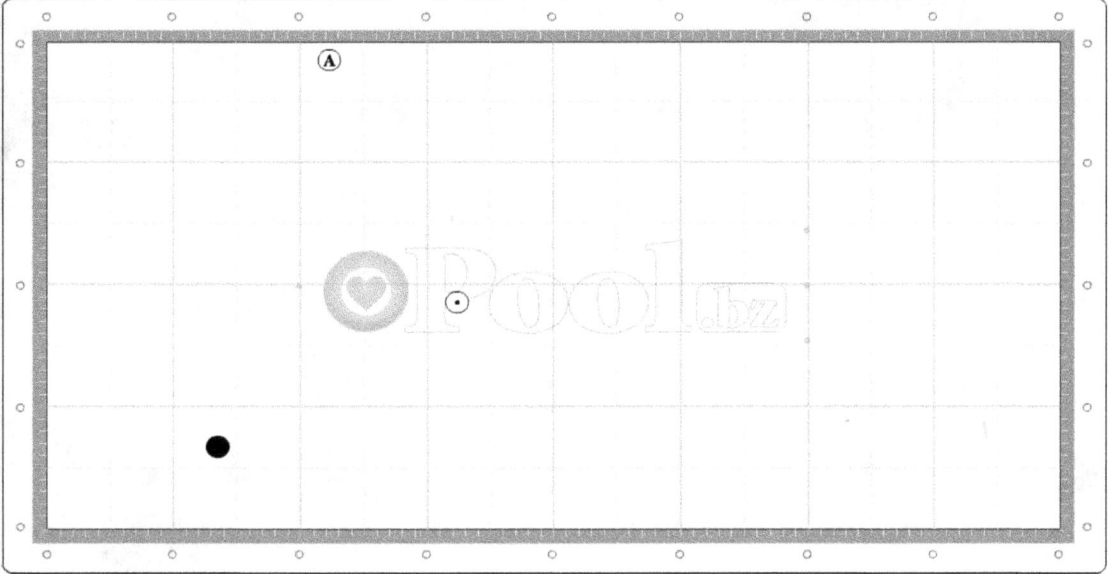

Note e idee:

Modello di colpo

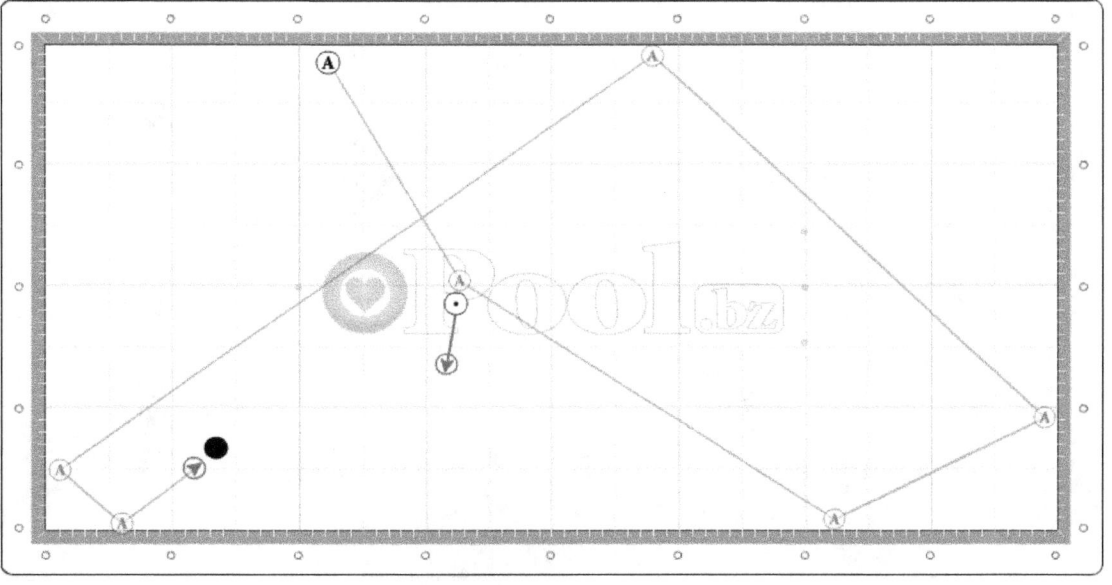

I:2b – Impostare

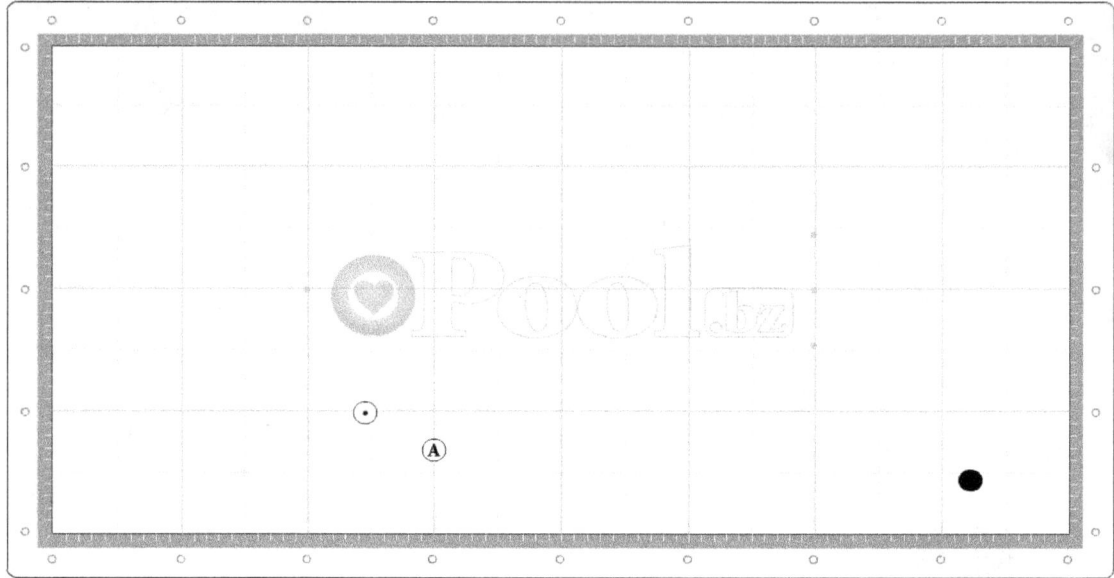

Note e idee:

Modello di colpo

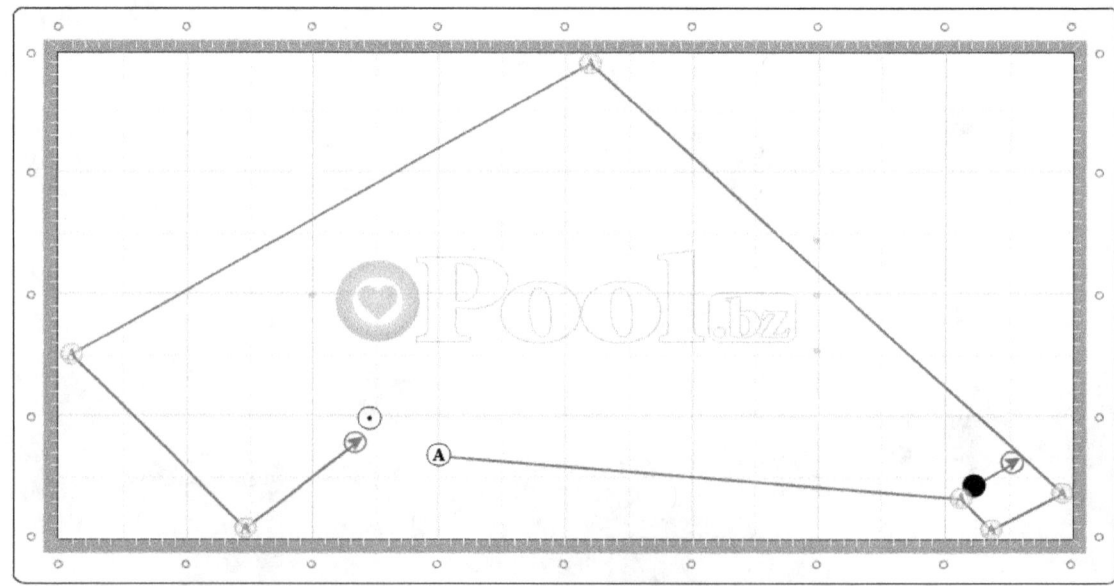

I:2c – Impostare

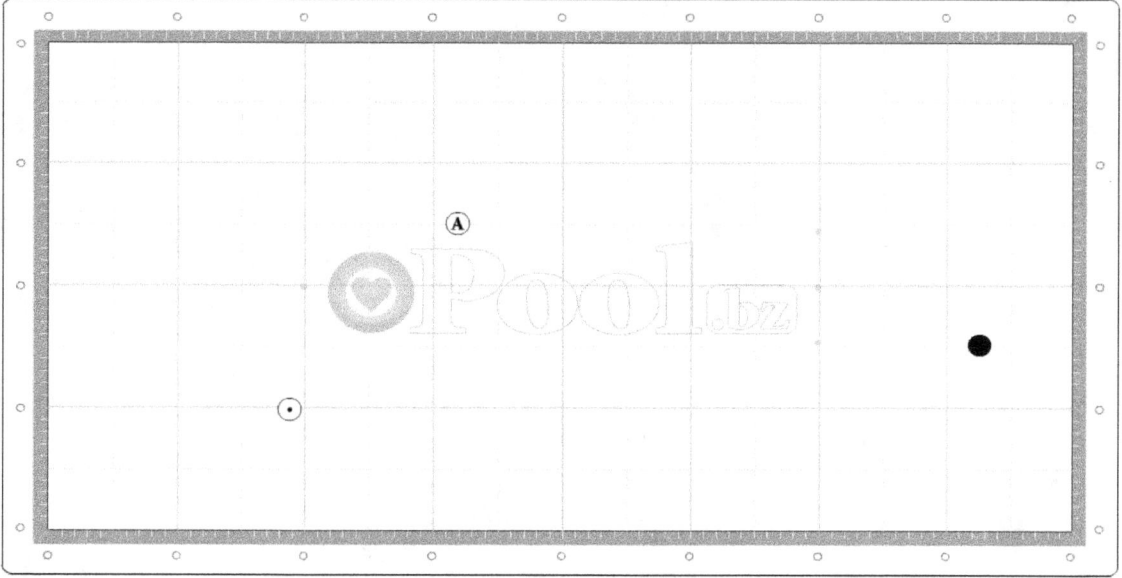

Note e idee:

Modello di colpo

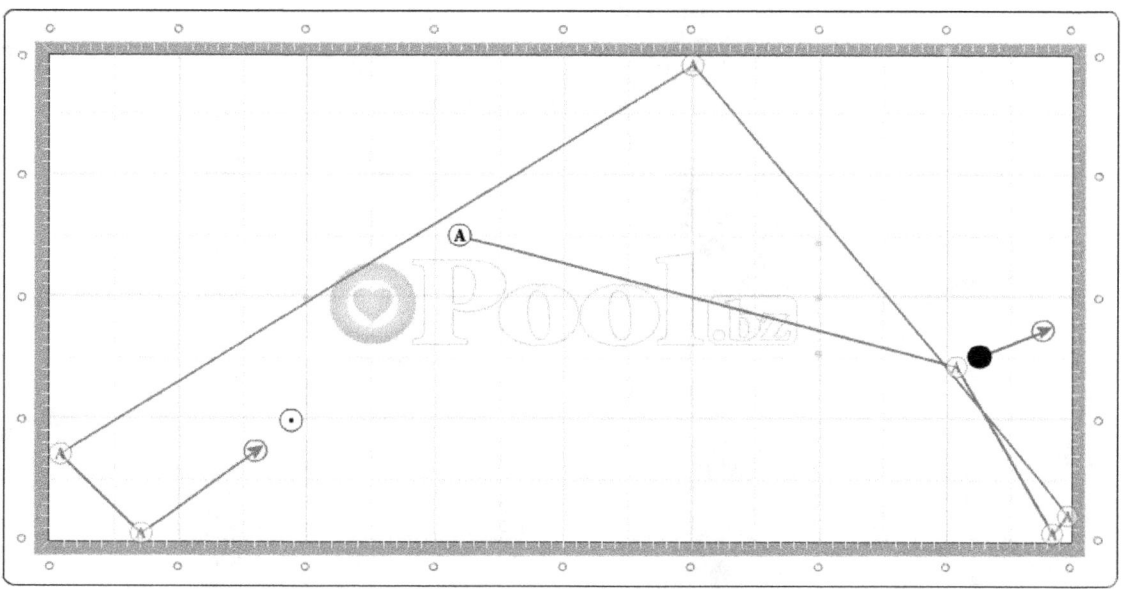

I:2d – Impostare

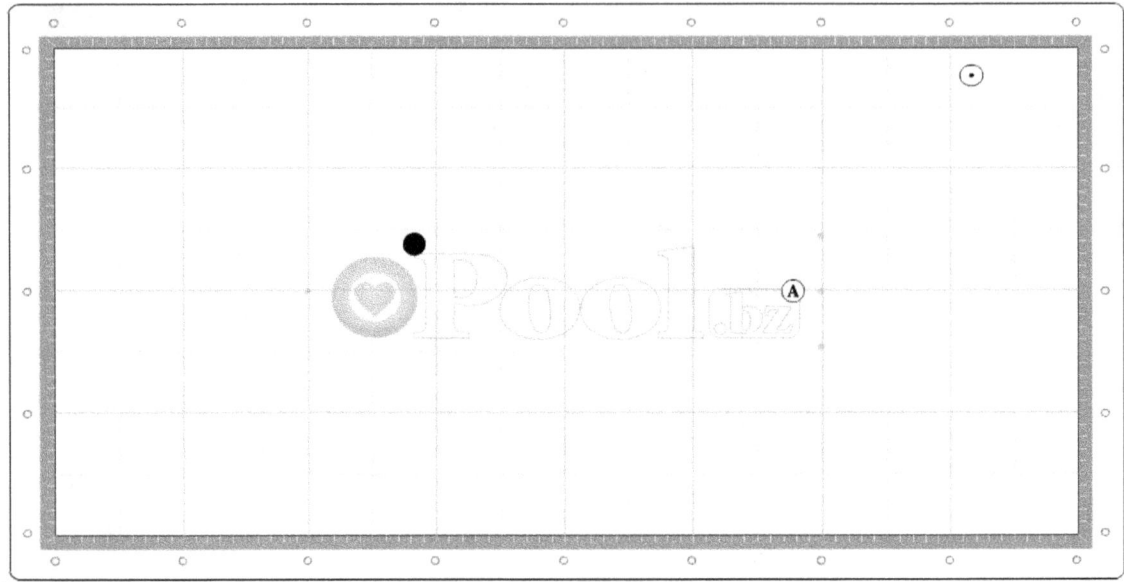

Note e idee:

Modello di colpo

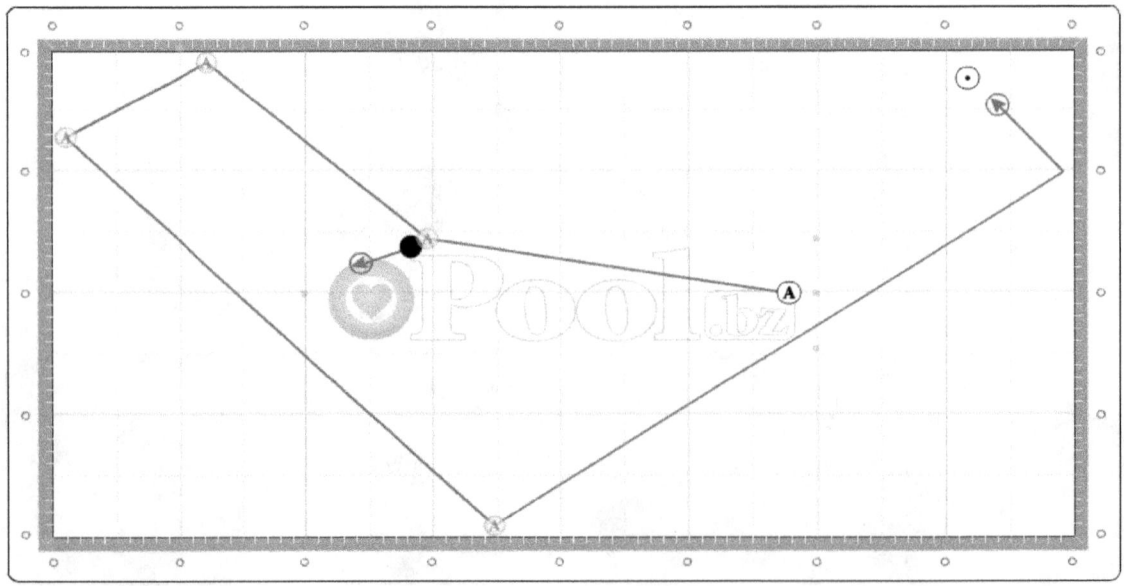

I: Gruppo 3

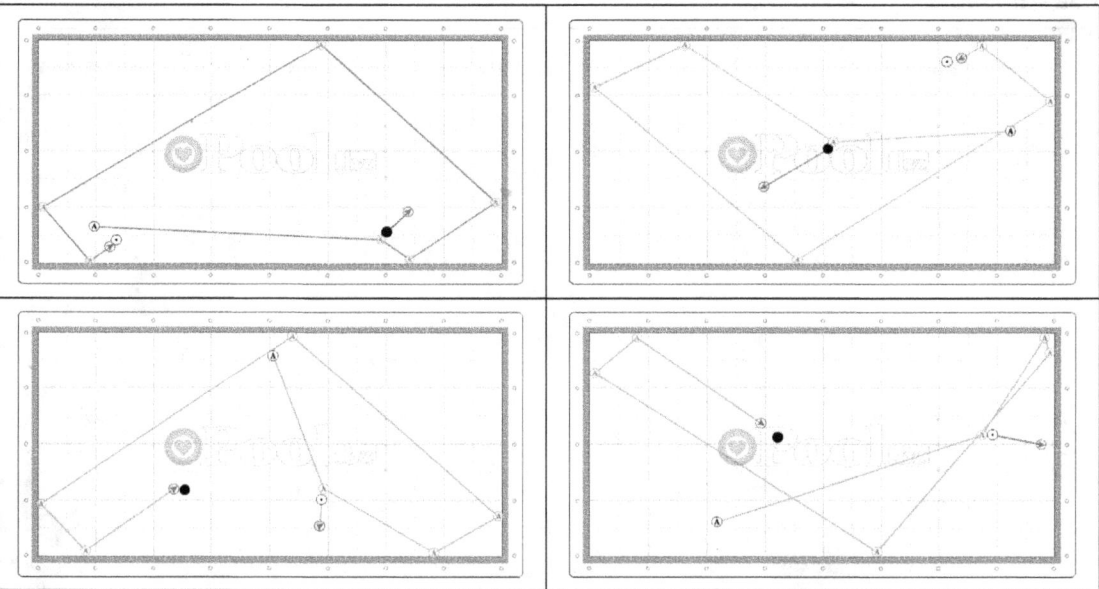

Analisi:

I:3a. _____

I:3b. _____

I:3c. _____

I:3d. _____

I:3a – Impostare

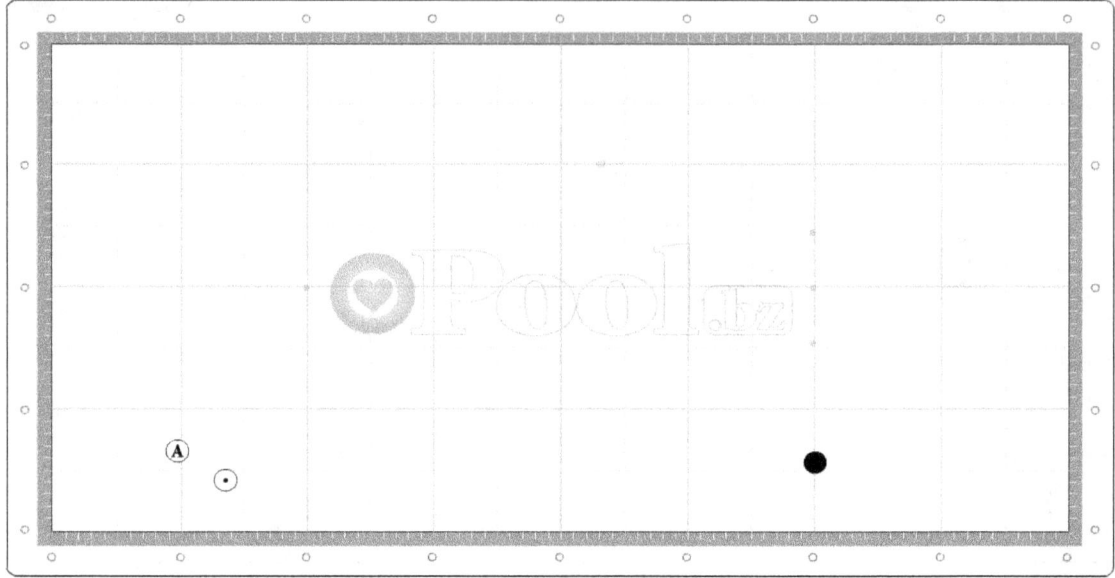

Note e idee:

Modello di colpo

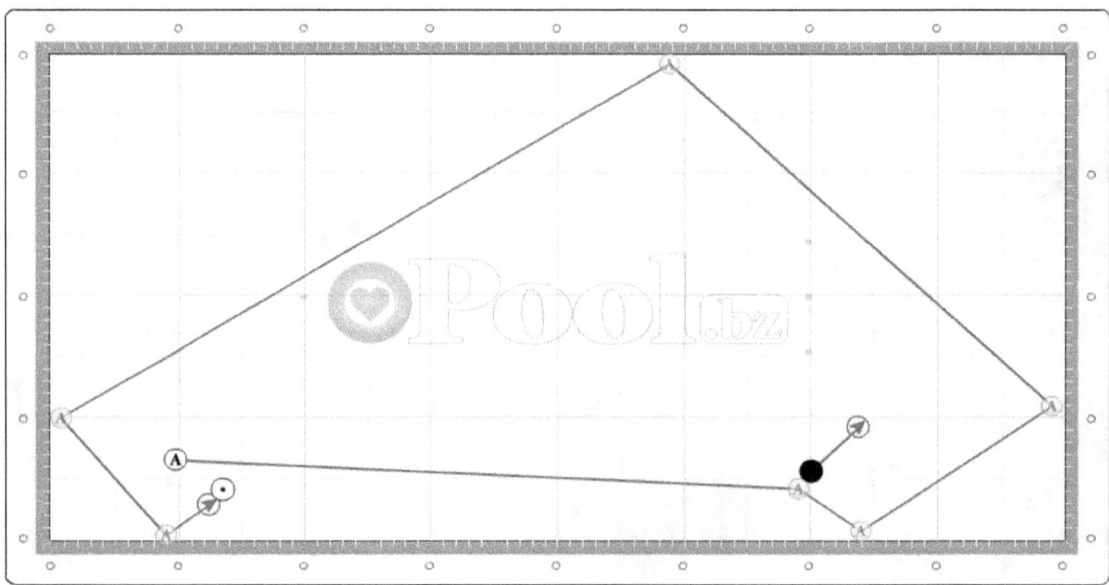

I:3b – Impostare

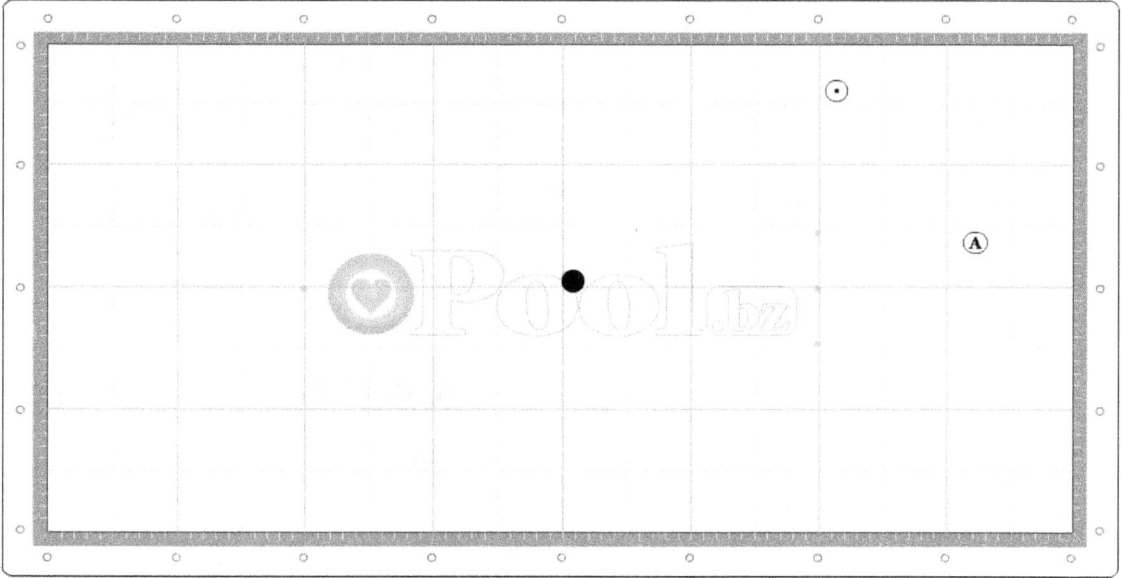

Note e idee:

Modello di colpo

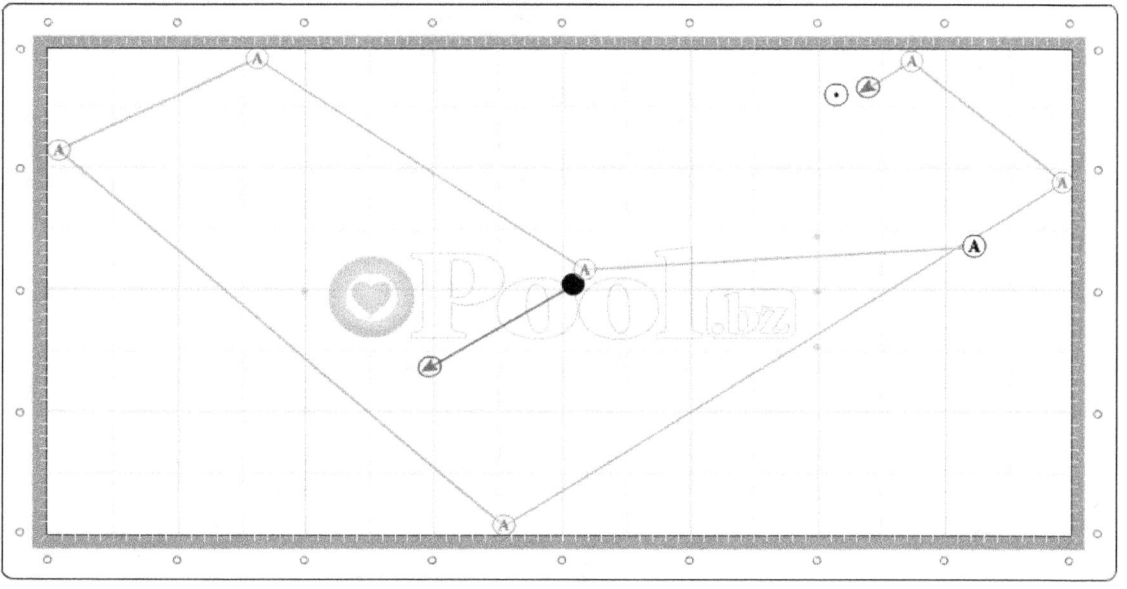

I:3c – Impostare

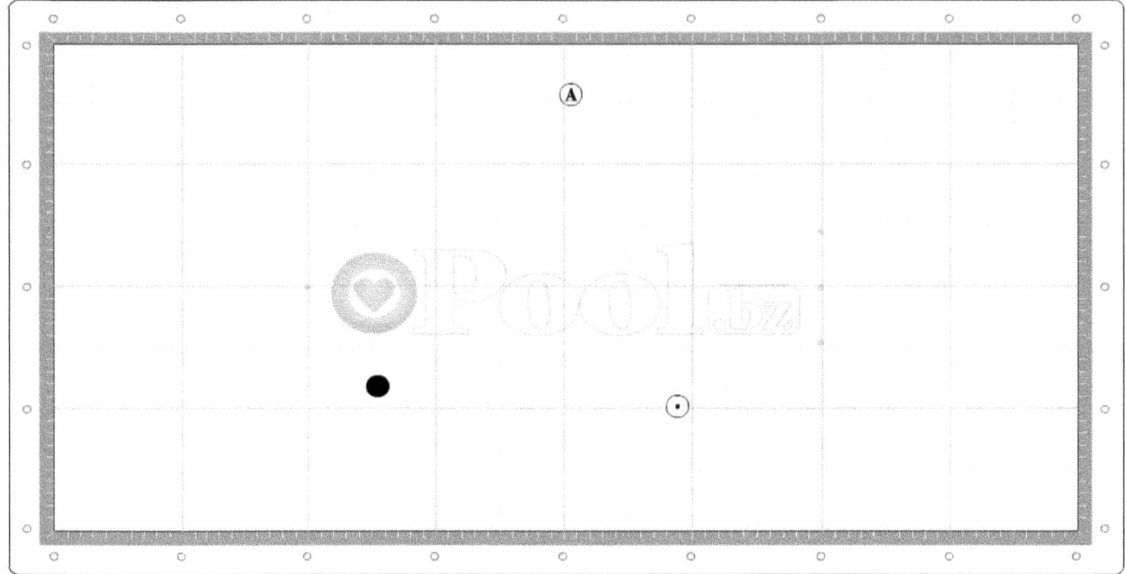

Note e idee:

Modello di colpo

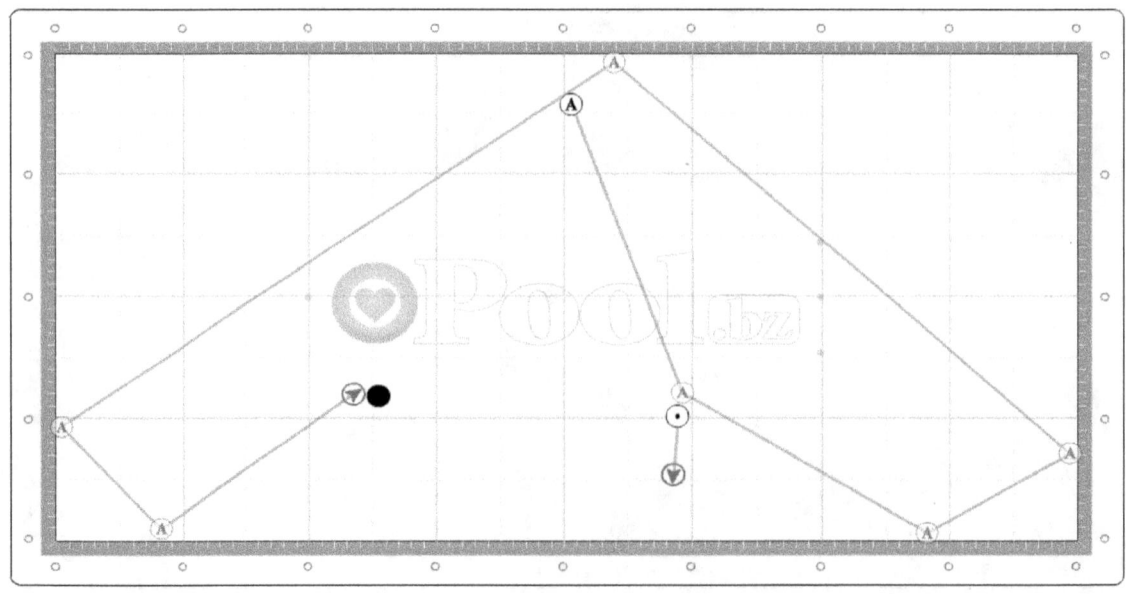

I:3d – Impostare

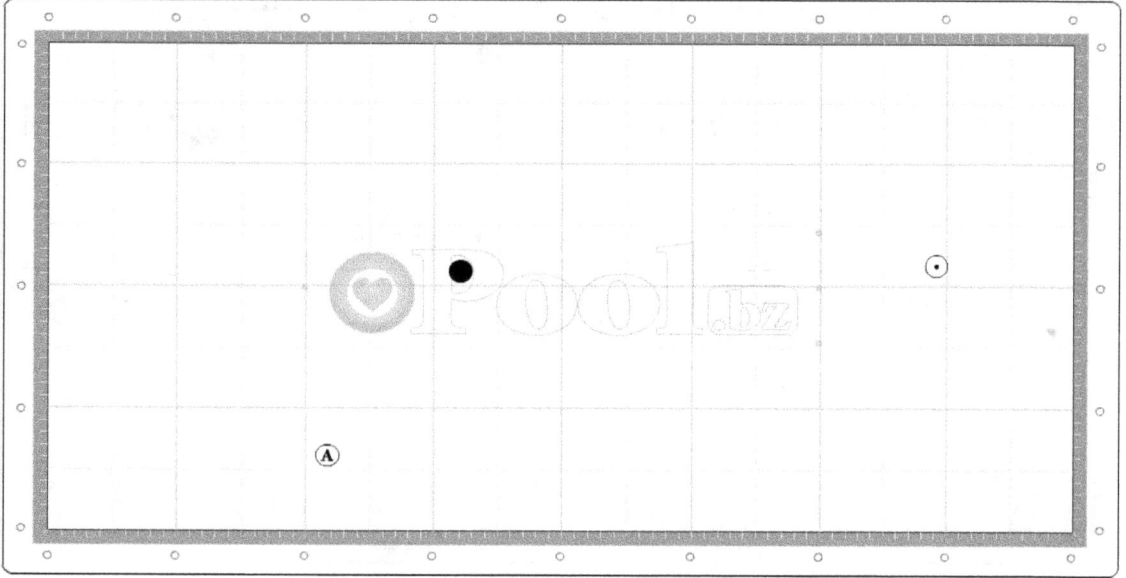

Note e idee:

Modello di colpo

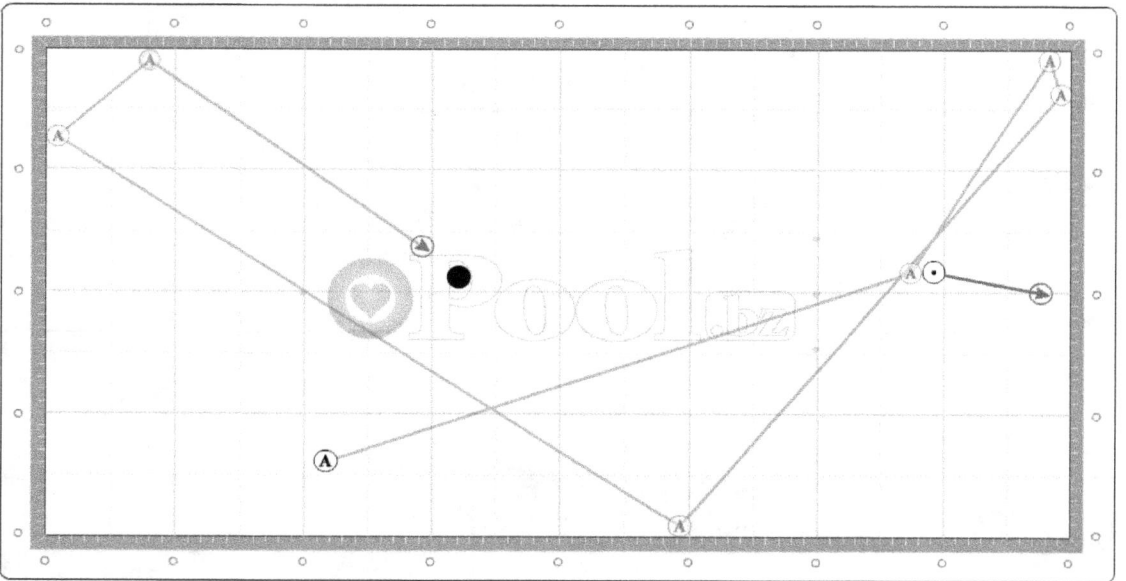

I: Gruppo 4

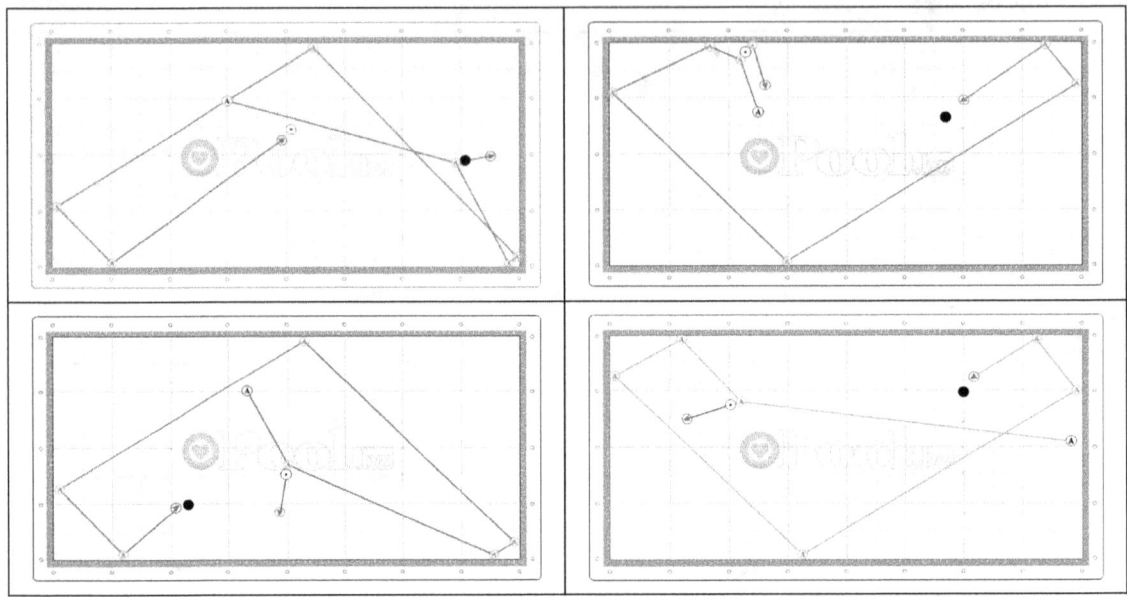

Analisi:

I:4a. _____

I:4b. _____

I:4c. _____

I:4d. _____

I:4a – Impostare

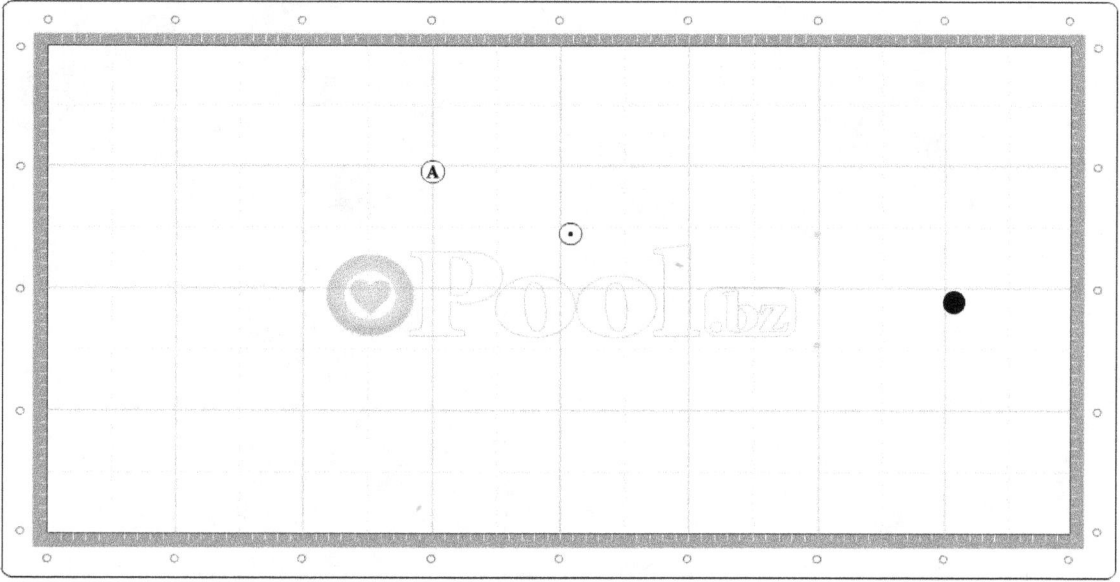

Note e idee:

Modello di colpo

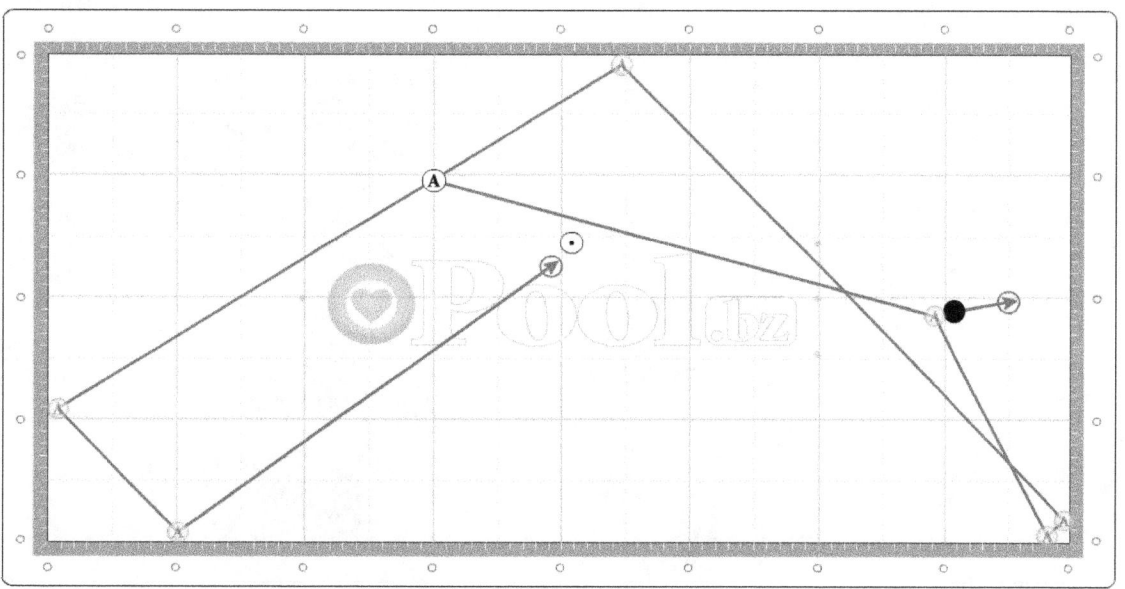

I:4b – Impostare

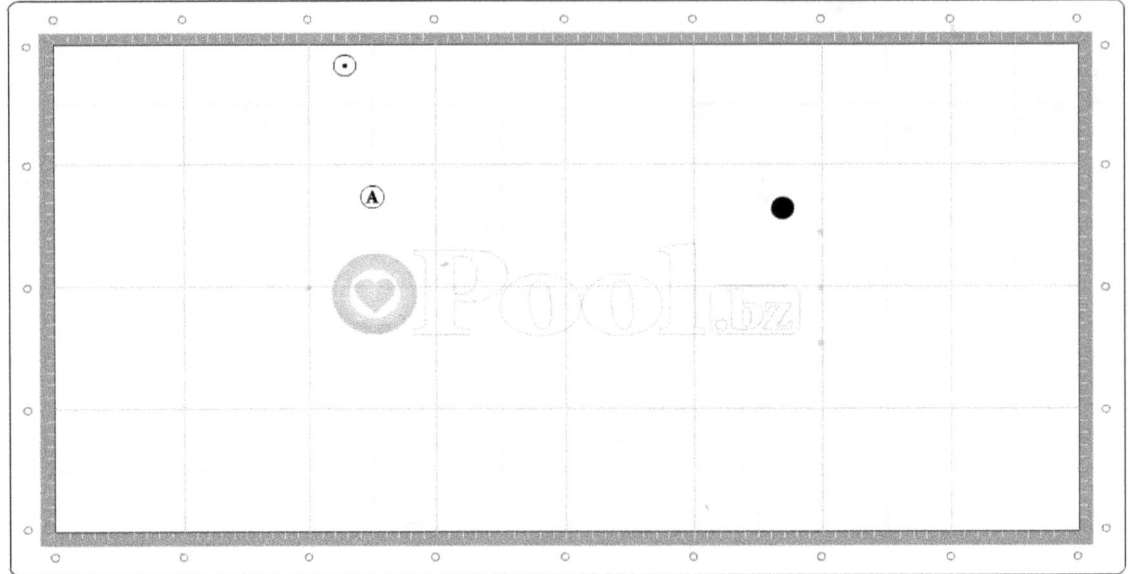

Note e idee:

Modello di colpo

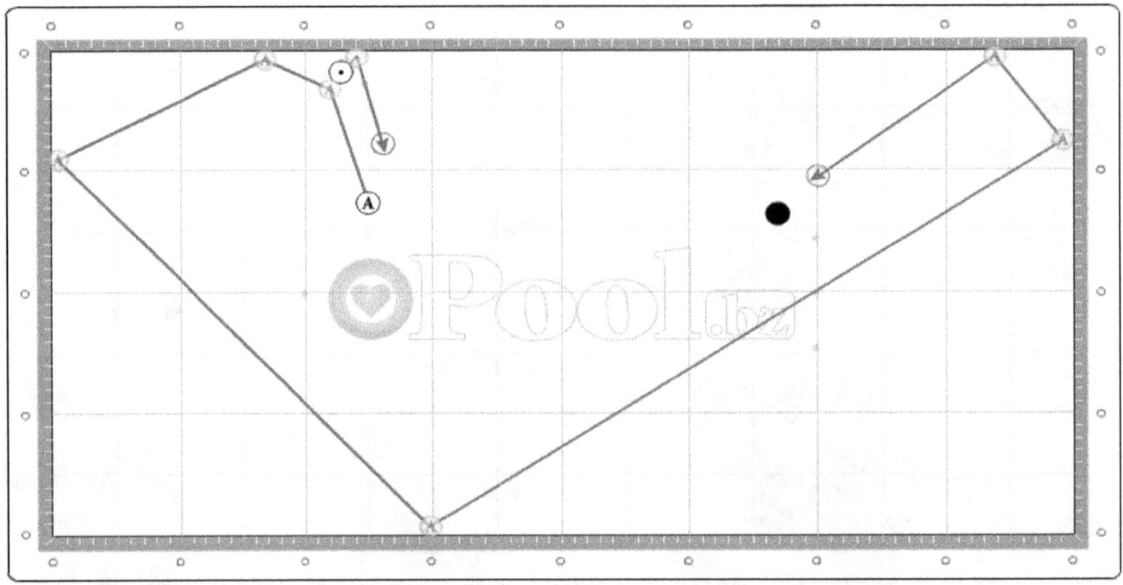

I:4c – Impostare

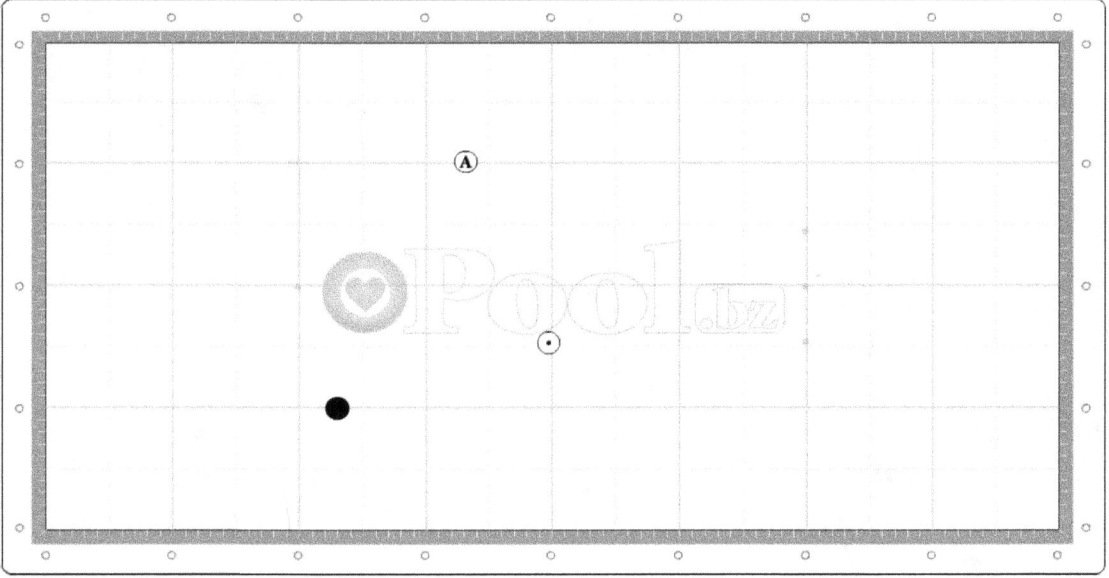

Note e idee:

Modello di colpo

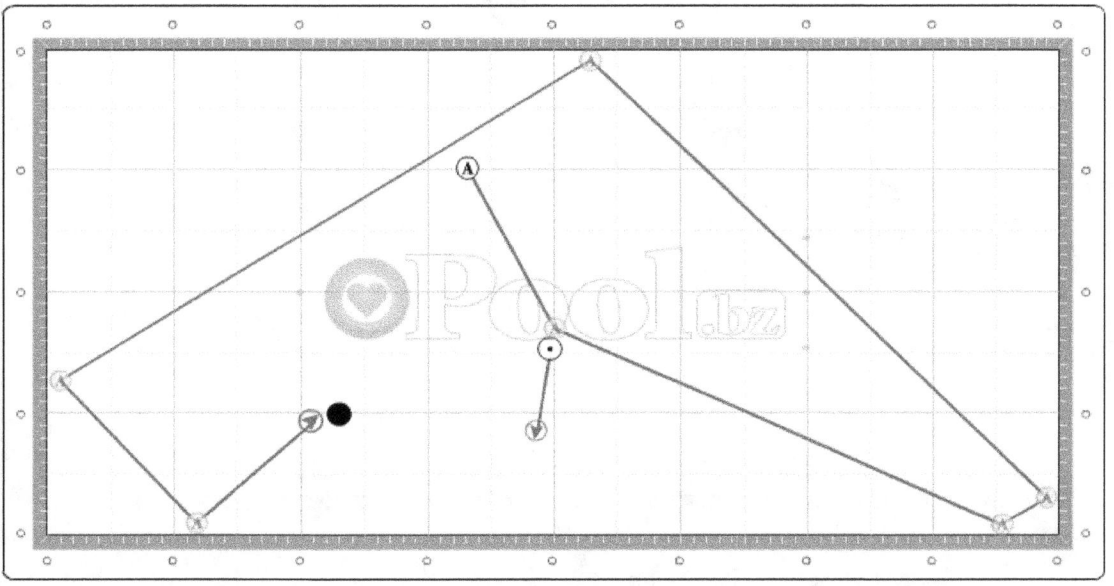

I:4d – Impostare

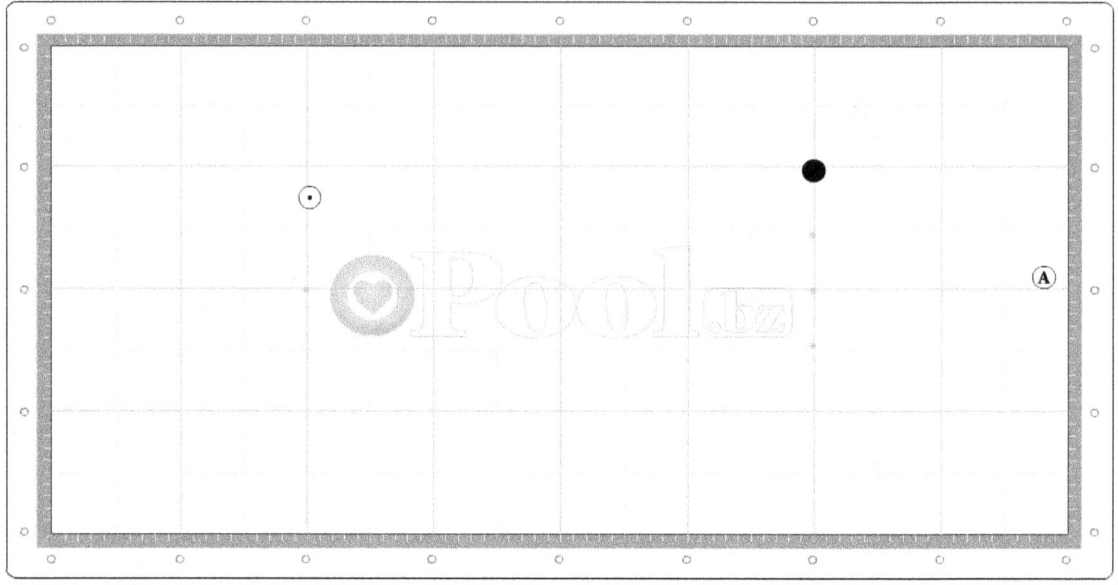

Note e idee:

Modello di colpo

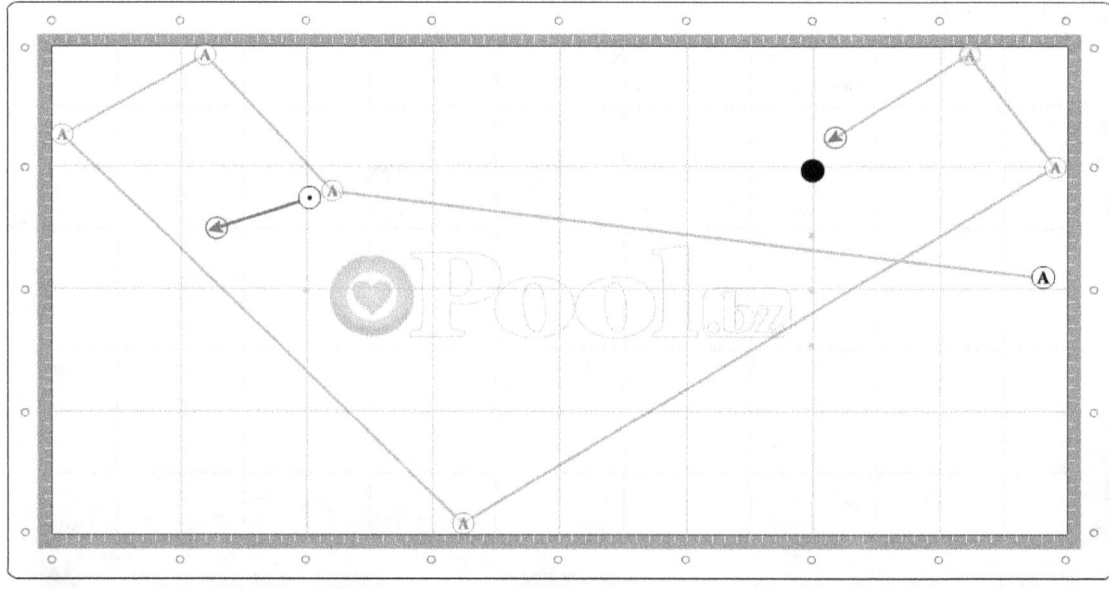

J: Doppio gancio (con diagonale di ritorno)

Questo è un insieme interessante di soluzioni. Il (CB) si stacca dal primo (OB) nell'angolo, prima il sponde lungo. Risale la collina verso il lungo sponde opposto. Quindi, (CB) entra e esce dall'angolo opposto. Il (CB) i viaggi diagonalmente attraverso il tavolo all'altro (OB).

Ⓐ (CB) (la tua palla) - ☉ (OB) (palla dell'avversario) - ● (OB) (palla rossa)

J: Gruppo 1

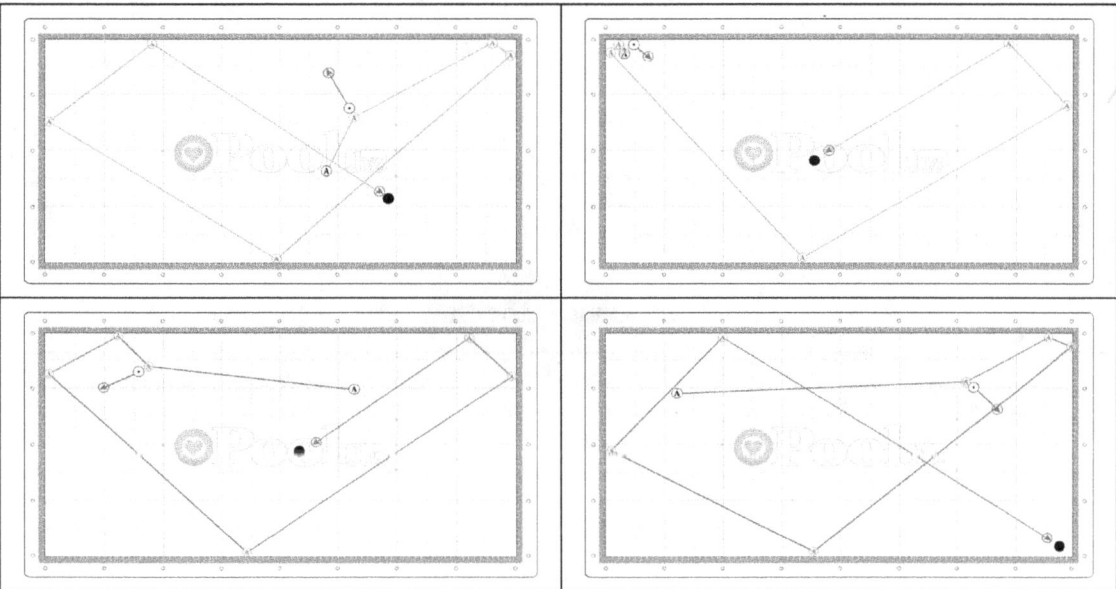

Analisi:

J:1a. _____

J:1b. _____

J:1c. _____

J:1d. _____

J:1a – Impostare

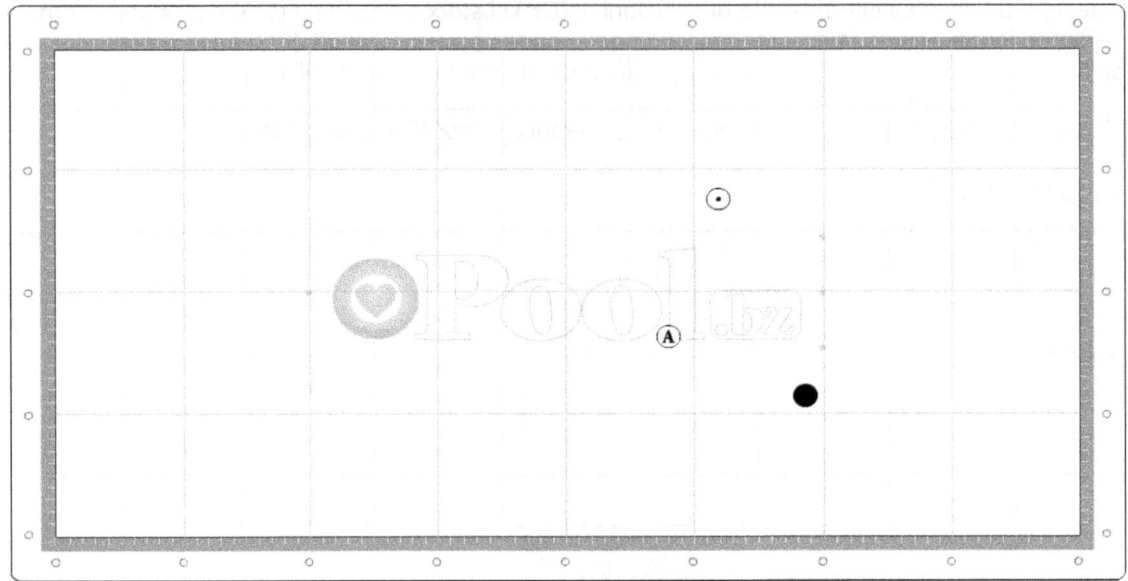

Note e idee:

Modello di colpo

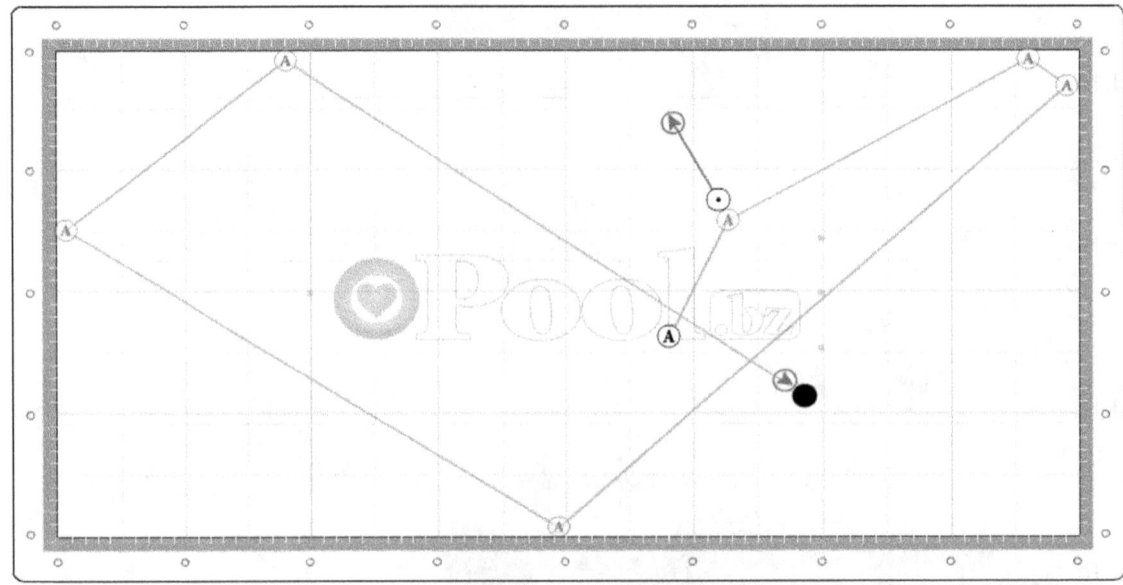

J:1b – Impostare

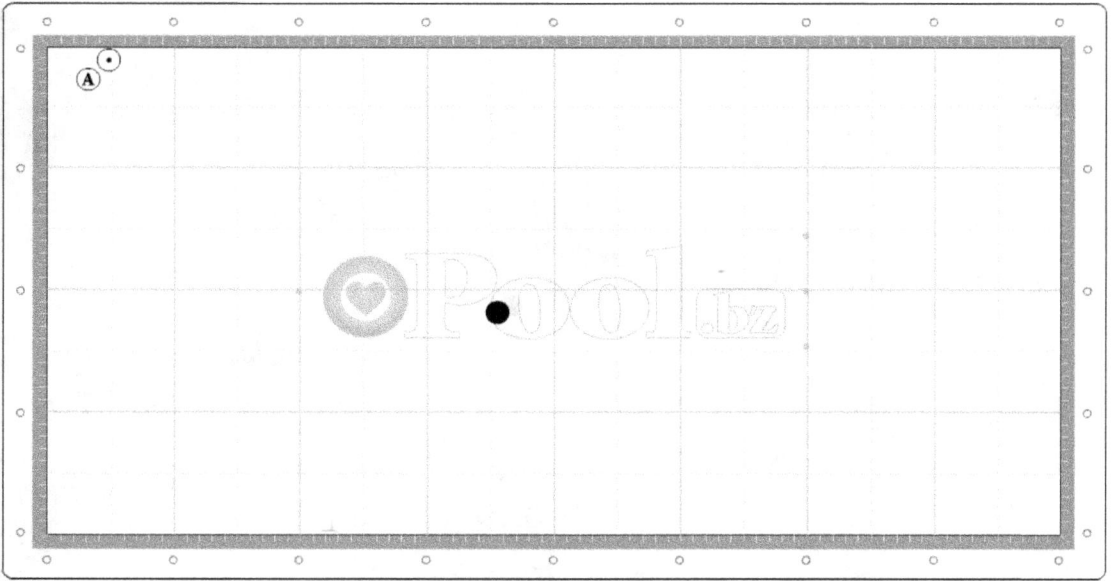

Note e idee:

Modello di colpo

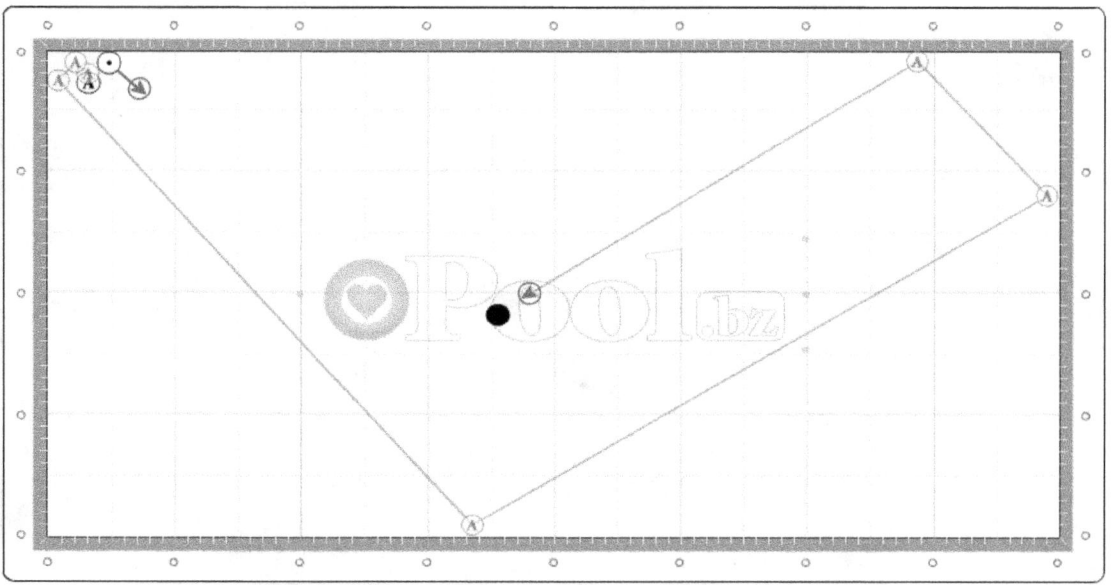

J:1c – Impostare

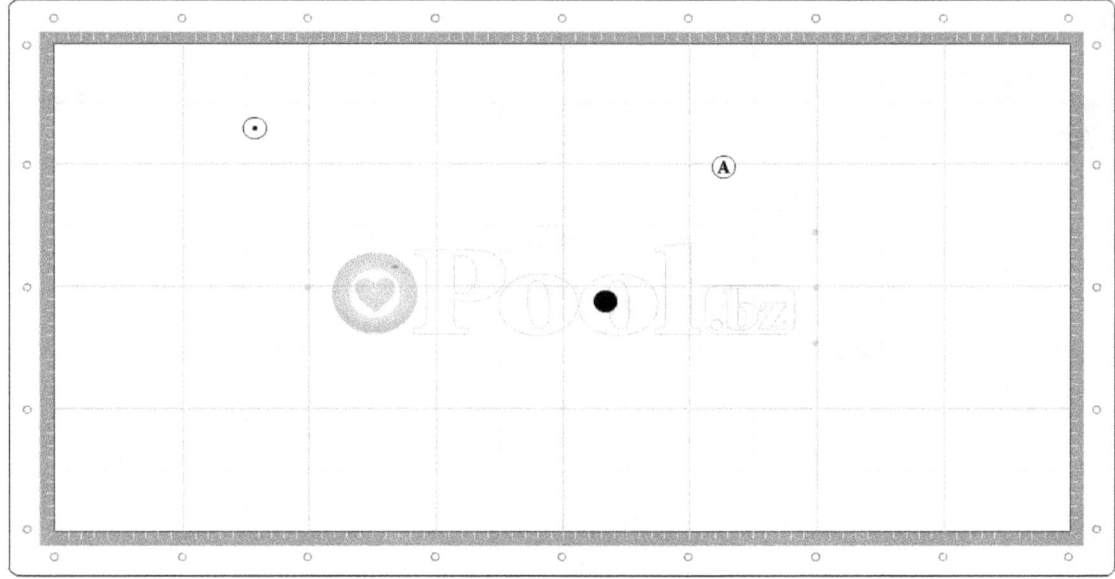

Note e idee:

Modello di colpo

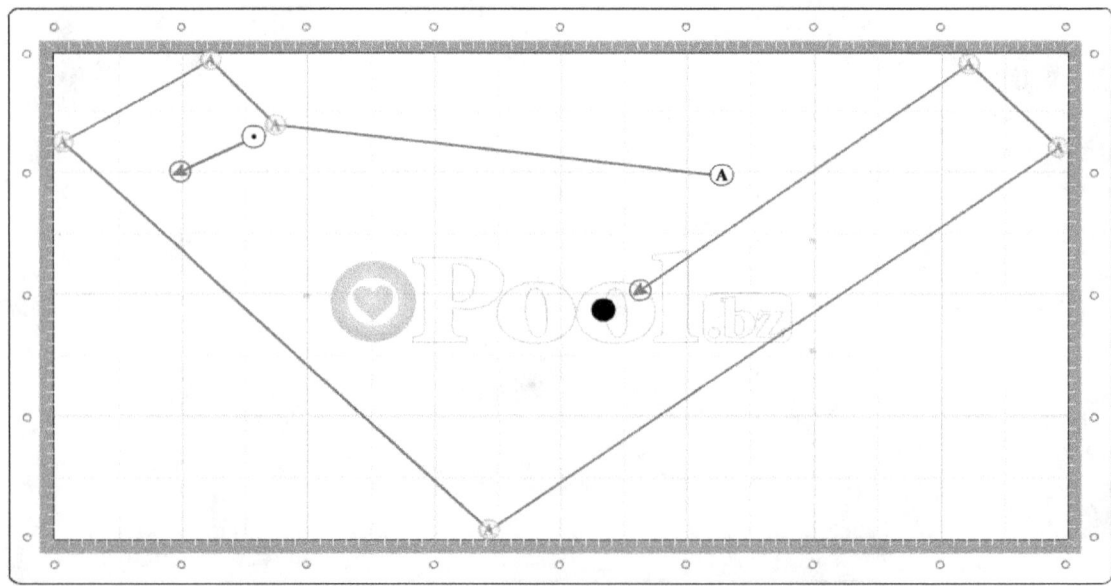

J:1d – Impostare

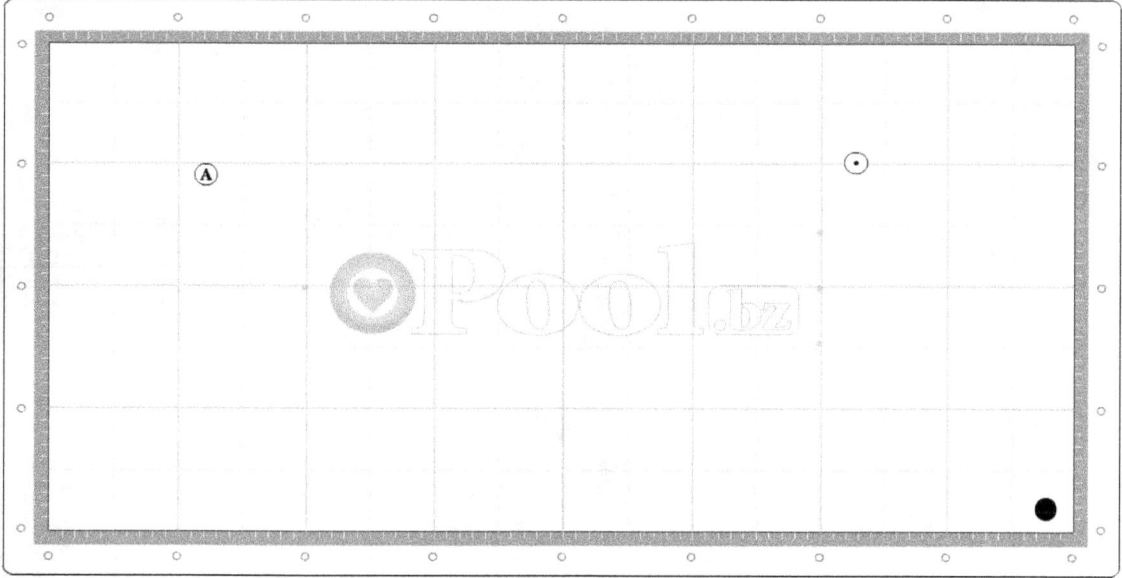

Note e idee:

Modello di colpo

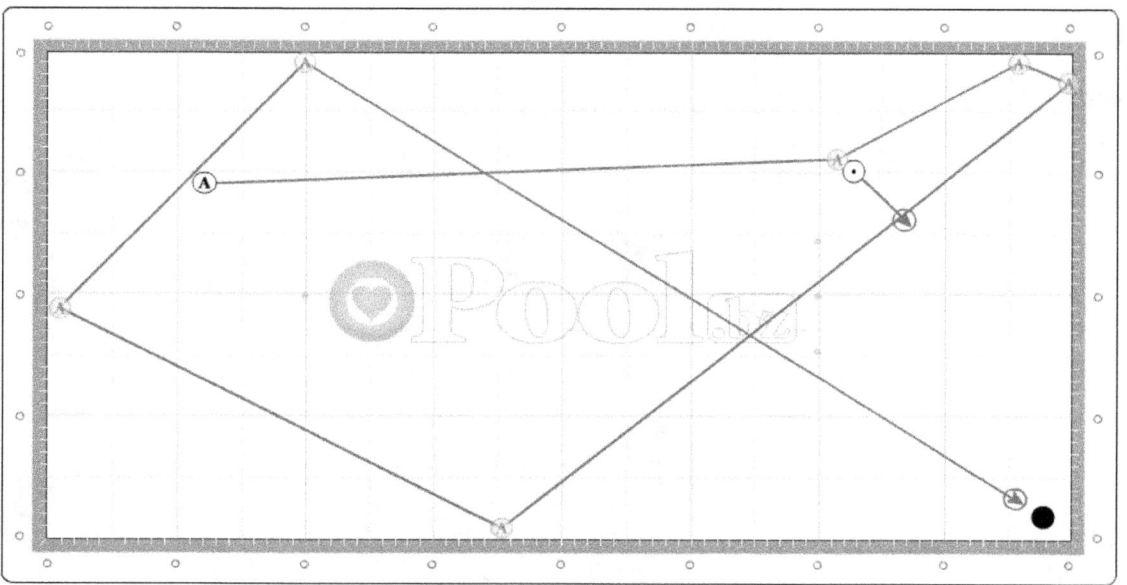

J: Gruppo 2

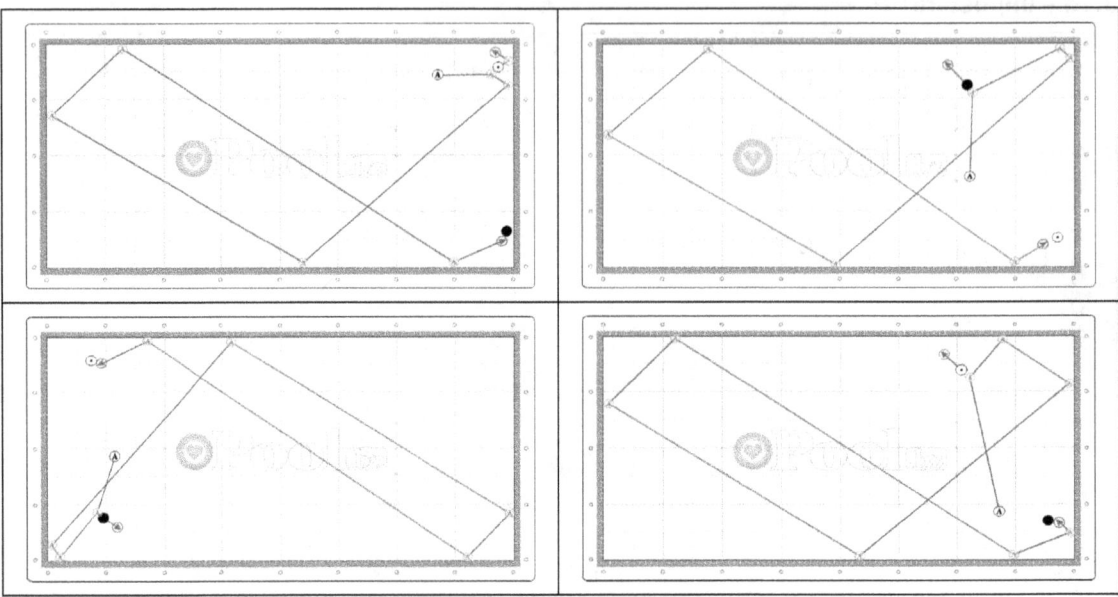

Analisi:

J:2a. _____

J:2b. _____

J:2c. _____

J:2d. _____

J:2a – Impostare

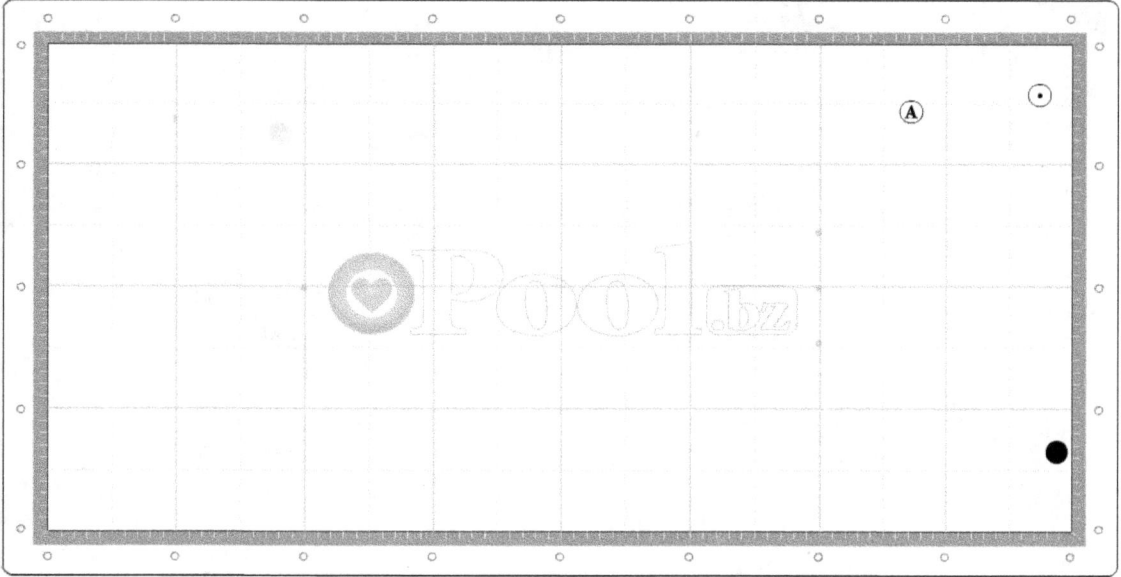

Note e idee:

Modello di colpo

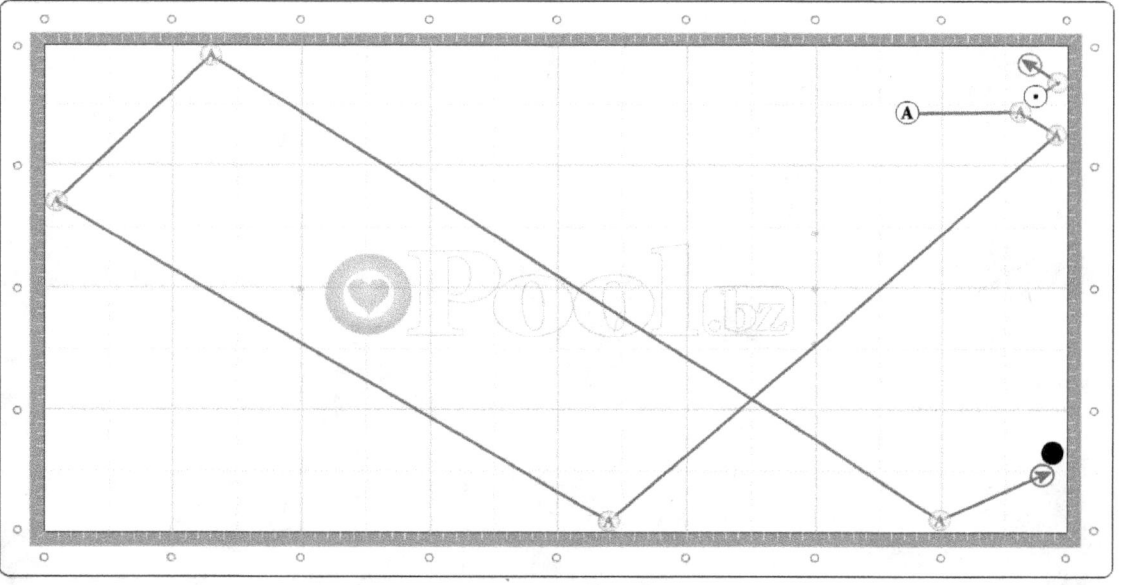

J:2b – Impostare

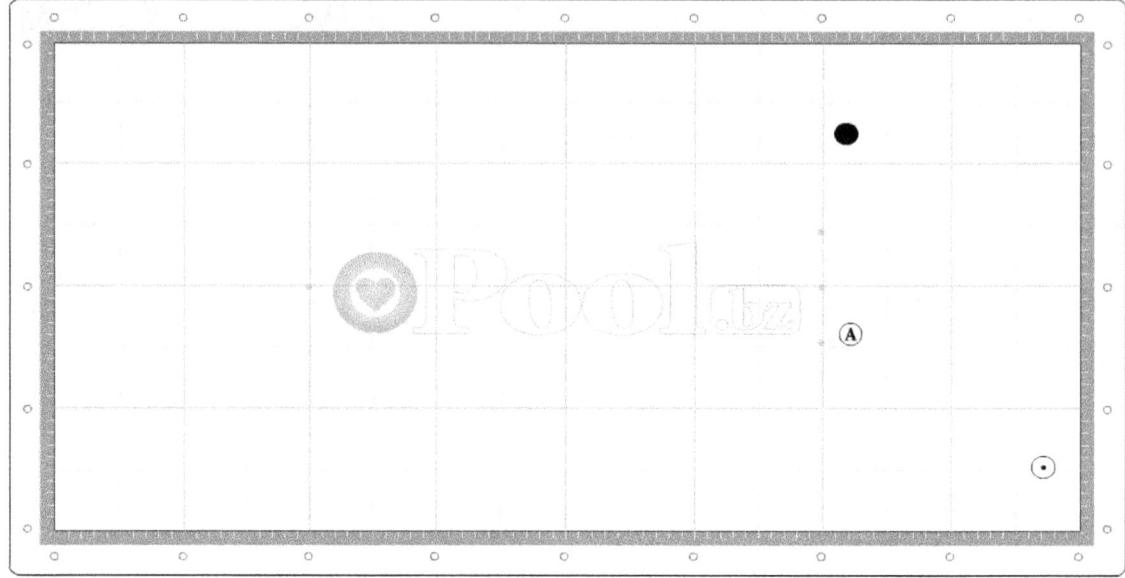

Note e idee:

Modello di colpo

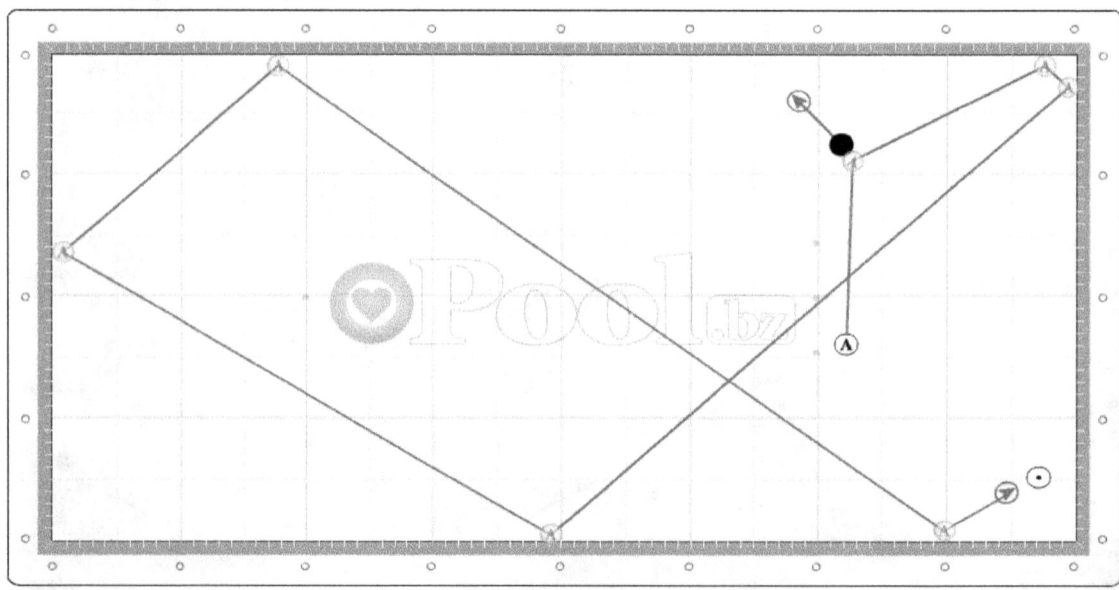

J:2c – Impostare

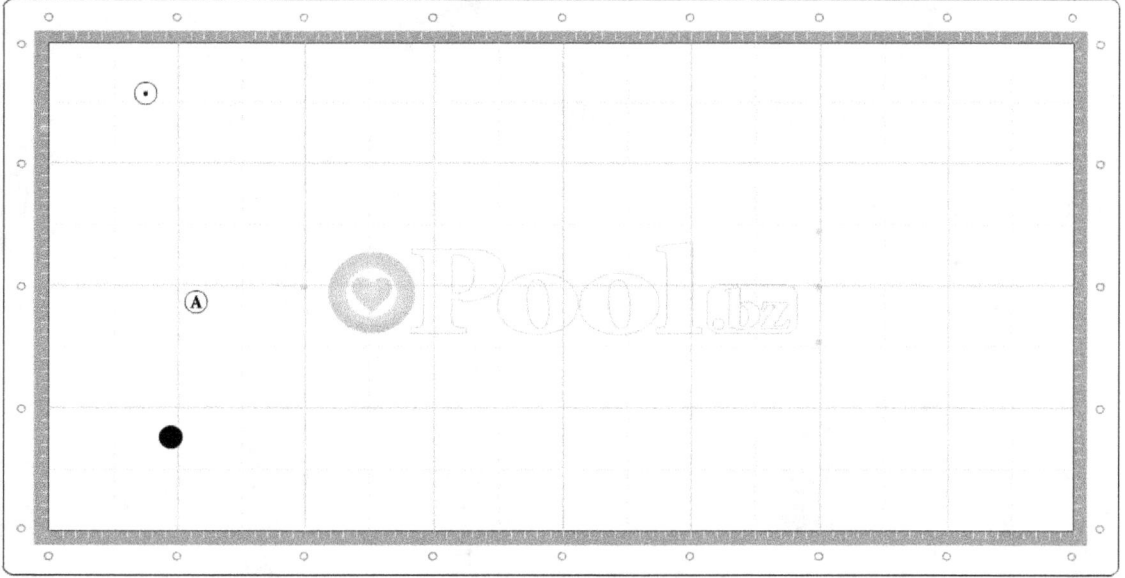

Note e idee:

Modello di colpo

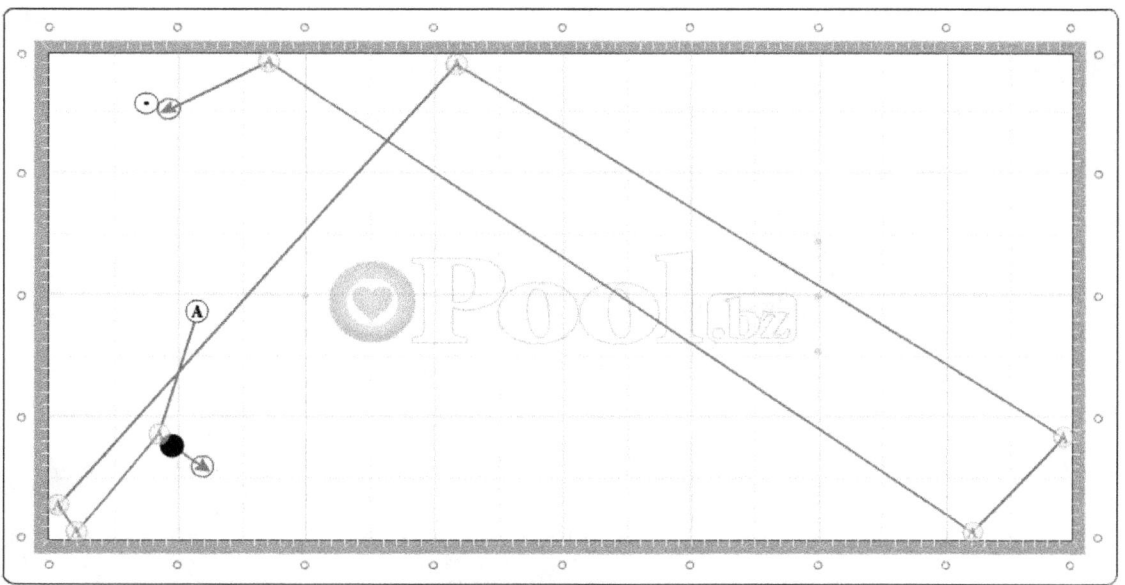

J:2d – Impostare

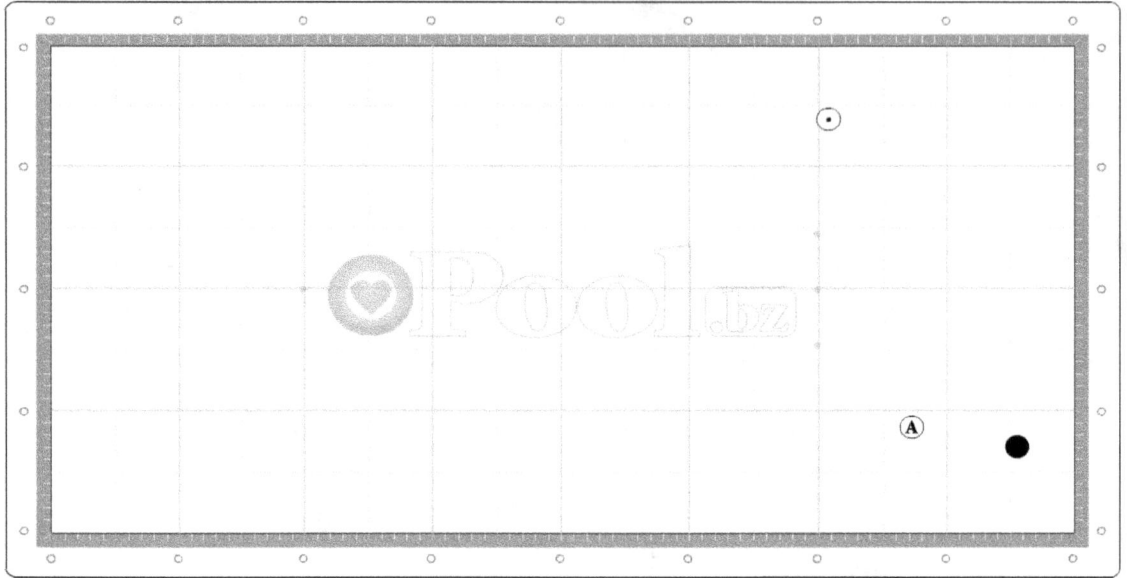

Note e idee:

Modello di colpo

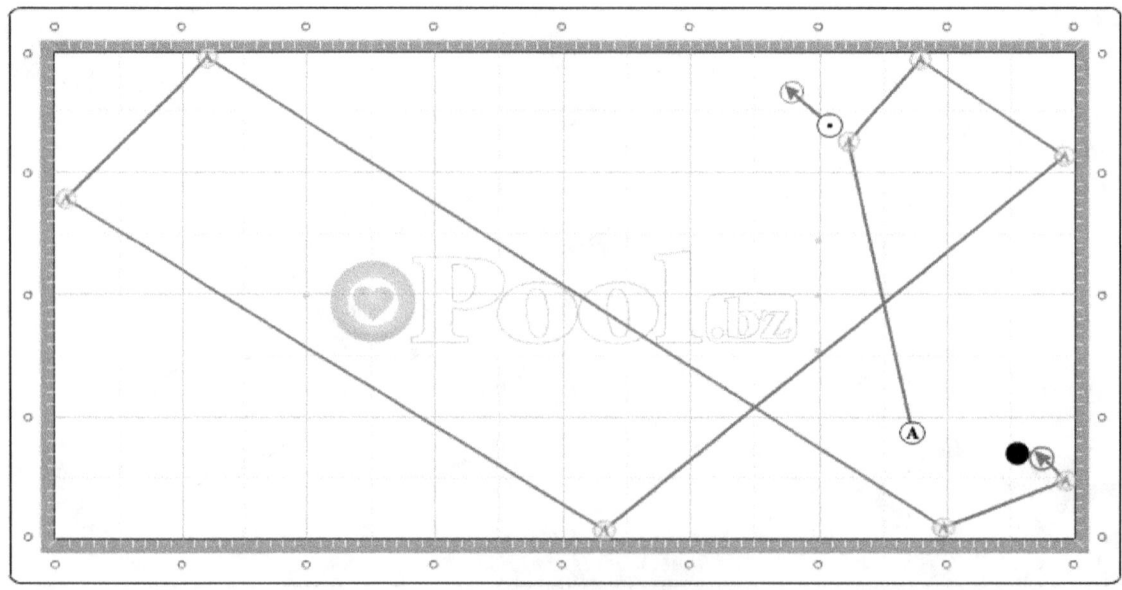

J: Gruppo 3

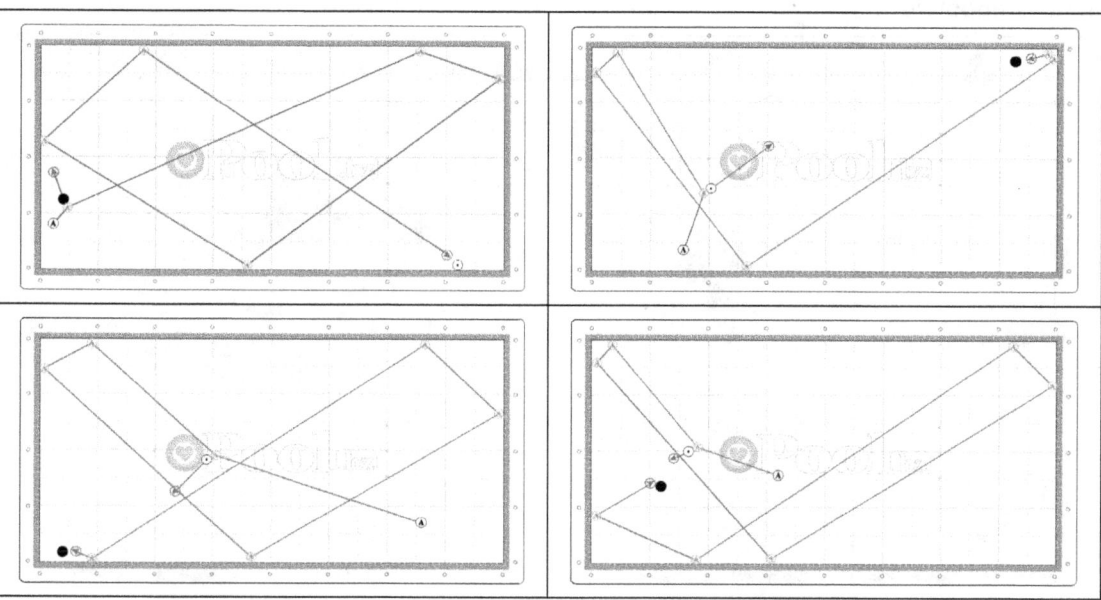

Analisi:

J:3a. _____

J:3b. _____

J:3c. _____

J:3d. _____

J:3a – Impostare

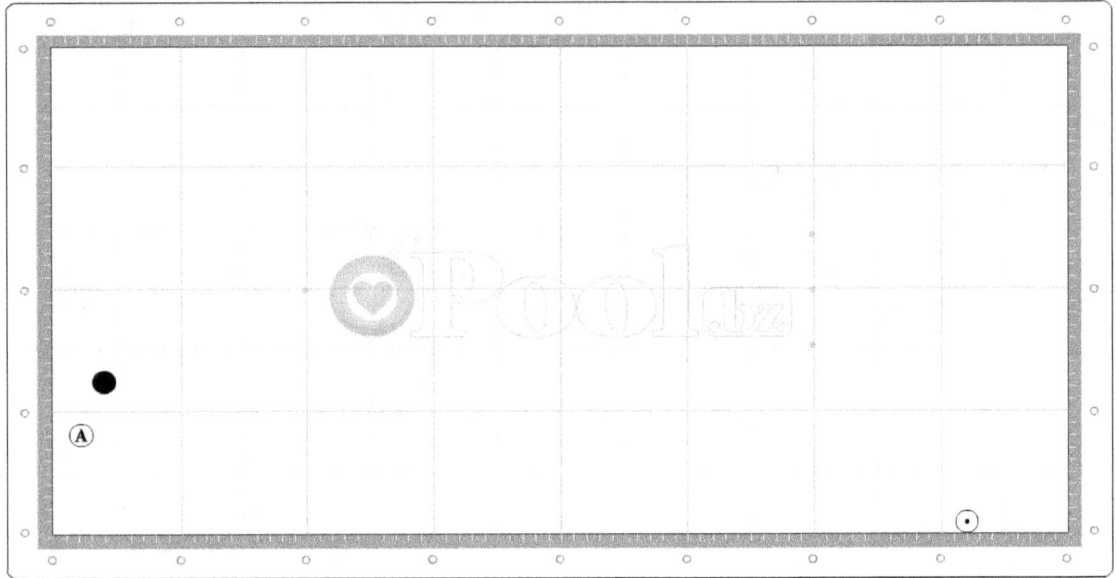

Note e idee:

Modello di colpo

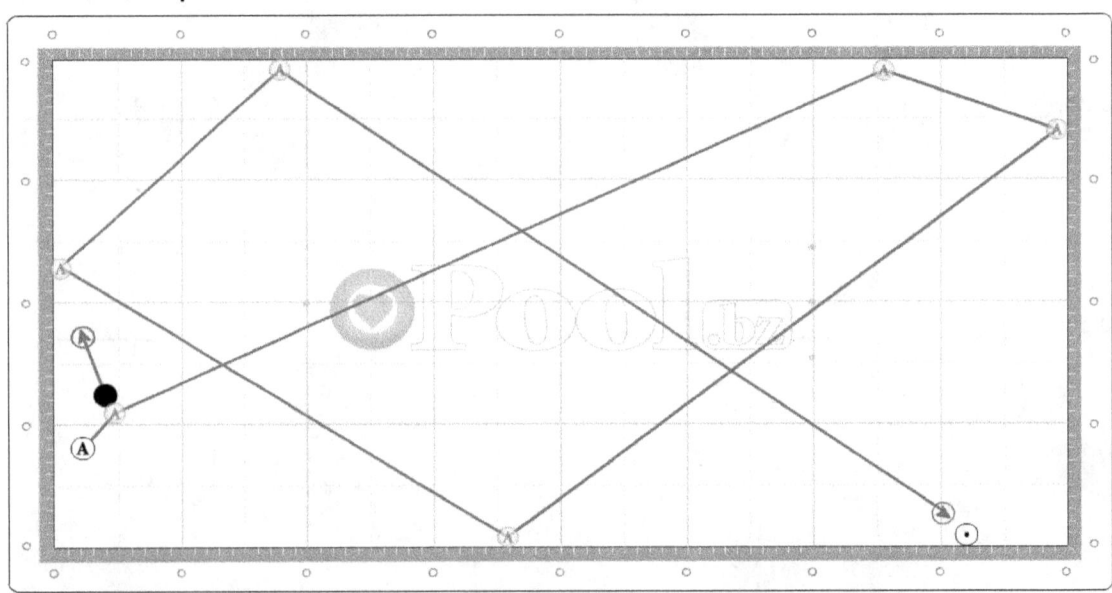

J:3b – Impostare

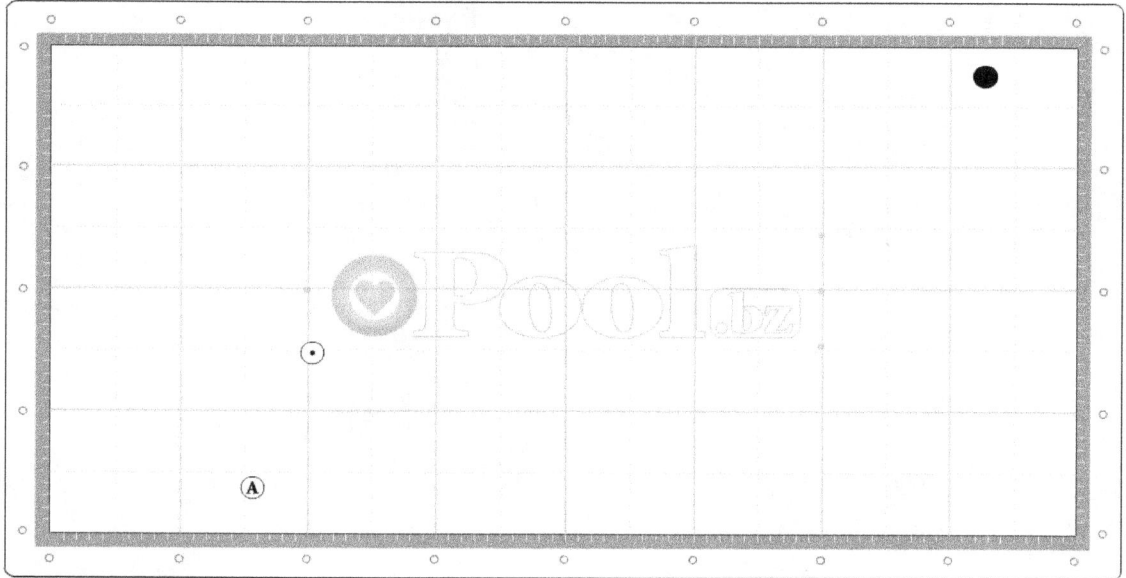

Note e idee:

Modello di colpo

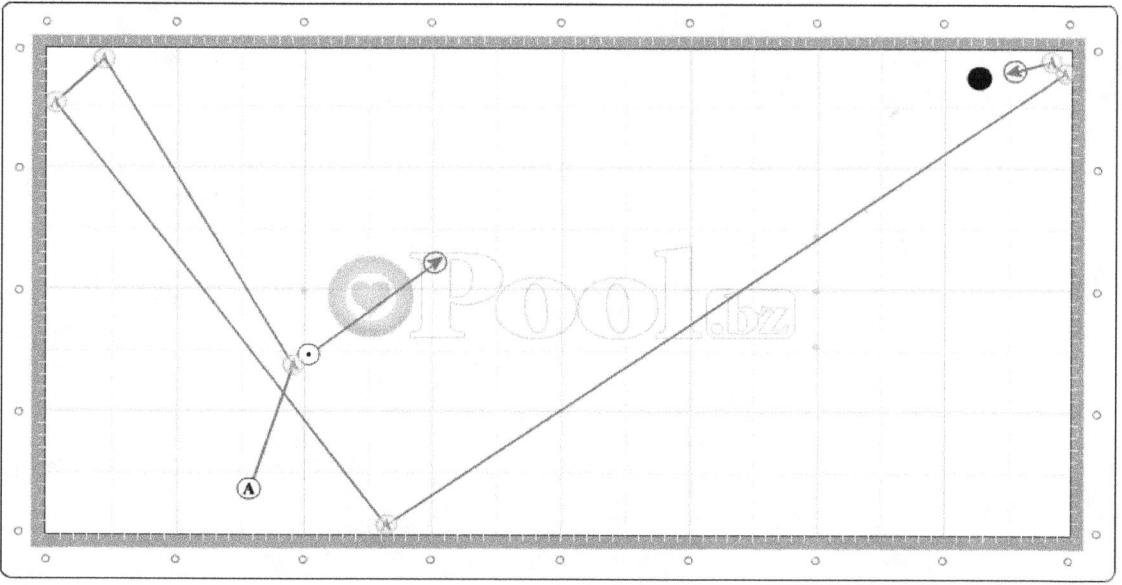

J:3c – Impostare

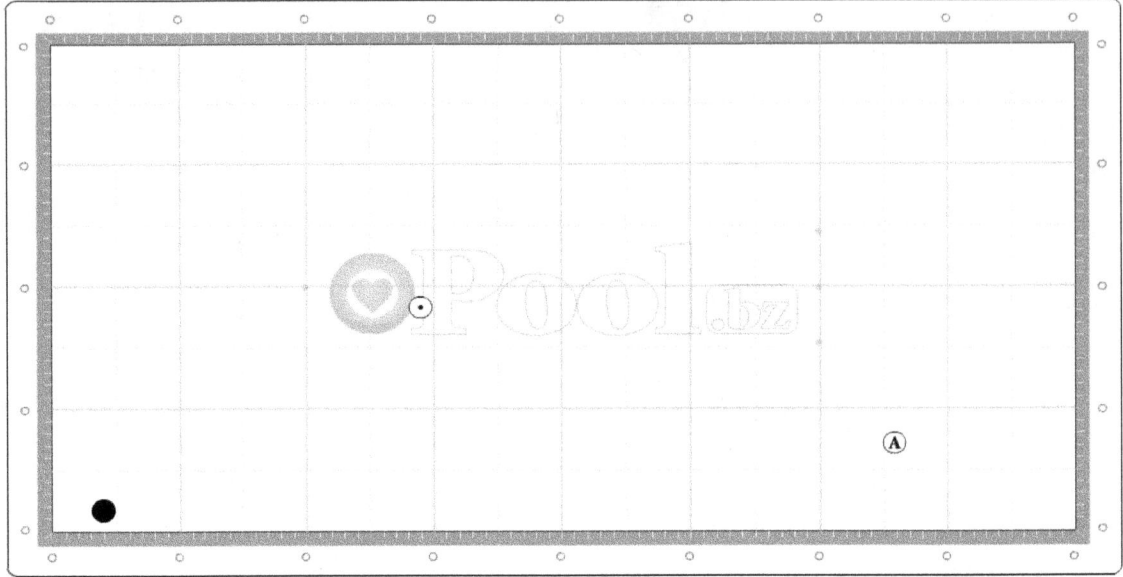

Note e idee:

Modello di colpo

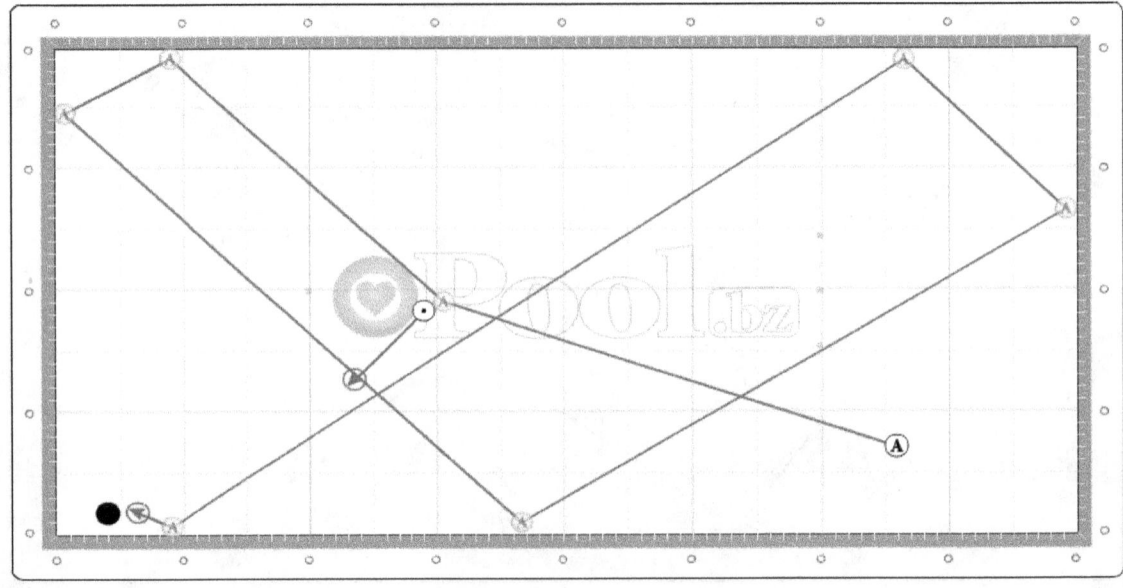

J:3d – Impostare

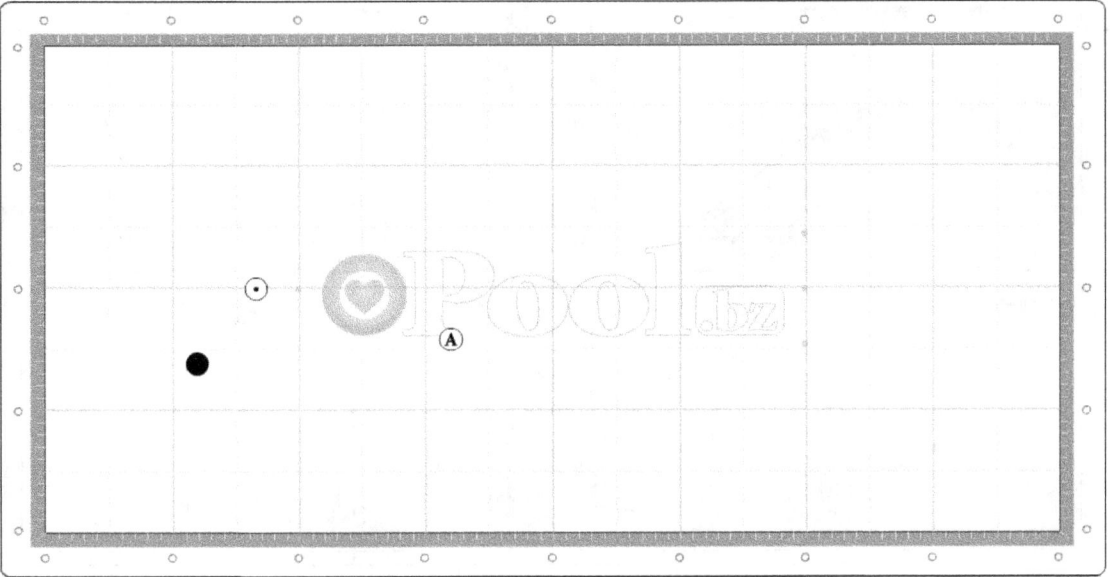

Note e idee:

Modello di colpo

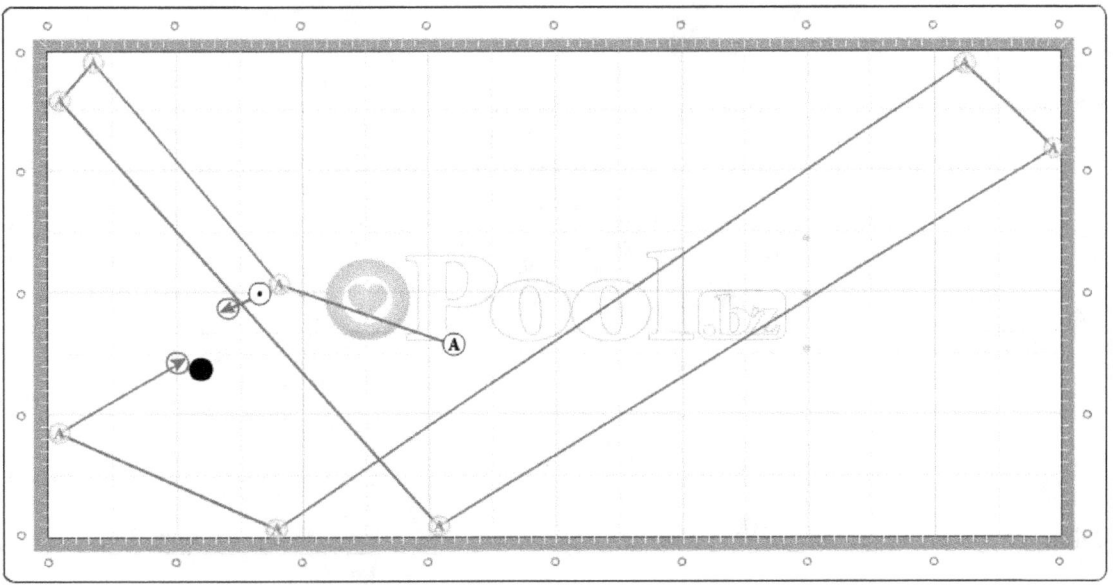

J: Gruppo 4

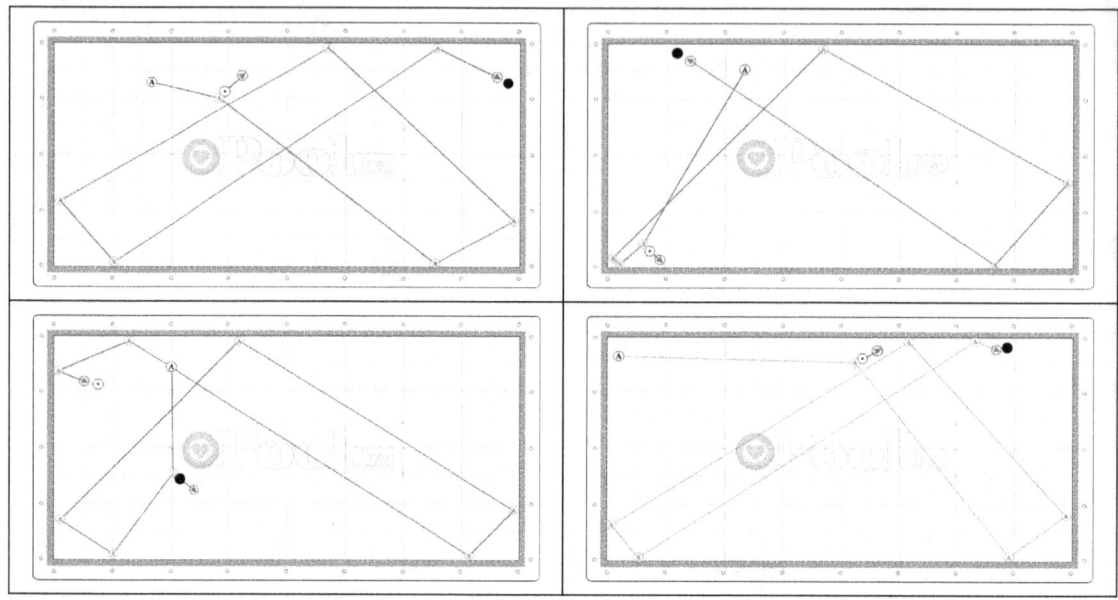

Analisi:

J:4a. _____

J:4b. _____

J:4c. _____

J:4d. _____

J:4a – Impostare

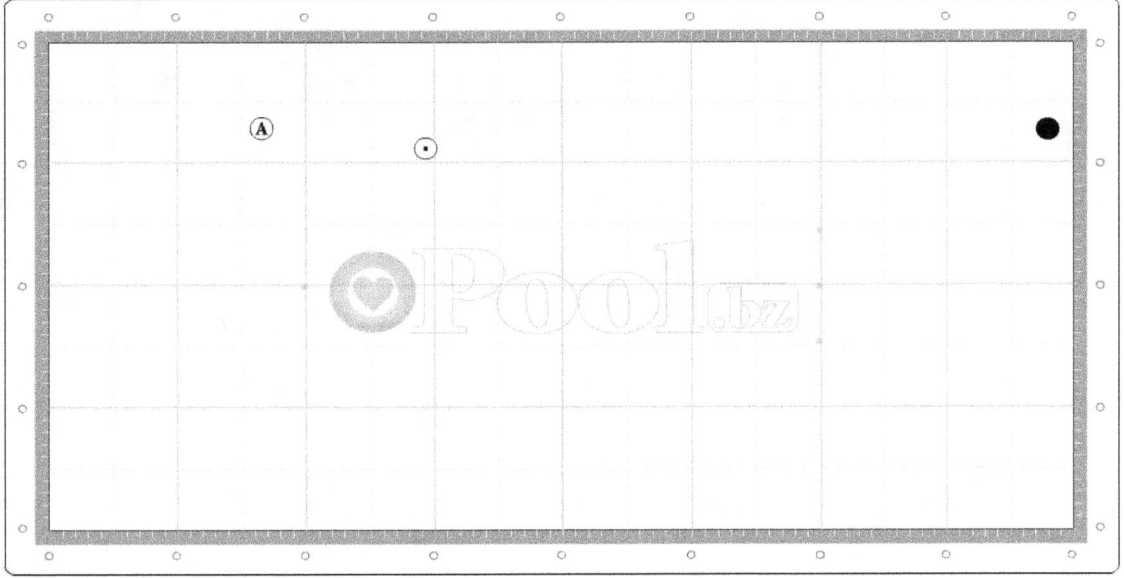

Note e idee:

Modello di colpo

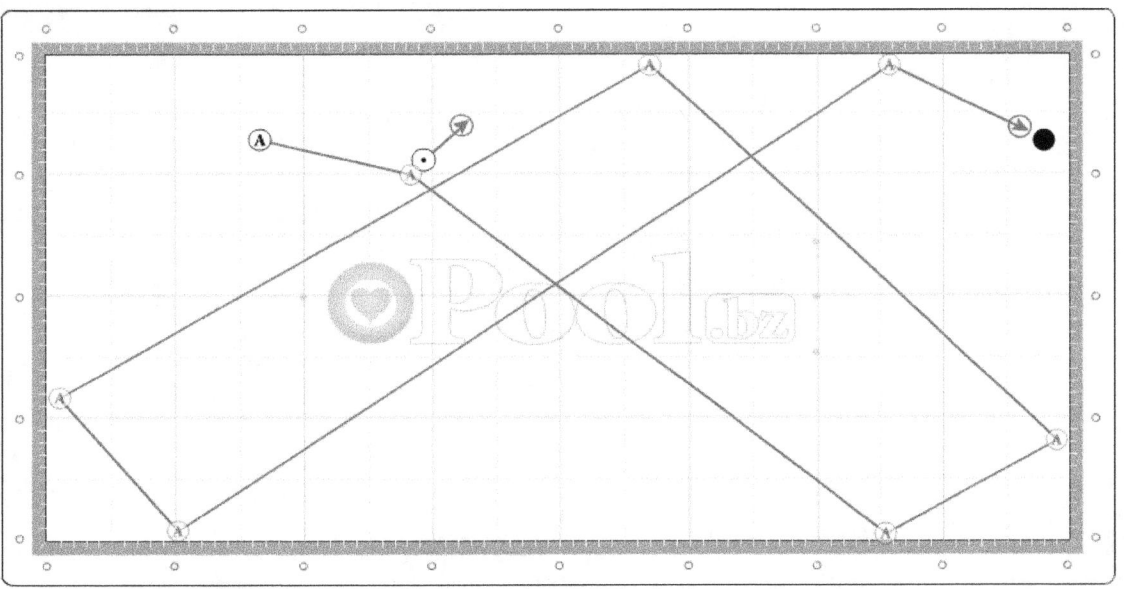

J:4b – Impostare

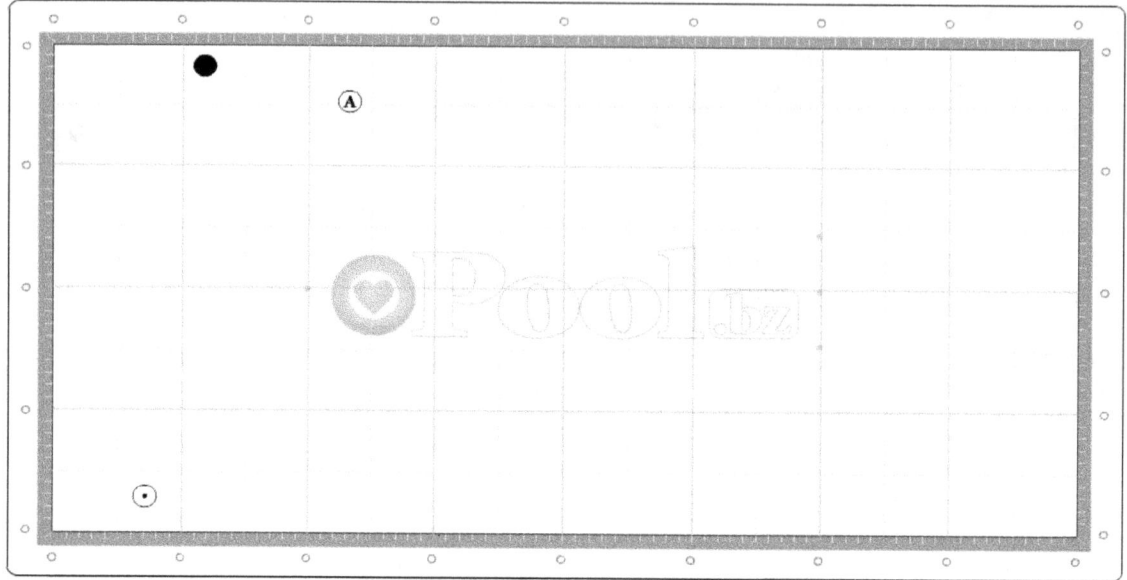

Note e idee:

Modello di colpo

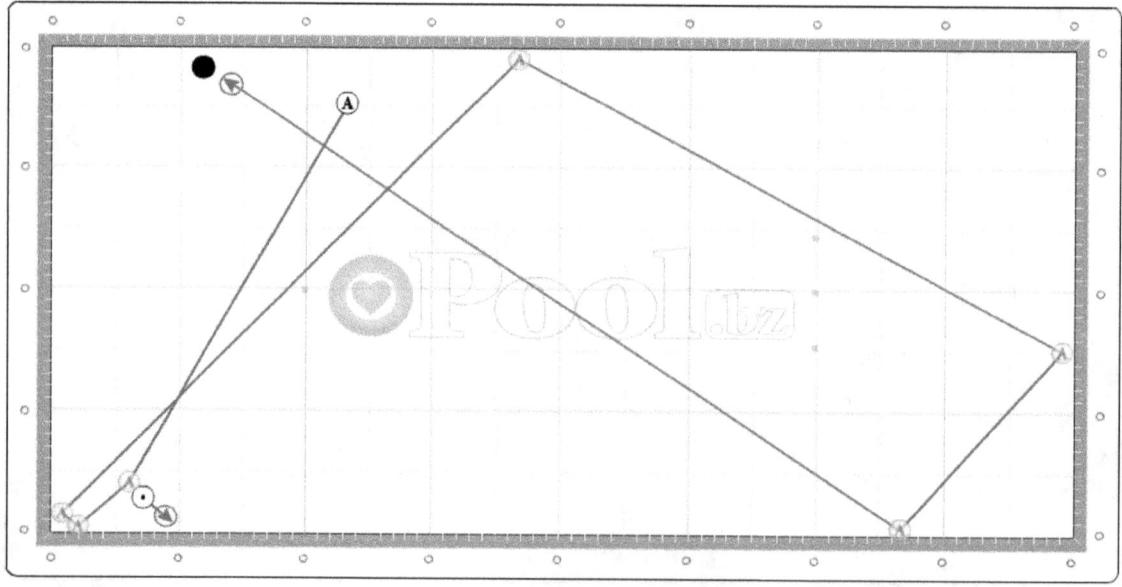

J:4c – Impostare

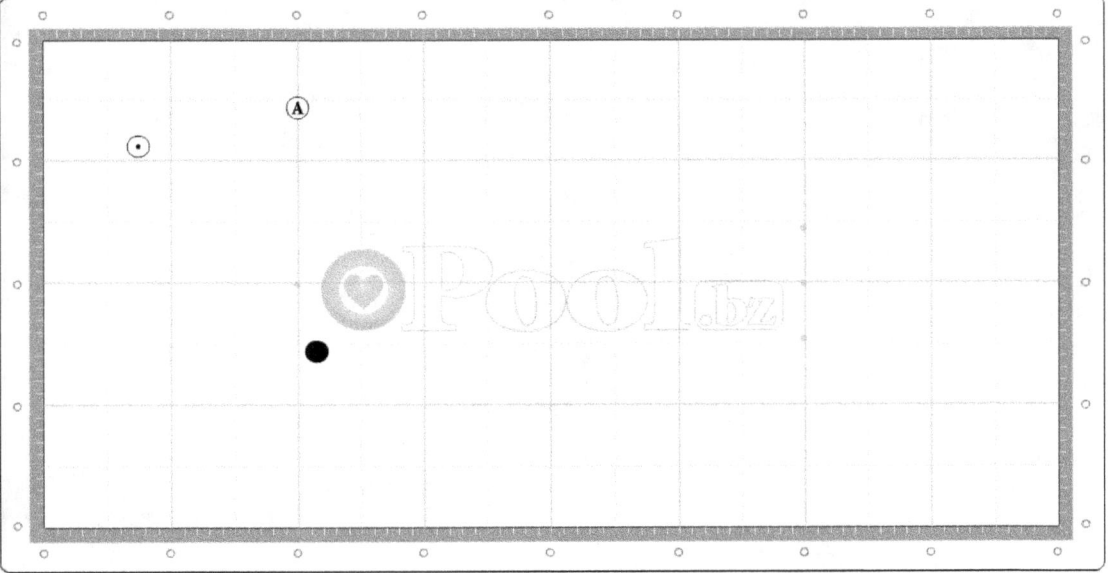

Note e idee:

Modello di colpo

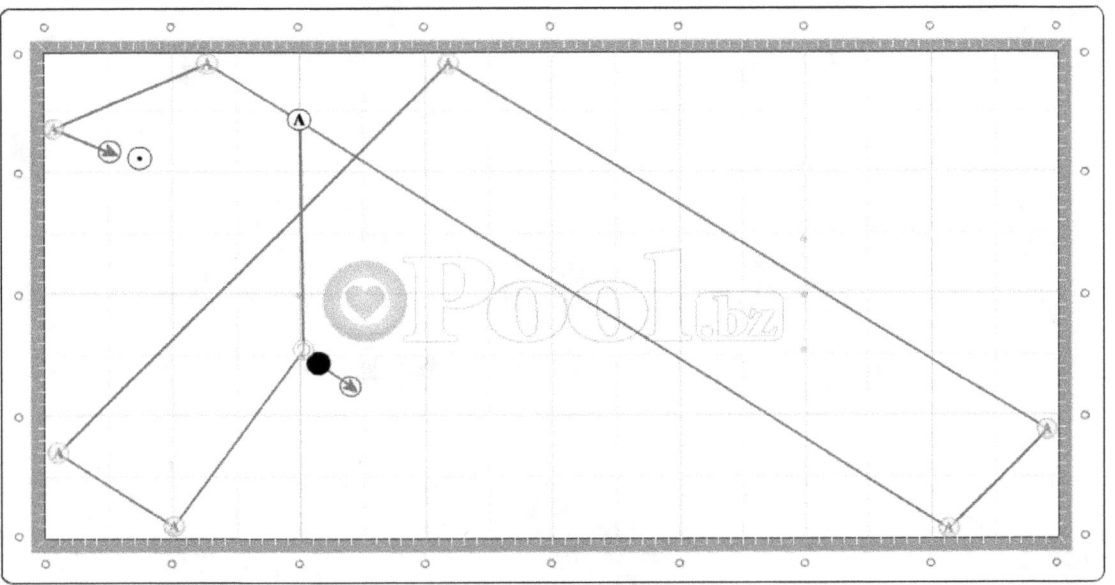

J:4d – Impostare

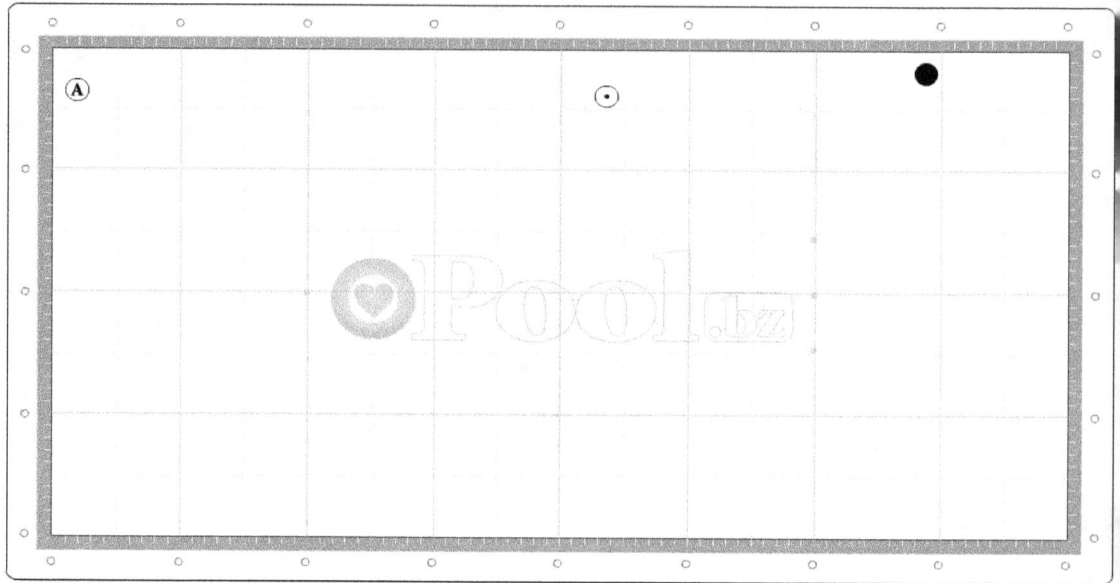

Note e idee:

Modello di colpo

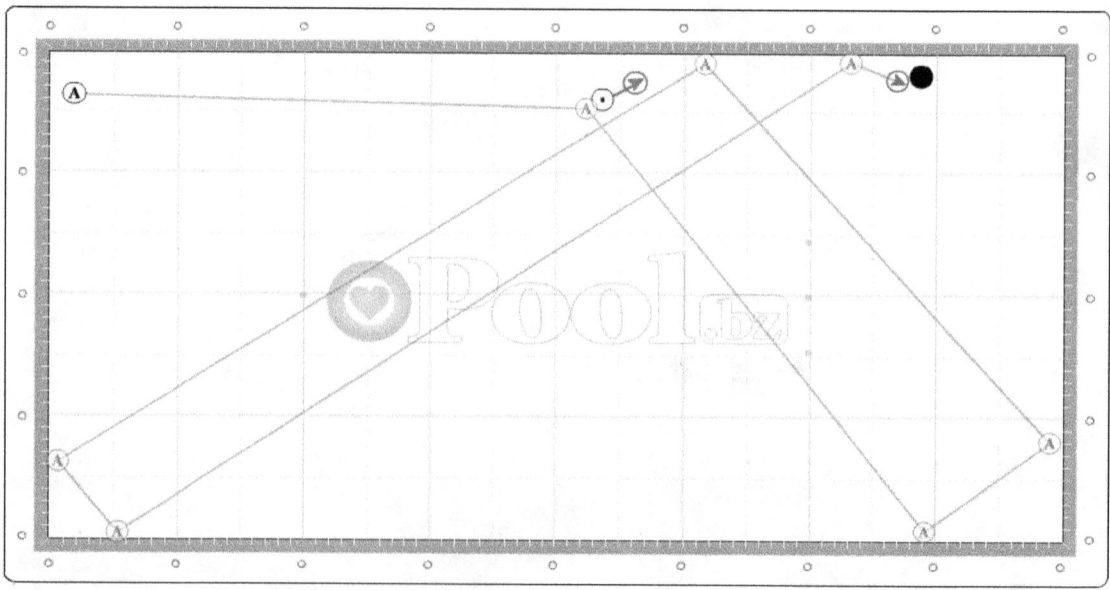

K: Doppia cima della collina

Queste sono situazioni interessanti. Il (CB) fa un doppio sul modello di collina.

Ⓐ (CB) (la tua palla) - ⊙ (OB) (palla dell'avversario) - ● (OB) (palla rossa)

K: Gruppo 1

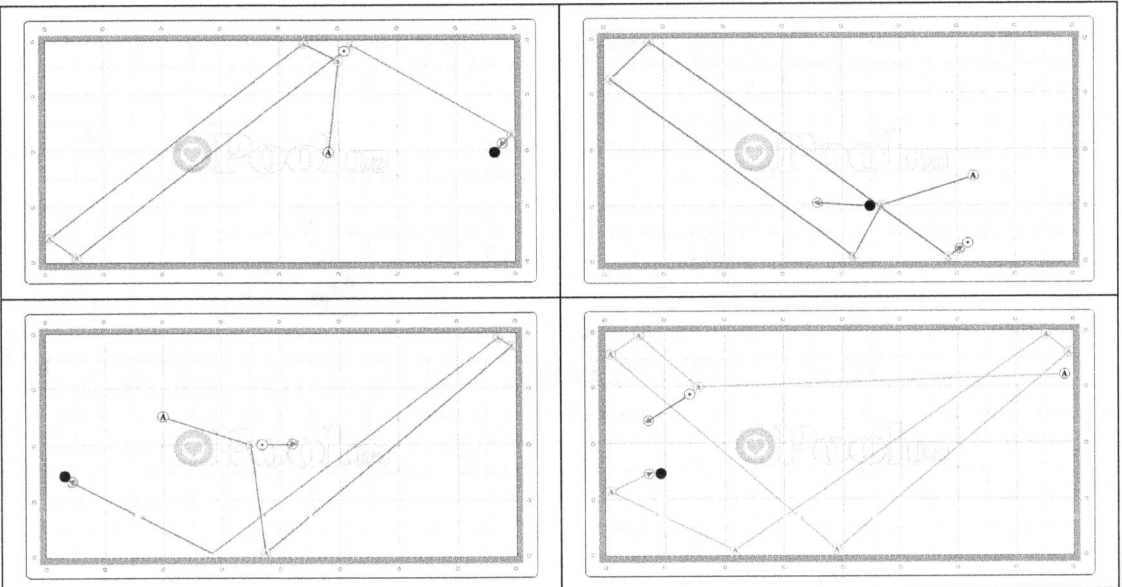

Analisi:

K:1a. _____

K:1b. _____

K:1c. _____

K:1d. _____

K:1a – Impostare

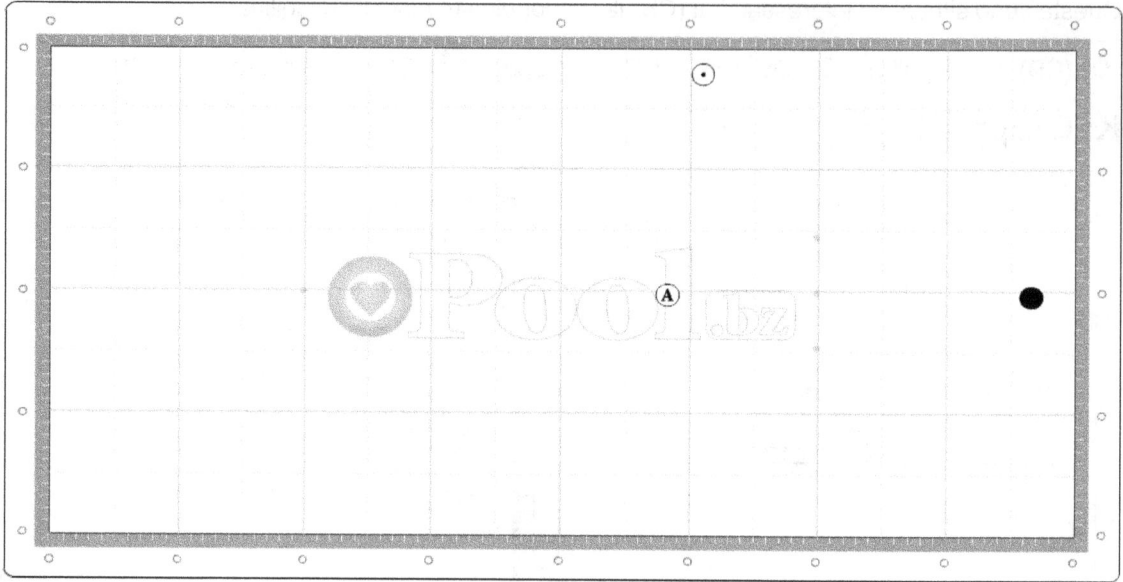

Note e idee:

Modello di colpo

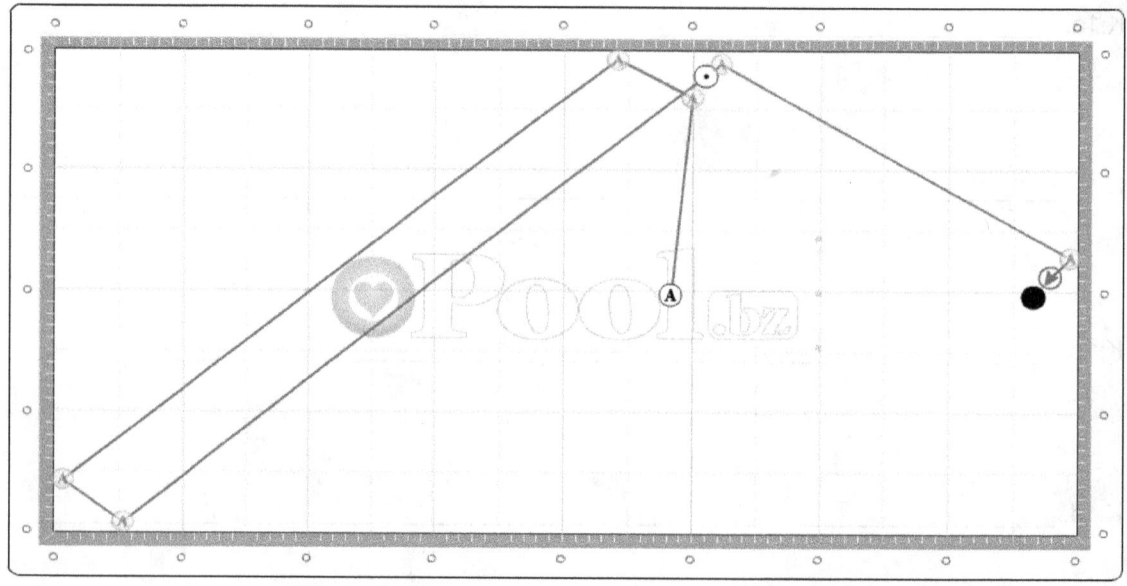

K:1b – Impostare

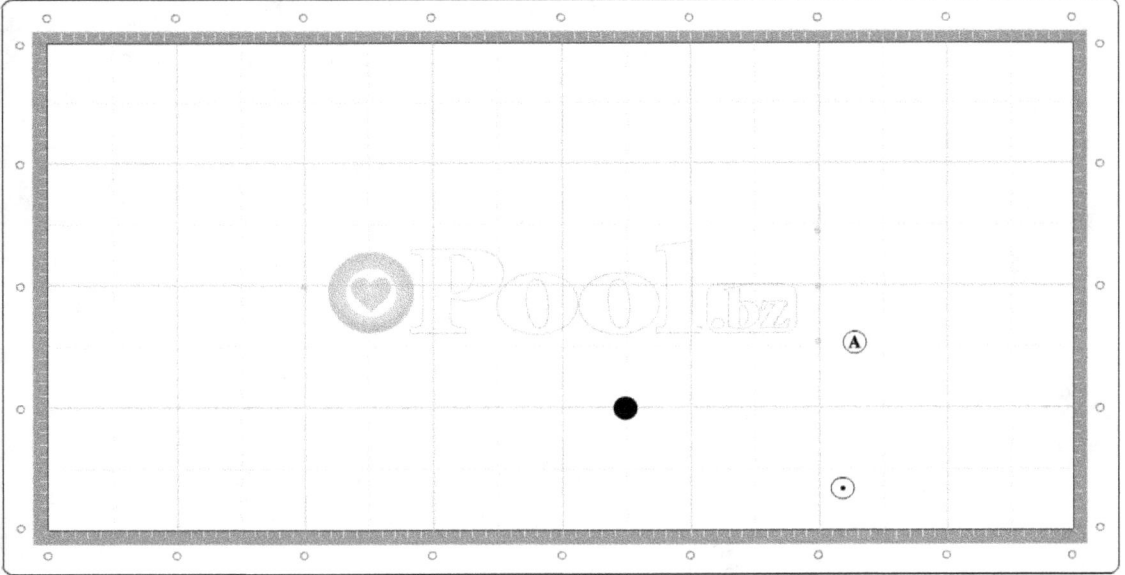

Note e idee:

Modello di colpo

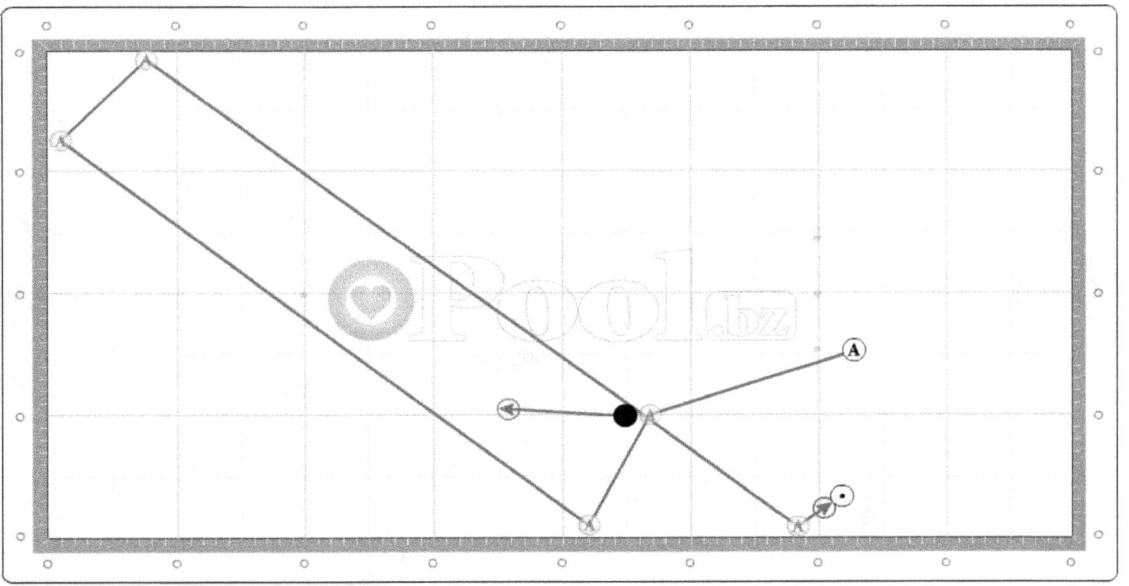

K:1c – Impostare

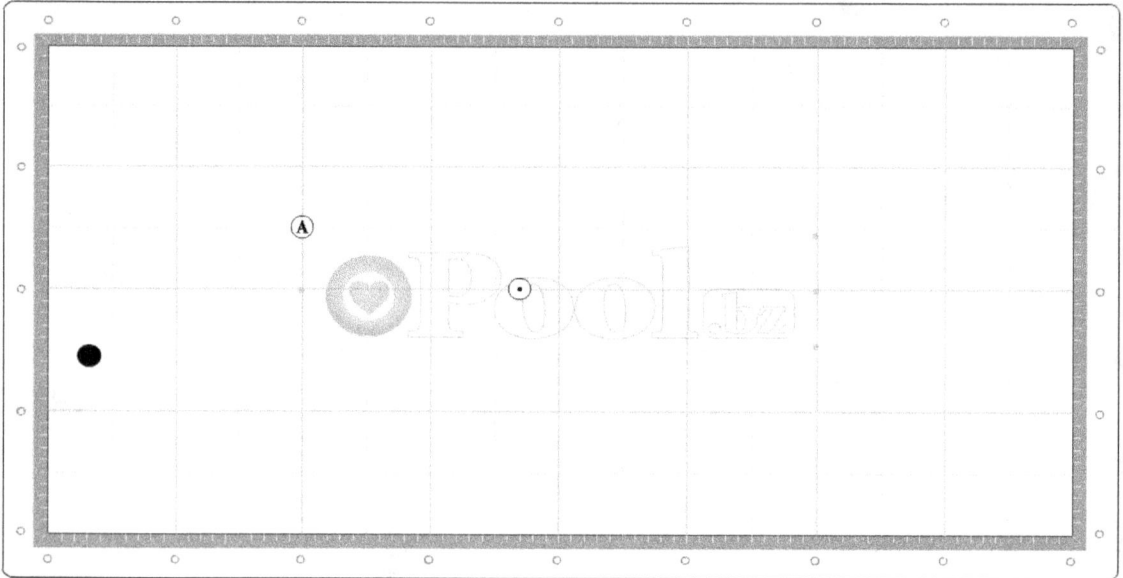

Note e idee:

Modello di colpo

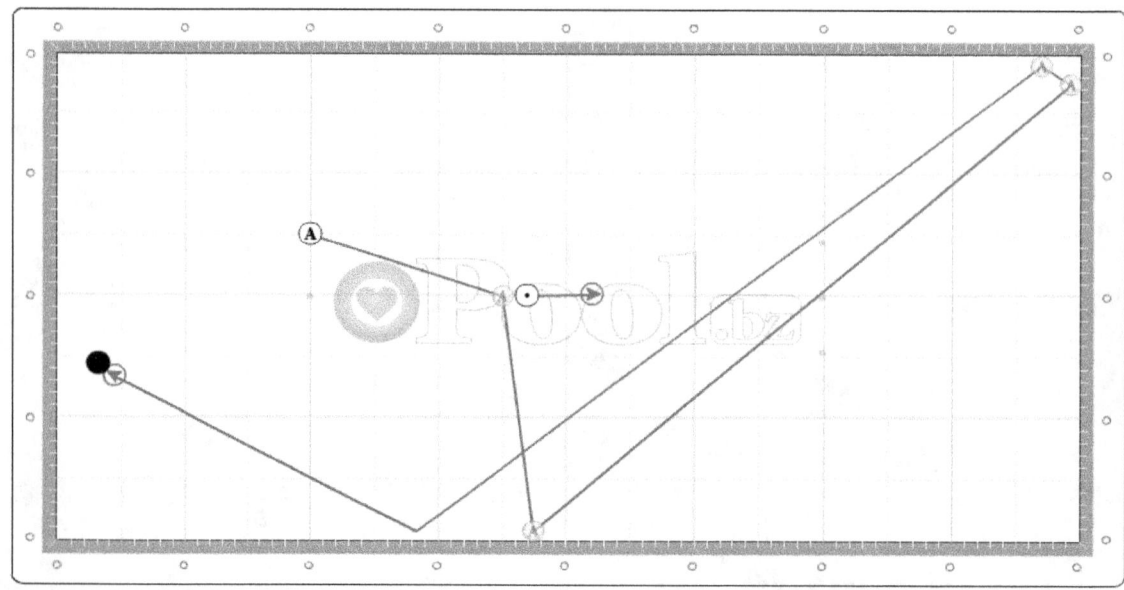

K:1d – Impostare

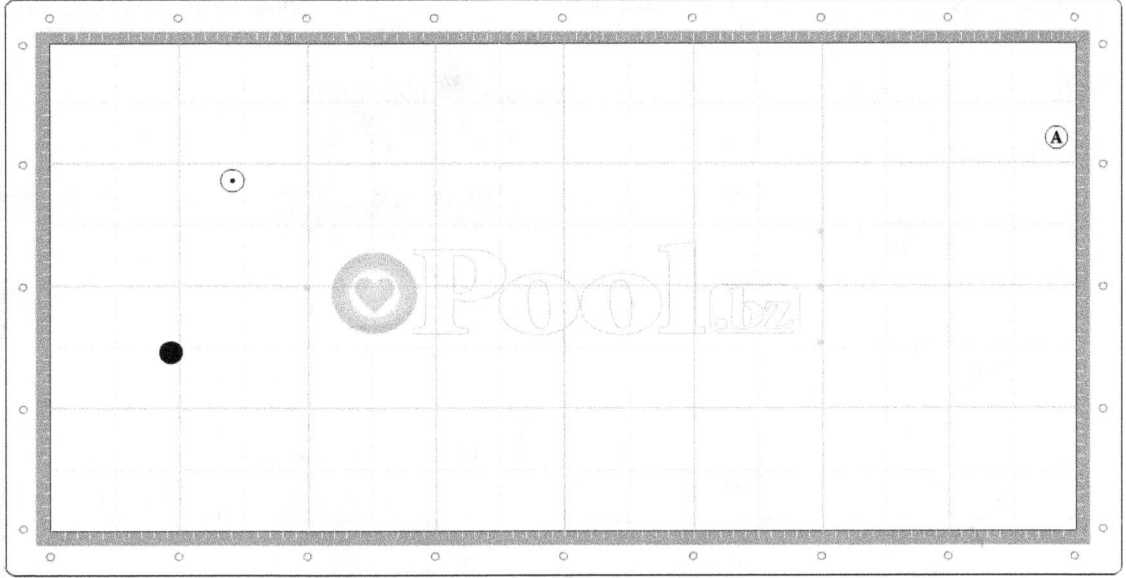

Note e idee:

Modello di colpo

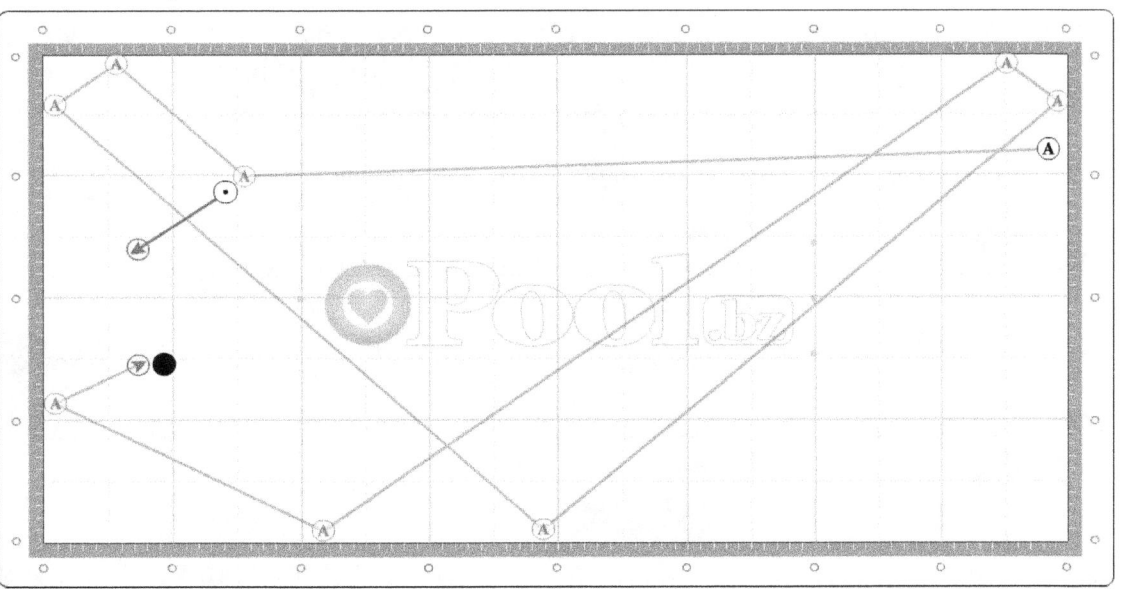

L: Gancio di ritorno esterno

Il (CB) contatta il primo (OB) e va nel mezzo del sponde lungo. Il (CB) quindi viaggia nell'angolo, prima il sponde lungo. Quindi (CB) contatta l'altro (OB).

Ⓐ (CB) (la tua palla) - ⊙ (OB) (palla dell'avversario) - ● (OB) (palla rossa)

L: Gruppo 1

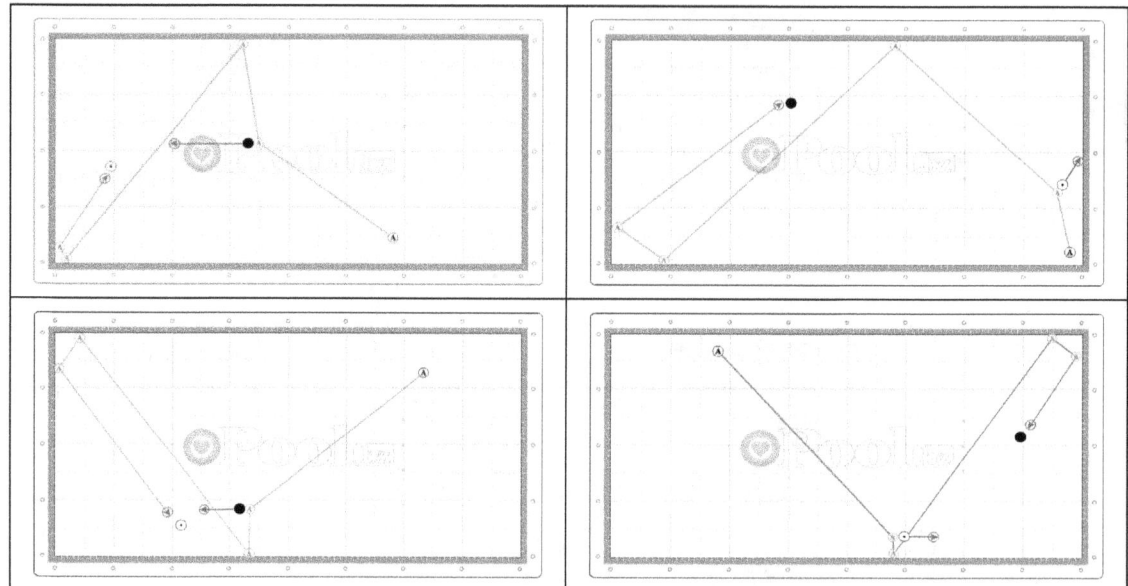

Analisi:

L:1a. _____

L:1b. _____

L:1c. _____

L:1d. _____

L:1a – Impostare

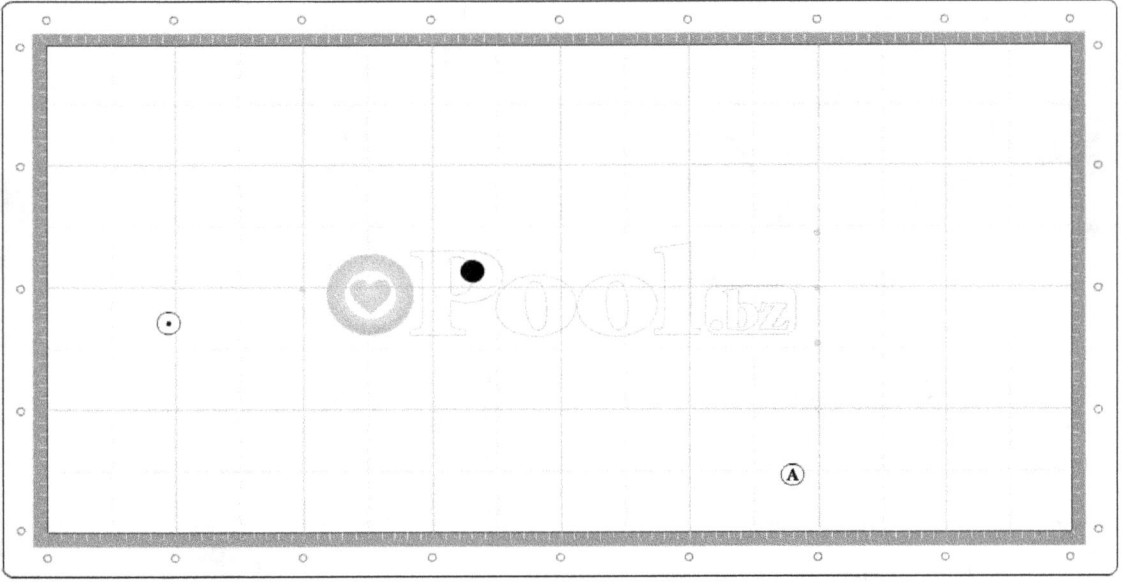

Note e idee:

Modello di colpo

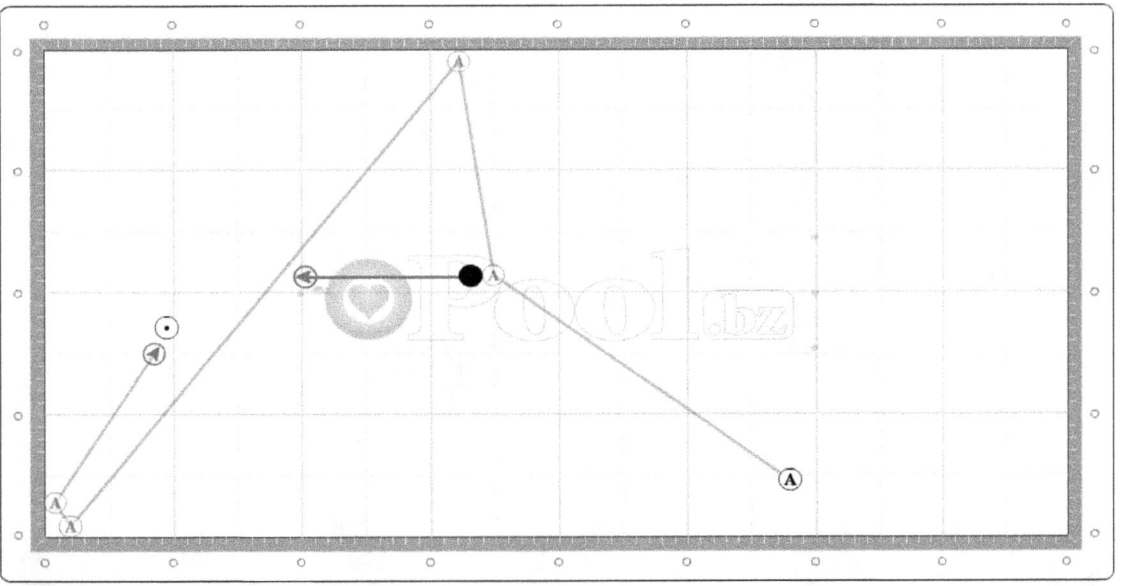

L:1b – Impostare

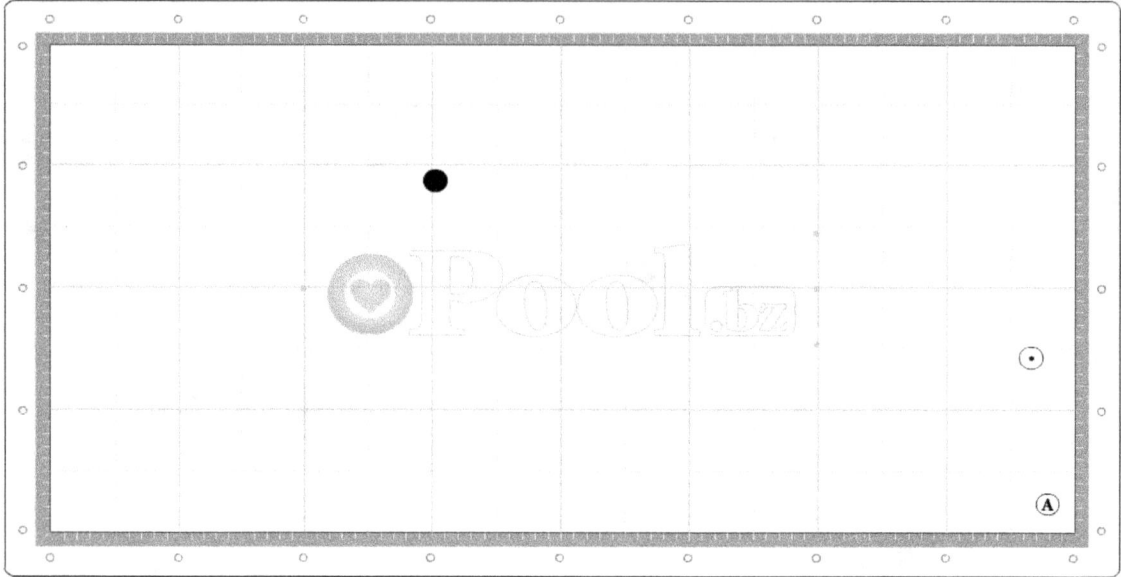

Note e idee:

Modello di colpo

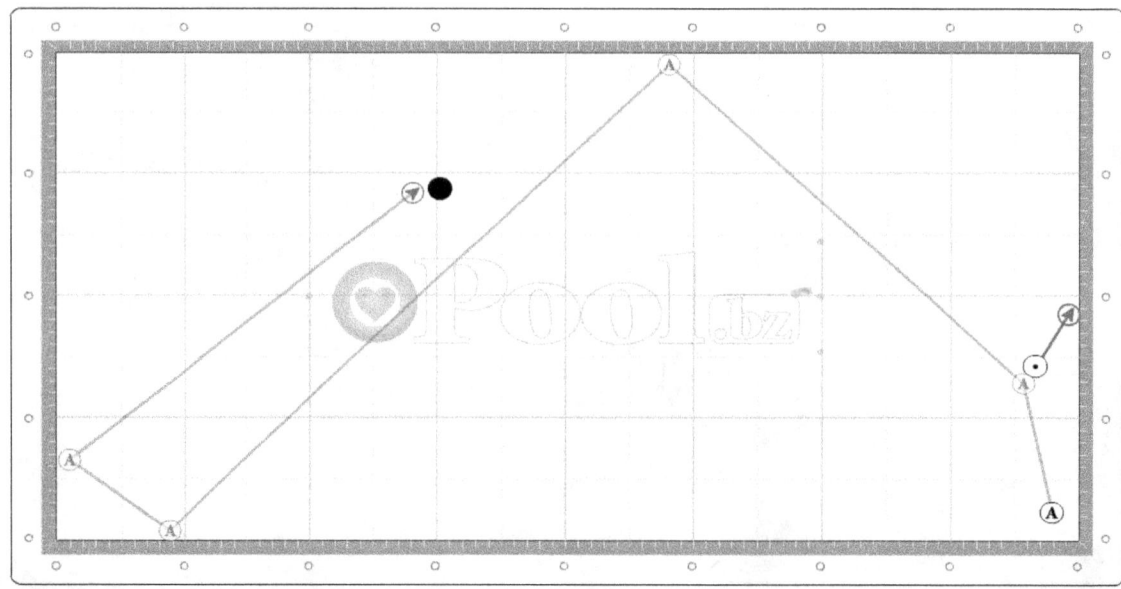

L:1c – Impostare

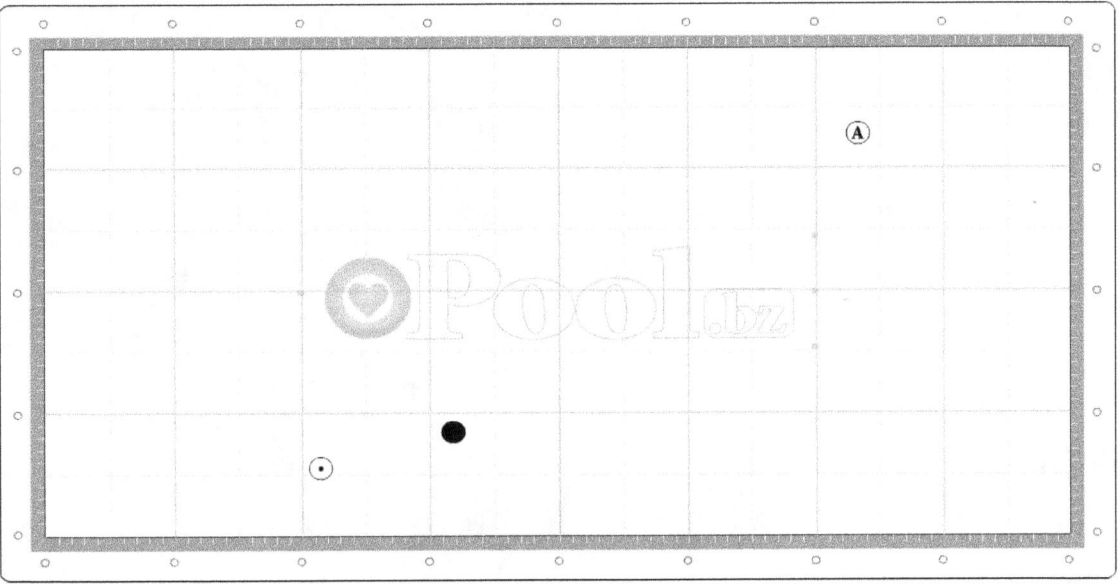

Note e idee:

Modello di colpo

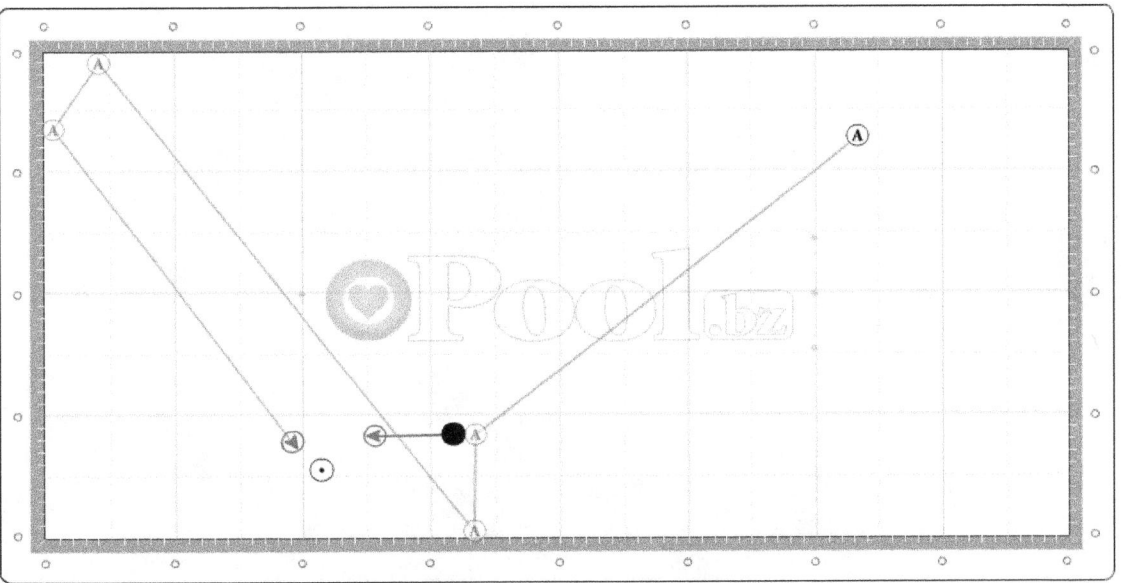

L:1d – Impostare

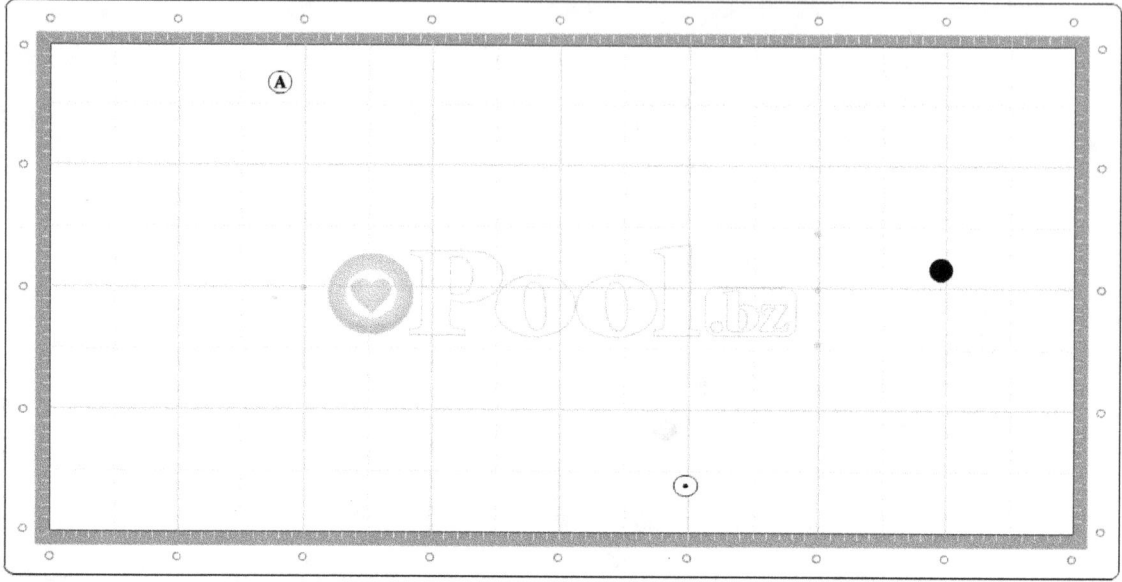

Note e idee:

Modello di colpo

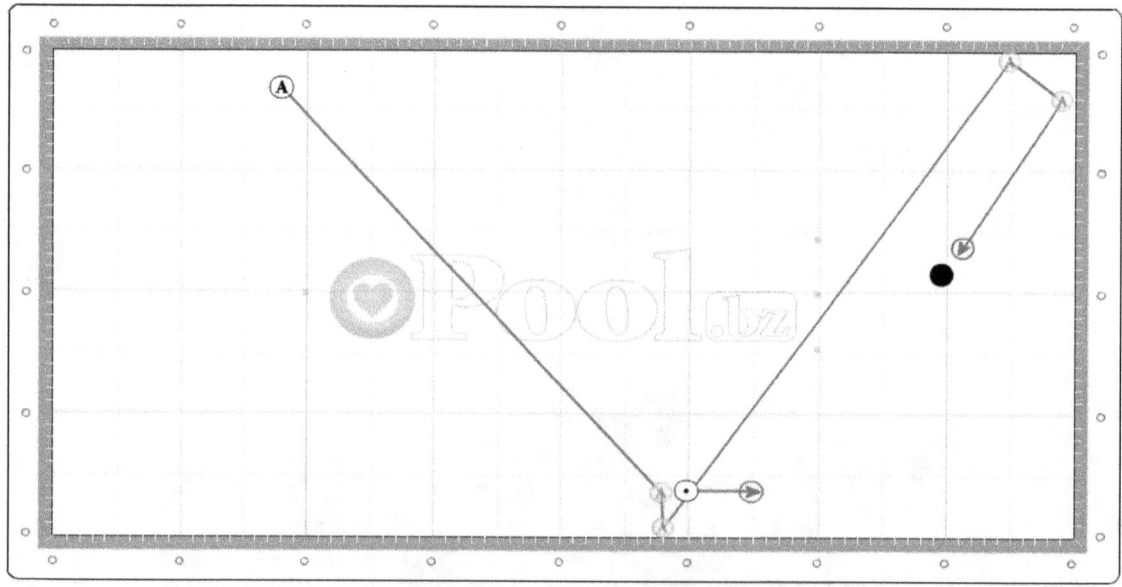

L: Gruppo 2

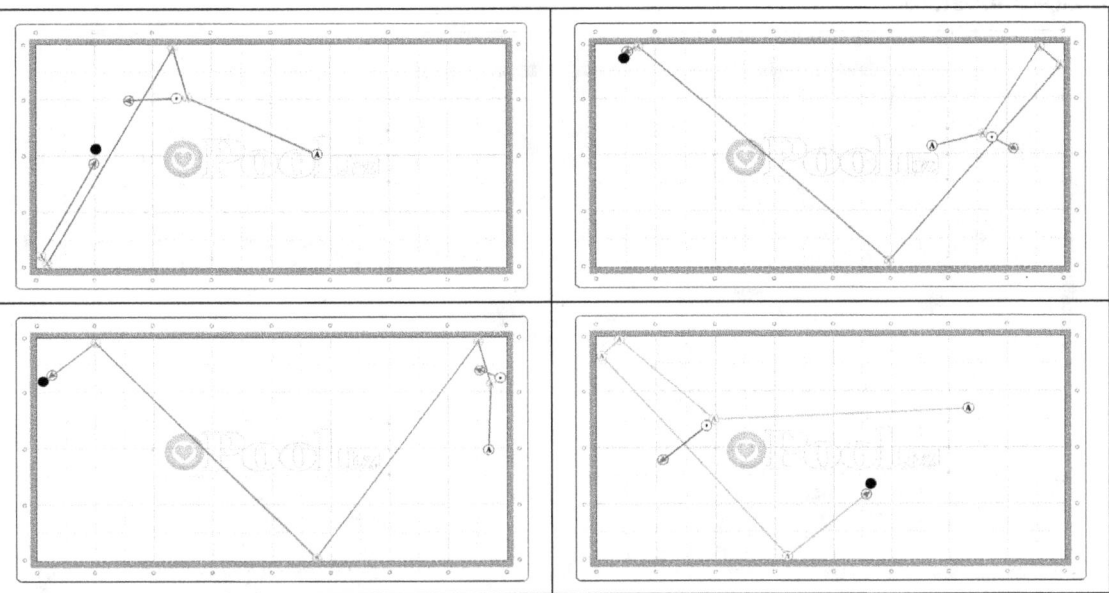

Analisi:

L:2a. _____

L:2b. _____

L:2c. _____

L:2d. _____

L:2a – Impostare

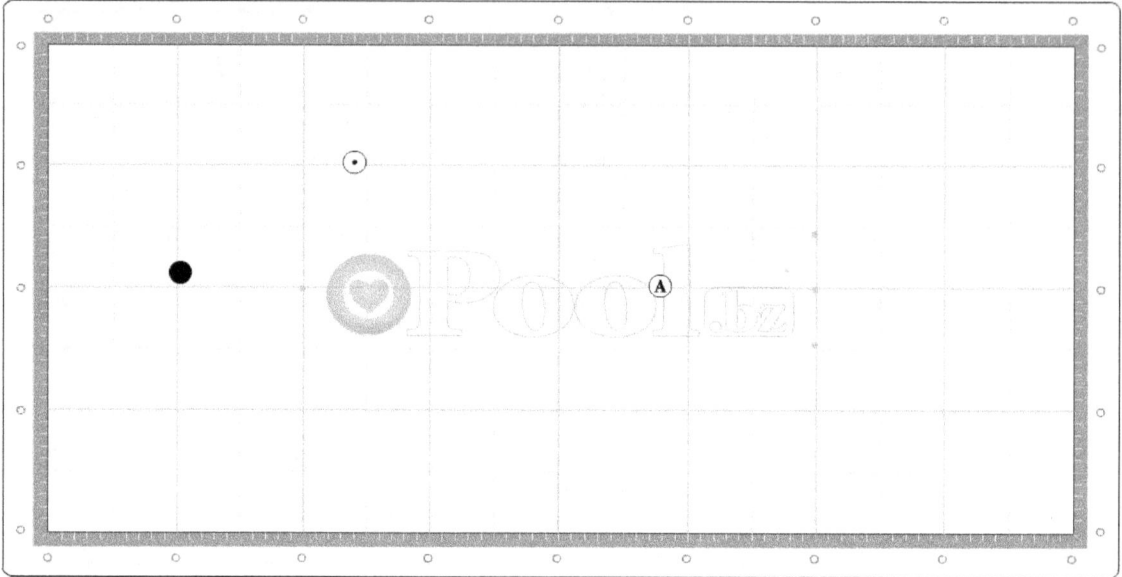

Note e idee:

Modello di colpo

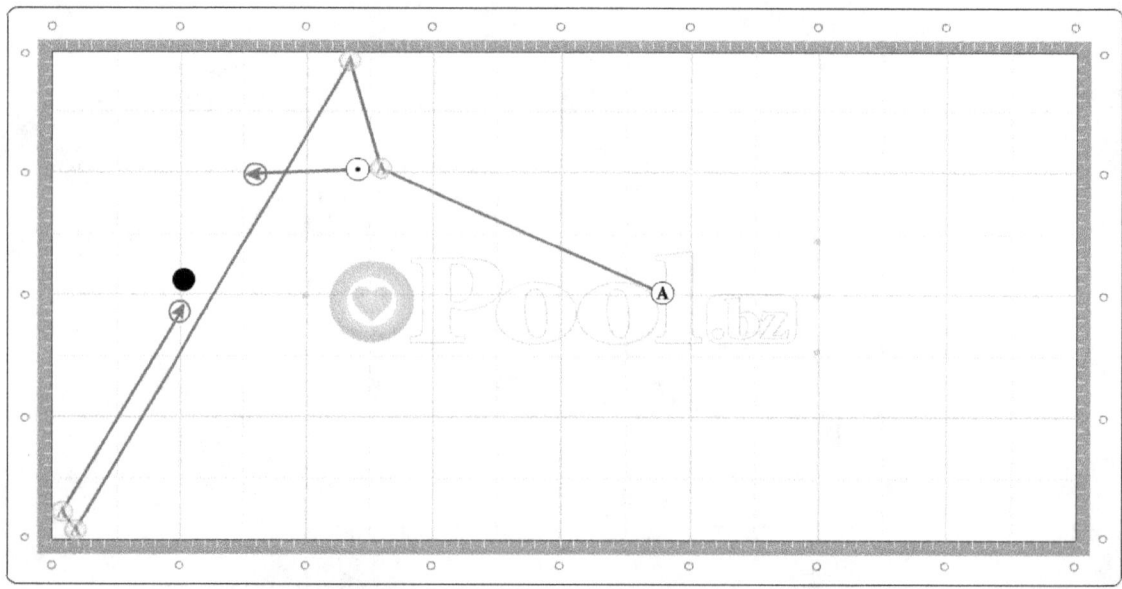

L:2b – Impostare

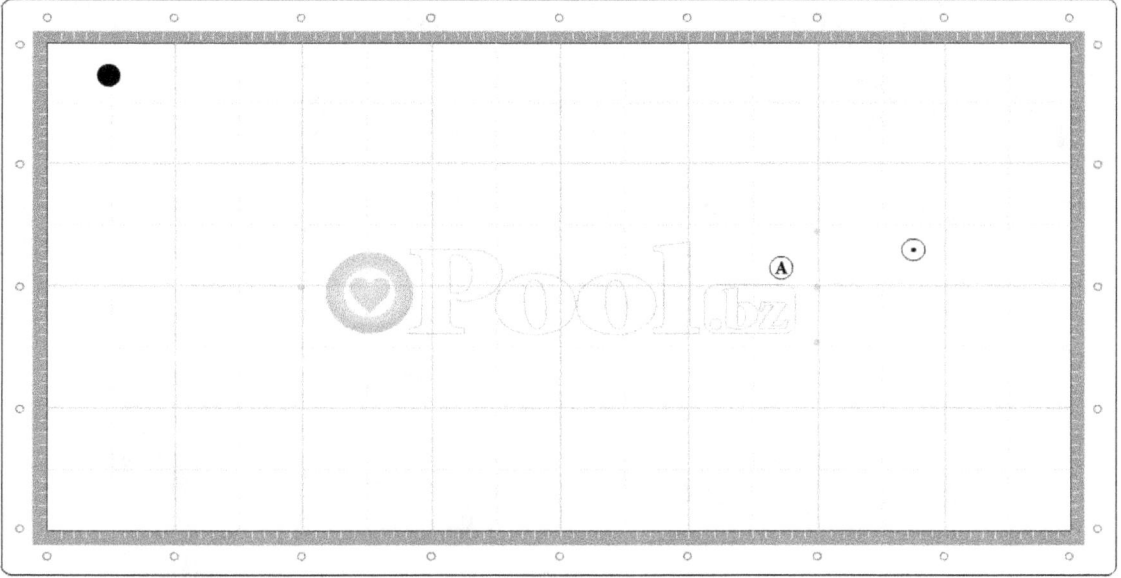

Note e idee:

Modello di colpo

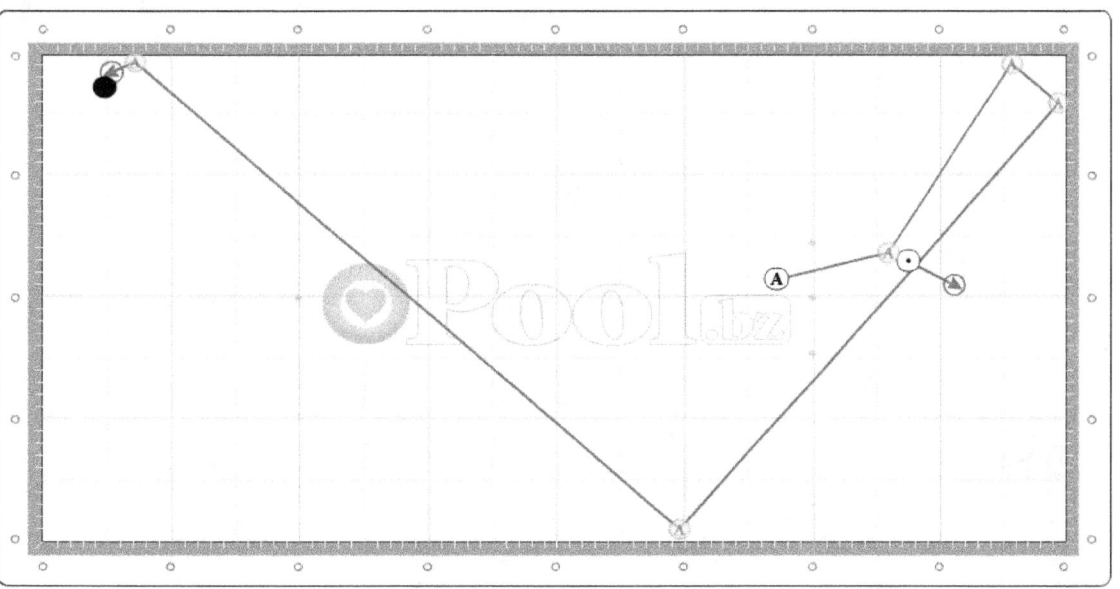

L:1c – Impostare

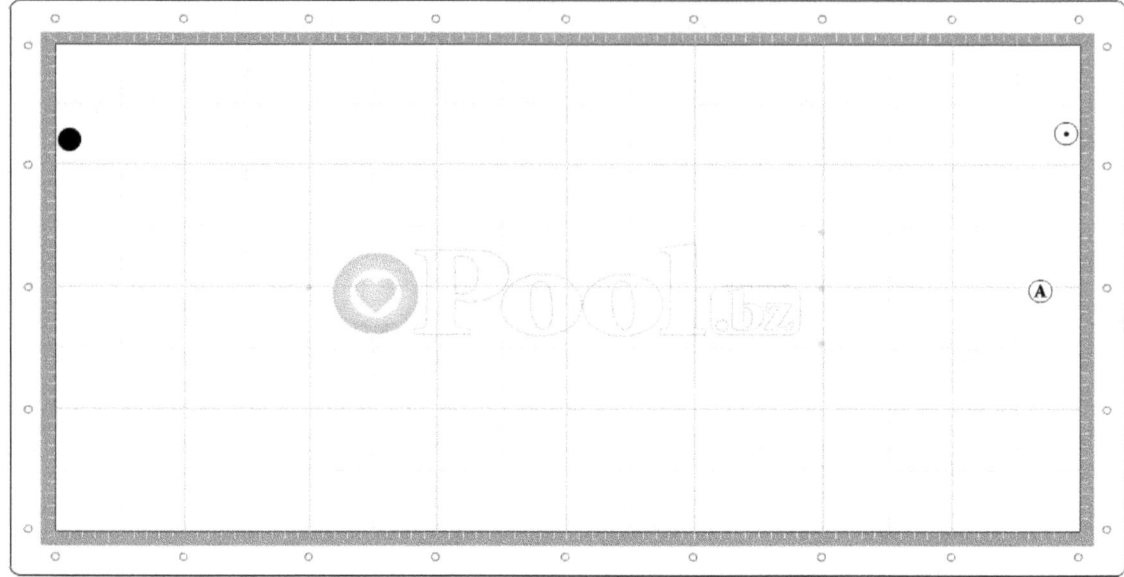

Note e idee:

Modello di colpo

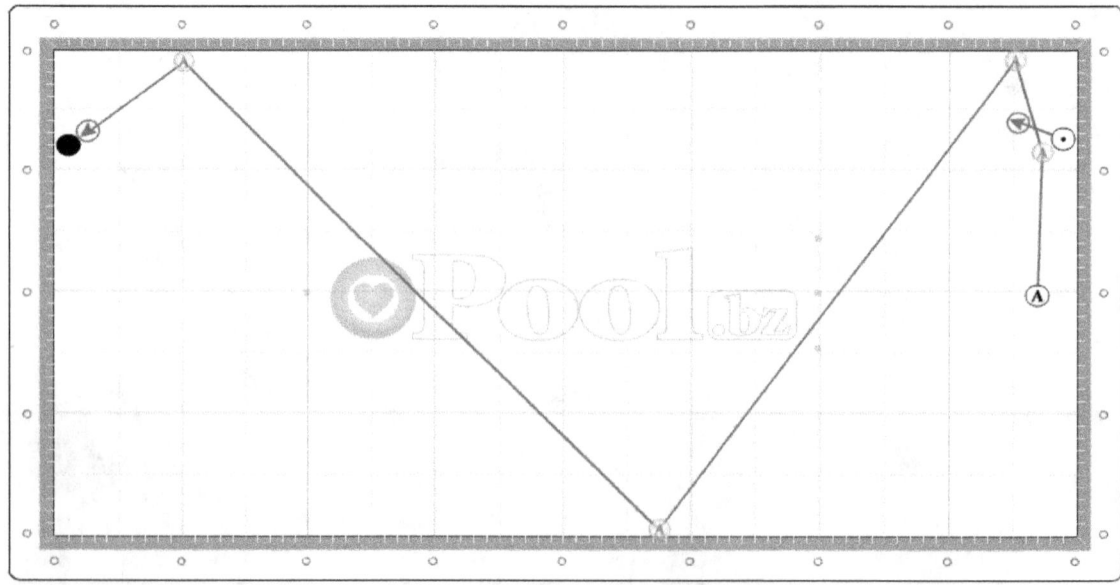

L:2d – Impostare

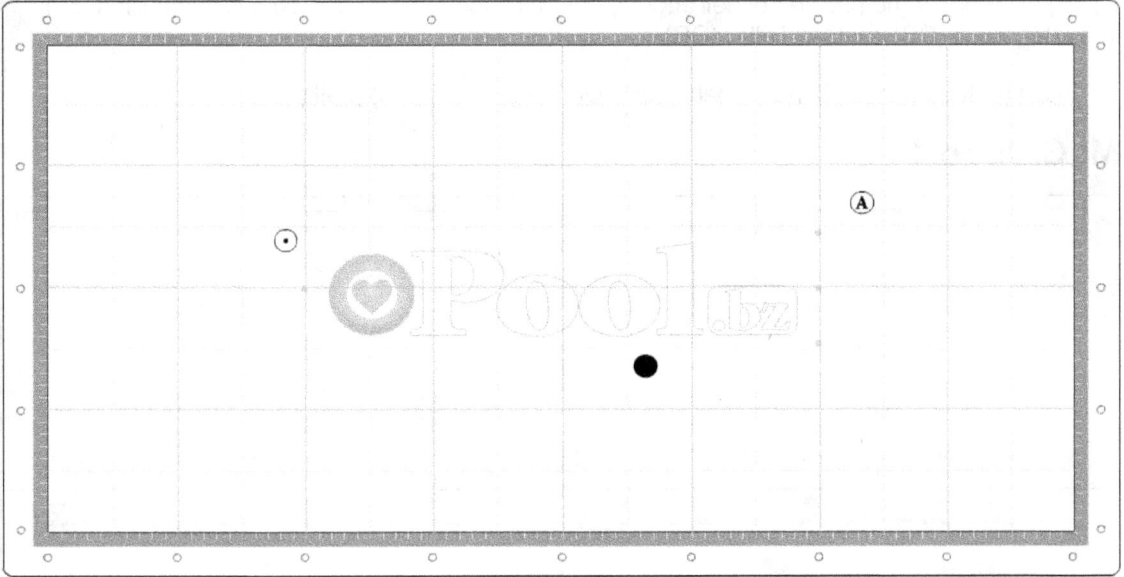

Note e idee:

Modello di colpo

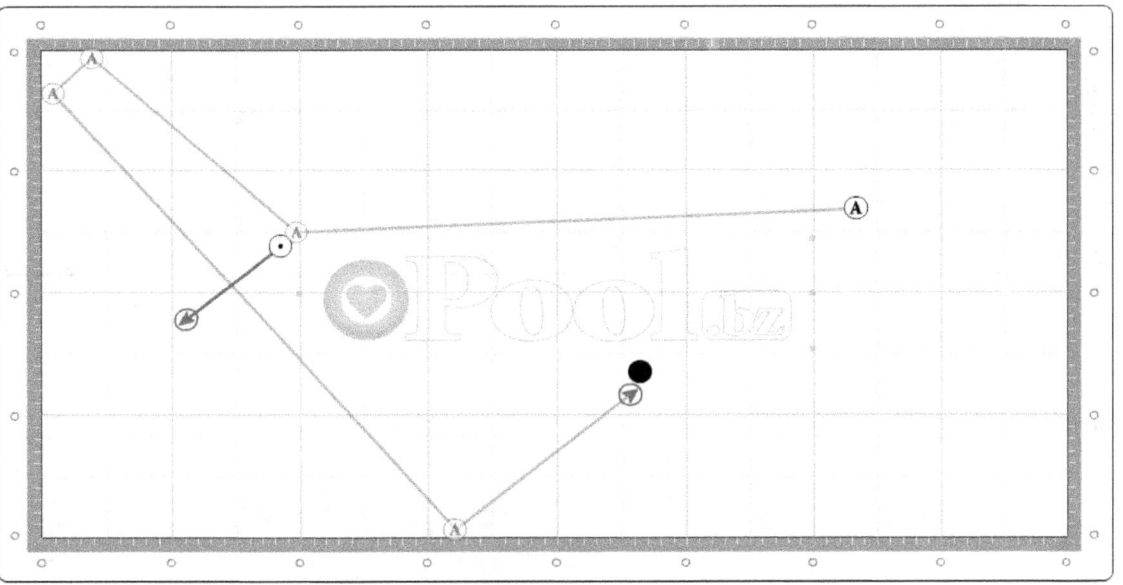

M: Ritorno angolo esterno (sponde corto)

Il (CB) esce dal primo (OB) e poi nell'angolo, prima il sponde corto. Il (CB) scala la collina. Sul lato inferiore, il (CB) contatta l'altro (OB).

Ⓐ (CB) (la tua palla) - ⊙ (OB) (palla dell'avversario) - ● (OB) (palla rossa)

M: Gruppo 1

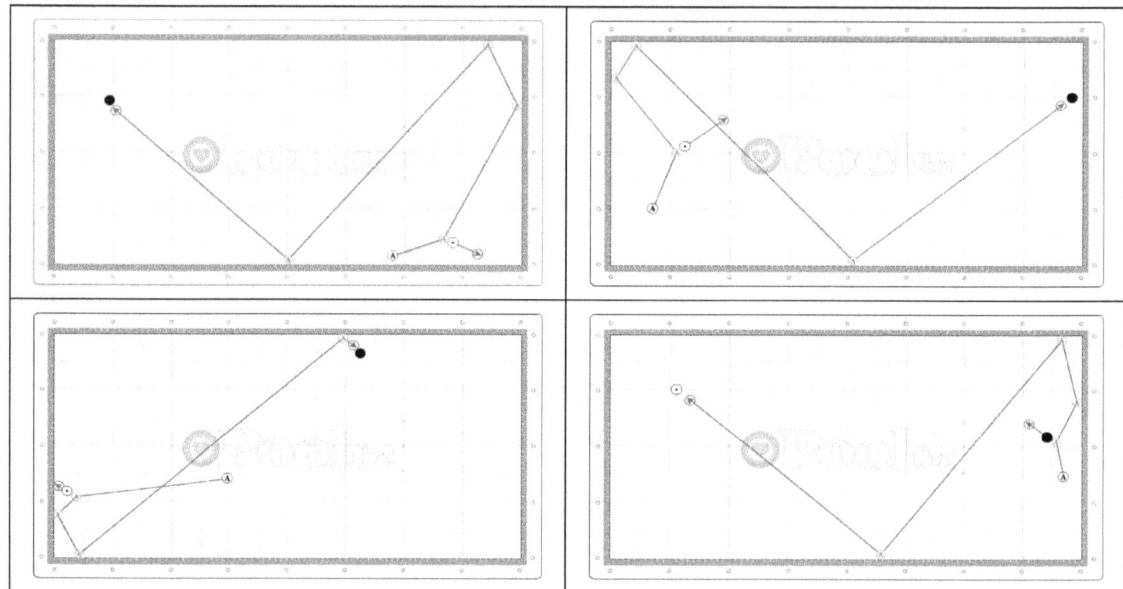

Analisi:

M:1a. _____

M:1b. _____

M:1c. _____

M:1d. _____

M:1a – Impostare

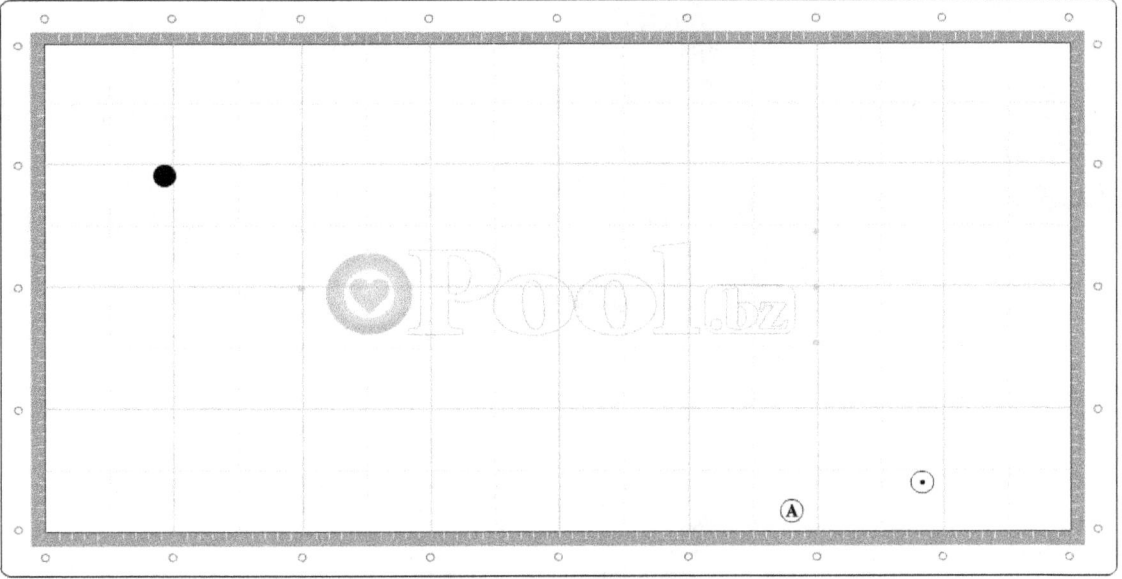

Note e idee:

Modello di colpo

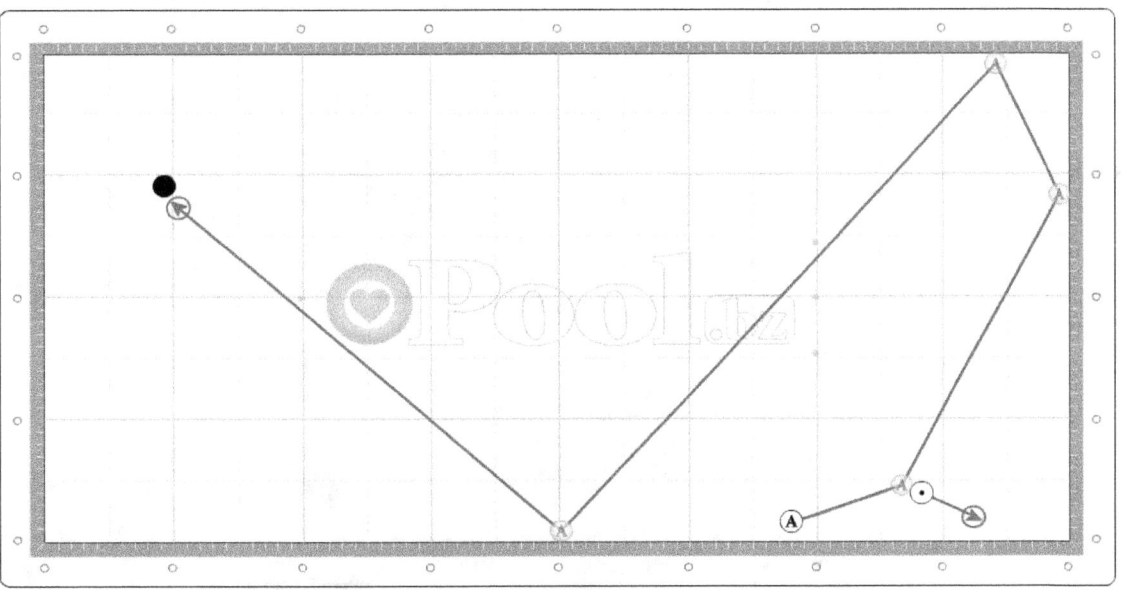

M:1b – Impostare

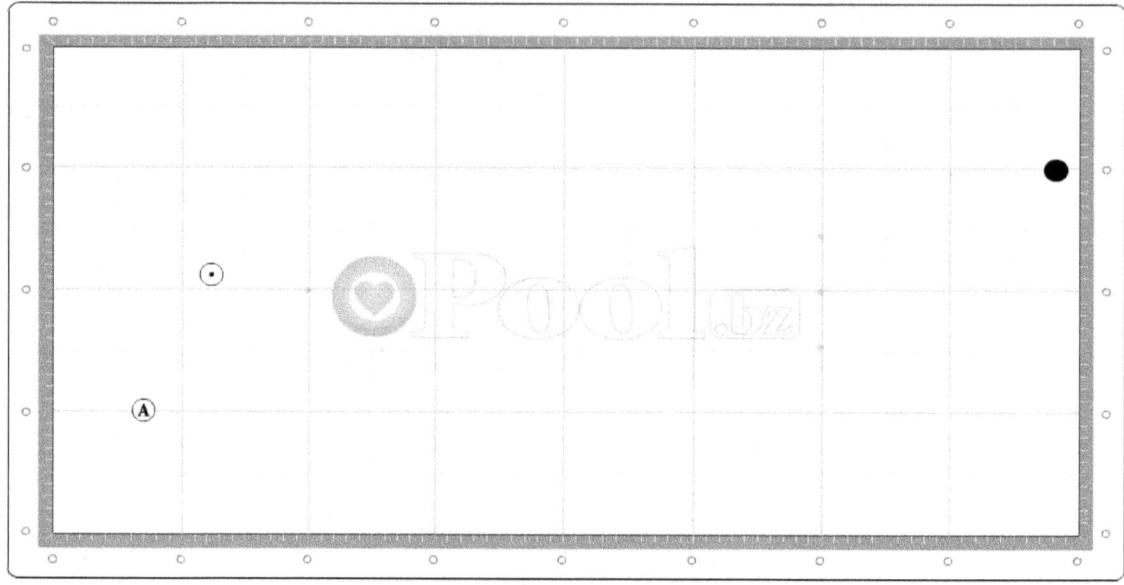

Note e idee:

Modello di colpo

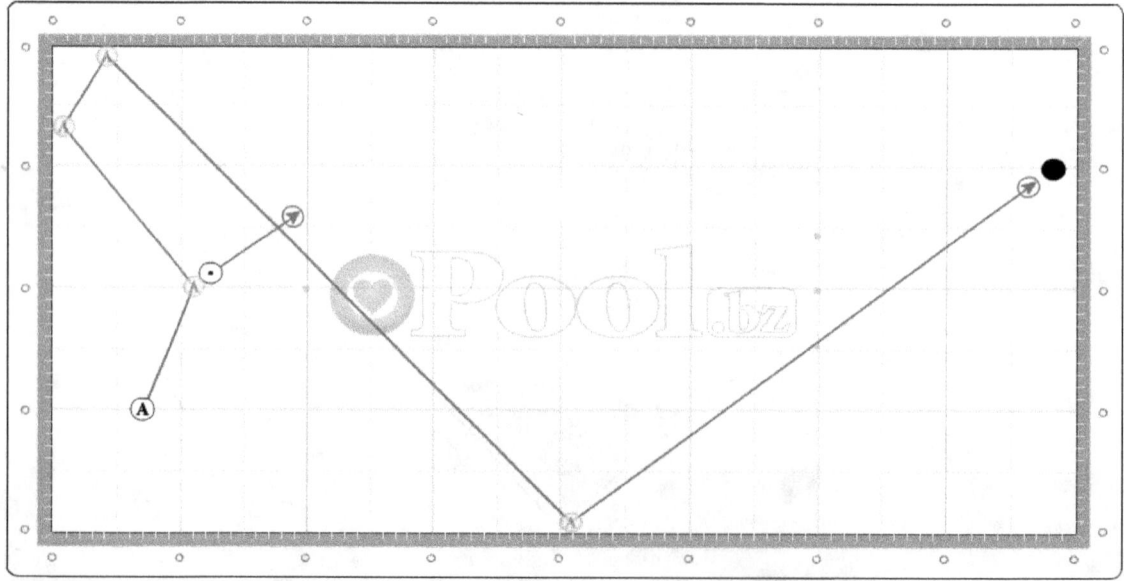

M:1c – Impostare

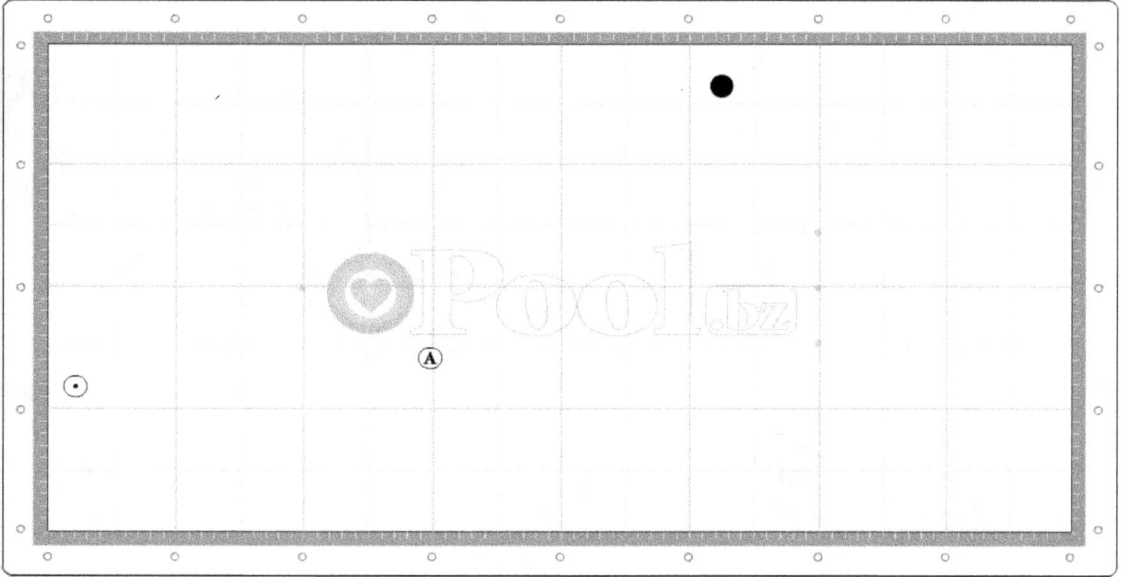

Note e idee:

Modello di colpo

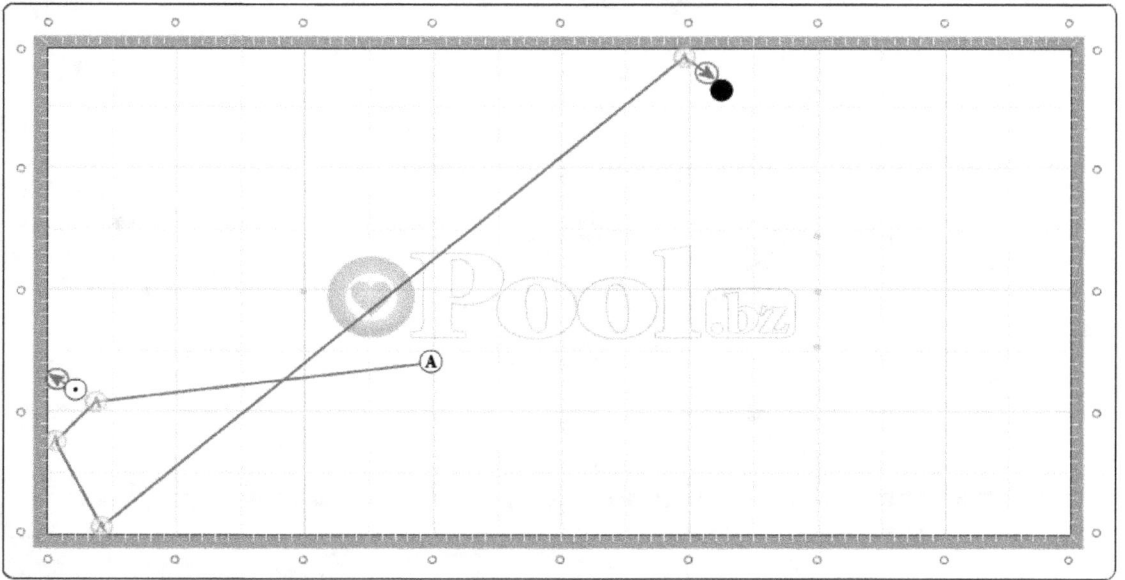

M:1d – Impostare

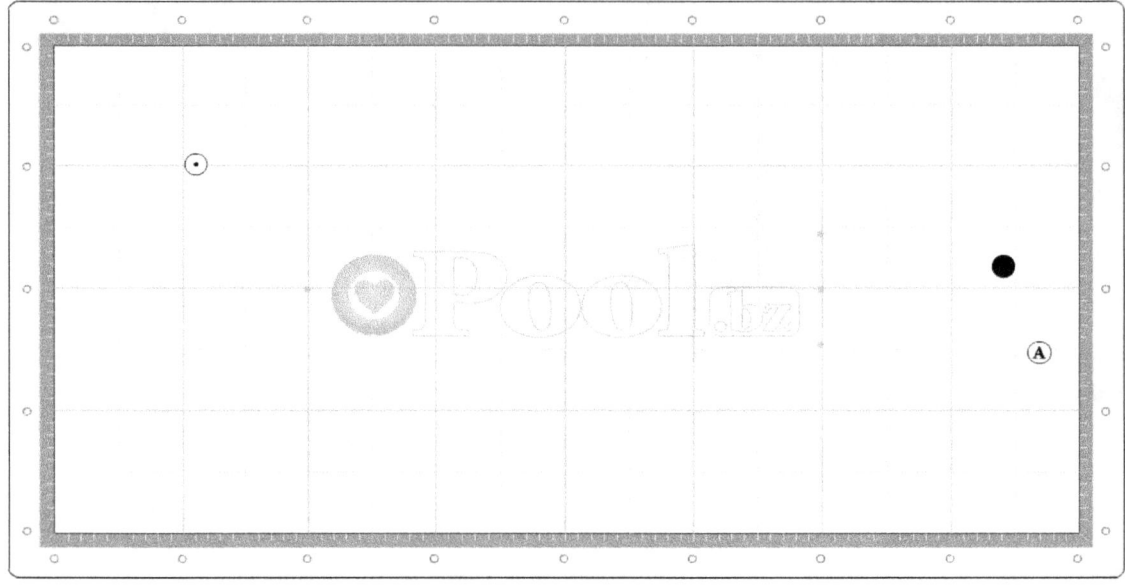

Note e idee:

Modello di colpo

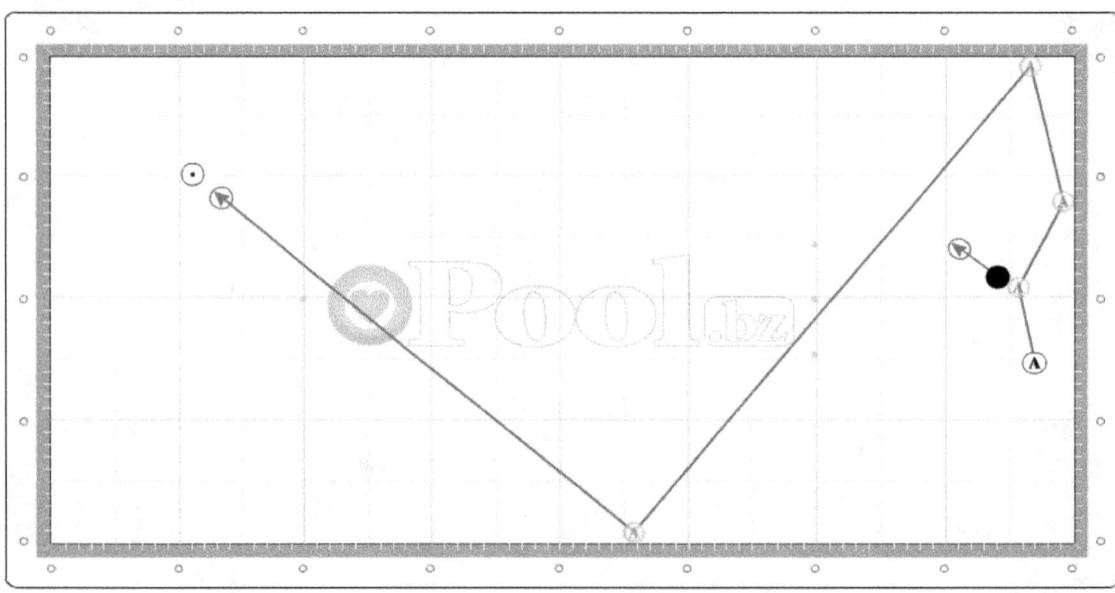

www.ingramcontent.com/pod-product-compliance
Lightning Source LLC
Chambersburg PA
CBHW080337170426
43194CB00014B/2596